あなたへの社会構成主義

An Invitation to Social Construction

ケネス・J・ガーゲン【著】
Kenneth J. Gergen

東村知子【訳】
Higashimura Tomoko

ナカニシヤ出版

AN INVITATION TO SOCIAL CONSTRUCTION, 1999 by Kenneth Gergen
English language edition published by Sage Publications of London, Thousand Oaks and New Delhi, © Kenneth Gergen, 1999
Japanese translation published by arrangement with Sage Publications Ltd. through
The English Agency (Japan) Ltd.

プロローグ——私たちの進むべき道——

私は、深い思い入れをこめてこの本を書きました。今、世界中で、さまざまな学問の壁を越えた刺激的な対話が始まっています。それがいったいどのようなものなのかを、ぜひ、読者のみなさんに伝えたいというのが私の願いです。この対話は、多くの人々にとって、非常に重要な意味をもっているように思われます。それは、十六世紀から十七世紀に起こった、思想や実践の大きな転換——「暗黒時代」から「啓蒙」への移行——にも匹敵します。なぜならば、その対話は、私たちが「これは事実である（the real）」「これは善い（the good）」と考えているすべてのものの基盤を根底から揺さぶるだけでなく、クリエイティヴな考えや行為を生み出すまたとない機会を提供するものだからです。さらに、この対話は、より豊かな未来につながる、新しい理解の場へと、私たちを連れていってくれることでしょう。実際にこの対話によって、私の人生も、また私が知っている多くの人々の人生も、大きな変化を遂げることになりました。

しかし、その一方で、このような対話を強く警戒する人々もいます。彼らは、この本で述べられているような考え方や実践が、知識や道徳の基盤を破壊し、混沌をもたらすだけだと考えています。この対話をめぐっては、確かにまだ多くの論争が続いています。本書を読むことを通して、読者のみなさんもこの対話に加わり、その重要性と可能性を正しく理解することができるでしょう。さらに、この新しい対話が克服すべき問題点についても考えることができるようになるでしょう。最も望ましいのは、みなさんが何か考えるに値するものを本書からつかみとってくれることです。この本は、始まりであって、決して「最終的な結論」ではないのです。

ところで、私たち——筆者である私と読者であるあなた——はこれからどのように対話を進めていけばよいでしょうか。私もあなたも、それぞれ、この本に対してさまざまな制約を与えています。私についていえば、これまでずっと学者として生きてきたことからくる限界があります。例えば、私が用いる表現は、学者という専門家集団の中でこそ受け入れられても、一般の読者には風変わりでわかりにくいと感じられるかもしれません。また、一般の読者には、私が行う抽象的な分析が、日常生活からかけ離れているように思われるかもしれません。私は、学生や専門家のみならず、英語を母国語としない人々も含めて、さまざまな人々とコミュニケーションしたいと願っているのですが、それは決して容易なことではありません。私は、自分の書いていることが読者に通じないのではないかという不安をいつも抱いています。あるいは、逆に、私が重要な事柄をあまりにも軽く扱いすぎているのではないかと感じる人がいるかもしれません。そうした人々には、もっと詳しい説明が必要でしょう。それに少しでも応えるため、各章の最後には詳細な文献リストをつけてあります。

しかしながら、たとえ私がどんなにわかりやすい文章を書くことができたとしても、私が本書に与えている制約がなくなるわけではありません。私の人生経験は非常に限られたものです。私は安定した職についていますし、戦争で戦ったこともありません。生活に困ったこともありません。もちろん、さまざまな人生の困難にぶつかったことはありますが、他の人々が経験してきた恐怖や苦痛の深さを余すところなく書くことなど、とうてい不可能です。私にできるのはただ、すべての読者がこの本のどこかに自分との接点を見つけられるように書き進めることでした。

私は、読者であるあなたが、私の話に興味をもつ友人として、一緒に座って話をしているところを想像しながら、この本を書きました。この本を読み進めるにしたがって、あなたは私のことを知っていくことになると思います。この本に書かれていることがあなたにとって大切なものになるかどうかは、あなたが私をどのように思い描くかにもよるでしょう。とはいえ、あなたは、この本に対して好きなようにふるまえばいいのです――例えば、勉強する、遊ぶ、新しいものを創り出す、空想する、むさぼるように読む、つばを吐く、というように。そうした読者の反応から、私自身もまた、何か学べるものがあるはずです。こうして、私たちは共に「意味」を作り上げていくことができるでしょう。私の目的は、読者を説得したり、言い負かしたり、正しく教育したりすることではないのです。この本に力を与えるのは、読者であるあなたです。私たちの関係がすばらしいものになれば、そこにはきっと新しい道が開けることでしょう。人と人とが関係を結ぶということは、共同で未来を構築することだからです。

目　次

第1章　伝統的人間観の行きづまり

1

私のそばには、いつも万年筆がありました。私が子どもの頃、家族にとっても私にとっても、万年筆は「身近な存在」でした。父の万年筆は、数式の流れを次から次へと生み出し、それらはやがて論文へと姿を変えていきました。一方、母がペンを持って何かをじっくり考えると、そこから、心に訴えかけるような文章がほとばしり出てきました。そうして生まれた文章は、短い物語や、旅行記や、離れて暮らす子どもにあてた手紙になりました。ペンは、私の人生にとって、なくてはならないものになる運命だったのだと思います。それは、心理学者への道のりの中で現実になりました。私は、あれこれと考えて書くということをこよなく愛していました。紙の上を走るペンの音、インクの流れ、次々に書きこまれていく「自分の考え」、こうしたすべてのものに対して、私は何ともいえないスリルを感じます。そして、なんと私は、それで生計を立てているのです！

しかし、今では、ペンでものを書くことはほとんどなくなってしまいました。数年前、私は自分の手書きの原稿をタイプしてくれる秘書などもういないということを知らされました。私はコンピューターを使わなければならなくなったのですが、どうしても気が進みませんでした。書くことは手作業であって、科学技術ではないと考えていたからです。私は、紙の手触りを肌で感じ、言葉が指からペンの先へ、ペンの先から「目に見えるようになった私という存在」へと流れ出ていくのを感じていたかったのです。書くという行為は、読者と実際に接することと近いように感じられます。逆に、コンピューターというのは、私と読者との間に打ちこまれたくさびのようなものであり、私たちを隔てるいまいましい機械でしかありませんでした。私はコンピューターなど買わないと主張しました。結局、大学側がしぶしぶ私にコンピューターを一台届けることになりました。今では、羽根ペンは机の片隅に置かれ、私がペンと共に育ち、ペンを愛しているということを時々思い起こさせてくれるだけです。手紙にサインをする時ぐらいしか、ペンを使うことはありません。

コンピューターは、私の生活を大きく変えました。コンピューターによって、書くことは容易になり、何度も書き直したり、アイディアを思いつくままに書き出しては保存しておいたりすることができるようになりました。それだけではありません。コンピューターは、電子メールを運び、インターネットの広大な地平を開いてくれます。あらゆる場所で人々の関係は「電子化」し、あらゆる地点、あらゆる方向へと急速に広がっていきます。私は一日に何十という電子メールを受け取ります。学内や近隣にいる同僚からだけでなく、オスロ、イスタンブール、ウィーン、ブエノスアイレス、アデレード、京都、香港、デリーなど世界中からメールが届きます。相手は「どこか別のところ」にいるのではありません。相手の声は、まさに私の目の前にあります。インターネットに接続したとたん、私の目の前には、情報、ひらめき、論争、ユーモア、性的な会話などが次々に立ち現れてきます。私のコンピューターの画面は、まるで魔法のじゅうたんのように、地球を一周することもあれば、誰かの職場に入りこんだり、プライバシーに踏みこんだり、空想の世界にもぐりこんだりすることもできます。

このように長々と書いてきたのは、私たちが今直面している状況——政治や経済、地球のあちこちで見られる民族運動、ライフスタイルなどの急激な変化——をここにありありと見ることができるからです。世界規模で起こっているこうした変化は、私たちの生活にも徐々に入りこんできています。ここで、私たちは、価値に関する重大な疑問に直面することになります。いったい何が、本当に大事なものであり、守っていくに値するものなのでしょうか。かりに新しい何かを求めるとしても、では、代わりに何を捨てればよいのでしょうか。今自分たちが大事にしている生き方とは相容れない、あるいは敵対的でさえあるような生き方が迫ってきた時、私たちはどうすればよいのでしょうか。多数の声が自らの居場所を求めて張り合っているという、この世界の現実を考えれば、疑問はより深刻なものになります。かつては、真実と嘘、客観性と主観性、善と悪、道徳と不道徳を区別することは、容易であると思われていました。しかし、さまざまなメディアや、そこで出会う人々を通じて、異なる意見や価値が私たちの周りに氾濫するようになり、そうした区別はそれほど容易ではなくなりました。「何が事実か（the real）」「何が善いことか（the good）」には、無限のヴァリエーションが存在するのに、その中でいったいどの言葉を信じればよいというのでしょうか。誰かが「それでよい」と判断してくれるのでしょうか。しかし何をもってそう判断できるのでしょうか。そもそも信じることは、本当に可能なのでしょうか。

以上のような文脈の中で[1]、この本は生まれました。焦点をより明確にするために、ドン・デリロ（Don Delillo）による、ある父親と息子の会話を取り上げてみましょう。十四歳になる息子のハインリッヒを、父親が車で学校に送っていくという場面です。ハインリッヒが父親に話しかけます。


「今晩は雨が降りそうだね」

「もう降っているよ」と私は言った。

「ラジオでは今夜だって言ってたよ……」

「フロントガラスを見てみろよ」と私は言った。「それは雨じゃないのか？」

「僕はただラジオで何て言っていたかを言っただけだよ」

「ラジオでそう言ったというだけで、自分の感覚を疑わなければならないということにはならないよ」

「自分の感覚？　自分の感覚は間違っていることの方が多いよ。それは、実験室で証明されているんだ。見かけ通りであるものは何もないっていう法則を知らないの？　僕たち自身の心の外側には、過去も現在も未来もない。音だって、ぼくらを欺くんだ。音が聞こえなかったからといって、実際に音がしなかったということにはならない。犬だったら聞こえたかもしれない。他の動物だって。それに、犬でさえ聞こえないような音も……」

「雨は降っているのか？」と私は言った。「それとも降っていないのか？」

「答えたくない」

「もし誰かが、おまえの頭に銃をつきつけたら？」

「誰？　お父さん？」

「誰か別の人だ。トレンチコートを着てサングラスをかけた男だ。彼がおまえの頭に銃をつきつけて言うんだ。『雨は降っているのか、降っていないのか？　おまえはただ、真実を言うだけでいいんだ。そうすれば俺は銃をどけ、ここから出て行く』」

「彼が求めているのは、どんな真実？　他の銀河で光と同じ速さで進んでいる人の真実？　中性子星の周りを回る軌道にいる人の真実？」

「彼はおまえの頭に銃を突きつけているんだ。彼が求めているのはおまえの真実だ」

「僕の真実って一体何？　僕の真実なんて何の意味もない。もしその銃を持っている男がまったく違う太陽系の惑星から来たとしたら？　僕たちが雨と呼ぶものを彼は石鹸と呼ぶんだ。僕たちがりんごと呼ぶものを、彼は雨だと呼ぶんだ。そうしたら、僕は彼に何て言ったらいい？」

「彼の名前はフランク・J・スメリーで、セントルイスから来たんだ」

「彼は今雨が降っているかを知りたいんだね？　まさにこの瞬間に」

「今ここでだ。そうだ」

「今なんてものがあるの？　『今』はそう口にしている間にも、過ぎ去ってしまうんだよ。どうやって僕は今雨が降っているって言えるの？　僕がそう言った途端、お父さんの言う『今』が『あの時』になるとすれば？」

「……ただ答えを言ってくれたらいいんだよ、ハインリッヒ」

「僕には推測することしかできないよ」

「しかし、雨は降っているかいないかのどちらかじゃないか」と私は食い下がった。

「その通り。それが僕の言いたかったことなんだ。結局それは推測にすぎないんだ。どっちと言ったたって同じだよ」

「しかし、おまえは雨が降っているのが見えるだろう」

「太陽が空を横切るのも見えるよ。でも太陽が空を横切っているの？　それとも地球が回っているの？　……そもそも雨って何？」

「雨は、空から落ちてきて、おまえを濡らすものだ」

「僕は濡れていないよ。お父さんは濡れているの？」

「もういい」と私は言った。「よくやった」

「違う、真剣だよ。お父さんは濡れているの？」

「みごとだ」と私は息子に言った。「不確かさ、ランダム、カオスの勝利だね。科学にとって最上のひとときというわけだ」[2]

ある意味、これは愉快なやりとりといえるかもしれません——息子の容赦ない詭弁に憤慨しながらも、がんばる父親。しかし、よく考えてみると、実は痛いところを突かれていることに気づきます。父親の言葉も、さらには息子のそれも、私たちが固く信じている考えを表しているのではないでしょうか。私たちの多くは、まっとうな事実や理性の大切さ、科学的な真理を信頼する父親に、共鳴することでしょう。一方、ハインリッヒは、知ったような口を叩く生意気な少年であるように見えます。しかし、彼が、さまざまなものの見方があること、常識や理性には限界があること、当然と思われていることが実は近視眼的なものの見方のせいかもしれないということに気づいている点には、なるほどと感心せざるをえないのではないでしょうか。そうすると、今度は父親の方が、偏狭な古い考えをもっているように思えてきます。デリロのこの対話は、現代社会に広まっている、ある対立を表しています。

この対立は、どれほど重要なものなのでしょうか。これから学問の世界に入っていこうとする学生にとって、その将来はこの対立にかかっているとさえいえます。つまり、研究者としての仕事につけるかどうかは、父親とハインリッヒのどちらの立場に立つかによって決まるのです。大学はこうした対立にはまりこんでしまっています。この対立は、「基礎づけ主義 vs. ポスト基礎づけ主義」「構造主義 vs. ポスト構造主義」「経験主義 vs. ポスト経験主義」「植民地主義 vs. ポスト植民地主義」、そして最もよく知られているものとして「モダン vs. ポストモダン」など、さまざまなラベルをつけられています。私の所属する心理学部をみると、教員の多くは伝統主義者で、「ポスト」の国の住人は約三分の一にすぎません。両者の間のコミュニケーションは、とても困難であるというのが現状です。一方、文学部や言語学部では、ほぼ全員が「ポスト」の方向へシフトしました。対立の結果、多くの大学では学部が分裂し、新しいプログラムも生まれてきています。さらに、批判の矛先は、長く安泰の座にあった自然科学にも向けられています。白熱した議論は、「サイエンス・ウォーズ（科学戦争）」という言葉さえ生み出しました。もはや中立を保っていることなど、誰にもできません。

これは、知識人の間の単なる内輪もめにすぎないのでしょうか。そうではない、と一部の人々は考えています。私たちはもしかしたら、西洋史における暗黒時代から啓蒙主義の時代への動きにも匹敵するような、思想的大転換を目の前にしているのかもしれません。この転換を、破滅的だと感じる人も少なくないでしょう。なぜなら、それは、真理や道徳に対する私たちの考え、「自己」の価値、明るい未来など、私たちの生活を支えている信念が、ゆらぎつつあることを意味するからです。民主主義、宗教、教育、国家という伝統的な概念も、ことごとく脅威にさらされています。しかし、他の大多数の人間にとって、この転換は、大きな可能性を切り開いてくれるように思えます。人々が薄々気づいているように、西洋の伝統的な信念――例えば、真理、合理性、自己などに対する信念――はひどく限定されたものです。今日のグローバル化した社会を視野に入れるならば、そうした信念に固執することはあまりに偏狭であり、ほとんど意味をなさないように思われます。すべての人々のために作られたはずの、科学、宗教、政府、教育などの制度もまた、機能不全に陥っているだけでなく、弾圧や環境破壊、武力衝突さえ生みだしてしまっています。ポストモダニズムの第一人者である、ジャン‐フランソワ・リオタール（Jean-Francois Lyotard）は、このことを次のように述べています。「十九世紀および二十世紀は、われわれに極限に近い恐怖を与えた。我々は、全一の経験というノスタルジーに対し、すでに十分な対価を払ってきた」[3]。今求められているのは、より実りある千年紀へとつながる、新鮮な考えや実践です。とすれば、私たちがしっかりとつかんでおかなければならないものは何でしょうか。何を手放すべきなのでしょうか。私たちが今なすべきこととは、いったいどんなことなのでしょうか。

本書について

こうした対立と変化を背景に、この本は生まれました。私は二十年以上もの間、大学の同僚や学生、心の専門家、組織の管理者、友人、家族との関係の中で、この対立に深く巻きこまれていました。学問の世界に飛びこんだ時の私は、まさにハインリッヒの父親のようでした。しかし、次第に私は疑い深くなり、やがて鋭く批判する息子のようになりました。このように変化したのは私一人ではなく、他にも、少数ではあれ存在していました。さらに、ここ数年で、私ははるかに楽観的になってきました。というのも、伝統と批判の対立を乗り越える可能性があるということがわかってきたからです。この新しい可能性は、本書のトピックである社会構成主義の立場で書かれたものや、その実践の中によく現れています。社会構成主義は、伝統の声と批判の声のどちらも対話の中に招き入れようとします。決してどちらかに特権を与えることはありません。社会構成主義の動きに加わるためには、どちらかに凝り固まる必要もないし、過去を批判的に消し去ってしまう必要もありません。それより重要なのは、社会構成主義の対話がもつ驚くべき可能性に気づくことです。社会構成主義の立場に立てば、未来を創造するための新たな可能性が開けるのです。このことは、知識人の世界、科学者の世界、実践家の世界、私たちの日常的な世界のいずれにもあてはまります。

ここで、本書の構成について述べておきます。まず、この第1章では、暗い側面から見ていくことにします。危機に直面している伝統に焦点をあて、なぜそれほど危機的な状態に陥ってしまったのかを理解しましょう。それから、私たちは批判の回廊に足を踏み入れることになります。第2章では、崩れ去った伝統の瓦礫の山を掘ることから始めます。批判の破片を一つ一つ吟味していけば、知識、真理、自己というものに対して、別の見方ができるようになるでしょう。その新たな見方を常にとりまいているのは、社会構成主義の対話です。社会構成主義の基本的な概念を押さえた上で、第3章では、社会構成主義が推し進めようとしている問いの立て方に目を向けます。具体的には、真理、自己、善に関して広く行き渡っている常識を再考します。科学や日常生活におけるありふれた言説を見直すことで、私たちはこれらの常識的な信念から解き放たれることになるでしょう。このような批判的な考察を通して、私たちは、常識の呪縛から逃れ、別の考え方を積極的に打ち立てることができるのです。第4章では、社会構成主義の立場から社会生活を探究する方法について考えていきます。ただし、従来の学問の伝統をすべて捨て去ろうというのではなく、社会構成主義を通して、人間科学における問いがもつ可能性をふくらませることが目的です。すでに述べたように、社会構成主義は、伝統と批判の共存を可能にする新しい方法を作り出そうとするものなのです。第5章では、個人主義的な「自己」という強い信念に代わる代替案を模索します。すなわち、個人主義的な「自己」という概念を、「関係性」という概念で置き換えることを主張します。

本書を読み進めるに従って、読者は、理論と実践が収束していくことに気づくでしょう。社会構成主義の理論と社会的な実践は一つになるのです。続く3章（第6、7、8章）では、社会の現状と、新たな未来への可能性について考察します。まず、第6章では、人間理解についての理論的考察からいったん離れて、対立や争いの解消を目指す実践的な対話について考えます。特に、社会的疎外への代替案となりうる「変化を生み出す対話」を構成するいくつかの要素を詳しく検討します。次に、第7章では、社会構成主義にもとづく最新の実践について述べます。具体的には、心理臨床、組織管理、教育、研究者による情報発信の四つを取り上げ、それぞれにおいて、人々の関係を調和させ、明るい未来を創造する新たな可能性を探っていきます。そして第8章では、社会構成主義の立場から、現代社会の状況を具体的に分析してみます。特に、発達したコミュニケーション技術や、情報、イメージ、意見、広告などの渦が、私たちの日常生活をいかにのみこんでいくかという点に焦点をあてます。

第8章まで読み進んだ読者は、きっと、一度は納得できないと感じたり、おかしいのではないかと批判したくなったりするはずです。私は、読者のみなさんが抱くであろう疑問に対して、適宜答えていくつもりですが、最終章であらためて、社会構成主義に対する主な批判に真正面から取り組むことにします。具体的には、真理、客観性、科学、道徳的相対主義、政治に対する積極的な関与などの問題を取り上げます。もちろん、どの時点でこの章を読んでもらってもかまいません。

それでは、私たちが慣れ親しんでいる数々の常識について考えることから始めましょう。中でも、西洋的な「自己」観——一人一人の人間は、その身体の内側で意思決定をする、理性的な行為主体である——という、私たちの常識について考えていくことにしましょう。私たちは、人間をロボットと同じように考える人や、遺伝子によってすべてが決定されると主張する人に、心の底から同意することはできません。私たちは、自分の行為は自分で決定しているという感覚こそが、私たちの存在の核であると考えています。後で詳しく述べるように、このような自己に対する信念は、科学や真理についての常識とも密接に関連しています。さらに、自己や科学的知識についての私たちの常識は、道徳、教育、民主主義などの社会制度やシステムとも密接に結びついています。これらは、互いに絡み合い、依存し合っているのです。ところが、以下の節で、こうした常識が決して当たり前ではないこと、むしろ疑ってみる必要があることが明らかになってきます。慣れ親しんだ常識に従って生きることが、常に実りあるものであるとは限りません。未来に向かって進んでいくには、これらの常識に従って生きているだけではだめだということを、私たちは知っておかなければならないのです。

自己や、自己と密接に結びついた諸概念について反省していくことにより、ここ数年の間に登場してきたさまざまな批判についても、正しく検討することができるようになるでしょう。こうした批判はあまりにも強烈なものであるため、今までの考え方がすべて否定されてしまうのではないかと心配する人もいます。これまで信じていたことが、ことごとくその根拠を奪われてしまった時、それでもなお私たちはそれにしがみついていたいと思うでしょうか。あるいは、自ら進んで捨ててしまおうとするのでしょうか。

揺らぐ「自己」観

仮に、あなたが交通事故に遭い、命をつなぎとめるために体の器官の一部を犠牲にしなければならなくなったとします。その時、あなたがこれだけは失いたくないと思うものは何でしょうか。おそらく、あなたは脳、中でも意識や思考をつかさどる部分だけは残してほしいと考えるのではないでしょうか。私たちにとって、意識的に考えたり判断したりする能力を失うことは、人間としての基盤ともいえる「自己」を失うも同然のように思われます。「自己」を失えば、人間はただの野菜と何ら変わらないものになってしまうでしょう。自己というものが私たちにとってもつ重要性は、人類の歴史をはるか昔までさかのぼります。私たちは、二千年以上にもわたって考えられ、称えられてきた主体的な自己観、すなわち、私は自ら考え、判断しているという感覚を、今日まで引き継いでいます。プラトン（Plato）の「純粋概念」についての議論から、キリスト教に見られる人間の魂の賛美、そして近年の認知心理学に至るまで、私たちは、個人の自己というものを非常に尊重してきました[4]。

多くの人が認めるように、現在の私たちがもっている近代的な自己という概念が生まれたのは、啓蒙主義の時代です[5]。それ以前、ヨーロッパの一般の人々は、何世紀もの間独裁制の下で労働を行ってきました。国王の圧迫を受けたかと思うと、今度は教会からも圧迫を受けるというありさまでした。人々は自分の運命を自分でコントロールする力をほとんどもたず、その生死でさえ支配者の気まぐれによって決められていました。こうした束縛は、いかにして取り除かれていったのでしょうか。その一つの手段が、個人というものを尊重し、権力に立ち向かう能力や尊厳を個人に対して保証するような理論的説明を展開することだったのです。すでに、ユダヤ - キリスト教において、人間は、魂、すなわち神聖なる父とのつながりを授けられていました。つまり、人間は、それぞれ神との直接的なつながりをもっていると信じられていました。十六、十七世紀には、啓蒙主義の哲学者、政治家、科学者が、「個人（individual）」という概念にいくつかの重要な要素を付け加えました。特に、一人一人の人間は、世界をあるがままに観察し、適切な行為について判断できるという主張がなされました。これによって、個人という概念はよりいっそう明確になりました。自分自身を観察する能力と、自分の行為について考え、評価し、判断する能力とが、個人という概念に付与されたのです。そして、たとえ国王や聖職者であろうと、この普遍的な能力において、自分が他の人間より優れていると主張することはできなくなりました。

最初に登場したのは、デカルト（Rene Descartes）による懐疑の著作でした。デカルトは、『方法序説』（一六三七）の中で、あらゆる権威、常識、感覚さえも疑いうることを示しました。しかし、彼は自分が疑っているということ、それだけは最後まで疑うことができないと述べました。つまり彼は、思考こそが、人間であるということの核心をなすものだと考えたのです。「我思う、故に我あり（コギト・エルゴ・スム）」。ジョン・ロック（John Locke）もまた、心なるものがあると考えていました。彼が『人間知性論』（一六九〇）を著して人間の知性について論じた時、関心の中心にあったのは、個人が世界について観察したことは、どのように心の中に記録され、知識になるのかということでした。知識は神に属するものではなく、個人の所有物であると考えていたのです。また、トーマス・ホッブズ（Thomas Hobbes）は『リヴァイアサン』（一六五一）の中で次のように述べています。国家は、その国家を作り上げている一人一人の人間の同意――この同意は、「**社会契約**」の中に表れるのですが――があってはじめて、法を定めたり秩序を維持したりする権限を与えられる、と。つまり、国家は、自ら考え判断する合理的な心をもった一人一人の人間から成り立っているのであり、市民一人一人の心に帰すことのできないような権威はありえないというわけです。彼らが残した遺産こそが、フランス革命の火種となり、モダニズムの文化――個人の心の合理性を最も重んじる信念、およびそれにもとづく制度の総体――の基礎を築いたのです。

今日でも、啓蒙主義の時代の自己概念は、あらゆるところに浸透しています。例えば、民主主義――「個人」に投票する権利がある――の概念はまさに、啓蒙主義の思想に由来します。公教育もまた、啓蒙主義の思想にもとづいています。すなわち、個人がより多くの知識を獲得し、正しい判断を行う能力をもつことは、個人によって成り立っている国家にとっても有益であるという考え方が、そのベースにあります。そして、子どもも大学生も、あるいは会社などの組織においても、安易に人に同調せず、自らの意見をもっていることが賞賛されます。したがって、私たちは、英雄的なストーリー――ある人が自らの信念を貫くために自分自身の命を犠牲にし、最後にはその信念が正しいことが人々に明らかになる――に感嘆するでしょう。私たちは他人の意見に従ってばかりいる人を軽蔑し、自立している人を尊敬します。私たちは、自由でありたいと願い、自分たちをコントロールしようとする人間をあざ笑います。自由と平等。この二つは、私たちにとって最もかけがえのないものです。

確かに、これは輝かしい歴史であるといえます。私たちは、主体的に思考し判断する能力、自らの将来を自分で選択する自由を、非常に重んじています。しかし、ここには皮肉な事態があるのです。私たちがモダニズムを手にするためには、過去の優れた著述や政治的闘争、戦争、それ以外にも多くのものが必要でした。これらの宗教的・哲学的遺産がなければ、個人の意識的な選択を重要だとは考えなかったかもしれません。実際、西洋以外の文化に目を向けると、そのように考えられていない例も少なくありません。つまり、個人の自立性という財産は、他者から与えられたものなのです。私たちが自らそれを選び取ったわけではありません。この皮肉な結論から、さらに次のことが導かれます。私たちにモダニズム的な遺産をもたらした歴史には、まだまだ疑いの余地があるのです。この疑いを拡張してみることにしましょう。特に、個人の心という信念の核心にある、三つの概念的な問題について考えたいと思います。すなわち、二元論的世界の問題、世界についての個人の知識の問題、自分の心を正しく知るという問題の三つです。こうした問題は、自己というモダニズム的な伝統の中心にあるものです。それぞれに対する答えを述べる前に、まず、この伝統の危うさを実感することから始めましょう。

二元論的世界の問題――「外的世界」vs.「内的世界」

自己に価値を置くということは、外界（「外」）に対して、内なる私的な意識（「私」「ここ」）に価値を置くということを意味します。私たちは、知覚し、考え、決定する自己という心理的な世界があって、同時に、私たちの思考の外側に存在する物質的な世界があると考えています。このことは、自明であるように思われます。ところが、よく考えてみると、決してそうではありません。これは、哲学の用語では**「二元論的存在論」**――心と世界の実在――と呼ばれるものですが、長い哲学の歴史が示しているように、この二元論的な世界観は、非常に難しい問題をはらんでいます。中でも、最もやっかいなのは、心的世界と物的世界との因果関係を、どう説明すればよいのかという問題です。「神は精神から肉体を創りたもうた」という古い宗教的な考え方がありますが、それでは謎の答えは神のみぞ知るということになってしまいます。この問題をわかりやすくすると、次のような問いになります。「ある考え」（「彼女に電話しなくては」）は、どのように行動（受話器を取ること）に移されるのでしょうか。「こうしたい」「こうしよう」と思ったことが、どのようにして、実際に筋肉の動きを生み出すのでしょうか。自分に向かって「さあ、動かなくちゃ」と言うこともありますが、この意図が直接的に脊髄のニューロンを活性化させるわけではありません。物的世界の**内部**（例えば「タバコの煙が原因となって肺がんという結果を引き起こす」）、あるいは心的世界の**内部**（例えば「ある思考が原因となってある感情が生まれる」）でなら、因果関係を理解するのはそれほど難しいことではありません。しかし、「思考」や「感情」は果たして肺がんを引き起こしうるのでしょうか。もしそうだとすれば、心理的なものは、物質的なものに対して、どのように影響を及ぼすのでしょうか。デカルトは、この不思議な変換が松果腺で起こると考えましたが、この考えは脳科学者たちによって否定されました。「心理的なもの」が物質的な変化を生み出したり、逆に物質的なものが心理的な変化を生み出したりすることがいかにして可能なのか、という問いに対する答えは、今日にいたるまで見出されていません。

二元論的存在論の問題を認識した哲学者たちは、その代わりをさまざまな形での「**一元論**」、すなわち世界はただ一つ存在するという考え方の中に見出そうとしてきました。例えば、十九世紀の哲学者たちは、世界は一つだけ存在し、それは心の中にあると信じていました。このテーゼは哲学的観念論と呼ばれています。観念論の主張は、簡単に言うと、私たちにとって確かなのは自分自身の経験だけであり（この点はデカルトと同じです）、物質的な世界が存在するという考えは、私たちが心の中で作り上げたものにすぎないということです。観念論者の考え方は、あるところではまだ生き残っていますが、一般には否定されています。観念論を突き詰めていくと「**唯我論**」になります。唯我論では、私たち一人一人は完全に閉ざされた私的な世界に生きており、他の人々が存在するということさえ、個人的な想像以上の何ものでもないと考えます。この唯我論を抵抗なく受け入れられる人はおそらくほとんどいないでしょう。そもそも、すべてが個人の頭の中で作り上げたファンタジーにすぎないならば、唯我論の正しさを証明することも否定することもできないのです。そうだとすれば、こんな極端な考え方にとらわれる必要はありません。

こうして、観念論の大部分は、一元論のもう一つの形である「**唯物論**」に取って代わられることになりました。これには、おそらく二十世紀における科学技術のすさまじい進歩——電話、ラジオから核爆弾まで——が大きく影響していると考えられます。唯物論とは、たった一つの世界が存在し、それは物質的世界であるという考え方です。この立場に立つならば、「心」なるものがどんなものであろうと、それは物質的（脳内）過程の現れにすぎません。大脳皮質の機能から独立の心的プロセスなどありえないのです。別の言い方をすれば、われわれが心理学と呼ぶものがどんなものであろうと、それは神経科学を異なる水準で記述したものにすぎないということになります。

ところが、より詳しく検討してみると、唯物論者の主張は、観念論者のそれと何ら変わるところがありません。第一に、私たちは、物質が存在するということをどうやって知るのでしょうか。おそらく、自分自身の経験を通してでしょう。しかし、何を根拠に、自分の経験から、世界は物質であると結論づけることができるのでしょうか。これは、それほど単純なことではありません。というのも、私たちは「想像」したり「推論」したりしなくてはならないはずだからです。「世界が物質である」というのは、私たちがそのように「考える」限りにおいてなのです。ここで再び心が登場することになります。

さらに、心を物質へと還元することは、主体的な「自己」という観念をも破壊してしまうことになります。私たちはふつう、物質的世界を、原因と結果、あるいは条件と結果とが、予測可能な結びつきをもっている世界として理解しています。このような物質的世界に対する考え方には、「自然法則」を侵害しかねないような「自由で主体的な判断による決定」が入りこむ余地はありません。「一〇メートルジャンプしてみよう」とか、「歳をとらないようにしよう」などと心に決めることは不可能です。このように、人間に対して物質的な見方をすると、自由な思考といったものは単なる神話に変わってしまうのです。私たちが何を考えようと、それは前もって決まっていたということになります。もはや、人間という機械をロボットから区別するものは、何もありません。極端にいえば、人間の生命を機械以上に重んじなければならない理由さえなくなってしまうかもしれません。

知識の問題——鏡としての心

「内的な主観的世界」と「外的な客観的世界」があるという想定は、非常に大きな謎を生み出してしまいます。最も深い謎の一つは、主観としての私たちが、どのようにして客観的世界の知識を獲得するのか、ということです。哲学では、これは、**認識論**の問題になります。認識論の中心にある課題は、個人の意識が外界に関する知識をどのようにして蓄えていくのかを理解することです。読者の中には、これから生じる困難な状況に、もう気づいている人がいるかもしれません。すでに議論したように、客観的世界と主観的世界とが因果的にどのように結びついているのかが説明できないならば、客観的世界が心の中に正確に記録されている（心に何らかの影響を及ぼしている）と、どうしていえるのでしょうか。哲学者たちは、二千年以上もの間、この問題について考え続けてきました。心理学者たちもまた、一世紀以上にわたって、可能なかぎり厳密な実験室的手法を用いてその答えを探し求めてきました。彼らが目標としたのは、比喩的にいうならば、心が「**自然に対する鏡**」のような役割を果たしていることを示すことでした。心が世界をありのままに映し出している――例えば、目の前のアヒルをウサギとして知覚したり、ピストルが花束に見えたりすることがない――場合に限って、私たちは、世界についての客観的知識があると主張することができます。もし心が鏡のような役割を果たしていないのであれば、私たちは、知識を自分勝手に作り上げているということになり、人間が客観的知識をもちうるという考えそのものが成り立たなくなってしまいます。

「鏡としての心」という前提に立つ立場は、哲学では伝統的に、「経験主義」――あらゆる知識の源は経験であるという考え方――と呼ばれています。経験主義は、アリストテレス（Aristotle）の時代までさかのぼることができますが、啓蒙主義では、十七世紀に書かれたジョン・ロックの『人間知性論』が、おそらく最も画期的な著作といえるでしょう。ロックは、個人の心は、生まれた時は白紙の状態（タブラ・ラサ）であり、世界を体験することによって、そこにいろんなことが書きこまれていくと考えました。したがって、抽象的な概念や複雑な思考も、すべて私たちの世界における体験に由来しているということになります。哲学者であり政治家でもあったフランシス・ベーコン（Francis Bacon）もまた、ロックと同じように、世界についての知識は、「**帰納法の規則**」――観察された具体的なものから、経験に裏打ちされた一般的なものを導く――によって創り出されると主張しました。彼は、『ノヴム・オルガヌム』（一六二〇）の中で、「市井の会話」、すなわち、世間一般の人々の考え方をできるだけ避けるべきだと警告しています。なぜなら、「言葉」は鏡としての「心」をゆがめるからです。ビショップ・バークレー（Bishop Barkeley）、デヴィッド・ヒューム（David Hume）、ジョン・スチュアート・ミル（John Stuart Mill）などの後世の哲学者はみな、この経験主義的な考え方をもっているといえるでしょう。

しかし、知識についての経験主義的な考え方は、人々を完全に納得させることはできませんでした。確かに、「あるがままの世界」なるものが、特定の概念とは無縁に存在しているかのように思われます。でも、果たしてそうでしょうか。例えば、同じように私の家の窓から外を眺めたとしても、植物学者と庭師では、まったく異なる表現をすることでしょう。芸術家、不動産屋、泥棒なら、もっと別の表現を用いるでしょう。とすれば、「世界が私たちの知識を形成する」と結論づけてよいのでしょうか。「抽象的な概念」が、「なまの知覚」からどのように形成されるのか――すなわち「公正」「民主主義」「神」といった抽象的な概念は、感覚神経によって脳へと伝えられる知覚情報から、どのようにして生まれてくるのか――という疑問に対して、説得力のある説明をするのは難しいように思われます。また、経験主義者は、自分の心に映し出されているような世界が実際に存在することを確かめることはできません。私たちにとって、心の中にあるイメージがすべてだとしたら、どうして、このイメージを生み出しているものが「外部にある」と確信をもっていえるのでしょうか。

こうした疑いをきっかけにして、一般に「**合理主義**」と呼ばれる、経験主義に対抗する学派が、認識論の舞台に登場することになりました。プラトン哲学に始まり、今日の認知心理学に至る合理主義者たちは、個人の内部に存在する心的プロセスが、私たちの知識を形作るのに重要な役割を果たしていると考えます。合理主義者は、「私たちは世界を直接知ることができる」とは言いません。プラトンは、物質的な現実に対する私たちの関係を示すために、洞窟のメタファーを用いました。彼は、『国家』の中で、私たちはある種の洞窟の中に生まれ、壁に映る物の影しか見ることができないのだと述べています。それでも、私たちが、その影が何を意味するのかという知識に到達できるのは、理性のおかげだというわけです。同様に、エマニュエル・カント（Immanual Kant）は、「世界について理解するために、私たちは、ある先天的な概念をあらかじめもっていなければならない」と述べています（『純粋理性批判』、一七八一）。彼のこの考えは多くの学者に影響を与えてきました。数、因果関係、時間などの概念を、観察から導くことはできません。しかし、これらの概念は、私たちが世界を理解する際に重要な役割を果たしているのだから、それらは私たちに生まれつきそなわっていなければならないというわけです。この議論は、今日の認知心理学者の考えを支持するものです。認知心理学者によれば、私たちは、世界から情報を引き出すために、心の中にあらかじめ何らかの概念をもって世界に働きかけなければなりません。世界が私たちの概念を生み出すのではなく、私たちが概念の助けを借りて、世界をさまざまに構成するというわけです。先ほどの庭の例でいえば、植物学者、庭師、不動産屋は、それぞれ異なる概念にもとづいて私の庭の光景に接するがゆえに、それぞれ別の見方をすることになるのです。

数世紀にもわたり議論は続いてきましたが、合理主義者は結局、経験主義者と同様、心の中にある知識という謎を解き明かすことはできませんでした。再び上の例を取り上げれば、そもそも植物学者や庭師は、それぞれの概念をどのようにしてもつようになったのか、という疑問が当然わいてきます。もし概念は「身につけたものである」と考えるなら、合理主義は、概念は観察を通して作り上げられるという、経験主義と同じ立場に立つことになります。ところが、私たちはこのような見方に与するわけにはいきません。では、カントのいうように、概念は生まれつきあると考えればよいのでしょうか。心理学者の多くは、こうした生得説に魅了されてきました。しかし、生得説をとると、今度は、常に新しい概念が登場するのはなぜかを説明できなくなります。「ブラックホール」や「ポストモダニズム」などの新しい概念は、いったいどこから来たのでしょうか。生得説はまた、心‐身関係の問題を再び呼び起こすことになります。概念が生まれつきそなわっているとするならば、染色体の配列から抽象的な概念がいかにして導かれるというのでしょうか。この問いに答えようとすれば、物質的なものがどのように心的なものを引き起こすのかという、あの難問に再びとらわれてしまいます。

以上のように、二千年に及ぶ探究を経てもなお、知識の問題には、依然として解決のメドは立っていません。リチャード・ローティ（Richard Rorty）は、重要な著作『哲学と自然の鏡』（一九七九）の中で、悪しき伝統はすべて捨て去られなければならないと主張しています。「知識について考えることは、われわれに難しい『問題』をもたらし、それについての『理論』を要請する。だが、そもそも知識について考えるのは、知識を頭の中に蓄えられた表象の集まりであるとみなしているからなのだ」とローティは述べています。つまり、鏡としての心というメタファーのせいで、私たちは認識論の謎にとらわれてしまっているのです。ローティはこうもいっています。「この知識についての考え方は…：十七世紀の産物である。もし、知識についてのこの考え方が必然的なものではないとすれば、認識論もまた必然的なものではないということになる[6]……」。このように見てくると、知識の問題は、二元論的なメタファーによって定義されてきたために、解決できなかっただけだということになります。二元論を破棄することは可能であり、そうすれば問題そのものが消えてなくなります――少なくとも、より扱いやすいものとして捉え直すことができるのです。

自分の心がわかるとは？——内なる眼という問題

「あなたは中絶する権利についてどう思いますか」「あなたは父親に対してどのような気持ちをもっていますか」「この週末、あなたは何をしたいですか」。これらの質問に答えるのは、あなたにとってそれほど難しいことではないでしょう。でも、思ったり感じたりしていることがわかるとは、正確にいえばどういうことなのでしょうか。あなたは、「ただわかるんだ」というかもしれません。でもどうやって？　もし、この質問に答えられないとしたら、どういうことになるでしょうか。まず、私たちは、自分が「本当に考えたり、感じたり、望んだりしていること」が何なのか、実はわからないということを認めなければならなくなります。そればかりか、心の中に「考え」や「感情」や「望み」があるということさえ、確かではなくなってしまいます。私たちはもはや、心から「愛している」あるいは「そんなつもりではなかった」などということができません。なぜなら、私たちは自分が「愛」や「意志」をもっているかどうかを確かめることができないからです。この「自分の心が本当にわかるのか」という問題は、二元論や、知識は個人の頭の中にある考え方と同様に、非常に難しい問題をもたらしています。その難しさを十分に理解するために、この問題をいくつかの要素に分けて考えてみましょう。いずれの場合においても、私たちは袋小路に入り込んでしまうことになります。

・ある心の状態を他の状態から区別することはどうして可能なのか。私たちはどのような基準で、考える、望む、意図するなどの状態を区別するのか。例えば、色、形、重さなどに違いがあるのだろうか。では、考えはいったいどんな色をしているのか？　望みはどんな形？　意図の重さはどのくらい？　このように考えてみると、色、形、重さという特性のいずれも、心の状態を表すには適切ではないように思われるのはなぜか。

・自分の心の状態を観察しようとしているとき、心のどの部分が観察を行い、どの部分が観察されているのか。先の議論にならって、心をある種の鏡とみなすならば、鏡がそれ自身の像を映し出すことは、どうして可能になるのか。私たちは世界を眼で見る。とすると、何が「内なる世界を見る眼」の役割を果たすのだろうか。また、その対象は何か。

・心の状態を、血圧、心拍数などの生理学的な指標によって表すことはできるのか。GSR（皮膚電気反応）やMRI（磁気共鳴映像法）の結果を見れば、誰かを本当に愛しているかどうかがわかるだろうか。仮に、非常に精密な生理学的な診断結果が得られたとして、その結果がどの心の状態と対応しているか、どうしてわかるのか。心拍数の上昇は、なぜ「愛」ではなくて「怒り」を、「失望」ではなくて「望み」を意味するのだろうか。どのような心の状態が存在するかがわからないのに、どうして生理的な状態を心理的な世界と結びつけることができるのだろうか。

・心の状態を、正しく認識しているという確信は、どこから得られるのか。もしかしたら、ある心的プロセス（例えば抑圧や認知的バイアス）が、正しい自己認識を妨げているかもしれない。また、バイアスはかかっていないという確信をもっているとしても、自分が正しく「あるがままに」自分の心を見たということがどうしてわかるのだろうか。例えば、自分は今、「悲しんでいる」「憂鬱である」「元気がない」「上の空である」「ただ疲れている」のいずれでもなく、「落ちこんでいる」と言う時、どんな基準をもってそう判断しているのか。

・心に関する用語の用い方について、私たちはみな一致した考えをもっているように見える。しかし、自分が感じているものが他人と同じであると、どうしてわかるのか。私は決してあなたの心の中を見ることができない。とすると、あなたが「恐れ」と呼ぶものが、私が「怒り」と呼ぶものではなく、また私が「幸せ」という言葉で意味しているものが、あなたが「不安」と呼んでいる状態ではないと確信をもっていえるのはなぜか。この疑問に対して、あなたは、早期の社会化の段階で、感情やその他の心の状態を識別できるようになったのだと答えるかもしれない。あなたの母親が例えば「あら、サラ、悲しいの？」とあなたに尋ねた時、あなたは、自分が「悲しい」という状態なのだとわかるようになったというわけである。しかし、そうだとすると、どうして母親は、あなたが「落ちこんでいる」わけでも、「元気がない」わけでも、「怒っている」わけでもなく、「悲しんでいる」とわかったのか。あなたの経験なるものが目の前のテーブルの上に置いてあって、あなたの母親がそれを調べることができたわけではない。誰もあなたの「内なる世界」に接近することはできないし、逆も同じである。もしかしたら、あなたの母親はいつも間違っていたのかもしれないし、あなたは今も間違っているのかもしれない。

この問題もまた、二千年もの間——哲学、心理学、生物学において——考えられてきたにもかかわらず、その答えはとうとう得られませんでした。さらに、私たちが「抽象を具体とおき違える錯誤（fallacy of misplaced concreteness）」にとらわれているのではないかという疑問も生じてきました。私たちは「考える」「感じる」「欲する」「意図する」などの言葉をもっています。これらは、確かに、具体的な行為であるかのように見えます。しかし、私たちはその具体性を架空の対象——「頭の中にある考え」や「心の中にある感情」——にまで拡張し、それらが具体的なものだと誤って思いこんでしまっているのではないでしょうか。また、私たちが考える、観察する、欲するということは自明であるように思われていますが、それは内的世界があるという前提に立っている限りにおいてです。しかし、その前提は幻想にすぎません。ニーチェ（Friedrich Nietzsche）は次のように述べています。「幻想に長らく浸っていると、それは、人々にとって、確固たる正当なものに感じられてくる。また、それに従わざるをえないという感覚さえ生じてくる。つまるところ、幻想は、みなが、それが幻想であることを忘れている限りにおいて幻想たりえるのである」[7]。

激しさをます嵐——真理、理性、道徳

「自己」に関するいくつかの問題は、それだけを取り上げても、しっかりと取り組まなければならない重要なものです。しかし、これらの問題は、もっと広くさまざまな問題とも密接に結びついています。あるいは、個人の心という概念を考えてみても、それは、私たちの日常生活や主な慣習におけるさまざまな事柄を支える重要な基盤ともなっています。ですから、「自己」や「心」を批判的に問うことによって、私たちの生活のすみずみにまで衝撃が及ぶということになりかねません。そこで、危険に満ちた批判の海にまっすぐ飛びこむ前に、「自己」について問うことによって、いったいどんな影響がもたらされるのかを考えていくことにしましょう。

客観性、真理、科学の問い

「外界についての知識が個人の心の中にある」という考えが疑わしいものであるならば、知識の特権的地位を主張する人々（例えば学者）がいることについて、どのように理解すればよいでしょうか。特に、自分は「**客観的知識**」——すなわち単なる主観的な想像ではなく、世界についての経験にもとづく知識——を有しているという主張は、いったい何を意味しているのでしょうか。私たちは、すでに、主観 - 客観二元論がどんな難問を抱えているかを十分見てきました。もはや、「自分たちの知識は『世界についての経験』にもとづいている」と主張する人々に、いかなる特権も与えることはできません。

このような疑問は、「真理」という概念とも密接に結びついています。ふつう、世界についての真実の言明とは、世界をあるがままに映し出すものであって、決してその人の個人的な願望などが入りこむべきではないと考えられています。現象を正確に観察し、観察したことを正しく報告することができた時、私たちは「真理の語り手」としての資格を得ることができます。その現象を目の前にした全員が同じ結論に達するならば、それは一人一人の個人的な見方を超えた——さらに歴史や文化の違いをも超えた——真理であるとみなされます。

しかし、すでに述べたように、心が「自然を映し出す鏡」であるとみなす考えが疑問視されるようになると、正確な観察ということもまた、疑わしいものになってきます。そもそも心がそれ自身の内容をどうやって知るのか（自己知）がわからないのであれば、個人が自らの観察にもとづいて正しく報告するという考えが揺らいできます。真理や客観性という概念が、心の中がわかるという前提の上に成り立っているとすれば、そういった概念は非常に不安定なものになります。

もう少し具体的に考えてみましょう。私たちが自然科学——物理学、科学、生物学、天文学など——を重んじるのは、それらが知識の面で進歩していくと考えているからです。自然科学は、世界をありのままに語ってくれるはずです。自然科学における真理の主張もまた、「知識は個人の所有物である」——注意深く観察し、厳密に考え、導き出した結論を世界において試すのは、科学者個人である——という考え方にもとづいています。

ここで、私が「机」と呼ぶ、目の前にある物体について考えてみることにしましょう。私の観察によると、その机は、硬く、薄い茶色をしていて、重さは八十ポンドで、特に匂いはありません。ところが、同じものを目の前にしても、原子物理学者であれば、「それは必ずしも硬いとはいえない（机はたくさんの原子でできているが、原子の間はすきまだらけだから）」というでしょうし、心理学者であれば、「本当は物体自体に色があるわけではないのだ（色の知覚は、光波が網膜に映ることによって生じるものであるから）」と教えてくれるでしょうし、宇宙科学者であれば、「それは八十ポンドの重さであるかのようにみえるだけだ（重さというのは、周囲の重力場によって決まるものだから）」というでしょうし、生物学者であれば、「私よりもっと嗅覚の鋭い犬なら、何らかの匂いを感じるはずだ」と主張するでしょう。私は、もう少し注意深く観察することはできたかもしれません。しかし、どこまでいっても、こうした結論に達することはなかったでしょう。

この考えをもう少し先へ進めてみましょう。先ほどの専門家たちは、私が机と呼んでいるものを理解するのに、それぞれ異なる語彙を用いています。机というものについて、物理学者は「原子」という単語を用いて話をしますし、生物学者であれば「セルロース」、技術者であれば「統計的特性」、芸術に興味のある歴史家であれば「ヴィクトリア形式」、経済学者であれば「市場価値」という語を用いて、それぞれ説明することでしょう。こうした語彙はいずれも、個人の観察のみから得られたものではありません。現に、私は、目の前の机からそれらを読み取ることはできませんでした。こうした語彙はむしろ、同じ学問に携わる共同体から生まれたものです。つまり、語彙とは、何らかの共同体の伝統や実践にもとづく記述のしかたなのです。だから、物理学者がセルロースを「観察」したり、生物学者が統計的特性を「観察」したりすることはまずないでしょう。このことが理解されるならば、科学的真実とは、観察する心が生み出したものではなく、共同体の産物であるとみなすべきでしょう。同様に、客観性や真理もまた、共同体の伝統の産物であって、個人の心の産物ではないということになります。もはや、科学は、普遍的な真理を主張することはできません。なぜなら、真理の主張はすべて、ある共同体の伝統に固有のもの——すなわちある文化や歴史に内在するもの——だからです。この点については、次の第2章で詳しく見ることにしましょう。

理性と教育の役割

「心の中の知識」という概念が疑問視されるようになると，人間には理性がある——思考し，計画し，合理的な選択をする——という思いこみもまた，疑わしいものになってきます。「**外界についての知識が心の中に蓄えられる**」という考えが退けられるとすれば，心はいったい「何について考える」というのでしょうか。この問いに対して哲学者たちは，「純粋思考」の存在の可能性を想定してきましたが，考えている人がどのようにして心の内側をのぞき込み，自分の考えを知ることができるのかを明らかにすることはできませんでした。

心の中の知識や理性という想定が疑わしいとすれば，現在の教育システムの背後にある理論的な根拠にも，疑いの目が向けられることになります。従来，学校は，生徒一人一人の心の質を高めること——心の中の知識を増やし，考える力をつけること——に専念してきました。教科の内容を身につけ，レポートを書き，試験を受け，その結果によって誉められたり叱られたりするのは，あくまで生徒個人です。生徒たちが集団として評価されることはほとんどありません。生徒の家族がどのくらい貢献したか（あるいはしなかったか）が問われることもありません。教師と生徒の関係（例えば「お互いに切磋琢磨しているか」）がテストされることもありません。

もし，教育が真理，客観性，知識，合理性に貢献するものであるということが疑わしいのであれば，私たちは教育プロセスについて，どのように理解すればよいのでしょうか。ここでヒントとなるのは，言葉，中でも専門的な語彙です。私が教師で，生徒であるあなたに，ある問題についてどう考えるかと尋ねたら，おそらくあなたはいくつかの言葉を並べて答えることでしょう。私は，あなたの言葉が本当にあなたの考えを反映しているのかどうか，決して知ることはできません。それでも，あなたの答えを評価し，成績をつけるということになると，私が吟味するのは言葉以外にありません。そして，これが仮に生物学の授業であれば，私は，あなたの言葉が生物学の伝統を反映していることを期待するでしょうし，心理学の授業であれば，また別の言葉を期待するでしょう。数学の授業であれば，辞書に載っている言葉ではなく，記号や数式の列かもしれません。このように見てくると，「合理的に考える」とは，もはや個人の心の中だけのできごとではありえません。それは、人々の関係の中で起こることなのです。つまり、教育とは、さまざま伝統、さまざまな語彙、さまざまな共同体の実践を身につけることだといえるかもしれません。この点についてもまた、後で詳しく議論することにしましょう。

道徳と責任

個人が心の中に知識や理性を有しているという信念は、道徳という、別の文化的な要素とも密接に結びついています。私たちはたいてい、「道徳的秩序」——何が適切であるか、どのような行為が許容されるのかという基準——に適った行為をしています。そして、この秩序からの逸脱に対しては、個人個人が責任を負うべきだと考えます。それは、個々の人間が、知識を獲得し、意識的に考える能力を生まれつきもっていると信じているからです。例えば、教室を考えてみましょう。教室の中では、何を言ってもよいか、誰に話しかけてよいか、話しかける声の調子、表情、衣服などについて、厳しいルールが存在しています。その時、許容範囲は、実に狭いものです。しかし、そうした状況がむしろ心地よく感じられることも少なくないでしょう。その時、教室の秩序は、そのままあなた自身の秩序になっているのです。逆に、秩序から逸脱すれば、あなたは教師やクラスメート、両親などから叱責されることになります。もっと大きなスケールで見ると、道徳的秩序が命ずることがらは、法律として決められています。私たちは、ある人間が殺人や強姦、強盗、麻薬取引、幼児虐待などを行った場合、その責任はその個人にあると考え、その個人に罰を与え、更正させるべきだと考えます。その人は自ら法律に違反することを選んだのだから、というわけです。

上で述べたことは、おそらく、それほど違和感なく受け入れられることでしょう。ところが、私たちがこれまでぶつかってきた問題と、この「合理的な自己コントロール」という概念を重ね合わせてみると、こうした考えが揺らいできます。私たちはなぜ、道徳的秩序が個々の人間の内面にある道徳心によって達成されると考えなければならないのでしょうか。それぞれの人間が、自分自身の道徳心にもとづいて**自由な**選択を行うというのは、果たしてどういうことなのでしょうか。**たった一人で**選択することなど、できるのでしょうか。例えば、信号無視をするかどうかを、完全に「自由に」選択することができるのでしょうか。そもそも、社会的な影響をまったく受けることなく、その問題を考えることができるでしょうか。おそらく不可能でしょう。何よりもまず、「法律」について考えることができません。なぜなら、法律という概念は文化によって与えられるものだからです。「法」という言葉を用いて考えることは、「ある文化や共同体の中で考える」ことなのであって、たった一人で考えるということではないのです。

同じように、「保険」「投獄」「勇敢」などの概念もまた、私の個人的な考えではありません。「非道徳的」——善に対する悪——という概念からして、文化を抜きにしては考えられないでしょう。知識や理性と同様、道徳もまた、ある特定の文化の中ではじめて意味を獲得します。個人に——その一人一人に——道徳的な責任があると考えることで、私たちの共犯関係は見えにくいものとなっているのです。一人の人間の非道徳的な行いは、実は私たちについても何かを物語っているのです。

このように、一人一人の人間の内面に自己なるものが存在し、その自己が外界についての知識を獲得するという常識的な信念に対して疑問をもつようになると、科学、真理、客観性、合理性、教育、道徳的選択などのあらゆる前提が、疑わしいものとなってきます。影響はこれだけにとどまりません。例えば、民主主義は、「一人一票」、すなわち、一人一人が心の中の考えや判断にもとづいて投票するという考えの上に成り立っています。また、経済システムも同様に、個人の心なるものを大前提としています。資本主義経済は、自分の利益を増やすために、自ら判断したり決定したりする個人の集まりを想定しているのです。さらに、企業、政府、軍隊などの組織では、たいてい、個人が内面にもっている能力が重視されます。採用、人事、昇給、解雇などは、個々人の能力にもとづいて行われるべきだと考えられています。ところが、いったん「自己」という信念が疑問視されると、以上のような慣習がすべて疑わしいものになってしまうのです。「自己」という一つの基盤にひびが入ることによって、社会的な伝統の骨格をなしているものがことごとく揺らぎ始めるのです。

ポストモダンの胎動

これまでの議論では、一見揺るぎないように見える伝統が、実はもろい基盤しかもっていないという点を強調してきました。しかし、そもそも、なぜ伝統のもろさについて、そんなに思いわずらう必要があるのかという疑問がわいてきます――口笛でも吹きながら、「何とかなるさ」ではすまされないのでしょうか。私たちはただ、伝統に対して特に何の疑問ももたなかっただけです。食事を一日に五回とるよりも、一日三回の方が好まれることに、特に合理的な根拠が必要ではないのと同じです。私たちは何となくそうしてきたという、それだけのことではないのでしょうか。

ここでちょっと立ち止まって、このような伝統を甘んじて受け入れている「私たち」について考えてみましょう。これまで検討してきた伝統的な前提や実践はすべて、西洋文化、せいぜいここ数世紀の西洋文化が生み出したものです。こうした前提や実践をまったくその通りと認めてしまえば、そこで万事休す、それらが社会に対して望ましくない影響を及ぼしていたとしてもどうすることもできません。また、これらの信念や実践が、二十一世紀にも同じようにうまく機能するかどうかを見極めることもできなくなります。今日、電話、ラジオ、テレビ、航空輸送から、コンピューター、衛星放送、インターネットまで、コミュニケーション技術や輸送技術の発達に伴い、世界中の人々がお互いに接する機会がますます増えています。しかし、私たちの前に実際に現れつつあるのは、多くの人が望んでいる「地球村」[8]ではなく、対立・抗争や領土拡張、やみくもな開発と、それらが引き起こす憎しみや抵抗です。こうした状況の中で、何の疑いもなく、これまで通り伝統に浸り続けることのできる文化など、果たしてあるのでしょうか。私たちは、自己、真理、理性、道徳原理という、私たちの伝統的な前提が、社会に対してどのような影響を及ぼしているのかをあらためて考え直してみる必要があるはずです。

文化帝国主義

西洋に生きる私たち（実は他の地域でもそうなのですが）は、自分たちが信ずる真理、理性、道徳という概念が普遍的なものであると思っています。特に科学的な真理は、「私たちだけのもの」ではなく、全世界に共通の真理に違いないと考えられています。「すべての物質は原子からなっている」、あるいは、「社会を構成する一人一人の人間は感情をもっている」ということは、私たちが属する文化を越えてあてはまる普遍的な事実であり、理性のある人間ならば、誰でも同じ結論に達するはずだと私たちは考えます。ところが、私たちはそう考えることによって、他の現実を踏みにじっているのです。私たちは知らず知らずのうちに、他の現実を信ずる人々を抑圧する文化帝国主義者になってしまっているのです。

私が、かつて日本を訪問した時のことです。ある年配の日本人教授が、自分が感じている寂しさと孤独を、私に打ち明けてくれました。彼は、第二次世界大戦後に、アメリカが日本の大学をアメリカ式に改革した時のことを、苦々しげに語りました。彼によれば、改革以前には、日本の大学の教授たちは全員で一つの大きな研究室を共有していたそうです。「私たちは、よく一緒に話をしたり笑い合ったりしたものです。ところが、アメリカ人はそのことを『遅れている』とみなし、それぞれの教授を個別の研究室に閉じこめてしまいました。今ではもう、他の教授と話をすることもほとんどありません」と彼は言いました。職場における個人主義。それは苦い影響をもたらしたのです。このような文化帝国主義のもう一つの例として、ニュージーランドの先住民であるマオリ族の一人の語りに耳を傾けることにしましょう。

「心理学は……マオリ族の人々がもっているとする異常な特性を大量に作り上げてきた。マオリ族が、イギリスから押しつけられたラベルや処遇を受け入れてきたからである。臨床心理学は、社会統制の一手段である……それに、そもそも心理学の記述は、マオリ族についての真実を語るものではない。その信憑性は、せいぜい、新聞の星占いの欄に書いてあることと同じくらいである。[9]」

知識と新たな全体主義

啓蒙思想は、王族や宗教が押しつけた全体主義的なルールを打破することに成功しました。啓蒙思想では、個人は、生まれつき合理的に考える力をもっており、政治に参加する不可侵の権利を有していると考えられています。この権利を尊重すると同時に、個人の頭の中にある知識に揺るぎない価値を与えることで、科学、客観性、真理などを打ち立てることができると考えられてきました。この考えにもとづいて、科学者たちの共同体は、専門用語、方法論、分析手法、合理的推論などを発達させていったのです。こうして、自分たちの声が他の何にも優ると主張する「知識階級」が、新たに登場することになりました。このような主張に異議を唱えようとするなら、自分自身もこの階級に加わっていなければなりません。知識階級の基準から外れるもの――非常に個性的な価値観、霊的な洞察力、西洋以外の伝統――が考慮されることはほとんどありませんでした。このように、はじめは社会を民主化するという機能を果たしていた啓蒙思想は、今では、別の意味での全体主義を作り出すことになっています。[10]「真理のラッパが鳴り始めたら、隊列に加われ！」というわけです。

共同体の衰退

「社会の基本的な単位は個人である」という考えによって、「共同」ではなく個々の人間の独立が強調されるようになりました。能力を評価されたり、善悪を判断されたり、心理特性を測定されたり、心の病を癒されたり、犯した罪によって投獄されたりするのは、あくまで個人です。こうして、関係――知識、理性、道徳などを作り出すために必要な人々の調和――にはほとんど注意が向けられなくなりました。例えば、私たちは、個々の生徒について評価を行いますが、ある教育プロセスを達成するために、生徒と教師の間にどのような協力関係が必要かということはほとんど考えません。また、個人の権利は強調しますが、共同体を維持していくために何をしなければならないのかということには、ほとんど関心がありません。

このような個人主義的な考え方は、国家のレベルでも同様に見られます。どの国家も自国の力を強化し、豊かにすることを第一に考え、他の国家との関係は二の次にされています。しかし、いかなる国家であっても、経済的にも政治的にも、ＮＡＴＯ（北大西洋条約機構）、ＥＵ（ヨーロッパ連合）、ＵＮ（国際連合）、ＮＡＦＴＡ（北米自由貿易協定）などの共同体から完全に独立には存立できないはずです。個々の単位にのみ注意を払うことは、関係を無視することになるのです。

打算的な関係

個人が尊重されると、「自己でないもの」は、すなわち「他者である」ということになります。一人の人間がいて、それぞれ相手を他者として位置づけている時、片方がまず発する問いは、「君は私を助けるつもりか、それとも傷つけるつもりか（相手が自分の益になるか、害になるか）」というものです。私の理性は、私の幸福を確実なものにするためにあり、結果がすべてです。この時、私は他者を単なる手段として扱っています。他者は、私の自己実現の手段にすぎず、それ以外の価値などもたないと考えられているのです。このような態度は、家族や友人、同僚との関係の中にも入りこみ、関係を疎遠にし、不信を生み出すもととなります。他者は私にとって益になる場合のみ価値をもつとすれば、私たちはいったいどうなるのでしょうか。「私に何もしてくれない」人と、友人関係を続けていこうとする人はおそらくいなくなるでしょう。「私の欲求がすべて押さえこまれている」のに、結婚生活を続けようとする人もいないでしょう。こうした個人主義的な考えは、「ビジネスライク」という考えとほぼ重なります。利益を大きくするためなら、一人一人の人間（「君はリストラの対象だ」）から、共同体（「あそこじゃ商売にならないね」）、国家（「中国に行けばもっとうまい話がありそうだ」）まで、いつでも誰でも犠牲にされかねません。世界が打算的な関係で覆い尽くされてしまったら、もう誰も信じることができなくなってしまうでしょう。

自然の乱開発

上で見たような打算的な態度は、私たちの自然に対する態度にも入りこんでいます。とにかく自分が一番大事と考えるならば、自然は、「私にとって」益（あるいは脅威）となるかという点でのみ判断されます。こうした考え方は企業や政府にまで広がっており、いつか悲惨な結果を招くだろうと多くの人々が考えています。天然資源（石炭、鉄、石油）は採りつくされ、森林は荒れ地に変わり果て、水資源は汚染され、あるいは枯渇し、動物のたくさんの種が絶滅しました——これらはすべて、個人の利益を増やすために行われたことです。私たちが、功利的な拡張から持続的な発展へと態度をシフトさせなければ、地球はただの「ごみの惑星」となってしまうでしょう[11]。

これまで述べてきたことは、個人主義的な自己、およびそれに結びついている真理、理性、道徳原理などの西洋の伝統的な信念に対する批判の、ほんの一部にすぎません。これ以外の批判については、次章以下（特に第5章）で見ていくことになるでしょう。ただし、私は、西洋的な伝統をすべて捨ててしまえと主張しているわけではありません。むしろ西洋的伝統の批判すべき点を批判的に検討した上で、新鮮で生産的な代替案の可能性を探ろうとしているのです。

学問世界の動揺――言語の重要性

こうして、次第に学問の世界に不安が広がる中、三つの大きな事件が起こりました。とりわけ、最初の事件は決定的なものでした。この三つの事件は、それぞれに、あるいは一緒になって、今疑いの目を向けられている伝統に対して、死の宣告書をつきつけることになりました。これらは、多くの論争と強い抵抗を引き起こすと同時に、新しい対話――危険ではあるが、エキサイティングな結果をもたらすことになる対話――を生み出してもいます。こうした新しい対話は、「ポスト基礎づけ主義」「ポスト啓蒙主義」「ポスト経験主義」「ポスト構造主義」「**ポストモダン**」など、さまざまに呼ばれています。この「ポスト～」と呼ばれる一群の考え方については、本書を読み進んでいく中で、より深く理解してもらえると思います。今は、いくつかのポイントを絞って述べていくことにしましょう。社会構成主義の登場を正しく理解してもらうために、このことはどうしても欠かせないものです。

第一の事件――言葉は、現実をありのままに写しとるものではない

ポストモダンによる批判の始まりは、伝統的な自己、真理、科学などの概念に潜む一つの弱点に向けられたものでした。その弱点とは、「言語とは何か」という根本的な問題が完全に見落とされてきたということです。すでに示しておいたように、個人の心が知識を獲得し、蓄えるという考え方の問題のほとんどは、自己（心）と世界の二元論（「内的世界」と「外的世界」の問題）に結びついています。私たちは、言葉を通して心の内容を共有できると信じてきました。

私たちは、言葉を用いて、自分が経験したことを記述し、考えたり観察したりしたことを他者に伝えられるはずだと、当たり前のように考えてきました。特に観察の場合、「言葉の写し絵理論」、すなわち私たちの言葉は写し絵として機能すると想定されています。例えば、もしあなたが一度もマラケシュに行ったことがなかったとしても、私がそこに旅行してあなたに言葉で説明すれば、自分が見たものをありのままに伝えることができるということになります。

科学哲学では、この考え方は、「言語の対応理論」と呼ばれてきました。言語の対応理論は、いかにして言葉がありのままの世界と対応しているかを説明しようとします。この説明には多くの論点が含まれていますが、ここではそのポイントだけを紹介することにしましょう。私たちは、日常生活で、あるいは法廷で、あるいは科学において、言葉を通じて「事実」を伝え合っています。そこには、言葉は世界のできごとや事物と対応するはずだという確信が存在しています。ある心理学者が、「怒りっぽい人は、そうでない人に比べて寿命が短い」と主張したとしたら、私たちは、その主張は観察しうる現実と一致しているだろうと考えます。この心理学者の主張が正しいかどうかを判断するのは、他の科学者たちです。もし、その主張がきちんと証明されれば、私たちは長生きするためになるべく怒らないようにしようとするかもしれません。ところが、もし言葉が目の前にあるもの（現実）と一致しないのであれば、あの心理学者のセリフから学ぶべきものは何もありません。心理学者の主張は、作り話と同じなのです。

興味深いのは、言語の対応理論が、言葉がいかにして経験的現実と一致するのかを説明するのに失敗したということです。すでに述べた「内なる自己」という考えを振り返ってみると、その理由が明らかになります。自分の個人的な経験を他者に正確に伝える――感じたり見たりしたことを、正しく報告する――ことは本当に可能なのでしょうか。例えば、自分の感情を伝える場合を考えてみましょう。意識は複雑で、常に変化しているのに、どうしてそれを「寂しい」や「愛している」というたった一つの言葉にすることができるのでしょうか。その言葉は、いったいどの時点での感情を指しているのでしょうか。言葉によって捉えられているのは、厳密には、経験した感情のどの部分なのでしょうか。また、こうした言葉は、私たちが自分で選びとったわけではありません。私たちの手元にあるのは、自らの文化の中で使用されてきた語彙だけです。これらの言葉は、私たちの心の状態を写し出すのに、最も適しているといえるでしょうか。そもそも、言葉が経験と一致する――あるいは経験についての「真実を運ぶ」――とは、どういうことなのでしょうか。

ここで、「言語が真実を運ぶ」というのは、経験のような心の状態では確かにわかりにくいけれども、科学的な真理を考えれば明らかだという反論がなされるかもしれません。つまり、観察可能な現象のみを扱う科学においては、言葉と対象が一致しうるはずだという主張です。

哲学者クワイン（W.V.O. Quine）による、古典的な批判を取り上げてみましょう。彼は、『言葉と対象』[12]という著作の中で、言葉と対象が一致し、その結果、私たちがみな同じものを意味しているとわかるというのは、いったいどういうことなのかと問いかけます。クワインは、ある言語学者が未知の部族を訪れ、部族の言語を翻訳しようとしているという状況を想定します。この言語学者は、その部族の人々が、ウサギがあわてて走り去る時に、決まって「ガバガイ」という言葉を用いることに気づきます。その部族では、言語学者なら「ウサギの走り去る気配」「ウサギの死がい」「鍋で料理されたウサギの肉」「藪の中に見えるウサギの耳」と区別して記述するものに対して、すべて同じ「ガバガイ」という言葉が用いられていました。それらの一つ一つをとってみると、観察可能な共通点はほとんどありません。では、「ガバガイ」という言葉は、どの対象に対して用いられているのでしょうか。さらにいえば、たとえ、私たちの目の前に、ある動物が立っていて、部族の人々がそれを「ガバガイ」と呼んだとしても、果たして「ガバガイ」が、私たちが「ウサギ」という言葉で意味しているものとまったく同じだといえるでしょうか。もしかしたら、私たちが、一つの生命体としてのその動物を意味しているのに対して、彼らは目、鼻、耳といったバラバラな部分の寄せ集めについて言及しているのかもしれません。

クワインが結論づけているように、私たちは「**言葉による指示の不決定性**」、すなわち、ある言葉が正確に何を指しているのかを決定することができないという問題に直面しています。例えば、あなたの名前はどの特定の対象、どの特定の状態を指しているのでしょうか。あなたは常に変化しています。あちこち動き回り、成長し、次々にさまざまなことを表現しています。それでも、あなたはいつも同じ言葉を自分に対して用いています。その上、他の人々も、あなたと同じようにあなたの名前を用いているかどうかあなたは決して知ることができません。

言語における真理の問題については別の章でさらに詳しく検討することにして、次に、致命的な打撃を与えることになった、残る二つの事件に移ることにしましょう。

第二の事件――価値中立的な言明など存在しない

私は毎年、たくさんの学生のために推薦状を書きます。学生のほとんどは、「よい」推薦状を書くにふさわしい学生です。しかし、この場合の「よい」とはどう意味でしょうか。私は、同じ学生について、「努力家である」「ものごとをやり遂げる力をもっている」「頭がよい」あるいは「彼の知性に関しては、将来が楽しみである」など、さまざまに記述することができます。これらはみな、「よい」記述です。しかし、客観的な正確さという点では、どれか一つを選ぶことはできません。それでは、私はどのようにして選んでいるのでしょうか。記述の違いを分けるのは、学生に対する私の気持ちです。もし、私が心からその学生の成功を望んでいるならば、「努力家である」や「やり遂げる力がある」などとは書かないでしょう。こうした言葉は、確かに「よい」意味をもっていますが、あまり熱意が感じられません。また、「頭がよい」という表現には、「彼の知性に関しては、将来が楽しみである」という表現ほどのインパクトはありません。私の学生に対する思い入れの強さによって、私は――客観的に見て不公平ではないやり方で――結果に決定的な影響を与えることができるのです。

私の**利害**や**関心**によって、世界についての私の記述が偏ったものになるという問題は、それほど重要ではないように思われるかもしれません。しかし、その意味を突き詰めて考えると、かなり深刻な結果が生じてきます。つまり、私の利害や関心が、世界をどのように記述するかに影響を及ぼすとすると、私の記述は客観性を失ってしまうのです。もし、私の記述に個人的な思い入れが混じっていると判断されれば、私は学生を客観的に見ることができず、単に個人的な関心を述べているにすぎないとして、私の推薦状は軽くあしらわれてしまいかねません。

人々が有している利害や関心によって世界の記述がゆがめられるという、こうした議論の重要性は、特に初期のマルクス主義者によって明らかにされました。マルクス（Marx）らは次のように述べています。「資本主義経済の理論は、経済の読み方としては正しいかもしれない。しかし、その理論は、当の理論を擁護する人々が利益を得るようなシステムを推し進めようとするものである。その理論はまた、『持てる者』が、『持たざる者』である労働者から搾取することで、より多くの利益を得るという状況を正当化するものとなっている」。マルクス主義の言葉を用いていうならば、資本主義経済の理論は、民衆を**煙に巻き**、欺瞞を信じこませ、資本主義の奴隷にしてしまっているのです。マルクスは、同様の議論を、宗教的権威に対してもぶつけました。彼によれば、宗教とは、霊魂の世界を解明するものではありません。それはむしろ、一般の人々の抑圧され搾取されているという意識を鈍らせる、一種の「麻酔」のようなはたらきをしているのです。

このような批判は、マルクス主義者だけによって行われたわけではありません。社会学者ハーバーマス（Jurgen Harbermas）は、後に大きな影響を及ぼすことになる著書『認識と関心』[13]（一九七一）の中で、いかなる知的探究であっても、特定の利害・関心に対して特権を与えたり、特定の政治・経済の形態を促進したりすることは避けられないと述べました。これまでにも見てきたように、科学者、学者、裁判官、宗教的指導者など、あらゆる権威が、「**イデオロギー批判**」――中立的な真理の主張の背後にある利害・関心、価値、教義、神話などを暴こうとする批判――の対象となります。イデオロギー批判が示しているように、権威の言葉は、世界を正確に写しとるものではありません。むしろ、彼らの利害・関心が、ある特定の説明を選ぶように仕向けているのです。では逆に、無視されているものは何でしょうか。どのような表現が抑圧されているのでしょうか。私たちは、権威をもつ人々が、特定の説明によって、どんな利益を得ているのかを厳しく問わなければなりません。そして、いったい誰が沈黙させられ、搾取され、忘れ去られているのかということについても考えなければなりません。

ここで、次のような反論があるかもしれません。「確かに、こうした批判は、政治学、宗教学、その他の社会科学――そうした分野では、用語があいまいで、客観的な事実と呼べるものはほとんどないから――には、あてはまるかもしれない。しかし、自然科学には、そうした批判は該当しない」という反論です。科学者が特定のイデオロギーに傾倒しているとは思えないし、自然科学の発見は人々に対して十分に開かれているではないかというわけです。しかしながら、イデオロギー批判家にいわせれば、このような科学の見せかけの中立性こそが、人々を欺き、惑わせているということになります。自然科学についても、批判的に見ることが、必要不可欠なのです。

この観点から、マーティン（Emily Martin）の分析を参考に、生物学が女性の身体をどのように記述しているかをみてみましょう。マーティンは、教室や実験室で使用される生物学のテキストの中で、女性の身体がどのように記述されているかを分析しました。分析の結果、マーティンは、女性の身体が、子孫を残すことを第一の目的とする一種の「工場」として表現されているという結論に達しました。そして、月経や更年期は、「生産性がない」ため、無駄な時期であるかのように扱われていると考えました。一般的な生物学の教科書の中で、月経について記述するために用いられている用語を、ここに書き出してみることにしましょう（強調はガーゲンによる）。

「プロゲステロン（黄体ホルモン）とエストロゲンが減少し、非常に分厚くなった子宮内膜を維持していたホルモンの働きが**損なわれる**」、血管の「**収縮**」によって「酸素や栄養物の供給が**減少する**」、そして、「内膜が**維持できなくなり**、内膜全体がはがれ落ち、月経が起こる」、「ホルモン刺激が欠如した結果、子宮内膜の細胞は**壊死する**」。別のある教科書では、月経を「子宮が赤ちゃんの不在のために泣いている」[14]ようなものだと表現しています。

マーティンは、ここで二つの重要な点を指摘しています。第一の点は、自然科学の記述でさえ、決して中立的なものではありえないということです。それは、月経や更年期がある種の欠陥や不全であると、巧妙なやり口で読者に信じこませています。このことはさらに、社会的にも大きな影響を及ぼします。女性は、このような説明を受け入れることで、自分自身の身体から疎外されてしまうのです。つまり、これらの記述は、女性に、自分自身を否定的に捉えるような土壌を――初潮から閉経までは毎月、そして閉経後は永久に――植えつけます。また、子どものいない女性は「非生産的」だという、暗黙の非難にさらされることにもなります。マーティンが指摘した第二の点は、月経や更年期を、別様に特徴づけることも可能だという点です。上で見てきたような否定的な記述は、「現にそうであるがゆえに」必然的になされたものではなく、男性の利害や関心――女性を「子どもを作るための道具」に貶めようとするイデオロギー――を反映したものなのです。

マーティンは、自分の主張をさらに確かなものにするために、月経や更年期と同じように記述される可能性があるにもかかわらず、そうはなっていない身体的プロセス――一部は男性にのみ見られるもの――があることを指摘します。例えば、胃の内膜は周期的にはがれ落ちていますし、精液はペニスの中を流れる時に、周囲のはがれ落ちた細胞も一緒に流します。ところが、生物学の教科書は、胃壁の変化を「リニューアル」と表現していますし、射精を表す時に「失っている」「無駄にしている」などと記述することはありません。このように、生物学では、他にもさまざまな記述のしかたが可能であるにもかかわらず、男性の利害や関心を反映し、逆に女性にとって不利となるような記述があえて選ばれているのです。

マーティンの分析は、イデオロギー批判のほんの一例です。それは同時に、フェミニストによる多くの批判――人間主義、社会科学、自然科学を視野に入れた優れた批判――の一つの具体例でもあります。イデオロギー批判を行っているのは、マルクス主義者やフェミニストだけではありません。近年では、このような批判が、アフリカ系アメリカ人、アメリカの原住民、ゲイやレズビアン、メキシコ系アメリカ人、アジア人、アラブ人活動家などによってもなされています。こうしたグループはみな、自分たちが主流から追いやられ、抑圧され、誤解され、社会の大部分から「無視されている」と考えています。いずれの批判も、文化の主流派によって当然とされている論理や現実に異議を唱え、主流の論理が、いかに支配的グループの利益を支え、その不正を許しているのかを示し、そうした態度に疑いの目を向けています。

このような批判の標的にされてしまうと、自らの立場を守ることは容易ではありません。利己的に見える言説を擁護しようとすれば、そのことも同様に疑いの対象になります。もはや、「事実」を頼りにすることはできません。なぜなら、「事実」もまた、利己的であるという非難を免れないからです。さらに、イデオロギー批判は、たいていの場合、権力のある者――富、地位、特権などを有している者――に向けられます。こうした人々が「利己的だ」という批判から逃れるのは、おそらく非常に難しいでしょう。

イデオロギー批判を、民主主義の新たな擁護者であると考える人々もいますが、逆に、それが民主主義を崩壊させるのではないかと心配する人々もいます。この点については、後でまた検討することにして、ここでは、伝統に対するもう一つの脅威について考えることにしましょう。

第三の事件——記号論から脱構築へ

伝統を脅かす第三の地すべりは、学問世界のほんの片隅で、ひっそりと始まりました。初めは小さかったその音は、今では大きなとどろきとなっています。いったい何が起こっているのかを十分に理解するために、再び言葉について探究していくことにしましょう。ここで取り上げるのは、初期の言語研究です。言語研究をはっきりとした形ではじめて行ったのは、スイスの言語学者ソシュール（Ferdinand de Sausure, 1857-1913）でした[15]。ソシュールは、後に大きな影響をもたらした『一般言語学講義』（一九七二）という著書の中で、「**記号論**」という理論を展開しています。ソシュールの記号論は、「**記号の科学**」、すなわち私たちがコミュニケーションするシステムに焦点をあてた科学でした。私たちの目下の議論にとって重要なのは、ソシュールによる次の二つの主張です。第一に、彼は「**意味するもの**（**シニフィアン**）」と「**意味されるもの**（**シニフィエ**）」という概念を提示しました。シニフィアンというのは言葉（あるいは他の信号）のことであり、シニフィエというのは言葉によって指し示されているもの（言葉の意味）のことです。ソシュールは、「**シニフィアンとシニフィエの関係は恣意的なものである**」と述べています。最も簡単な例は、私たちの名前です。私たちは生まれると同時に、それぞれ名前（シニフィアン）を与えられますが、その際、私たちの両親は、好きな名前を自由に選ぶことができます。ソシュールの第二の重要な主張は、「**記号のシステムはその内的な論理に支配されている**」というものです。私たちの言語（記号システムとしての言語）は、文法や統語法などの、さまざまな規則によって記述することができます。私たちは、話したり、何かを書いたりする時、これらの規則（内的な論理）に従っています。さもなければ、私たちが話したり書いたりすることは、意味をなさないでしょう。

ソシュールの主張は、一見、当たり前のように思われます。実際、この考えにもとづいて、文法、音素、統語、言語史などの研究が行われてきました。しかし、すでに議論した、言語の対応理論を思い出してみると、事態はそれほど単純ではなくなってきます。正確さ、客観性、真理などの概念はすべて、「ある種の言葉は、事実と対応したものであるはずだ」という思いこみから生まれていたということを思い出してください。この考え方によれば、ある言葉は「ありのままに語る」のに対して、別の言葉は、バイアスがかかっていたり、誇張されていたり、嘘の表象であったりするということになります。しかし、もしソシュールがいうように、シニフィアンとシニフィエの関係が恣意的なものであるとすれば、あらゆる言葉がいかなるシニフィエ——対象、人、できごと——でも意味しうるということになります。では、いったいどうして特定の言葉の配列に、「事実と一致している」という特権が与えられるのでしょうか。言葉と世界を結びつけているものは、いってしまえば社会的慣習にすぎないのです。例えば、私が「サムエル」でも「スーザン」でもなく「ケネス」であるのは、その言葉が私について正確に映し出すものであるからではなく、単なる慣習なのです。

「言語における真理」が、いかに社会的慣習に左右されるものであるかをよく示す例を、クノー（Raymond Queneau）の魅力的な本『文体練習』[16]（一九八一）の中に見出すことができます。この本の中でクノーは、一つのできごとを百九十五もの異なる方法で記述しています。彼は、メタファー、韻文、科学的表記、その他さまざまなジャンルを自由自在にくりだし、与えられた状況を記述するには、たくさんのやり方があるのだということを示しています。まずは、その本の一番初めに出てくる、非常に文学的な記述を見てみることにしましょう。

一日の中ごろ、長いという以外にこれといった特徴のない首をした一羽のニワトリが、大きな白い甲羅を持つ甲虫の中を泳いでいるイワシの群れに投げ込まれ、突然、平和を固守すべきだと熱弁をふるい始めた。その湿っぽく不満げな話しぶりは、むなしく上空へと広がっていった。若鶏は空虚感に襲われて、自らそこへ落ちて行った。
　同じ日に、寒々とした都会の砂漠の真中で、卑しいボーイが持ってきたコップいっぱいの屈辱を飲みほしている時、私はそのニワトリを再び見かけた。

この記述はあまり客観的でない——事実と一致しない——と感じる人も多いでしょう。いかにも風変わりだし、詩的すぎるし、言葉遊びのようだと思われるでしょう。では次に、別の記述を見てみましょう。

Ｓバスの車内、ラッシュアワー、二十六歳ぐらいの一人の男、リボンの代わりに紐を巻きつけた帽子、まるで誰かに引っ張られたかのように長すぎる首。人々がバスから降りる。当の男は、隣に立っている一人の男に悩まされている。彼は、誰かがそばを通っていくたびに、自分を押しただろうと言って非難する。攻撃的とも感じられるような、すすり泣くような調子。その男は、空いている席を見つけると、そこに身体を投げ出すように座った。

二時間後、私はサン－ラザール駅前で、彼に再会する。彼は友人と一緒で、その友人は彼に「コートに予備のボタンをつけてもらった方がいい」と話している。友人は、彼がどこにボタンをつけるべき（上着の襟の折り返し部分）か、そして、それがなぜかということを、彼に教えている。

ここで、私たちはほっとため息をつくことでしょう。いったい何が起こったのかがようやくわかってきました。しかし、なぜそのように感じるのでしょうか。言葉がより正確なものだからでしょうか。今度は、最も科学的に思われる記述を見てみましょう。

S線のバスの中。長さ十メートル、幅三メートル、高さ六メートル、出発してから三・六キロの地点、四十八人の乗客。十二時十七分、性別男、年齢二十七歳三ヶ月と八日、身長一メートル七十二センチ、体重六十五キロ、周りに六十センチの長さのリボンを巻きつけた高さ三・五センチの帽子をかぶっている一人の人間が、年齢四十八歳四ヶ月と三日、身長一メートル六十八センチ、体重七十七キロの一人の男に説明を求める。十四の単語を用い、発声は五秒間継続、十五ミリから二十ミリの自発的な移動を促す。その後一メートル十センチ離れたところに着席。

五十七分後、彼は、サン－ラザール駅の入り口から十メートル離れたところにいて、二十八歳、身長一メートル七十センチ、体重七十一キロの友人と、三十メートルの距離を歩行。友人は彼に十五の単語で、直径三センチのボタンを五センチ上に移動するように忠告。

上の文で、色合いも感情も抜きにした客観的な詳細が明らかになったわけですが、再び「実際は何が起こったのか」が不明瞭になってきます。では、ある言語を「客観的に正確である」とし、別の言語を「感覚的である」あるいは「不明瞭である」として区別するものは、いったい何なのでしょうか。どうやら、言葉が世界とどのくらい一致しているかどうかではなさそうです。どの記述を見ても、その記述が言及している「世界」なるものに出会うことはできませんでした。私たちが出会ったのは、多様な記述のスタイルだけです。ここからいえるのは、真理も「一つのスタイル」――中でも好ましいとされるスタイル――にすぎないのではないかということです。

この結論は、あまりにも極端に感じられるかもしれません。しかし、このように言語に焦点をあてることによって、真理に対する強烈な疑いが生まれることになります。いかに「真理」「客観性」「報告の正確さ」が主張されていても、実は「ものごとを表現する方法の一つ」を見せられているにすぎないということ、これに私たちは気づかなければなりません。これらは「慣習にもとづく真理」であり、いってみれば、ある特定のグループの人々によって、真理の特権を与えられているだけなのです。それでは、ある特定のグループの人々とは誰を指しているのでしょうか。逆に、どのような人々の声が、かき消されているのでしょうか。こうした問いについては、後で考えることにしましょう。今は、言語学の議論が及ぼした、広範な影響を検討する作業を続けなければなりません。

これまで、シニフィアンとシニフィエの恣意的な関係のみを扱ってきましたが、ここでは、ソシュール記号論の第二のポイント――「記号のシステムは、その内的な論理によって支配される」――を思い出してみましょう。すなわち、言語はそれ自身の上に成り立つシステムとして研究できるということです。この主張は、音楽や植物の生態について、他のあらゆるものから独立に研究することができるというのと同じくらい、当たり前に感じられます。しかし、それほど単純ではありません。言語の使用が内なる論理によって決められているということは、「意味」が言語の外の世界から独立したものであるということだからです。別の言い方をすれば、ある単語や言い回しは、「世界がどのようにあるか」ということとは無関係に、他の単語やフレーズとの関係からのみ、その意味を与えられるということになります。このことは、語の定義について考えると理解できます。辞書の見出し語は、すべて他の言葉を用いて定義されています。したがって、意味を調べるために辞書の外に出る必要はありません。しかし、意味がもし言葉のみから生まれたものであるとするならば、世界や自己についての私たちの理解は、言葉と言葉の関係によって決まるということになるのでしょうか。このことについて考えるために、世界と自己についての命題を取り上げることにしましょう。

世界についての理解が、言葉の間の関係のみから成り立っているというこの可能性に最も関心を示したのは、文学理論、中でもフランスの理論家デリダ（Jacques Derrida）[17]でした。デリダの理論は非常にあいまいでわかりにくいのですが、「言語的脱構築」と呼ばれる彼の理論が示唆する内容は、後の学者によって、さまざまな方向へと拡張されました。その中でも、私たちに特に関係があるのは、次の二点です。第一に、すべての有意味な行為——合理的な決定をする、人生における重大な問題に対してよい答えを出す——はすべて、**「ありえたかもしれない多様な意味を抑圧する」**ことによって成り立っています。重要なのは、合理性とは、非常に近視眼的なものであるというです。第二に、私たちが行うすべての決定は、たとえいかに合理的に見えても、合理性の根拠を突き詰めていけば必ず崩壊する可能性をはらんでいます。したがって、合理性がある——理性にかなっている——からといって、特定の政治や科学の制度に正当性を与えることもできないし、何が道徳的であり、何に価値があるのかを決定することもできません。結局、私たちの「理性」とは、抑圧的であり空虚なものなのだとデリダは主張します。この結論は、一見するとあまりにも激しく、乱暴であるように思われます。デリダや他の脱構築主義者たちは、この結論をいかにして支持するのでしょうか。

　脱構築主義者たちは、合理性が意味の抑圧や剥奪の上に成り立つという結論に、どうやって到達するのでしょうか。デリダは、初期の言語論にもとづいて、言語とは**差異**のシステムであると考えました。彼によれば、言語は一つの流れのようなものではなく、個々の単位（語）に分けることが可能です。それぞれの単位（語）とその単位（語）以外の間には差異があります。ここでいう差異とは、二分法（二つに分けること）を意味します。つまり、それぞれの語を弁別できるのは、「その語」と「その語でない」との間に裂け目があるからなのです。「白い」という意味は、「白でない」（例えば「黒」）からの区別によって成り立ちます。つまり、言葉の意味は「**在**」と「**不在**」、すなわち、その言葉によって示されるものと示されていないものとの区別によって成立するということになります。言葉が意味をなすということは、「不在」を背景にして「在」の側から話す——「示されないもの」を背景にして「示されるもの」の側から話す——ということなのです。おわかりのように、「在」の方が特権的であり、言葉それ自体によって焦点をあてられるのに対して、「不在」はただ暗示されるか、完全に忘れ去られているかのどちらかです。ただし、「在」は「不在」なしには意味をなさないということに注意しなければなりません。二分法の区別、すなわち差異がなければ、意味はありえないのです。

具体例として、「宇宙は物質から成り立っている」という広く受け入れられている科学的命題を考えてみましょう。この考え方からすれば、人間としての私たちも、それをニューロンと呼ぶか、科学的成分と呼ぶか、原子と呼ぶかは別にしても、何らかの物質的存在であるということになります。人間からすべての物質を取り除いてしまうと、人間と呼べるものは何も残らないというわけです。こうした結論に対して、人間主義者や精神主義者は、非常に困惑することでしょう。この命題は、人間に固有の価値があることを否定しているように見えるからです。私たちは、人間に、車やテレビ以上の価値を与えている何かがあるはずだと信じています。しかしその一方で、物質主義的な世界観も、明らかに正しいように思われます。

ここで、脱構築主義者の議論を思い出してみましょう。脱構築論によれば、「物質」という言葉は、二分法、すなわち「非物質」との差異にもとづいて、その意味を獲得するのでした。そこで、この二分法を「物質／精神」を例にとって考えてみましょう。「宇宙は物質である」という命題は、物質を精神から区別できなければ意味をなしません。何が物質であるかをいうためには、精神とみなしうる何かが存在しなければなりません。ところが、物質が意味あるものになるために、精神が存在しなければならないとすれば、もはや「宇宙イコール物質」ではありえません。別の言い方をすれば、物質主義の世界観では、精神的世界が**片隅に追いやられてしまっている**のです。精神は、語られない「不在」です。しかし、この「不在」の「在」がなければ、「宇宙は物質である」というまさにその意味が、成り立たなくなってしまうのです。あらゆる物質主義的世界観が、精神の抑圧に支えられているというのは、こういう意味なのです。

デリダは、西洋の伝統には多くの二分法が存在し、一方が他方より優れているとみなされたり、重んじられたりする傾向があると述べています。西洋文化においては、感情的なものよりも合理的（理性的）なものが、身体よりも精神が、混沌よりも秩序が、他者に追従する者よりも先導する者が、高く評価されます。多くの批評家が指摘しているように、社会において支配的なグループは、自分たちに特権があると主張し、「他の人々」を自分たちの対極にいるとみなします。例えば、「男らしさ」は、理性、精神によるコントロール、秩序、リーダーシップなどと結びつけられるのに対して、女性は、感情的である、肉体的メカニズムに支配されている、いつも混乱している、男性に付き従うものだ、などとみなされます。脱構築主義者は、私たちの常識となっている区別が抑圧的なものであると主張し、二分法をくつがえそうとしたり、その境界を消し去ろうとしたりするのですが、この問題については、本書の後半で詳しく述べることにしましょう。

合理性に対する攻撃の矛先が向けられるのは、その抑圧的な特徴だけではありません。脱構築の立場に立てば、私たちが行う合理的説明の論理は、突き詰めていくと崩壊してしまうということがわかります。とすると、もはや合理性は、政治や科学の制度を支えたり、道徳的なものや価値あるものを決定したりする基盤ではありえません。私たちはさまざまな場面で、自信満々の専門家や権威に出会います。しかし、デリダにいわせれば、彼らの自信には何の根拠もないということになります。合理性とは、空虚なものだからです。しかし、どうしてそこまでいいきれるのでしょうか。ここで、「言語は自己完結したシステムであり、それぞれの語の意味は、他の語との関係に依存する」という主張を、思い出してみましょう。デリダによれば、語と語の依存関係は、「**差異（difference）**」と「**遅延（deferral）**」の二つから成り立っていると考えることができます。第一に、それぞれの語は、他の語との違いによってその意味を獲得します。「バット（bat＝野球のバット／こうもり）」という語は、それ自身では何の意味ももちませんが、他の語——「帽子（hat）」や「マット（mat）」——と対比されることによって、すなわち、「ハット」や「マット」との差異によって意味を獲得することになります。しかしながら、こうした差異だけでは、「バット」にその意味を与えるには不十分です。この語を理解するためには、「バット」が何を意味するかを語ってくれる別の語を待たなければなりません。ここで、この遅延のプロセスには、複数の選択肢がありうるということに注意しましょう。例えば、「こうもり（bat）」は空を飛ぶ哺乳動物である」ともいえますし、「バット（bat）は野球で使用される」ということもできます。つまり、ある語は、言語学やテキストの多様な歴史から、あるいは生物学や運動理論からの、意味の**痕跡をひきずっている**のです。そして、この「**差延（differance）**」（「異なること（differing）」と「遅延すること（deferring）」の区別を超えるために、デリダが編み出した造語）のプロセスには、出口がないという点にも注意しましょう。「空を飛ぶ哺乳動物」あるいは「木の棒」という言葉の意味は、その言葉自体からは与えられません。その言葉を理解するためには、再び別の語を待たなければならないのです。痕跡をどこまで辿って行っても、さらなる痕跡しか見つけられません。「何ものも……単に在あるいは不在のどこかにあるわけではない。あるのは、差異と痕跡の痕跡だけ」[18]なのです。

この議論を深めるために、「民主主義」という語について考えてみましょう。私たちはふだん、民主主義について話をするとき、それが現存する政治の一形態であり、擁護し、研究し、理論化し、守っていくべきものだと考えています。しかし、「民主主義」という語の意味は、目の前を動き回っている人々をただ観察することによって生まれるわけではありません。その言葉は、人々の行動を正確に映し出すものではないのです。「民主主義」という語は、それと対比する語、例えば「全体主義」や「君主制」などから文字の上で区別されることによって、意味をもつようになります。しかし、このような差異だけではまだ、その語を理解するのに十分ではありません。単なる「君主制ではないもの」以上のものとしての「民主主義」とは何でしょうか。その意味をより明確にするためには、「自由」や「平等」のような別の語を待つ必要があります。では、「自由」とは、「平等」とは何なのでしょうか。ここで、私たちは再び差延のプロセスに入りこむことになります。「平等」とは「不平等」の反対である、あるいはそれは「公正な」社会の中に映し出されるものだ、などという答えがありえるかもしれません。では、何が「不平等」なのでしょうか。また、「公正である」というのは、どういうことなのでしょうか。探究には終わりがなく、いつまでたっても「テキストからテキストへの循環」を抜け出して、「確固たる事実」に出会うことはできません。民主主義の意味を決定することは、根源的に不可能なのです。

このように見てくると、どのようなものであれ、自信たっぷりの主張の裏には、実は致命的なもろさ——その主張を作り上げている語はすべて、非常にあいまいであるという事実——が隠されているということになります。断定や自信は、「民主主義とは……公正とは……愛とは……抑うつとは……厳密には何のことなのか」という疑問をぶつけないかぎりにおいてのみ、保たれるものなのです。詳細に吟味していくと、こうした権威的な主張はすべて——そして、あらゆる意味も——消え去ってしまうことになるのです。

絶望から新しい未来へ

この章は、個人の心の中に、知識を獲得し、合理的な判断を行う「自己」なるものがあるという信念や、客観的知識、理性、道徳的基盤などが存在するという前提について考えるところから始まりました。こうした信念はすべて、モダニズムの中核をなすものです。民主主義、教育、組織構造、経済など、私たちの文化的伝統が、ゆるぎないものに見える一方で、それを支えている信念が非常にもろいものであること、重要な疑問に対する答えが依然としてえられていないことが明らかになってきました。もちろん、信念や伝統は、少しひびが入ったからといって、必ずしも台無しになってしまうわけではありません。人生とは常に不完全なものなのですから。しかし、私たちは今、地球規模の重大な変化に直面しています。モダニズムの危険性が見え始め、その未来への可能性に対して疑問がもたれています。こうした信念がもつ歴史的・文化的限界に対する認識は次第に高まっており、さまざまな批判を考慮に入れる土壌も生まれつつあります。これらの批判は、モダニズムの前提を危険にさらすものであるため、一般にポストモダンと呼ばれています。言葉と世界の関係が問われていく中で、あらゆる真理の主張もまた、疑問の目で見られることになりました。自己や世界についての権威ある言説が、すべて疑わしいものとなるという点については、イデオロギー批判のところですでに見たとおりです。記号論や脱構築主義による批判は、あらゆる命題、記述、合理的な議論が解体されうるということを示しました。こうして私たちは、モダニズムを支えてきた基盤をすべて奪われたまま、放り出されることになったのです。私たちは今、「**正当性の危機**」と呼ばれているもの——自己や世界について知識をもっているという主張が、ことごとくその根拠を失うという状況——に直面しています[19]。この危機は、もはや書物という枠を飛び越えて、実際にさまざまなアクションを引き起こしています。「アイデンティティーの政治学」「科学戦争」「文化戦争」「ポリティカル・コレクトネス（政治的公正）」などの用語の登場は、その一つの現れにすぎません。疑い、挑戦、不信、抵抗は、あらゆるところで起こっているのです。

ここで、一つの大転回がなされなければなりません。それは、多くの人々に絶望をもたらすような望ましくない転回です。これまでの議論で明らかになったように、伝統は、その根拠を奪われ、ふわふわと宙に浮いてしまいました。しかし、それは批判も同じです。以上のような批判は、理解への新たな道を開き、積極的な代替案を与えてくれるものではないかと、はじめのうちは期待されていました。しかし、もし、これが対話の最終地点であるとすれば、決してハッピーエンドとはいえないでしょう。

一番の問題は、批判が強力なあまり、自らをも破壊してしまう――厳しく意見をぶつけ合うだけにとどまらず、批判自体がもつ可能性をもおびやかしてしまう――ということです。伝統を擁護しようとするやいなや、必ず利己主義に陥ってしまうという、あのイデオロギー批判を例にとって考えてみましょう。例えば、フェミニストは、女性の抑うつに関する研究が、弱く依存的な女性像を作り出し、その結果として家父長的秩序を維持していると主張します。しかし、その批判の方はどうなのでしょうか。批判もまた、同じようにある色に染まっている――フェミニストの偏見に彩られている――のではないでしょうか。今では、伝統主義者たちも、批判をかわすには「利己主義だ」「抑圧的だ」という自らに向けられた非難を、そっくりそのまま相手に返せばよいということを心得ています。ここに、ポリティカル・コレクトネスの反撃が登場します。すなわち、イデオロギー批判それ自体が、「解放」という旗印のもとに、人々を煙に巻き、批判の対象を抑圧しているという主張です。結局、批判する側も批判される側も、相手に決定打を与えることはできず、やむなく引き分けという結果に終わってしまうのです。

では、脱構築主義は、いかなる自己破壊的な結果をもたらすのでしょうか。脱構築主義は、合理的推論の無意味さを明らかにしますが、それ自身もまた、合理的推論です。デリダ自身も、自分の主張もまた維持されえず、彼の言葉によれば「抹消」されなければならないということに気づいていました。デカルトは、自分の感覚、あらゆる権威、あらゆる知識に対して疑いをもちましたが、自分が疑っているというそのことだけは疑うことができませんでした。しかし、自分で疑っているということ、それさえも疑わなければならないのではないかという議論も生まれてきています。永久にもちこたえられる核のようなものなど、もはや存在しないのです。

このような批判と行きづまりの絶望という土壌に、社会構成主義という新しい芽は出てきます。社会構成主義の立場から見ると、現存する瓦礫の山の中から、明るい希望が立ち現れてくるのです。ポストモダンの主張は確かに重要なものですが、それで終わりではありません。それは、きっかけを与えてくれたにすぎないのです。社会構成主義にもとづく代替案を大切に育んでいけば、モダニズムの伝統のもつ危険性を取り除き、よいところは残しながら、それらを再構成する方法を見出すことができるのです。次章では、社会構成主義の初歩について、議論を展開していくことにしましょう。社会構成主義によって、いくつかの道が切り開かれます。次章以降に登場する、このような道の中には、学問的なものもあれば、政治的なものもあります。プライベートなものもあれば、広く社会に役立つものもあるでしょう。今、絶望から、新たな未来へ――脱構築から再構築へ――と最初の一歩を踏み出すことにしましょう。

本章をふりかえって

本章では、歴史に対する新たな見方を示してきました。それは、歴史を、目の前に広がる一つの物語として捉えるというものです。私たちはこの物語の中で自分たちが行きづまった伝統にとらわれていることに気づき、自らの未来のために行動していかなければなりません。ここで理解してほしいことは、このような「歴史観」は、過去を正確に映し出すもの――人生を生きられたままに、世界をそうあったがままに映す像――ではなく、それ自体、紙の上にある特定の言葉の配列だということです。私は、これまで述べてきたことを、別の形で記述することもできました。だからといって、本章で試みた説明が不正確である、あるいはまったくの間違いであるというわけではありません。結局のところ、いったいどんな言葉であれば、正確に社会を映し出すことができるというのでしょうか。言葉を、世界を映し出す像とみなすこと自体が、誤りのもとなのです。だから、読者のみなさんは、本章で私が「真理を語っている」と考えるのではなく、一種の招待状をお見せしているのだと理解してください。つまり、「ダンスをしましょう」「何かして遊びましょう」「私たちの生活、私たちの関係、私たちの将来について考えましょう」というお誘いのようなものであると考えてほしいのです。もし、あなたが、この招待状に魅力を感じるならば、きっと楽しみながらこの本を読み進んでもらえるはずです。物語はますますおもしろく、より深い意味をもつものになるでしょう。乞う、ご期待！

注

[1] Dellilo, D. (1985) *White Noise*. New York: Penguin.

[2] 前掲書、22～4ページ

[3] Lyotard, J. (1984) *The Postmodern Condition: A Report on Knowledge*. Minneapolis, MN: University of Minnesota Press.（小林康夫訳　1991『ポストモダンの条件－知・社会・言語ゲーム』　水声社）

[4]「心」および「自己」に関する初期の概念についてのより詳しい議論は、Onians, R.B. (1951) *The Origins of European Thought about the Body, the Mind, the Soul, the World, Time and Fate*. Cambridge: Cambridge University Press. を参照のこと

[5] さらに深い議論については、Lyons, J.O. (1978) *The Invention of the Self: The Hinge of Consciousness in the Eighteenth Century*. Carbondale, IL: Southern Illinois University Press.を参照のこと

[6] Rorty, R. (1979) *Philosophy and the Mirror of Nature*. Princeton, NJ: Princeton University Press. p. 136.（野家啓一監訳、伊藤春樹他訳　1993『哲学と自然の鏡』　産業図書）

[7] Nietzsche, F. (1979) On truth and falsity in their ultramoral sense. In O. Levy (Ed.) *The Complete Works of Friedrich Nietzsche*. New York: Russel& Russel. (Oliginally published in 1873.) p. 174.

[8] McLuhan, M. and Powers, B.R. (1989) *The Global Village: Transformation in World Life and Media in the 21st Century*. New York:Oxford University Press.

[9] Lawson-Te Aho (1993) The society constructed nature of psychology and the abnormalisation of Maori. *New Zealand Psychological Society Bulletin*, **76**, 25-30.

[10] Willard, C.A. (1998) *Expert Knowledge: Liberalism and the Problem of Knowledge*. Chicago: University of Chicago Press.などを参照

[11] より詳しい議論については、Meadows, D.H., Meadows, D.L., and Raners, J. (1992) *Beyond the Limits: Confronting Global Collapse, Envisoning a Sustainable Future*. Post Mills, VT: Chelsea Green.を参照

[12] Quine, W.V.O. (1960) *Word and Object*. Cambridge, MA: MIT Press.

[13] Harbermas, J. (1971) *Knowledge and Human Interests*. Boston: Beacon Press.（奥山次良他訳　1981『認識と関心』　未來社）

[14] Martin, E. (1987) *The Woman in the Body: A Cultural Analysis of Reproduction*. Boston, MA: Beacon.より

[15] Saussure, F. de (1974) *Course in General Linguistics*. London: Fontana.（小林英夫訳　1972『一般言語学講義（改版）』　岩波書店）

[16] Queneau, R (1981) *Exercises in Style*. New York: New Directions.（朝比奈弘治訳　1996『文体練習』　朝日出版社）

［17］特に、Derrida, J. *Of Grammatology*. Baltimore, MD: Johns Hopkins University Press. （足立和浩訳　1972-76 『根源の彼方に――グラマトロジーについて』上・下　現代思潮社）を参照

［18］Derrida, J. (1981) *Positions*. Chicago: University of Chicago Press. p. 38. （高橋允昭訳　1992 『ポジシオン』増補新版　青土社）

［19］Harbermas, J. (1975) *Legitimation Crisis*. Boston, MA: Beacon Press. （細谷貞雄訳　1979 『晩期資本主義における正当化の諸問題』岩波書店）また、Lyotard, J.F. (1984) *The Post-modern Condition: A Report on Knowledge*. Minneapolis, MN: University of Minnesota Press. （小林康夫訳　1991 『ポストモダンの条件――知・社会・言語ゲーム』　水声社）も参照

【より詳しく知りたい人のための文献案内】

●「揺らぐ『自己』観」に関する参考文献

Austin, J.L. (1962) *Sense and Sensibilia*. London: Oxford University Press.

Bonjour, L. (1998) *In Defense of Pure Reason: A Rationalist Account of A Priori Justification*. New York: Cambridge University Press.

Goldman, A.H. (1988) *Empirical Knowledge*. Berkeley, CA: University of California Press.

Levine, G. (Ed.) (1992) *Constructions of the Self*. New Brunswick, NJ: Rutgers University Press.

Malcolm, N. (1971) *Problems of Mind, Descartes to Wittgenstein*. New York: Harper & Row.

Rorty, R. (1979) *Philosophy and the Mirror of Nature*. Princeton, NJ: Princeton University Press.

Ryle, G. (1949) *The Concept of Mind*. London: Hutchinson.

Smith, P. (1988) *Discerning the Subject*. Minneapolis, MN: University of Minnesota Press.

Vesey, G.N.A. (1991) *Inner and Outer: Essays on a Philosophical Myth*. New York: St Martin's Press.

●「ポストモダン批評」に関する参考文献

Anderson, W.T. (Ed.) (1995) *The Truth about the Truth*. New York: Putnam.

Culler, J. (1982) *On Deconstruction, Theory and Criticism after Structuralism*. Ithaca, NY: Cornell University Press.

Fox, D. and Prilleltensky, I (Eds.) (1997) *Critical Psychology, An Introduction*. Thousand Oaks, CA: Sage.

Harvey, D. (1989) *The Condition of Postmodernity*. Oxford: Blackwell.

Lyotard, J.F. (1984) *The Post-modern Condition: A Report on Knowledge*. Minneapolis MN: University of Minnesota Press.

Nencel, L. and Pels, P. (Eds.) (1991) *Constructing Knowledge. Authority and Critique in Social Science*. London: Sage.

第2章　共同体による構成——事実と価値

　数年前、私の授業に出席していた学生の二人が、私が課題として与えた社会構成主義の著作にショックを受け、私にこう質問しました。「真理などどこにもないのなら、私たちはどうやって合理的な決断をすることができるのですか」「『私は私である』という確信をもたずに、どうして何かを決定することができるのですか。それに、何が善いことかがわからずに、私たちはいったい何をすればよいのですか」。彼らが大切だと信じて疑わなかったものが、私の授業でことごとく破壊されてしまったのです。二人の学生は大変動揺し、私の授業は、虚無的で非道徳的なものであるから、カリキュラムからなくしてしまうべきだと副学長に訴えました。幸いなことに、学問の自由という伝統によって、授業は続けられることになりました。

　彼らのショックの大きさは、私にもよくわかります。しかし、このような動揺に満ちた暗い夜は、私にいわせれば、社会構成主義がもつ可能性がきちんと評価されるために避けることのできない移行期間でしかありません。ここで理解しておいてほしいのは、社会構成主義は、自己、真実、客観性、科学、道徳などを、すべて無効にしてしまおうとしているのではないということです。私たちがそれらをどのように理解し、実践してきたか、そのことに、社会構成主義は疑問の目を向けます。そして、そうした過去をより明るい未来へと再構成しようとしているのです。

　この章ではまず、言語に関する一つの重要な問題に取り組むことにしましょう。まず、伝統的な言語観に代わる見方を展開し、そこから、第1章で述べた主な批判に対する答えを導き出します。新しい言語観という光に照らされることによって、批判がもたらした絶望感は、新しい可能性に対する期待へと変わります。この新しい可能性をふくらませていくことで、私たちは一気に、社会構成主義の領域に入っていくことになります。社会構成主義が打ち出す主な仮説をまとめ、その有効性を示すために、それが科学的知識の問題にどうあてはめられうるか——これは最も手ごわい課題なのですが——を考えてみることにしましょう。

新しい言語観——写し絵からゲームへ

言語ゲーム

まず、言語は世界を写しとるもの——できごとや対象の写し絵——であるとする伝統的な言語観の中で、私たちがぶつかった問題を思い出してみましょう。このような考え方は、「言語は事実を伝達しうるものであり、また、言語のうちのあるもの（例えば、科学的言語と呼ばれる言語）は他のものに比べて、より事実に近い」という仮定とも関連しています。しかし、これまで述べてきたように、世界と言葉との間に特別な関係はありません。どんな状況でも異なる記述が可能であり、その記述のスタイルは無限にあります。また、それらの記述を統制し、その中のどれかが他よりも事実とよく合致していると宣言する手段はありません。このような困難のために、私たちはいくつかの重要な疑問に対する答えを見つけられないまま、途方にくれることになります。もし、言語が世界をありのままに記述したり、説明したりするものではないならば、ガイドブックや天気予報や科学的発見は、いったい何の役に立つというのでしょう。もし、言葉が世界と合致しない、あるいは世界を写しとるものではないとするならば、「飲酒運転は危険だ」「山火事になる恐れがある」などの警告が、どうして意味あるものになるのでしょうか。誰でも病気になった時、呪術師や子どもにではなく、経験を積んだ医者に診察してもらいたいと思うはずです。つまり、あらゆる記述が、必ずしも同等であるというわけではありません。役に立つ情報を与えてくれるものもあれば、架空のでたらめもあります。この点を無視して、言語の写し絵メタファーをただ批判するだけで終わるならば、それは有効な批判とはいえないでしょう。

ヴィトゲンシュタイン（L. Wittgenstein）の『哲学探究』[1]（一九七八）——これはおそらく二十世紀で最も重要な哲学の本の一つでしょう——は、このメタファーに代わる考え方を示してくれます。この本は、これからも何度か登場することになりますが、ここでは、言語についての説明に焦点を絞って紹介することにします。

ヴィトゲンシュタインはまず、言語の写し絵メタファーをゲームメタファーで置き換えます。彼は、「言葉とはいったい何なのか」と問いかけ、これは「チェスのコマとは何なのか」[2]という問いと同じであるといいます。このメタファーをどう理解すればよいのでしょうか。手始めに、チェスというゲームについて考えてみましょう。チェスでは、二人のプレーヤーが、さまざまな大きさと形をしたコマをチェッカーボードの上で順番に動かしていきます。その時、それぞれのコマを、いつ、どのように動かすことができるかという明示されたルールが、明示されないルール（相手をののしったり、相手につばを吐きかけたりしてはいけないなど、適切なふるまいに関するルール）と共に存在しています。また、チェスのそれぞれのコマは、ゲーム全体から意味を与えられています。木でできた小さなコマたちは、チェスというゲームの外では何の意味ももちません。しかし、ゲームの中では、一番小さなコマでさえ「キング」や「クイーン」を倒すことができるのです。

言葉の意味もそれと同じなのだと、ヴィトゲンシュタインは主張します。例えば、相手に「おはよう」と言うことは、あいさつというゲームからその意味を与えられます。あいさつをするためには、次のような明示されないルールが存在しています。まず、参加者は交互に発話しなければなりません。参加者はたいてい、お互いに相手の顔を見ます。一人が「おはよう」と言うと、もう一人がしてもよい行動は限られてきます。例えば、「おはよう」と返したり、「調子はどう？」と尋ねたりすることは認められますが、叫んだり、相手の頭を叩いたりすれば、「ゲームから外れている」とみなされることになるでしょう。それから、「おはよう」という言葉は、あいさつというゲームの外では意味をもちません。失業問題についての白熱した議論の最中に、私が突然「おはよう」と言い出したら、相手は非常に困惑するでしょう。頭がおかしくなったのかと思われるかもしれません。ヴィトゲンシュタインは、言語と、言語が織りこまれている行為のことを、「言語ゲーム」[3]と呼びます。言葉は、言語ゲームの中で用いられることによって、その意味を獲得します。ヴィトゲンシュタインの言葉によれば、「言葉の意味とは、言語の中でその言葉がいかに使用されているかということ」[4] なのです。

生活形式と「事実ゲーム」

世界についての意味が、私たちが言語をいかに使用するかによって作り出されるものならば、「事実」はいったいどうなるのでしょうか。ありのままの事実など、ありえないのでしょうか。そうだとしたら、どうしてでしょうか。こうした疑問に答えるために、先ほどのチェスの例に戻り、プレーヤーに共有されている用語について考えてみることにしましょう。

チェスでは、まずコマに対して「ルーク」「ナイト」「キング」などさまざまな言葉があり、コマの動きについても「チェックメイト」などの言葉があります。よく考えてみると、これらの言葉は、言語ゲーム――私たちのセリフのパターン――からだけでなく、言語ゲームを含むより大きなゲームからも、その意味を与えられています。「チェックメイト」を理解するためには、チェス盤、ある特定のコマの配置、複数のプレーヤーなどの事物も必要です。ヴィトゲンシュタインがいうように、言語ゲームは、広い行動や事物のパターン（彼はこれを「**生活形式**」と呼びます）にはめこまれているのです。チェスという生活形式がなければ、「ルーク」や「チェックメイト」という言葉は意味をなしませんし、逆にこれらの言葉がなければ、チェスという生活形式は成り立たないことになります。つまり、言語とは、私たちの生（生活／人生）の鏡ではなく、生そのものなのです。

以上の説明からわかるように、言語とは、生をありのままに写しとるものではありません。ヴィトゲンシュタインの後継者であるオースティン（J.L. Austin）が述べているように、私たちは何かを記述する時、「言葉を用いてものごとを行っている」[5] のであり、一種のパフォーマンス（遂行）に加わっている――相手と一緒に何かを行っている――のです。私たちは、オースティンのいう、言語のもつ**パフォーマティヴ（遂行的）な**性質、つまり言語が関係の中でどのような機能を遂行しているかということに、注意を払わなければなりません。このことは、「ここにあなた方が夫婦となることを宣言します」「そなたにジョン・ベネット・ウッズという洗礼名を授ける」などの発話を考えると、理解しやすくなります。これらの発話においては、当の発話文によって、結婚や洗礼の儀式が遂行されています。同じことは、「やあ、スー」「ちょっと待って」あるいは「失せろ」など、あいさつ、要求、ケンカのセリフについてもいえるでしょう。後の理論家たちは、意味のある発話はすべて**言語「行為」**[6]として、つまり人間関係において何ごとかを遂行する行為として概念化できると考えました。

先ほど、世界についての言葉の中には、私たちにとって重要な「正しい」情報を与えてくれるものと、そうでないものがあるのはなぜか、という疑問を提示しました。「言語はものごとを遂行する行為である」という新しい言語観から、このことはどのように説明できるでしょうか。その答えは、「事実を語ることもまた、特定のゲームをすることなのだ」というものです。これを「**事実ゲーム**」と呼ぶことにしましょう。「記述する」「説明する」あるいは「理論化する」という行為に携わっている時、私たちは「事実ゲーム」に参加し、特殊な文化的慣習を遂行しているのです。例えば、「今朝何が起きたか、ちょっと聞いてくれよ」と言った後で、全然関係のないことを言ったり、叫びだしたり、飛び跳ねたりすることはできません。何が適切な記述となるかということについて、明示されないルールが――ちょうどスポーツやゲームのルールのように――存在しているのです。しかし、もし「今朝起こったことについて、私がどう感じたか見せてあげよう」と言ったならば、別のゲームが始まることになります。そして、この場合には、叫びだしたり、飛び跳ねたりすることは、十分受け入れられるものとなるでしょう。つまり、状況を超えた事実というものは存在しないのです。私たちならば、「事実はある」、ただし、「常にある特定の限られたゲームの中に、事実はある」と言うでしょう。

もう一歩踏みこんで考えてみましょう。こうした事実についての言語ゲームは、ふつう、より広い生活形式の中に埋め込まれています。つまり、ゲームには、言葉や行為以上のものが含まれているのです。特に、ある特定の状況におけるさまざまな事物が、ゲームには不可欠です。では、「事実が達成される」プロセスを、私の若い頃の経験を例にとって示してみましょう。

私はある夏、マーヴィンという名前の左官の手伝いをしました。マーヴィンは、怒りっぽく、口が悪いという短所もありましたが、仕事の面では大変有能でした。彼ははしごで屋根に上り、見事な手さばきで屋根に漆喰を塗りました。

私の仕事は、水と漆喰を混ぜて、彼の細かい指示どおりに調合することでした。漆喰は、微妙な塗りなおしができるように、柔らかめでなければならない時と、輪郭をすばやく決められるように、固めでなければならない時がありました。彼は、作業の進み具合によって、「スコッシュ（skosh）」（「柔らかく！」）、あるいは「ドライアン（dry-un）」（「固めに！」）と叫びました。手伝い始めた頃は、もちろん、このような言葉は私にとって何の意味ももちませんでした。しかし、数日後には、彼が望んだ通りの調合ができるようになりました。こうして、「スコッシュ」や「ドライアン」という言葉は、私たちの生活形式の一部となったのです。

言葉、行為、事物がこのように結びついたことによって、いったい何が達成されたのでしょうか。二週間ほど経つと、マーヴィンと私による漆喰の調合は、ほとんどミスのないものになり、私たちは「スコッシュ」や「ドライアン」がどういうものかについて、ほぼ完全な合意に達しました。私が「ドライアン上げます」と言えば、マーヴィンは、私の調合した漆喰の具合についてある程度予測がつくようになりました。その予測が当たっているか外れているかは、私が運んでいくものを手にとればはっきりします。こうして、「スコッシュ」や「ドライアン」は、「マーヴィンと私の漆喰ぬりゲーム」の中で事実を記述する言葉として機能するようになったのです。ここで大事なのは、「スコッシュ」や「ドライアン」が、最初から事実を記述する言葉としてあったわけではないということです。それらが事実を伝える言葉になったのは、あくまで私とマーヴィンの関係の中でうまく機能するようになったからなのです。

新聞、目撃証言、科学についてはどうでしょうか。私たちがある記述を（「不正確」ではなく）「正確である」、（「誤り」ではなく）「正しい」と考える時、その記述がどれほどうまく世界を描写しているかによって判断しているわけではありません。それは、その言葉が、あるゲームのルールの中で、「事実を告げるもの」として——あるグループの慣習に即したやり方で——機能しているということを示しているのです。「地球は平らではなく、丸い」という命題は、それだけでは正しくもなければ誤りでもありません。しかし、カンザスからケルンへ飛行機で行くとすれば、「丸い地球のゲーム」の方が望ましいでしょうし、カンザス州の中を旅行する時には、「地球は平らである」とした方がよいでしょう。「世界は原子から成り立っている」という命題も、いかなるゲームをも超えた事実というわけではありません。ただし、この「原子のお話」は、物理学というゲームの中で原子核分裂の実験を行う場合には、極めて役に立つものとなります。同じように、宗教という生活形式に参加している限りにおいては、「人間に魂がある」という主張も正当なものになるのです。いかなる意味においても、原子の存在は、魂の存在以上の事実であるわけではないし、もちろん、それ以下でもありません。どちらも、特定の生活形式の中に存在しているものだからです。

ここまでで明らかになったように、言語のゲームメタファーでは、人々の関係が重要になってきます。また、このように考えれば、事実という概念をよみがえらせることもできます。事実という言葉は、ある共同体の内部では、非常に役立つものにもなりうるのです。ただし、「それは事実である」という発話は、いったん特定の生活形式を超え出てしまうと、人々を賛同させる（あるいは沈黙させる）特権を失うことになります。

それでは、このような新しい言語観をもって、前章で取り上げた二つの批判――イデオロギー批判と文学批評――に戻ることにしましょう。この二つの批判によって、ここ数十年の間に学問世界に広がった絶望感を思い出してください。しかし、新しい言語観に立ってこれらの批判を受けとめれば、批判がもつ力を正しく理解することができるようになるでしょう。また、批判がもたらした絶望感を払拭することもできるでしょう。

イデオロギー批判の見直し

はじめに、「あらゆる権威は疑いうる――世界についての説明は、個人的あるいは政治的な動機によるバイアスがかかっているおそれがあるから――」という、あのイデオロギー批判を思い出してみましょう。この立場から見ると、いかなる事実の宣言も、個人的な動機に汚染されている可能性があるということになります。イデオロギー批判のもとでは、バイアスのかかっていない真理の主張というものはありえないのです。このことは、次のような困難を引き起こします。確かに、自分の「真理」を主張する権威に対して、イデオロギー的なバイアスを指摘することは可能です。しかしそれと同時に、バイアスを指摘した本人もまた、イデオロギーに汚染されているのではないかという反撃の対象となります。こうして私たちは、不信と対立の渦の中に閉じ込められてしまうのです。ところが、言語ゲームのメタファーを用いることにより、イデオロギー批判を修正することができます。単なる対立に終わらせることなく、意義ある批判を行うことができるのです。

ただし、そのためには、伝統的な「真理／虚偽‐二元論」を破棄しなければなりません。これまで述べてきたことから考えると、「ある言説が真理である（世界のありようと合致しているから）」ということは決してできないように思われます。しかし、言語ゲームという観点から見ると、「普遍的真理（Truth）」は「ローカルな、一つの真理（truth）」に置き換えることができます。つまり、真理を、ある生活形式の内部でのみ有効となるような、話し方あるいは書き方として位置づけることができます。このような見方をすれば、イデオロギー批判の価値は保たれ、こうした批判を行うことは、ある生活形式、伝統、人間関係の網の目を守ることにもつながります。また、批判する人も、「自分だって『真理』を主張しているではないか」という、決して生産的とはいえないいたずらな反撃を浴びせられずにすみます。もはや真理は、敵対する相手を排斥する合理的根拠とはなりえません。イデオロギー批判のポイントは、自分が浸っている伝統の言葉を用いて、相手を理解することなのです。

言語のゲームメタファーと、それに伴う新しい「意味」観は、イデオロギー批判に次のような改善点をもたらします。つまり、私たちは、人々の言葉の裏に潜む動機や、隠れたイデオロギー的な偏見にとらわれなくてもすむようになるのです。他者に悪意があるのではないかと疑う必要はありません。まして、言葉の**裏に**本当の動機が隠されている——これはまだ十分に解決されていない難題なのですが——と考える必要もありません。私たちの注意は、さまざまな考え方によって、どの生活形式が好まれ、どの生活形式が脅かされるのかという点に向けられます。物理学者が、人間を「原子の集まり以外の何ものでもない」と定義する時、この説明は社会の中でどんな機能を果たすことになるのでしょうか。このような「物理学的」生活形式の中で、私たちは人々をどんなふうに扱うようになるのでしょうか。もし、逆に「人間には魂がある」とみなすなら、私たちの行動はどう変わるでしょうか。もっと一般的にいえば、次のような問いが立てられます。ある一群の言葉が用いられる時、どのような人々、制度、法が好ましいとされるのでしょうか。逆に、どのような伝統や生き方が、抑圧され、破壊されることになるでしょうか。ここで、一つの例を示すことにしましょう。

精神病――フーコーとその後

これまでの議論が非常に重要なものであるということは、今世紀の最も啓発的な社会学者の一人である、フーコー(Mischel Foucault)の著作の中に示されています。フーコーの著作については、第8章でさらに詳しく述べますが、今は、「人々がいかにして巧妙な権力の形式[7]に自ら進んで服従していくのか」という彼の関心の一つに、焦点をあてることにしましょう。ここでいう権力とは、明らかな形のそれ――法や武器による支配――ではなく、日常に浸透している権力のことです。私たちは、日々決まりきった生活をおくっています。変化の可能性は膨大にあるにもかかわらずです。私たちは疑問や不安を抱くことなく、学校へ通ったり、仕事をしたり、買ったものに対してお金を払ったり、医者に通ったりしています。フーコーは、この当たり前の日常的なふるまいの中で、私たちは、権力への服従をやってみせているのだと主張します。フーコーにとって、「権力とは……オープンな、調和した関係の集まり」[8]なのです。

言語、中でも知に関する言説は、このような権力関係になくてはならないものです。フーコーの関心の中心にあるのは、「知っている」、あるいは「普遍的真理」――特に、われわれ人間とは何かについての真理――を手にしていると主張するさまざまなグループが、どうやって人々を服従させるのかということでした。例えば、医学、精神医学、社会学、文化人類学、教育学といった学問分野です。これらの学問分野による支配体制は、記述や説明の言語――健康／不健康、正常／異常、上流階級／下流階級、知的／無知のように、自己を分類する言語――をその根拠と共に作り出しています。この支配体制はまた、私たちをさまざまな手法で分析し、専門用語を用いて記述したり分類したりしようとします。医学的な検査や、あるいは大学での業績審査にしても、私たちは、支配体制のもとで、専門用語を用いてラベルをはられたり、説明されたりしているのです。そして、このような専門用語を日常生活にもちこみ、自分のコレステロール量、抑うつ、あるいは学力について話をする時、私たちは、権力関係に追従し、その結果として権力を拡張していることになります。学問分野に固有の規律が公の政策や実践にまで及ぶと、私たちはその専門用語によってすみずみまで規定されるようになります。結局、私たちは自分たちを服従させようとするものに、自ら加担してしまっているのです。

フーコーの議論をきちんと理解するために、日常のありふれた状況について考えることにしましょう。ある日、あなたは、なぜか気持ちが沈み、憂鬱で、やや自虐的になっているとします。友人の一人に、「どうしたの？」と尋ねられて、あなたは「うん、ちょっとうつなんだ」と答えるかもしれません。今日では、自分のことを「うつの状態である」と描写することは、特にめずらしいことではないでしょう。しかし、ずっと前からそうだったわけではありません。一八四〇年にアメリカではじめて精神病の分類が作られた時点では、精神病の種類はほんのわずかでした。精神病と器質性の機能不全との区別すらありませんでした。「抑うつ」という言葉も、当時は存在しませんでした。ところが、一九三〇年代に入り、精神医学と心理学の出現と同時に、精神病の種類は急速に増加し始め、一九三八年までに、四十ほどの心的疾患（道徳の欠如、人間不信、自慰も含む）の存在が認識されるようになりました。ＤＳＭ（Diagnostic and Statistical Manual of Mental Disorders：精神障害の診断基準マニュアル）という診断のための公式なマニュアルは現在までに四版を重ね、疾患に関する用語は三百を超えるまでになっています（その中には、オルガズムの抑制、ギャンブル中毒、学業不振、治療に対する消極的な態度なども含まれています）。うつ病は、現在のマニュアルの重要な項目であるというだけではありません。うつ病には、いくつかのサブタイプがあるとされています。また、精神衛生の専門家たちは、現在、全人口の一〇パーセント以上がうつ病にかかっていると考えています。抗うつ剤も、二十五年前にはまったく知られていませんでしたが、いまや一億ドルの産業になっています。もし、あなたがずっと「気分が落ち込んでいる」と感じ続けているとすれば、いつかあなた自身もうつ病と診断され、抗うつ剤を投与されることになるかもしれません。

興味深いのは、大まかな傾向として、認定される疾患の種類が増えるにつれて、精神衛生の専門家の数も増えているということです。例えば、今世紀のはじめ、アメリカ精神医学会のメンバーは四百人に満たなかったのですが、現在ではおよそ四万人――百倍――に達しています。医療費もまた、同様の規模で拡大しています。一九八〇年には、精神病は、アメリカで三番目に医療費の高い病でした。どうやら私たちは、「**病を作り出すサイクル**」に入りこんでしまっているようです。段階を追って考えてみましょう。(1)精神衛生の専門家たちが、機能不全についての言説が真理であると宣言し、(2)この真理が、教育、政策、メディアなどを通して広まると、(3)私たちは、専門家の用語を用いて、自らを理解するようになります（「ちょっと、うつになっているだけなんだ」）。こうして、(4)私たちは、専門家に治療を求めることになります。治療が必要になれば、当然(5)専門家の必要性も高まり、(6)専門家のコミュニティが拡大することによって、精神病に関する語彙も豊富になります。このようなサイクルはさらに続き、ますます拡大していくことになるのです[9]。

このように、「機能不全」を増殖し続けるサイクルに、終止符を打つことはできるのでしょうか。最近私は、「わが国における最大の健康問題」である中毒の治療に関する会議の案内を受け取りました。中毒の中でも、議論の中心となっていたのは、運動、宗教、食べること、仕事、性の五つでした。こうした日常的な行為でも、あまりに激しく行われた場合には、治療が必要な病気であると診断されてしまいかねないのです。いったんそのように診断されてしまうと、専門家への服従を免れることはおそらく不可能でしょう。少なくとも、私たちが一致団結して対抗することができない限り[10]。

以上のような批判は、権力に抵抗する力を結集することを目的としています。実際、フーコーの著作では、拡大し続ける「**権力／知識**」の領域にいかにして立ち向かうかということに、関心の焦点が向けられていました（彼が「文化的調教」と呼ぶことからもわかるように）。フーコーは、抵抗、革命、自己変革を通して、これらの力と闘うよう読者に迫ります。しかし、私たちは、革命の精神を奮い立たせる一方で、権力／知識の侵略に対して立ち向かうことの限界も知っておかなければなりません。この限界を正しく理解することは、前章で述べた単なるイデオロギー的な攻撃を超えて、批判がもつ利点を示すことにもつながるからです。それでは、支配的な秩序に容赦なく攻撃を加えようとする態度に潜む二つの問題について考えてみることにしましょう。

第一は、自由の問題です。権力の侵略的な影響に立ち向かうことは、いつか自由になれる――誰も、特別な知識をもって自分たちをコントロールしたり抑えつけたりしようとはしなくなる――という希望を人々に与えることになります。しかし、言語のもつ支配的な影響からの自由、すべての生活形式からの自由、あらゆる伝統や慣習からの自由は、本当の意味での自由ではありません。そうした自由は、無意味――区別もなく選択もない、したがって不自由とは区別される自由もありえない――へとつながるのです。もちろん、このこと自体は、批判の力を衰えさせるものではありません。しかし、それは幻をあまりにも強調しています。私たちは、決して言語や意味の世界の外へ出たり、あらゆる秩序から完全に自由になったりすることはできないからです。ある形の知的支配から逃れようとするにしても、その代わりになる秩序が必要です。例えば、精神医学的な診断の拡大に歯止めをかけようとすることには、それ相応の根拠があります。しかし、それができたからといって、本当に自由のアリーナに踏み込んでいけるわけではありません。私たちにとって必要なのは、代わりとなる理解——より望ましい理解のしかた——を生み出すことなのです。

第二の大きな問題は、過激すぎる批判に関するものです。あまりにも激しい批判は、秩序のもつプラスの面を見落としてしまいます。フーコーが「調教」「秩序化」と呼ぶものをことごとく拒絶してしまえば、私たちが価値をもつと信じているものすべてが消えてなくなるでしょう。何らかの秩序に参加することなく、人から愛されることはできません。「家族」と呼ばれる制度がなければ、両親が子どもを愛することもできません。法という制度がなければ、正義を行うこともできません。私たちは、秩序を完全に否定しようとするのではなく、その長所と短所を見極めるべきでしょう。言語ゲーム、生活形式、学問の伝統についても、それがどのような結果をもたらすか——肯定的であれ、否定的であれ——を問うことが大切なのです。例えば、精神病を分類したり治療したりしようとする専門家の実践は、さまざまな否定的効果——そのことによって、私たちが日常生活に見られるノーマルな問題をも「病気」とみなすようになったり、身近な解決法を生み出す力が弱くなったり（「これは専門家の領域だ」と考えるようになる）、他人や自分に欠点を見出す手がかりとなってしまう（例えば、「彼は肥満である」「彼女は食欲不振だ」「彼は仕事中毒だ」というように）——をもたらします。しかし、それと同時に、「精神病」という分類は、多くの人々に対して、自分が抱えている問題は、自分にだけ責任があるわけではないこと（「病気なのだから仕方がない」）、またその苦痛を和らげてくれる専門家がいることを教えてくれています。私たちは孤独でもなければ、何の手立てもないわけでもありません。このように、長所と短所の両方をきちんと見極めることによって、私たちは伝統の中で、有害なものは取り去り、よい部分は残すような代替案を生み出していくことができるでしょう。

文学批評の見直し——テキストから共同体の中の言語へ

これまで、言語を社会的実践とみなすことで、いかに批判に前向きの役割を取り戻させることができるかを示してきました。ここで、前章の最後で述べた批判の二つ目、「すべての真理はテキストに還元される」という批判を取り上げてみることにしましょう。こうした批判は、「テキスト批評」とも呼ばれています。この立場の主張は、ある言葉の意味とは、世界の姿そのものではなく、他の言葉との相互依存によって決定されるのであり、したがって、「テキストの外側」では、何も理解できないというものでした。意味は、テキスト（あるいは言語）の内部でのみ形成されるものだからです。この批判もまた、私たちを袋小路に閉じ込めます。この批判によって、科学や学問のあらゆる伝統が、単なる言葉遊びになってしまうだけではなく、批判そのものが自己矛盾に陥ることになるのです（批判の議論もテキストであり、したがってシニフィアンの戯れにすぎない）。しかし、本章のはじめで述べた考え——言葉の意味は使用によって決定される——によって、テキスト批評を修正し、この袋小路を抜け出すことができます。

次のことを考えてみましょう。もし、ヴィトゲンシュタインのいうように、意味とは人々の関係を通して生成されるものであるとすれば、テキスト批評は、その源泉を無視してしまっていることになります。つまり、記号や音節の集まりとしての単なるテキストは、いかなる意味ももちえないのに、テキスト批評においては、テキストそのもの（あるいは言葉そのもの）が意味をもつものとして扱われています。しかし、テキストの意味は、人々の関係においていかなる機能を果たしているかによってのみ決まるのです。人々の関係（共同体）がテキストの意味に先行するのです。

テキストの意味を、人間の共同体の中に埋め込むことによって、私たちはテキスト批評のもつ力を維持しながら、致命的な結論——言葉は単なる言葉にすぎない——を回避することができます。また、どんな状況でも多様な構成が可能であること、指示対象そのものはどの構成を選択するかを決定しないこと、いかなる場合においても意味は本質的に決定不能であること、言語的慣習のもつ権力によって、私たちの記述や理解のあり方が決定されることなどが理解できるようになります。「テキストの外側には何もない」などと結論づける必要はありません。私たちの関心は、テキストそのものからテキストの社会的実用性へ、つまり、特定の目的をもった共同体によって、いかにテキストが構成されていくのかという問題に移ります。さらに、このことによって、多様な問い——例えば、伝統や社会的力学がテキストにどんな影響を及ぼすのか、さまざまなテキストが、グループ内の結束を強めるために、どのように用いられていくのか、あるいは、ある価値、偏見、経済構造が、それぞれのジャンルの書物によっていかにして維持されているのか、など——を発することができるようになるのです。

こうして、私たちの関心は、テキストそのものから、（共同体の活動を修辞する）レトリックとしてのテキストへ、すなわち共同体の中で何かを行うための言語へと移ります。「行為としてのテキスト」という考え方をもっと理解しやすいものにするために、以下のことを考えてみることにしましょう。

アイデンティティの政治学

日々の関係の中で、私たちは何らかの行為をします。その行為の結果を決めるのは、たいてい、私たちの行為に対する人々の解釈です。特に、他者の会話——記述、説明、批判、祝福など——の中で私たちがどのように表現されているかによって、多くのことが決まってきます。そうした表現はまた、私たちの社会的評価をも形成します。しかし、それらは、必ずしも私たちが自ら選んだものではなく、友人、家族、隣人、先生など、他者によって作り出されたものです。私たちが「自分は……である」と信じている、この「……」にあたる部分を、一般にアイデンティティと呼びます。すると、ここに一つの問題が生じます。自分のアイデンティティは、他者が自分をどう表現するかによって決まるのであり、私たちは、自分のアイデンティティを決して自分の思い通りにしたり、自分でコントロールしたりすることができないのです。例えば、社会的階層の問題を考えてみましょう。私たちはみな、複数の社会集団に属し、それぞれの集団からアイデンティティを与えられています——女性／男性、キリスト教徒／ユダヤ教徒、黒人／白人、ドイツ人／アイルランド人など。このような集団は、しばしば映画、小説、ニュース、広告などのメディアによって取り上げられます。自分の属する集団が、あるやり方で何百万人もの人々に対して表現された時、私たちは、自分ではどうすることもできないという無力さに直面することになります。「女性は無力で感情的である」「アジア人は従順である」「ドイツ人は威圧的である」「アイルランド人は攻撃的である」などと表現される時、私たちはその表現に否応なく巻きこまれ、あるいはそれを自ら支持してしまっています。そうした表現が、一部の人々の間だけにとどまらず、多くの人々に共有されるようになれば、それは「当たり前の現実」になります。こうして作られた現実は、政策、教育実践、警察などに情報を提供するでしょう。それだけではありません。実は、このような表現は、表現されている人たち自身にも、ある情報を与えています。つまり、女性が女性であるためには、アジア人がアジア人であるためには、あるいは異性愛者が異性愛者であるためにはどうあらねばならないのかを、こうした表現によって理解するようになるのです。こうして、あなたについてのあなた自身の知識は、あなたについての他者の知識と分かちがたく結びついていきます。

これまでの議論から、「私たちのアイデンティティは、メディアによる表現のテキストによって形作られる」ということができます。学問の世界では、そこに隠れている有害な影響にあまり注意が払われていません。しかし、社会構成主義は、この「**アイデンティティの政治学**」——ある集団のアイデンティティが、社会や政治の中にどのように現れてくるか——に対する関心を人々にもってもらうために、こうした問題の専門家と積極的に議論してきました。アイデンティティの政治学への関与のしかたにもさまざまな形がありますが、ここでは、この数十年の間に生まれてきた三つの波を取り上げてみましょう。この三つの波は、一部では重なりあっていますが、強調点が少しずつ違い、その結果それぞれ異なる結果をもたらしています。

第一の波は**抵抗**です。そこには、さまざまな少数派グループがずっと抱いてきた苛立ちが反映されています。初期の批判としては、イタリア系アメリカ人による批判（ならず者としてのメディアイメージに対する抵抗）、アフリカ系アメリカ人による批判（アンクル・トムやジェマイマおばさん（Aunt Jemima）として戯画化されることに対する抵抗）、女性による批判（性的対象として、一面的に描写されることに対する抵抗）などがあります。現在では、批判はもっと多様なものになっています。例えば、アメリカの原住民は、自分たちが野蛮で原始的なものとして博物館に展示されることを拒否しました。ゲイやレズビアンの人々は、ハリウッド映画が、いかにホモセクシュアルに対する恐怖心をあおってきたかを示してきました。また、「下級の（従属する）民族」という観念が、いかに日常のメディアによって構成されてきたのかを明らかにする研究もたくさんあります。[11] さらに、社会に広く行きわたっている、そうしたイメージや観念を構成してきた根がどこにあるのかということについても詳しい研究がなされ、マイノリティの人々のアイデンティティが、テキスト、絵画、写真などにおいて、どのように扱われてきたのかが示されています[12]。

他者をおとしめる社会的構成は、学問の世界にももちこまれています。社会科学とは、つきつめていえば、人々について描写したり記述したりする科学です。社会科学者は一般に、人々の行為を記述し、説明しようと試みます。その際、社会学者であれば自分の身の周りにいる人々に、人類学者であれば、異文化の人々に焦点をあてるでしょう。社会科学によって生み出された書物は、政治の世界へと登場し、異なる階級、文化、伝統に関する人々のイメージを作り出すことになります。

こうしたイメージへの抵抗に関する古典的な書物としてまず挙げられるのは、サイード（Edward Said）の著作です[13]。サイードは、「東洋」なるものがいかに社会的に構成されたものであるかを示しました。ヨーロッパ人による「東洋の人々」についての記述、例えば、東方の文化におけるマナー、慣習、信念、伝統などの描写は、数世紀にわたって積み重ねられ、今世紀には学問全般における常識となりました。しかし、サイードが述べているように、「東洋」とは本来「ヨーロッパ人によって発明されたもの」、すなわちヨーロッパ人の利害関心から生まれた、他者に対する表現——なのです。サイードはさらに、このような利害関心とは、純粋な興味や好奇心などではないと指摘しています。それはあくまで、「東洋を支配し、自分たちの都合のいいように作り変え、東洋に対する覇権を握るための、ヨーロッパスタイルの東洋学」[14] なのです。「東洋的なもの」を記述し、説明するスタイルには、東洋に対する優越感や、政治的支配の正当化などが暗黙の内に含まれているのです。

他者に対する社会的構成が、このように多くの問題をはらんでいることが指摘され、人類学の分野において、民族誌の記述が植民地支配的な態度や欲望を肯定し、促進している危険性に対する関心が急激に巻き起こりました。つまり、民族誌研究が、植民地支配の権力に対して、その支配力をさらに強めるための情報を提供し、支配を正当化するようにその民族を特徴づけてしまっている[15]ということが主張され始めたわけです。そもそも、アフリカの「原住民」にしてみれば、人類学とは、「独特な人間観を持つヨーロッパ的思想を代表する白人が書いた、個人的な日記にすぎない」[16]のです。こうした批判は、社会科学の研究のあり方に大きな影響を及ぼすことになるのですが、この点については第4章であらためて取り上げることにしましょう。

アイデンティティの政治学に加わる多くの人々にとって、抵抗は始まりにすぎません。より重要なのは、自己を表現する力を獲得しようとする試みです。こうして、アイデンティティの政治学における第二の波――**自己定義**の試み――が登場することになります。社会学者ラクラウ（Ernesto Lauclau）は、「問題は……誰が積極的な社会参画者であるかということではない。人々が、社会参画者であるためにいかに努力しているか、である」[17]と述べています。また、黒人のフェミニストであるコリンズ（Patricia Hill Collins）は、「黒人女性が、自ら自己を定義しようとする運動は、イメージの正確さにこだわる議論――例えば、黒人母系性説の誤りを証明しようとする議論――から、定義の根底にある権力構造を明らかにしようとする議論へと、議論の構造そのものを変えることになる……黒人女性が自己定義を主張する行為は、黒人女性がもつ力を確認する行為なのである」[18]と言います。このように、民族的、人権的、宗教的アイデンティティは、時に壮絶な闘争の種となります。単純にいえば、それは、自分自身によるコントロールと他者によるコントロールとの闘いなのです。

こうした闘争に対する認識が高まることによって、自己の属する集団のアイデンティティの表現を自らコントロールし、自分たちの表現を用いて集団意識や政治的行動についての対話を進めていこうとする大きな運動が生まれました。ただし、その主なものは、学問の世界ではなく、一般の人々向けの書物や演劇の領域で起こりました。例えばテレビでは、これまで軽視されてきたグループについての報道を増やし、自らのアイデンティティをコントロールしようとするそれぞれのグループの間に、不公平が生じないようにという努力がなされています。ウィンフレー（Oprah Winfrey）は、女性および黒人の文化に対する人々のイメージをどう変えていくべきかは、自らの手で選び取らなければならないと考えました。[19]その他にも、フェミニスト、アフリカ系アメリカ人、ゲイの人々が、自らについての雑誌を作ったり、これまで虐げられ、無視されてきた自分たちの生活を明らかにする映画や劇、本などを発表したりすることが急激に増えています。

しかし、自らのアイデンティティをコントロールしようとすることに、まったく問題がないわけではありません。あなたがいかに「わが民族」について本を書いたり、映画を作ったりしようとしても、それでは、「**あなた**が**彼ら**を表現する」ということになってしまい、結局、彼ら自身が自分で自分をコントロールすることはできないのです。さらに、「同じグループの人間の手で」表現されることに対して、グループの人々が異議を唱えることもありえます。例えば、ある人が、自分たちのグループがいかに社会に抑圧されてきたかを描きたいと考え、苦痛、麻薬、暴力を強調したとしましょう。その時、そのように表現された同じグループの人々は、自分たちが著者に裏切られたと感じるかもしれません。彼らは、非力な犠牲者として描かれてしまっているからです。逆に、著者が豊かな伝統、喜び、共同体の絆などを強調したとしても、再び不満が噴出することになります。その本が描き出すすばらしいありさまが、現状をただ肯定するものとなっているという理由で、その本は非難されるかもしれません。例として、黒人の映画監督スパイク・リー(Spike Lee)の黒人や女性の描き方に対して、黒人のフェミニスト、ベル・フックス(bell hooks)がどう反応したかをみましょう。

> 彼の黒人男性についての描写は、広く行きわたっているステレオタイプ——白人の人種差別者が考えるような——と一致するものである。彼らは、白人の観客に脅威を与えるのではなく、自らの恐れを鎮めようとしているだけである。(その映画は)黒人女性と、解放を求める闘争において彼女たちが果たした役割を無視している。映画の中の黒人女性は、母親であろうと、娘であろうと、姉妹であろうと、みな単なる性的欲望の対象として構成されている。[20]

あるグループの描写を任せることのできる人など、果たして存在するのでしょうか。この問いに対するよくある答えは、「私自身については、私が記述できる」というものです。しかし、それでは、グループの結束がもつ力がだいなしになってしまうのではないでしょうか。

この問いは、アイデンティティの政治学における第三の波——「**ポリティカル・リコンストラクション**(**政治的再構成**)」——を生み出すことになりました。政治的再構成は、著者やその内容にかかわらず、人々についてなされるすべての表現がいかにしてその対象を**本質化**するようになるかに、特に関心をもっています。本質化というのは、ある社会的なカテゴリー（例えば「女性」「ゲイ」「アジア人」）を本質的なもの、すなわち、人々に本来そなわっている性質や特徴として扱うということです。例えば、人種概念――あるグループを他から区別する本質を映し出しているかのように用いられるカテゴリー――には、ずっとこの本質化の問題がつきまとってきました。しかし、肌の色、身長、髪の色などの根底にある本質的な特性などありません。カルチュラルスタディーズの研究者であるスチュワート・ホール（Stuart Hall）は、次のように述べています。「ここで問題となっているのは認識である……『黒人』とは本来、政治的・文化的に構成されたカテゴリーであって、文化を超えた固定的なものではない。したがって、それを保証するいかなるものも、自然には存在しない」[21]。

問題は、それだけではありません。そのようなカテゴリーは、**差異を破壊する**、すなわちあるグループに分類された人々の間の価値観、好み、生き方の「多様性」を抑圧してしまう恐れがあります。あるグループに属するとみなされる人々がみな、同じ価値観や好みをもっているとは限りません。キリスト教を信仰するアジア人は大勢いますし、ゲイの活動家であるパキスタン人もいれば、イスラム主義に傾倒するアフリカ系アメリカ人もいます。人々にお決まりのラベルを貼ることは、こうした人々を抑圧することにもなるのです。

また、グループを区別することで、**対立**――忌避、不信、憎悪――をより強める可能性もあります。区別によって、あるグループ内の人々の間に、外部者に対する特別な意識――「私たちはあなたとは違うのだから、あなたは決して私たちの共同体を本当の意味で理解したり、私たちの仲間になったりすることはできない」という意識――が生まれます。逆に、外部者にとって、あらゆるグループは「絶対的他者（the Other）」――異質で、利己主義で、究極的には敵対する者――ということになります。アメリカ社会においては、非常に多くの区別が存在し、またそうした区別が大きな政治力をもっていることから、政治学者ハンター（James Davidson Hunter）は、こうした状況を「**カルチュラル・ウォーズ（文化間戦争）**」と表現しています[22]。

以上のような問題を抱えて、これからいかに政治的再構成を進めていけばよいのでしょうか。この問いに対する単純な答えはありません。議論は今、始まったばかりです。本質主義に対する批判によって、裏切られたと感じる人々もいるでしょう。女性や少数民族が自立の意識、すなわち自分たちが自らのアイデンティティに責任をもとうとする意識――をもち始めたとたん、それは本質主義であると逆に非難される可能性があるからです。これでは、社会的批判や社会変革の根拠がなくなってしまうことになります。例えば、もし「女性」という本質が存在しないならば、すなわち「女性」というカテゴリーが単なるラベルにすぎないならば、どうして女性の平等な権利を求めて闘うことができるというのでしょうか。性（ジェンダー）やその他のカテゴリーを社会的構成の産物であると考える、フェミニストのワイスタイン（Naomi Weisstein）は、過激な本質主義批判を「いきすぎた批判」と揶揄し、「その流行が過ぎ去った後、私たちは、言葉の中で溺れた多くの死体を発見することになるだろう」[23]と嘆いています。

ただし、明るい可能性もあります。例えば、アフリカ系アメリカ人ウェスト（Cornell West）は、黒人の「本質」というものをある程度認めた上で、黒人の共同体の中で**愛の倫理**を発展させることの大切さを強調し、そうすれば、黒人としての自尊心を高めるよう共に努力できるはずだと述べています[24]。この「愛の倫理」は、黒人社会だけでなく社会全体においても、新たな可能性をもたらしてくれるでしょう。また、社会学者ギルティン（Tod Giltin）は、「アイデンティティの溝」を越えて、共通点のない少数派グループ同士（「本質的な」差異を有するグループ同士）を結びつけようとする運動や組織について調査しています。かつては、労働組合がこの目的を果たしていましたが[25]、現在では新たなグループが求められています。また、民主主義を徹底させ、「本質的に」異なる人々の間で対等な議論が行われるようにしなければならないと主張する人々もいます。そのためにも、公共用地や集会場所を再び作り出し、人々の間に友好的な関係を築くべきだという声も上がっています[26]。

このように、「本質主義」をある程度受け入れた上で、社会変革を進めていこうとする立場がある一方で、徹底して「本質主義」を否定しようとする、より急進的な立場もあります。例えば、「人間であるとはどういうことか」「アイデンティティをもつとはどういうことか」というところから、あらためて問い直すべきだと提唱する人々もいます。アフリカ系アメリカ人であるベル・フックスは、「我々は長い間、外部と内部の双方から、黒人であるということについての偏狭な観念を押しつけられてきた……本質主義に対する批判……は、自己を構成するための新しい可能性を開いてくれるものである……[27]」と述べています。また、フェミニストのバトラー（Judith Butler）は、男性／女性、異性愛／同性愛などの、私たちになじみの深い二分法に、徹底的に異論を唱えるべきだと強く主張しています。[28] 例えば、女性であるということは、決して「自然な事実」ではなく「文化的パフォーマンス」の一つであり、私たちには別のやり方でパフォーマンスをする自由があるのです。バトラーは、慣習的な区別をあいまいにするような革新的パフォーマンスについても言及しています。「性転換」や「両性具有」などは、わかりやすい例です。また、自己概念は流動的である――いかなるカテゴリーにもとらわれることなく、時代や環境によって変化する――と主張する人もいます。[29] 再構成の波は、まだ、生まれたばかりです。この議論の続きは、第6章で行うことにしましょう。

社会構成主義の四つのテーゼ

前章では、西洋の伝統において当たり前と信じられてきた、重要な、しかし深い問題をはらむいくつかの前提――自己、真理、理性、道徳――を検討しました。また、私たちの常識を根本から揺るがす危険性をもつ二つの批判――イデオロギー批判と文学批評――についても述べました。そして、この章では、新たな一歩を踏み出しました。特に、言語の共同体的基盤に重点をおく新しい言語観を導入し、二つの批判をより生産的なものへと組立て直しました。

実は、こうした議論のいたるところに、本書の主題である社会構成主義の考え方が散りばめられていました。今あらためて、社会構成主義そのものに焦点をあてることにしましょう。特にここでは、社会構成主義の四つの基本テーゼを紹介します。この基本テーゼは、この先本書を読み進めてもらうために、欠くことのできない重要なものです。しかし、だからといって、読者は必ずしもそのすべてに同意しなければならないというわけではありません。ですから、それらを「結論」と捉えるのではなく、今のところうまくいっている「仮定」であると考えてください。[30] それは、決して真理の主張などではなく、人々がそこから対話を始めるためのきっかけなのです。私たちが対話に参加することではじめて、仮定は生命を吹きこまれ、私たちにとってさらに重要な意味をもつようになるでしょう。「それが真実か、誤りか」と問うことは、そもそも社会構成主義の大事なポイントを見落としてしまっているのです。それでは、さっそくその四つの仮定を順に見ていきましょう。

私たちが世界や自己を理解するために用いる言葉は、「事実」によって規定されない

この第一のテーゼは、言語について私がこれまで述べてきたことを表しています。言語は、世界をありのままに写しとるものではありません。どんな場合においても、「そうでなければならない」音節、単語、言いまわしなどはありません。このことはまた、写真、地図、顕微鏡、ＭＲＩなど、言語以外の表現方法についてもあてはまります。言い換えれば、いかなる状態に対しても、無限の記述や説明のしかたがありうるのです。そして、そのどれか一つが、「今目の前にある状況」を正確に書き表したり、ありのままに映し出したり、その特徴を捉えたりするという意味で優れていると主張することはできないのです（実際には、そうは思われていませんが）。

このテーゼは、さらに深い意味を含んでいます。このテーゼが主張しているのは、私たちが世界や自己に関してもっている知識――例えば、「地球には重力があって、それが私たちを地表につなぎとめている」「人間は鳥のように飛ぶことはできない」「ガンは命にかかわる病気である」「罰は、悪い行いを思いとどまらせるのに有効である」など――がすべて、他でもありうるということなのです。「そこにある何か」が、ある特定の記述や説明を要請するわけではありません。私たちは、今ある言語を用いて、重力やガンが存在せず、人間と鳥が同等で、罰が喜んで受け入れられるような世界を構成することもできるのです。

この仮定は、大部分の人々にとっては脅威に感じられるでしょう。なぜなら、私たちが信頼できる確固としたもの、安全なものなど、もはやどこにもないということを意味しているからです。しかし、この暗く不安な夜は、逆に大きな解放感への第一歩となりうるのです。私たちがふだん、何の疑問ももたずに用いているカテゴリー――例えば、性役割（ジェンダー）、年齢、人種、あるいは知性、感情、理性など――の多くは、一部の人々に語りえない苦難をもたらしてきました。また、宗教、国民性、人種性、経済などに関して広く世界に行きわたっている理解によって、対立、不公正、さらには虐殺までもが引き起こされてきました。社会構成主義は、こうしたカテゴリーや理解の呪縛から、私たちを解

放してくれるのです。

記述や説明、そしてあらゆる表現の形式は、人々の関係から意味を与えられる

この第二のテーゼは、本章のはじめに取り上げた言語の語用論（ゲームの中の語用論）から生まれたものです。言語の語用論が主張したのは、言語を含むあらゆる表現は、人々の関係の中でどのように用いられるかによって、その意味を獲得するということでした。したがって、世界や自己についての事実であると私たちがみなしているものは、決して個人の「心」の産物ではありません。「心」が意味を生み出したり、世界の本質を捉えたりするわけではありません。意味は、人々の関係の中で——人々の同意、交渉、肯定によって——作り出されるのです。

つまり、私たちの理解は、私たちをとりまく「関係」から要請されるものなのです。関係がなければ、何も——事物や人々からなる、理解可能な世界として——私たちの前に存在することはありません。このように考えると、今私たちにとって意味のある言葉や文章が、別の関係においてはまったく無意味なものになってしまう可能性もあるわけです。あるいは逆に、例えば獣のうめき声のように、私たちにとって意味をもたないように思われるものが、重要になってくる可能性もあります。私たちが、信頼できる何か、確固とした現実感を求めるならば、それもまた「関係」を通してのみ達成されるでしょう。

本書では、「関係」を、人々の間の（社会的な）関係——現実は「社会的に」構成されるというように——として扱いがちですが、もちろん、人間と自然との「関係」も無視できません。私たちのコミュニケーションは、酸素、植物、太陽などの自然環境に支えられています。私たちは、私たちをとりまくすべてのものから独立ではありえないのです。言語もまた、私たち人間から決して切り離せないものです。言語がなければ、「何が存在するか」「それらと私たちの関係はどんなものか」などと問うことさえできません。さらに、言語は文化や歴史に深く織りこまれていますから、関係についての理解もまた、文化や歴史によって制限を受けているということになります。私たちは、決して全貌を把握することのできない関係性の総体——すべてがすべてと関係し合っているような——の中にいるのです。

私たちは、何かを記述したり説明したり、あるいは別の方法で表現したりする時、同時に、自分たちの未来をも創造している

私たちの言語的実践は、関係から切り離せないものであり、関係は、より広い実践——儀式、伝統、「生活形式」——と結びついています。したがって、例えば、法的実践を行うためには、「犯罪」「原告」「目撃者」「法」という言葉が必要不可欠となります。また、高等教育は、「学生」「教授」「カリキュラム」「学習」についての言説の上に成り立っています。もし、このような言葉や言説がなかったら、法や教育という制度は、今のような形ではありえないでしょう。もっと身近な例をあげると、「愛」「欲望」「心配」「望み」という言葉がなければ、「愛する」ことさえできなくなってしまいます。言語は、私たちの行為の重要な構成要素であり、私たちの生活それ自体を形作るものなのです。

ところが、①で見たように、特定の言葉や表現を用いることが決して必然的ではないとしたら、それらと密接に結びついているあらゆる制度、さらには、私たちの文化的な伝統が危機にさらされることになります。逆にいえば、私たちの伝統——自己、真理、道徳、教育など——は、人々が共に意味を生成していく絶え間ないプロセスによって維持されています。私たちの未来は、過去によって決定されているわけではないのです。ですから、特に、この急速に変化しつつある世界において、伝統を維持していきたいと思うのであれば、自分たちの関係の中で、伝統の理解可能性や合理性を生み出していかなければなりません。例えば、今日でもなお、キリスト教に力を与え続けようとするならば、その意味を再構成していくことが必要になります。同じことは、家族や友達との関係についてもいえます。親しい関係を維持するためには、常にその意味（例えば「私たちはお互いにとってどういう存在なのか」）を再構成しなければならないのです。

ただし、私たちは、伝統にこだわる必要はありません。以上のことは、私たちが、自らの社会的な生活を変え、新しい未来を築いていく可能性を示唆してもいるのです。私たち自身を変え、関係や文化を変えていくのに、専門家の助言や法律や政策を待つ必要などありません。人と話をしたり、何かを書いたりしているまさにその瞬間にも、私たちは確かに自らの未来を創造しているのです。もし何かを変えたいと願うなら、「**活動的な詩人**」になって、新しい意味を生み出そうと努力しなければなりません。新しい未来を生み出すためには、与えられた意味を拒否する――例えば、性差別者や人種差別者の言葉を無視する――だけではだめです。それに代わる新しい言葉や、新しい解釈や、新しい表現を生み出さなければなりません。私は、これらを「**生成的言説**」――既存の理解の伝統に立ち向かうと同時に、行動の新たな可能性を切り開くような言説や表現――と呼んでいます。この生成的言説を生み出そうとする挑戦については、第5章で詳しく取り上げることにしましょう。

自分たちの理解のあり方について反省することが、明るい未来にとって不可欠である

一方で、大切な伝統を維持し、その一方で、新しい未来を創造しようと試みるのは、決して容易なことではありません。伝統は、新しいものをそう簡単に受け入れようとはしませんし、大胆な創造は時に、伝統にとって脅威となります。私たちは、どの伝統を守っていけばよいのでしょうか。何に立ち向かい、何を壊せばよいのでしょうか。どんな世界を創造していくべきなのでしょうか。「何がgood（善いこと）か」についてさまざまな価値観が入り乱れ、優劣を競い合っているこの世界においては、こうした問いに対する普遍的な答えなどありません。ともすれば、私たちは今の「good（もっともな）理由、good（確かな）証拠、good（高い）価値」に頼ろうとする傾向があります。伝統について考え、その根拠を見極めたり、道徳性や政治性を考慮したりしたとしても、結局はそうした結論に落ち着くことになりかねません。

社会構成主義は、そのことに対して異議を唱えます。「もっともな理由、確かな証拠、高い価値」は、伝統の中に存在するものだからです。つまり、「何が事実か」「何が善いことか」について、人々の間にすでに暗黙の合意ができていて、それ以外の可能性は最初から否定されてしまっているのです。「公的建造物の中を禁煙にするべきか」「子どもにポルノを認めるべきか」「地雷に反対すべきか」「アラブの国々における女性解放運動を支持するべきか」などの問いは、そもそも、ある言説の内部からしか取り上げることができません。私たちが「よく考えた末に下した判断」は、たいてい、私たちの伝統の外部にあるものを完全に見落としてしまっています。

したがって、社会構成主義は、「**自省**（**reflexivity**）」――自分がもっている前提を疑問視し、「明らかだ」とされているものを疑い、現実を見る別の枠組みを受け入れ、さまざまな立場を考慮してものごとに取り組む姿勢――を非常に大切だと考えます。つまり、「当たり前」とされていることがらが、人々に、異なる可能性を見えなくさせてしまうことに対して、厳しい批判の目を向けます。私たちがもし、生き生きとした明るい未来を創造していこうとするなら、私たちがこれまで、「事実」「真理」「正義」「どうしても必要なもの」として受け入れてきたものすべてを、疑う覚悟ができていなければなりません。だからといって、伝統をすべて拒否してしまえというわけではありません。それらが一つの伝統にすぎないこと――歴史的・文化的に作り出されたものであるということ――を正しく理解し、自らの伝統の言葉で、異なる伝統を理解し、認めていこうという提案なのです。そのためにはまず、異なる伝統間に共通の基盤を形成するような「対話」を生み出していかなければなりません。

この四つのテーゼは、それほど難しいものではありません。しかし、そこには深い意味が秘められています。すでに読者も気づいているかもしれませんが、社会構成主義は、学問の世界の伝統的な区別――例えば、知る者と知らざる者、教師と生徒、教養のある者とない者などの区別――を揺るがせつつあるのです。一部の研究者は、自分が伝統的な価値にとらわれていることを、きちんと認めようとし始めています。学問が社会全体の未来と密接に結びついている可能性に対する理解も、深まりつつあります。これらに関しては、もう少し後の章で詳しく述べるつもりです。今は、その準備段階として、科学的知識に対する社会構成主義の挑戦を見ることにしましょう。

科学的知識の社会的構成

私たちは、科学を、西洋文化の頂点に輝く宝石のように捉えています。一般の人々は単なる**意見**しかもたないのに対し、科学者は、確固とした**事実**を手にしています。一般の人々の考えは、揺り椅子の上での単なる空想で終わるのに対し、科学者の考えは、薬、ロケット、原子力など、現実に何かを生み出しています。私たちが科学に対して抱く、こうした尊敬の念は、科学の伝統そのものによってもたらされたといえます。科学的思考が、教会や王に対する啓蒙主義の抵抗という土壌から育ってきたこと、私たちの日常的な実践や制度――教育、政策、ニュース、犯罪調査、軍事計画――の中に、科学的知識に対する信仰が宿っていることについては、第1章ですでに述べました。ここで重要なのは、科学が社会的な平等と結びつけて考えられてきたということです。

啓蒙主義思想が非常に重要な意味をもつことになったのは、それが、一人一人の人間に固有の権利を保障したという点においてでした。それに伴い、教会や王がもつとされていた特権――すべての人々を代表して、「事実」や「善」の本質を思いのままに決定するという特権――は奪われました。そして、科学は、理性に対して万人がもつ平等な権利を示す、何よりのモデルとされたのです。科学の世界では、自ら観察し、合理的に推論し、得られた結果を報告する権利を誰もが平等に有しています。きちんとした手順に従ってさえいれば、自らの主張に耳を傾けてもらうことができるはずです。

しかし、例えば「多数の原子からなる分子のＰＥ表面」「シクロペンタン‐1、3‐ジイルの不決定性」「Ｈｏｘ遺伝子」などについて、果たして一般の人々が何を主張できるというのでしょうか。専門的な知識が乏しいために、考えが浮かばないかもしれません。そもそも、そうした言葉の意味すら理解できないかもしれません。そうすると、人々は科学者が教えてくれるそれらの「事実」を、そのまま受け入れざるをえなくなります。それに、そのまま受け入れていったい何が悪いというのでしょうか。科学者は、「ありのままに語っている」だけなのです。

皮肉にも、平等な権利のモデルであったはずの科学が、今では平等に対する大きな脅威となっています。科学が、それ以外のあらゆる声を沈黙させる独裁者として現れつつあるのです。

こうした科学のもつ危険性が、社会構成主義を科学的知識の分析へと向かわせることになりました。その重要な目的は、科学における努力を無意味なものにすることではなく、科学がもつ権威を取り除き、一般の人々も参加できるようにすることです。分析のポイントとなるのは、科学では「科学的な」言語、ある特殊な記述や説明の言語が好んで用いられるという点です。すでに述べたように、ものごとには無数の説明が可能であり、世界をありのままに写しとるという意味で特権的な言語なるものは存在しません。しかし、科学者は「真理」——自らの説明が「科学的」であること——を主張します。そして、科学者が主張する「真理」は、しだいに社会の中に広まり、一般的な概念となっていきます。宇宙の起源や、遺伝子、温室効果に関する最新のニュースに対して、「それも一つの考え方ではあるな」と言う人はおそらくいないでしょう。メディアは、それがあたかも普遍的な事実であるかのように報道し、私たちもそれを普遍的な事実として受け入れます——少なくとも、他の科学者によって訂正されるまでは。科学的な説明は、「伝統を超え、価値観を超え、疑いを超えた真理」として社会の中に行きわたり、私たちの生き方に深刻な影響を及ぼします。ところが、このことについて批判や疑問の声があがることはめったにありません。それは、一般の人々が、科学的言語によって煙に巻かれているためだけではなく、科学者自身が、「科学的な」前提にあまりにもとらわれ、自らの観点を反省的に問うことができないでいるからなのです。

これは、どれくらい重要な問題なのでしょうか。精神病の用語が、社会にいかに有害な影響を及ぼしたかについては、すでに述べました。ここでは、教育や学問のカリキュラムにおいて、いかに組織的に、人間の精神に関する問題が科学に置き換えられてきたかを考えてみましょう。もし今、学生に対して、人間の存在についての創造主義者の説明と、ダーウィンの説明のどちらが優れていると思うかと尋ねたら、彼らは笑い出すかもしれません。しかし、ここに、人間を単なる物質とみなし、魂や精神的な存在を「非科学的な」ものとして排除しようとする、カリキュラムの落とし穴があるのです。人間の多様性を一握りの人種カテゴリーに押しこめ、知能レベルには遺伝的な要素が影響するため、知能の高い人種とそうでない人種があると社会に教えこみ、自らの遺伝子を維持することが生命体にそなわる基本的な動機であるという主張を支持しているのは、科学なのです。

だからこそ、社会構成主義は、科学の権威をはぎとり、人々の参加を促すことを目指してきました。ただし、社会構成主義の議論は、二つの段階に分けることができます。かつては、科学的事実の「**社会的構成**」という側面が強調されていましたが、最近では、新しい科学的知識が「**関係性のプロセス**」から生み出されるという点がより重視されています。それでは、この二つを順に見ていきましょう。

何が科学的事実であるかは科学者コミュニティによって決定される

カール・マンハイム（Karl Mannheim）の著作『イデオロギーとユートピア』（一九二九）は、科学的知識の社会的構成に関する先駆的な書物であるといえます[31]。マンハイムの主張をまとめると次のようになります。(1)科学者がどの理論を好むかは、経験的にではなく社会的に決定される、(2)科学者のグループは、特定の理論をめぐって組織される、(3)科学者グループ間の対立の根は、理論的な不一致にある、(4)したがって、私たちが科学的知識とみなすものは、社会的プロセスの産物である。マンハイムのこの主張は、大きな反響を呼び起こしました。また、ポーランドとドイツでは、フレック（Ludwig Fleck）が、『Genesis and Development of a Scientific Fact』（一九三五）[32]の中で、科学的な実験においては「見える前に知っておかねばならない」とし、知識が科学者という社会的集団によって作られることを指摘しました。イギリスでは、ウィンチ（Peter Winch）が、広い影響を及ぼした『The Idea of a Social Science』（一九四六）[33]という本の中で、社会科学の理論的な主張が、いかに「現象を構成」しているかを示しました。フランスでは、ギュルヴィッチ（George Gurvitch）が『The Social Frameworks of Knowledge』（一九六六）[34]において、科学的知識は特定の理解の枠組みから生まれ、その枠組みもまた特定の共同体の中で作り出されると考えました。アメリカでは、バーガー（Peter Berger）とルックマン（Thomas Luckman）が、『日常生活の構成』（一九六六）[35]の中で、それまで多くの研究において示唆されていた興味深いテーマの一つである、「主観性の社会的構成」という考え方をさらに発展させました。こうして、科学者の「私的な体験」——見える、聞こえる、触ってわかる——が、実は社会的なものであるということが明らかになりました。

バーガーとルックマンは、私たちが「もっともらしさの構造」に、社会的に適応させられているのだと主張します。もっともらしさの構造とは、世界についての概念的理解や、その理解を支える合理的な説明のことです。私たちは、このもっともらしさの構造に適応すると、「自然な態度」——「ごく自然で、当たり前の現実」という意識——をもつようになります。彼らは次のように述べています。「私は日常生活の現実を、秩序ある現実として理解している」「現実の現象は、いくつかのパターン——私の理解とは独立に存在するパターン——に前もって決められている……日常的な言語は、現象を実体化し、それらに意味を与え、私の日常生活に秩序をもたらす……こうして言語は、私の生活を社会に位置づけ、それを意味ある対象で満たす」[36]。

例えば、十八世紀の発明である時計が、現在の私たちの生活をいかに秩序づけているかを考えてみましょう。バーガーとルックマンは、次のように記述しています。「この世界における私の全存在は、絶え間なく（時計時間）によって秩序づけられている……私が自分のやりたいことを実行するために、手にすることのできる時間は限られている。それに気づいていることによって、必然的に私の計画も影響を受ける。私は刻々と近づいてくる死を恐れ、いつも不安を感じている。例えば、私は、永遠にスポーツの大会に参加し続けることができない。私は自分が確実に年をとっていることを知っている。もしかしたら、これが参加できる最後の機会になるかもしれないのだ……」[37]。［訳者注：括弧内はガーゲンによる補足］

「社会的に構成された主観性」というこの考え方は、クーン（Thomas Kuhn）の著作『科学革命の構造』（一九六二[38]）の中心テーマでもあります。クーンのこの著作は、今世紀最も大きな影響を与えた社会構成主義の本です。ある部分では、先人たちが生み出した関心の波に乗り、ある部分では一九六〇年代の革命的な動きに訴えかけたこの本は、一時期、英語で書かれたもの――聖書も含めて――の中で最も広く引用された本となりました。この本が重要な意味をもったのは、科学に関して長く信じられてきた思いこみ――「科学的知識は常に進歩し、研究（すなわち、現実に対する仮説の検証）を続けることによって、真理によりいっそう近づくことができる」――に対して、異議を唱えたからです。例えば、「天動説から地動説への移行は進歩である」とか「物理学の領域におけるニュートン力学から相対性理論へのシフトは、さらに理解が進んだということを意味する」などに対して、疑問をもつ人はおそらくほとんどいないでしょう。しかし、クーンは疑ったのです。そして、彼の主張は、学問の世界に大きな衝撃をもたらすことになりました。

クーンによれば、私たちの主張や説明は、ある**パラダイム**――すなわち、特定の理論、事物に対する考え方、方法論的実践（ヴィトゲンシュタインのいう「生活形式」）への参加のネットワーク――の中に埋めこまれています。つまり、私たちが「非常に正確だ」と考える科学的測定でさえも、あるパラダイムから見れば正確だというにすぎないのです。たとえ、顕微鏡をのぞきこんだとしても、その顕微鏡の性質や何が見えるかということを前もって知らされていなければ、顕微鏡は何も教えてくれないのです。

クーンの考えによれば、「科学における進歩」イコール「客観的に見てより正確なパラダイムへの移行」ではありません。「客観的な正確さ」なるものは、あるパラダイムの中でのみ達成されるものだからです。また、あるパラダイムにおける発見を、別のパラダイムから測ることはできません。例えば、神経学者が「魂の深さ」を測定することはできません。なぜなら、「魂」の存在は、神経学にとって「事実」ではないからです。ところで、既存のパラダイムの中で解決できる範囲の外にこぼれおちたデータ（クーンのいう「例外」）によって、新たなパラダイムが生み出されます。新たな問題の探究もまた、別のパラダイム――新しい概念、新しい道具や手法、新しい研究対象――をもたらします。「新しいパラダイムを手にした科学者は、今までとはまったく異なる見方をするようになる」[39]とクーンはいいます。あるパラダイムから別のパラダイムへの移行は、いわば科学における革命なのです。クーンはまた、私たちは最終的に『パラダイムチェンジによって、科学者や科学者から学ぶ者たちは真理へと近づいていく』という考えを捨てる必要があるだろう」[40]と述べています。クーンは後になって、自らの過激な議論を後悔し始めましたが、彼の議論は一部の人々によって、さらに推し進められることになりました。[41]もはや、「科学は絶対的真理を追求する」という主張を正当化することはできません。

「科学的知識の社会的構成」という第一の波に関するこれらの著作は、科学に対する一般的な理解を根本から変え、社会構成主義に武器をもたらしたという意味で、非常に大きなインパクトをもっていました。しかし、これらの主張にもいくつかの問題はあります。

第一に、そうした主張が、科学者を、単に社会的な力によって動かされる将棋の駒のようなものとみなしているという批判があります。つまり、科学者とはあるサブカルチャーの産物にすぎないのか、あるいは、サブカルチャーのロボットや操り人形なのか、というわけです。

第二に、これらの主張の多くは、科学者が「主観的な（社会から取り入れた概念によるバイアスのかかった）心」をもっているという想定に立っています。前章で述べたように、この想定には、二元論のもつ多くの問題が含まれています。例えば、「心」はいかにして、考えを取り入れるのでしょうか。

第三に、これらの主張が、科学における「客観的な知識」というものに対して異議を唱えておきながら、自らの主張を「客観的な」真理として扱っているように思われるという点に、批判の目が向けられています。つまり、一貫性に欠けているではないかというわけです。

第四に、「社会的構成」という見方は、「私たちが世界に関する知識を構成している」という社会的な側面を強調するあまり、物質的な側面を無視してしまっているのではないか、という問題があります。科学的知識とは、単なる言葉遊びにすぎないのでしょうか。言語ゲームについての議論を思い出してください。言語ゲームは、事物も含むコンテクストの中で起こるのでした。しかし、こうした主張のどこに、物質的な世界が存在するというのでしょうか。科学の社会的説明に関する第二の波は、この第四の問題に対する批判から登場することになったのです。

「新しい」科学的事実は複雑に入り組んだ関係性の産物である

「科学的事実は社会的に構成されたものである」という主張は、科学という当たり前の現実の構成に共同体が深く関わっている点を強調し、大変重要な意味をもっています。しかし、その主張が暗に意味する過激な形式化——「科学的知識は、社会的な慣習以外のなにものでもない」——には、大きな問題があることも確かです。こうして、最近の研究では、科学的知識を関係性のプロセス——人間、事物、物理的環境の相互作用のプロセス——の結果として理解しようという試みがなされています。この見方によれば、科学者は、単に社会的な力を行使する者ではなく、相互に入り組んだ関係の参加者の一員ということになります。

このアプローチのすぐれた例として、ラトゥール（Bruno Latour）らによる研究[42]が挙げられます。ラトゥールの一番の関心は、ある主張が科学的事実という地位をいかに獲得していくかという点にあります。例えば、私たちは「喫煙はガンの原因である」「地球は丸い」などの言説を素朴に事実であると考えています。しかし、解釈の可能性は無限にあるということを考えると、なぜこの特定の言説が広く受け入れられ、他の言説が単なる仮説や憶測にすぎないとして棄却されたのだろうかという疑問が生まれます。ラトゥールによれば、科学の世界も、実は日常生活と同じように混沌としたものであり、秩序だった科学的事実は、一つの困難な社会的・物理的達成の結果なのです。
では、混沌の中から科学的事実がいかにして生まれるのでしょうか。それは精巧な「徴用（conscription）」のプロセスを通してです。科学者がいくら「真理の卵」を主張しても、言説だけでは説得力をもちません。ある言説を批判したり、問題点を指摘したり、そもそもの前提を否定したり、主張の根底にある動機を攻撃したりする方法は無限にあります。それと同時に、その言説を支持したり、賞賛したり、評価したりする方法も無限にあります。科学者にとって大事なのは、いかに支持者を集め、反対者を減らすかということです。そこで、科学者は、自分の主張を守ってくれるものを徴用しなければなりません。その可能性は、ラトゥールのいうようにたくさんあります。例えば「喫煙はガンの原因である」という「事実」について考えてみましょう。これを事実にするために、科学者は、少なくとも次の四つの領域から徴用を行う必要があるはずです。

味方（協力者）

「事実を作る」ために欠かせないのは、自分の解釈を支持したり、とりあえずは同意したりしてくれる人々です。研究者仲間に対して、「おいフランク、今僕たちがしている研究は、もしかしたら何百万人もの命を救う大発見になるかもしれないぞ」と言うことは徴用になりますが、「僕たちはここでだらだらしているだけだけど、僕はこの仕事がけっこう気に入っている」は、そうではありません。科学の世界において友人を作ることは、政治の世界と同じくらい大切なことなのです。

既存のテキスト

科学において出版された論文には、「わかったこと」（確立された事実）が書かれているはずです。したがって、新しい主張は、その分野における既存のテキストに添った議論をすることで、より受け入れられやすくなります。例えば、「ジョーンズは……ということを見出した」「スミスはその事実を裏づけた」「この研究では……という結果を支持するものである」のように書くのは、自分の主張に賛同の声を付け加えるためだけではありません。このような記述は、自分が出した結果が、「確立された事実」と同等であるということを暗に示そうとするものなのです。科学者が初期の研究に立ち戻って、その曖昧さや欠点を吟味することは、ほとんどないでしょう。初期の研究に対して疑問を唱えるのは、自分で自分の首をしめるようなものだからです。

レトリック（修辞的な工夫）

科学的な記述に、特定のスタイルや工夫を用いることによって、その記述の「真理を語る能力」を高めることが可能になります。例えば数値を盛りこむことによって、「正確である」「細かいところまで注意が払われている」という印象を読者に与え、自分の論点が依拠する明確な違いを示すことができます。図やグラフの使用は、単に数値を表現するだけにとどまらず、読者に「現象を自分の目で見ている」という意識を与えることになります。科学者は読者に向かって、「私の言葉をうのみにする必要はありません。ほら、自分の目で確かめてごらんなさい」といっているのです。もちろん実際には、読者は現象そのものを目にしているわけではなく、グラフという形をとった科学者の言葉を信じているのです。

また、科学の世界では、抽象的で、技術的で、複雑な記述が重んじられる傾向がありますが、このことに対して警戒が必要だとラトゥールはいいます。科学者が、難解な議論を始めるやいなや、読者はわきに追いやられてしまうことになります。理解しすぎることや知りすぎることは、読者に許されていないのです。

「記録」の工夫

かりに、私たちが科学的な報告に疑問を抱いて、実際に実験室に確かめに行ったとします。ところが、ラトゥールによれば、私たちがそこで「現象それ自体」に出会うことはありません。私たちが目にする「事実」には、すでに科学による解釈が入りこんでいます。例えば、白い霧状のものがタバコの煙に見え、ある細胞がガンに見えるのも、科学による解釈が介入しているからなのです。現代の科学において私たちが目にするのは、Ｘ線を測定する機械、ＭＲＩスキャナー、ＧＳＲレコーダーなど、非言語的な表現をもたらす機器や道具だけです。こうした機器や道具——ラトゥールのいう「解釈 - 記録装置」――は科学者のために「世界を描写して」くれます。しかし、その測定結果が現象それ自体とみなされるのは、この「記録装置」がいかに働くか（どのように「計測」し、「世界をありのままに翻訳する」か）について、科学者の説明をうのみにしている限りにおいてなのです。

以上のことから、「科学的事実」は、相互に影響し合う関係――学問的組織、学術雑誌、機器や道具、一般の人々など――の中から生み出されるということがわかります。最近の理論では、こうした複合的な関係を、「**アクター・ネットワーク**」と呼びます[43]。この理論においては、社会と自然、あるいは人間と技術との間の伝統的な区別はもはやなく、関係に参加するものはすべて「アクタント」と呼ばれています。時間を例に挙げて考えてみましょう。時間は、私たちの生活を組織化する重要な役割を果たしています。私たちは時間についての情報を、ラジオアナウンサーの声、太陽の位置、時計のアラームなどから得ています。人間の声、太陽、機械のいずれも、同等のはたらきをしており、原則として互いに代替可能です。これらのアクタントが関係の中に入りこむプロセスを、「参入」と呼びます。例えば、心理学者である私が、知覚の研究にタキストスコープを用いる時、私はその機器を参入させているというわけです。ところが、もし研究者仲間が、ダイコティック・リスニングという装置の方が私の目的に合っていると言って私を説得したとしたら、彼らと新しい装置が、私を別の網の目に参入させることになります。この見方からすると、「科学的知識」は、さまざまなアクタントの複雑な絡み合いの産物なのです。

本章を締めくくるにあたって、科学と社会の関係における一つの問題――科学者が、いわば新種の聖職者になってしまっているのではないかという指摘――を考えてみましょう。ここでの分析は、そのわけを教えてくれます。つまり、科学者の「真理」に対して、挑戦する手立てはないのです。私たちが深く追求しようとしても、すぐに、そらされたりはね返されたりします。例えば、ガンに関するある科学者の発見に疑問をさしはさもうとするやいなや、私たちはその発見を支持する別の科学者や文献のもとへ誘導されます。それは、ブラックボックスのようなものだとラトゥールはいいます。あるブラックボックスを開けようとすると、すぐさま別のブラックボックスが現れます。ある科学的事実に疑問を唱えることは、さまざまな想定や装置や記述が組み合わさった膨大な取り決め――科学の伝統全体――に対して、疑問を唱えることになってしまうのです。

だからといって、私は「喫煙はガンの原因である」という主張が真理ではないとか、まだ十分な証拠がそろっていない、などといいたいのではありません。本章のはじめに取り上げた言語ゲームを再び思い出してください。私は、科学者が、あらゆる解釈や価値や生活形式を越えた「真理」を主張するために用いている武器を、排除したいだけです。そして、「普遍的な事実」として人々に与えられているものの裏側には、混乱や競争、戦略、交渉が潜んでいることを明らかにしようとしているのです。そうすることによって、科学は文化における特権的な地位を失い、私たちの日常の対話により近づくことになります。

また、以上の分析は、例えば「喫煙はガンの原因である」という説に決して耳を傾けてはいけないと主張するものではありません。私たちが、健康な人生に価値をおき、こうした医学的知見を生み出す文化に住んでいるならば、この説は非常に重要な意味をもってきます。なぜなら、私たちはその説をもとに、自らの行為を調節することができるからです。しかし、その一方で、私たちは「太陽は六時四十分に昇る」と言い、それに従って生活しています――いくら科学者が、太陽が昇るのではなく、地球が回っているのだと教えようとしても。ガンの場合は、科学的な見方が人々に広く受け入れられ、文化的な「事実」になったのです――何百万人もの喫煙者にとってはつらいことですが。科学的な価値と文化的な価値とは、ますます一つになりつつあるといえるかもしれません。

本章をふりかえって

私は学部学生の頃、「科学的な」心理学のトレーニング――実証的方法論、厳密な測定、統計的分析を用いることによって、心の機能に関する真実に接近できるという期待にもとづいた心理学におけるトレーニング――を受けました。大学院のゼミや研究実践では、「いかに知識を確立するか」ということが最も重視されていました。私は一生懸命学び、実験室という限られた場の中から、学術雑誌に受け入れられるような、明白で注目せざるをえない「事実」を作り出すテクニックを修得しました。

これはある意味、職業上のトリックです。望んだ結果が確実に得られるように、あらかじめ試しておく。少なくとも一つの測定では確実に結果を出せるように、複数の測定を行う。もし最初の統計的分析で有意差が出なければ、別の分析を行う。期待していた結果と明らかに矛盾するデータを示す被験者がいれば、そのデータが不適格になるようなバイアスを探す。どんな小さな結果でも、十分な数の被験者に対して実験を行えば、重要だと認められる。歴史的な深みをもたせるために、初期の研究には必ず言及する。「最新の」知識であることを示すために、最近の研究も参照する。フロイト（Sigmund Freud）やユング（Carl Gustav Jung）など「前科学的な」心理学者の著作は、引用してはいけない。自分の発見によって支持されるような他の研究に言及しておけば、学術雑誌でよい評価が期待できる。このような研究計画のテクニックを身につければ、科学論文において「事実」を作り出すことができるだけでなく、うまくいけば、研究補助金や名声や高い地位を手にすることも夢ではなかったのです。

私はもはや、このような研究をすることはないでしょう。だからといって、そうした研究が完全になくなってしまうことを望んでいるわけではありません。もちろん、「真理」や「客観性」を装うことは絶対に避けるべきだと思います。また、伝統的な科学者が最終的な結論を手にしようとするのに対して、私は対話の大切さをより強調します。しかし、何よりも大事だと思うのは、「真理を確立する」ことを目的としない研究のもつ価値や可能性について、もっと議論していくことです。フーコーの研究が示唆しているように、私たちは次のような問いを発していくべきでしょう。「科学的な」解釈が社会に広まった時、いったい何が起こるのでしょうか。それによって何かを得るのは誰でしょうか。反対に、失うのは誰でしょうか。どうすれば、私たちは共に未来を作り上げたいと願うようになるのでしょうか。

注

［1］Wittgenstein, L. (1978) *Philosophical Investigations*. Oxford: Blackwell.（藤本隆志訳　1997『哲学探究』12版　大修館書店）
［2］前掲書（英文）、section 108.
［3］前掲書（英文）、section 7.
［4］前掲書（英文）、section 20e.

［5］Austin, J.L. (1962) *How to Do Things With Words*. New York: Oxford University Press.（坂本百大訳　1978『言語と行為』大修館書店）

［6］例えば、Searle, J.R. (1970) *Speech Acts*. London: Cambridge University Press.（坂本百大・土屋俊訳　1986『言語行為——言語哲学への試論』勁草書房）を参照

［7］特に、Foucault, M. (1979) *Discipline and Punish*. New York: Vintage.（田村俶訳　1977『監獄の誕生——監視と処罰』新潮社）および、Foucault, M. (1978) *The History of Sexuality*, vol. 1. New York: Pantheon.（渡辺守章訳　1986『性の歴史1　知への意志』新潮社）を参照

［8］Gordon, C. (Ed.) (1980) *Power/Knowledge: Selected Inrterviews and Other Writings by Mischel Foucault, 1972-1977*. New York: Pantheon. p. 199.より

［9］詳細は、Gergen, K.J. (1994) Reallities and Relationship. Cambridge, MA: Harvard University Press.（永田素彦他訳　2004『社会構成主義の理論と実践——関係性が現実を作る——』ナカニシヤ出版）を参照

［10］対抗へ向けてのステップについては、http://www.swarthmore.edu/SocSci/Kgergen1/Psychodiagnostics/index.html1を参照

［11］例えば、Naylor G. (1982) *The Women of Brewster Place*. New York: Viking. あるいは、Bad Object-Choices (Ed.) (1991) *How Do I Look? Queer Film and Video*. Seattle: Bay Press.を参照

［12］例えば、Riley, D. (1998) *Am I That Name? Feminism and the Category of 'Woman' in History*. Minneapolis: University of Minnesota Press. あるいは、Sharpe, J. (1993) *Allegories of Empire: The Figure of Woman in the Colonial Text*. Minneapolis, MN: University of Minnesota Press. を参照

［13］Said, E. (1979) *Orientarism*. New York: Random House.（今沢紀子訳　1993『オリエンタリズム』上・下　平凡社）

［14］前掲書（原著）、3ページ

［15］代表的な著作は、章末の参考文献に挙げてあります

［16］Trin Minh-ha (1989) *Woman Narrative Other*. Bloomington, IN: Indiana University Press. p. 48.（竹村和子訳　1995『女性・ネイティヴ・他者——ポストコロニアリズムとフェミニズム』岩波書店）

［17］Lauclau, E. (1990) *New Reflections on the Revolution of Our Time*. London: Verso. p. 36.

［18］Hill Collins, P. (1990) *Black Feminist Thought*. New York: Routledge, pp. 106, 107.

［19］例えば、Squire, C. (1994) *Empowering women? The Oprah Winfley Show*. In K. Bhavnani and A. Phoenix (Eds.) Shifting Indentities,

Shifting Racisms. London: Sage.を参照
[20] hooks, b. (1990) *Yearning, Race, Gender, and Cultural Politics*. Boston, MA: South End Press. pp. 179-182.
[21] Hall, S. (1996) New ethnicities. In D. Morley and K. Chen (Eds.) *Sturart Hall: Critical Dialogues in Cultural Studies*. London :Routledge. p. 443.
[22] Hunter, J.D. (1991) *Culture Wars: The Struggle to Define America*. New York: Basic Books.
[23] Weisstein, N. (1993) Power, resistance and science: a call for a revitalized feminist psychology. *Feminism and Psychology*, **3**, 239-245; at p.244.
[24] West, C. (1993) *Race Matters*. New York: Random House.
[25] Gitlin, T. (1995) *The Twilight of Common Dreams*. New York: Henry Holt.（疋田三良・向井俊二訳　2001　『アメリカの文化戦争――たそがれゆく共通の夢』　彩流社）
[26] 例えば、Kingwell, M. (1995) *A Civil Tongue: Justice, Dialogue, and the Politics of Pluralism*. University Park: Pennsylvania State University Press. または、Hunter, J.D. (1994) *Before the Shooting Begins*. New York: Free Press. を参照
[27] hooks前掲書、25ページ
[28] Butler, J. (1990) *Gender Trouble: Feminism and the Subversion of Identity*. New York: Routledge.（竹村和子訳　1999　『ジェンダー・トラブル――フェミニズムとアイデンティティの攪乱』　青土社）
[29] 例えば、Flax, J. (1993) *Multiples*. New York: Routledge. または、Delouze, G. and Guattari, F. (1986) *A Thousand Plateaus*. Minneapolis, MN: University of Minnesota Press.（宇野邦一他訳　1994　『千のプラトー』　河出書房新社）
[30] 現実の構成に関する考察は、何世紀にもわたってさまざまな形で行われてきましたが、近年の対話においては、その見通しや重視する点が異なっています。さまざまな文献に目を通していく上で、以下のそれぞれを区別し、違いを理解しておくことが有用でしょう。

○急進的な心理的構成主義（Radical constructivism）――合理主義哲学に深く根ざした考え方。外界から切り離された個人の心の中（内界）で、現実とみなされるものがいかに構成されるかを重視する。レヴィ・ストロースやグレイザーズフェルドは、この立場であるとみなされる

○心理的構成主義（Constructivism）――現実は個人の心の中（内界）で構成されるが、そのプロセスは、外界との系統的な関係の中で行われるとする中道的な考え方。ピアジェやケリーなどが、よくこの立場と結びつけられる

○社会-心理的構成主義（Social constructivism）——個人の心（内界）が外界との関係の中で現実を構成するが、その心的プロセスは、とりわけ「社会的な」関係からの影響を強く受けているとする考え方。ヴィゴツキーやブルーナーらの研究はその例である。モスコヴィッシらの「社会的表象」に関する理論もこの見方をとっているが、個人が参加している広い社会的な慣習を特に重視している

○社会構成主義（Social constructionism）——「自己」や「世界」を分節する媒体としての「対話」と、対話が社会的な関係の中で果たしている機能を、何よりも強調する考え方。本書の根底を流れるテーマでもある

○社会学的構成主義（Sociological constructionism）——人々の「自己」や「世界」に関する理解のあり方が、「権力」や「社会構造」によっていかに影響を受けるかを重視する考え方。ジルーやローズらの研究がその例である

[31] Mannheim, K. (1951) *Ideology and Utopia*. New York: Harcourt Brace.（鈴木二郎訳　1968『イデオロギーとユートピア』未来社）

[32] Fleck, L. (1979) *Genesis and Development of a Scientific Fact*. Chicago: University of Chicago Press.

[33] Winch, P. (1946) *The Idea of a Social Science*. London: Routledge & Kegan Paul.

[34] Gurvitch, G. (1971) *The Social Frameworks of Knowledge*. New York: Harper & Row.

[35] Berger, P. and Luckmann, T. (1966) *The Social Construction of Reality*. New York: Doubleday.（山口節郎訳　1977『日常世界の構成——アイデンティティと社会の弁証法』新曜社）

[36] 前掲書（原著）、21ページ

[37] 前掲書（原著）、26ページ

[38] Kuhn, T.S. (1962) *The Structure of Scientific Revolutions*. Chicago: University of Chicago Press.（中山茂訳　1971『科学革命の構造』みすず書房）

[39] 前掲書（1970年版原著）、115ページ

[40] 前掲書（1970年版原著）、169ページ

[41] クーンの後悔に関しては、Kuhn, T.S. (1977) *The Essential Tension*. Chicago: University of Chicago Press.（安孫子誠也・佐藤正博訳　1998『科学革命における本質的緊張——トーマス・クーン論文集』みすず書房）を参照。科学の社会的決定に関する徹底した考え方については、Barnes, B. (1974) *Scientific Knowledge and Sociological Theory*. London: Rourledge & Kegan Paul. および、Bloor, D. (1976) *Knowledge and Social Imagery*. London: Routledge & Kegan Paul.（佐々木力・古川安共訳　1985『数学の社会学——知識と社会表象』培風館）を参照

[42] 特に、Latour, B. and Woolgar, S. (1979) *Laboratory Life: The Social Construction of Scientific Facts*. Beverly Hillls, CA: Sage. および、Latour, B. (1987) Science in Action. Cambridge, MA: Harvard University Press. （川崎勝・高田紀代志訳　1999『科学が作られている時――人類学的考察』　産業図書）を参照

[43] こうした文献のレヴューは、Michael, M. (1996) *Constructing Identities*. London: Sage. および、Law, J. and Hassard, J. (Eds.) (1999) *Actor Network Theory and After*. Oxford:Blackwell. にあります

【より詳しく知りたい人のための文献案内】

●「知識とイデオロギー」に関する参考文献

Drayfus, H.L. and Rabinow, P. (1982) *Michel Foucault: Beyond Structuralism and Hermeneutics*. Chicago: University of Chicago Press.

Gergen, M.M. and Davis, S.N. (Eds.) (1997) *Toward a New Psychology of Gender*. New York: Routledge.

Ibantz, T. and Iniguez, L. (1997) *Critical Social Psychology*. London: Sage.

Prileltensky, I. (1994) *The Morals and Politics of Psychology*. Albany, NY: State University of New York Press.

●「文化とアイデンティティ」についての参考文献

Fabian, J. (1983) *Time and the Other: How Anthropology Makes its Object*. New York: Columbia University Press.

Huizer, G. and Mannheim, B. (Eds.) (1979) *The Politic s of Anthropology: From Colonialism and Sexism Towards a View from Below*. The Hague: Mouton.

Nencel, L. and Pels, P. (Eds.) (1991) *Constructing Knowledge. Authority and Critique in Social Science*. London: Sage.

Ruby, J. (Ed.) (1982) *A Crack in the Mirror: Reflexive Perspectives in Anthropology*. Philadelphia: University of Pennsylvania Press.

Sampson, E.E. (1993) *Celebrating the Other*. Boulder, CO: Westview Press.

●「現実の社会的構成」に関する参考文献

Abhib, M.A. and Hesse, M.B. *The Construction of Reality*. Cambridge: Cambridge University Press.

Gergen, K.J. (1994) *Realities and Relationships, Soundings in Social Construction*. Cambridge, MA: Harvard University Press.

Potter, J. (1996) *Representing Reality*. London: Sage.

Sarbin, T.R. and Kitsuse, J.I. (Eds.) (1994) *Constructing the Social*. London: Sage.

Shotter, J. (1993) *Conversational Realities*. London: Sage.

●「科学的知識の社会的構成」に関する参考文献

Barnes, B., Bloor. D. and Henry, J. (1996) *Scientific Knowledge*. Chicago: University of Chicago Press.

Danziger, K. (1990) *Constructing the Subject: Historical Origins of Psychological Research*. Cambridge: Cambridge University Press.

Latour, B. (1987) *Science in Action*. Cambridge, MA: Harvard University Press.

McCarthy, E.D. (1996) *Knowledge as Culture*. New York: Routledge.

Pickering, A. (1995) *The Mangle of Practice*. Chicago: University of Chicago Press.

第3章　対話の力——明日を創る試み

私たちが共に生きていく——過去を現在につなげ、未来を創り出していく——上で、言語が最も重要な役割を担っているとすれば、私たちがいかに話したり聞いたりしているかが大きな関心事となってきます。ここでいう言語とは、現在危機に瀕している「自己」「真理」「道徳」などの、壮大な言語に限りません。家族や友人との、あるいは組織の中での日常的なやりとりや、くだけたコメント、おもしろい話などからも、私たちの未来は形作られていくのです。社会構成主義の鋭い感覚は私たちを刺激し、これまで作り上げてきた現実の外へ足を踏み出し、さまざまな問いを発するように呼びかけます。例えば、このような話し方はいかなる影響を与えるのか。それによって利益を得るのは誰か、傷つけられるのは誰か、沈黙させられているのは誰か。どのような伝統が維持され、逆にどのような伝統が脅かされるのか。私は、今、自分たちが創り出そうとしている未来をどうやって評価すればいいのか。これらの問題は、何らかの手段を講じれば、すぐに解決できるというものではありません。その理由の一つは、私たちが、これらの対話を生きているからです。例えば、私が「わが子を愛している」という言葉を発しようとするまさにそのとき、いったん目の前の現実を保留にして、「それはものごとを把握するための一つの方法にすぎないし、もしかしたらそのセリフには何か問題があるかもしれないのだ」などと分析するのは、とても困難なことでしょう。

このような分析には、別の問題もあります。分析を始めようとするやいなや、私たちは、分析それ自体が社会的な構成であることに気づかされます。結論は、常に私たちの手をすり抜けていってしまうのです。自分の対話を反省しようとする時、私たちは言語を用います。しかし、言語はものごとをあるがままに写しとるものではありません。言語は、あるものを「あれ」ではなく「これ」として構成するものなのです。例えば、私が、「日常の会話において、男性は女性に比べて汚い言葉を使う」と述べたとします。この時、私は、暗黙のうちに男性／女性という区別を現実に存在するものとして扱い、「汚い言葉」とはどういうものか、人々の間に何らかの同意があるはずだと主張しています。さらに、いかなる対話に対する反応――その対話をいかに用いるか、あるいは、その対話を擁護するのか、それとも抑圧するのか――にも、これが絶対正しいというものはありません。ある対話が社会の中でどんな意味をもつかということについては、常に複数の解釈の可能性があり、どれかが正しいと判断するための究極の手段は存在しないのです。

こうした困難にもかかわらず、対話を進めていこうとするのには、次のような理由があります。第一に、自分たちの慣習全体を反省することによって、私たちはその呪縛から解き放たれます。私たちは第2章で、言語によって、いかに抑圧や不正が維持されるかという例を見てきました。そうした例では、批判的に反省を進めていくことによって、再構成の可能性が開かれます。もし私たちの理解のしかたが、好ましくない影響を及ぼしているとしたら、私たちはそれをどう変えていったらよいのでしょうか。他にどのような理解のしかたがありうるのでしょうか。それを変えることによって、新たに何が生まれるでしょうか。

同じことは、私たちの日常生活についてもいえます。例えば、感情や意図について話す場合を考えてみましょう。私たちは、慣習的な話し方をすることによって、望ましくない行動パターン（敵意をむき出しにした議論、自己卑下、将来に対する気弱な態度など）に陥ってしまうことがあります。こうした「理解のしかた」を反省することで、私たちは、新たな生き方への扉を開くことができます。深い反省は、**解放**への――新しいビジョンや明るい未来を切り開く――第一歩となるのです。

反省は、別の望ましい結果をもたらします。ある話し方や書き方について反省するとは、どういうことかをもう少し考えてみましょう。例えば、私が、ある男の「あいつはただ、女と寝たいだけなんだ」というちょっとした発言の言葉じりを捕えて、「それは妙な言い方だな。そういう発言は、女性を単なる性的欲望の対象のように扱っているし、女性の人間性を貶めていることになるんじゃないか」と言ったとします。このセリフの中で、私は一つの対話のあり方――男性としての発言――から、別のあり方へと移っています。この場合の私の批判的な発言は、多くの女性の声を代表するものであるといえます。実は、ある対話のあり方を反省するためには、このように異なる共同体に属する声が必要なのです。二つの共同体が、私の中で出会います。つまり、私自身が、二つの世界をつなぐ水路となるのです。自らを反省することによってはじめて、自分が入りこんでいる多くの共同体を結びつけることができるようになり、より調和的に世界を再構成する可能性が開かれることになります。

私たちが「ごく当たり前」として受け入れてしまっているものについて、もっとエキサイティングな対話を行っていこうとする動きは、自然科学・人間科学の枠を越えて学問全体に火をつけました。前章では、自然科学において、その仮面が暴かれていくプロセスを見てきました。それ以外にも、反省と再構成の小さな波はあちこちで生まれ、あらゆることがら――例えば「子どもである」「青年である」「老人である」ということ[1]、感情・思考・記憶、自己に対する意識[2]、ジェンダーの区別や性的関心[3]、分裂病・拒食症・パーソナリティ障害などの精神病[4]、身体的な病気[5]、自殺・殺人・その他の社会的問題[6]、こうしたことがらについての情報を私たちに提供するニュースや歴史的な説明[7]――が社会的に構成されているということが明らかにされてきています。

社会構成主義の研究がすべて、一致した目的をもっているというわけではありませんが、ここで、その主なものを区別しておくことにしましょう。第一に、今は何の疑いもなく用いられている定義が、実は、どんな変化を経てきたのか――例えば、私たちがいかにして、「精神病」「精神遅滞」「同性愛」などについて話すようになったのか――を示そうとする多くの研究があります。どのようなプロセスによって、他ではなくある特定の用語が好ましいとされてきたのでしょうか。

第二に、**定義**の起源やそのコンテクストを追求するこれらの問いとは逆に、そのような用語が、多様な人々や事態をいかにして**枠にはめこんでいく**のかに関心を置く研究もあります。例えば、学校の試験、医学的検査、心理テストは、どのようにして私たちをその用語の枠の中にはめこんでいくのでしょうか。精神病院に入院している患者は、なぜ「病気」という名称から逃れられないのでしょうか。私たちが「痛い」「セクシーだ」「楽しい」などの感覚を経験することができるのも、そうした言葉の枠にはめこまれているからにほかなりません。でも、いったいどうしてそうなるのでしょうか。

第三に、言語を含む世界や文化全体に視野を広げ、言語がその中でどのように機能するのか、つまり、言語による構成がすなわち文化への参加であるということに焦点をあてた研究も多く見られます。こうした研究では、対話がいかに私たちの生を、私たちが当たり前としているやり方で「構成」していくか——例えば、男性／女性として、黒人／白人として、若者／老人として——が明らかにされます。言葉は、私たちの生を創造するという点で非常に重要ですが、その重要性は、行為のパターン、物質的な状況、社会的な慣習の中にはめこまれてこそ生まれるものなのです。

定義、枠組み、構成にそれぞれ焦点をあてる、こうした分析の三つのタイプは、いつも明確に区別されているわけではありません。三つに共通しているのは、対話や言語がいかにして私たちの世界を創り出しているのかという点に関心があるということです。そこで本章では、言語的構成のプロセスについて詳しく探究することにしましょう。ここでは、対話を三つの観点から見ていくことにします。

まず初めに、対話を「**構造化されたもの**」として、つまり、安定して繰り返されるひとまとまりの慣習として扱います。とりわけ、メタファー（比喩）とナラティヴ（語り）に焦点を絞ります。この二つは、自己や世界についての私たちの定義に大きな影響を及ぼすものだからです。これらの分析によって、自由に記述したり説明したりしようとする試みを封じこめる、見えない壁が暴き出されることになります。私たちは、表現とは本来自由なものであり、自発的に行うものだと信じています。しかし、この分析が示すのは、私たちは、話し出そうとした瞬間、すでに既存の構造によって「話をさせられて」いるということです。

第二に、対話を構造として捉える一つのバリエーションである「**レトリックとしての対話**」、特に「**説得としての対話**」について考えていきます。ここで強調したいのは、言語の慣習や構造が、いかに世界を枠づけるのか、そしていかに社会的な影響を及ぼしていくのかという点です。構造は決して静的ではなく、好ましい現実を作り出すために人々が用いるものなのです。

第三に、構造から離れて、「**プロセスとしての対話**」について考察します。ここでは、社会的な相互関係、会話、交渉、議論などがいかに進んでいくのかということが、関心の対象となります。これらの考察を通して、私たちは、絶えざる変化、突然の決裂、新しい生き方の登場などが生じるプロセスを理解できるようになるでしょう。

構造としての対話——生活の指針となるメタファー

「現実」が重きをなす場面において、メタファーの評判はあまりよくありません。なぜかというと、メタファーは伝統的に、「文字通り」の言葉と対照的なものとして定義されているからです。文字通りの言葉が、「事実と一致」し、「誇張されていない」のに対して、メタファーは文学的なおまけのようなものだと考えられています。ジョージ・エリオット（George Eliot）は、「程度の差はあれ、私たちはメタファーに絡めとられてしまっている。そして、私たちの行為は不可避にその影響を受ける」と述べています。「文字どおりの言葉／メタファー」という二元論においては、長い間前者に軍配が上がっていたのです。

しかし、これまで述べてきたことから明らかなように、この伝統には大きな欠陥があります。言葉が「事実と一致する」と、どうしていえるのでしょうか。これまでの議論からわかるように、言葉は言及する対象の本質を写し出すものではありません。言葉は、ある共同体の中で長く用いられることによって、「事実と一致している」という価値を獲得するのです。ある言葉を今あるコンテクストから引き離して、別のコンテクストにおいてみると、それはメタファーであるとみなされます（例えば、「世界は**彼の牡蠣**である」「人生は**ボウル一杯のさくらんぼ**である」など）。とすると、文字通りの言葉とメタファーの違いとは、**慣習的か、奇抜かの違い**であるということになります。つまり、私たちの理解はすべて、元をたどればメタファーであると考えることができるのです。名前を例に挙げてみましょう、私たちにはそれぞれ固有の名前があり、名前によって自らを識別しています。私はケンであり、あなたはサリーであり、君はハリーであるというように。でも、必ずしもそうでなければならなかったわけではありません。名前はすべて借りてきた言葉です。その名前は、かつては別の人物を記述するためのものだったのですが、そのコンテクストから取ってきて、私たち自身に貼りつけられたのです。私たちは、ある意味で他者のメタファーなのです。

レイコフ（George Lakoff）とジョンソン（Mark Johnson）は、自分たちが書いた一般向けの本に『レトリックと人生』[8]（一九八〇、原題は『Metaphors We Live By』）というタイトルをつけました。彼らはこのタイトルによって、私たちが世界を理解するために用いる言葉は、別のコンテクストから取ってきたものであるということを示そうとしたのです。私たちの生活形式は、言葉によって作り上げられているため、それがメタファーであることを指摘しようとするのは確かに危険です。しかし、言葉は事実と一致しなければならないという意識から解放されてはじめて、私たちは再構成へと進んでいくことができるのです。

例えば、人と議論することについて考えてみましょう。意見の不一致が議論のもとになり、議論によって不愉快な思いをするということは、しばしば起こります。私たちは、時に声を張り上げたり、お互いに侮辱し合ったりすることもあります。そのため、合意ではなく対立が生まれることさえあります。どうしてこのような結果が生じるのでしょうか。その理由はメタファー、つまり私たちが議論を理解する手がかりとなっているメタファーにあるのではないでしょうか。レイコフとジョンソンは、議論には戦争のメタファーが用いられていると主張します。次の例を見てください。

あなたの主張は、**守りきれない**。
議論において、彼は、あらゆる弱点を**攻撃した**。
彼女の批判は、**的を射たものだ**。
彼は、彼女の主張をこなごなに**打ち砕いた**。
私は、彼女との議論に、一度も**勝った**ことがない。
彼は、私の論点をすべて**撃破した**。

このように、メタファーを通して議論を戦争とみなすことにより、私たちは戦闘員として議論に加わることになります。それは勝つか負けるか、殺すか殺されるかの闘いなのです。議論に戦争というメタファーをあてはめることによって、私たちの役割が決まってしまいます。逆に、もし、それを別なものにしたいと思うなら、異なるメタファー——例えばゲーム、探検、ダンスなど——を用いればよいのです。そうしたメタファーを発展させ、広めていくことによって、意見の不一致の性質を変えることもできるかもしれません。

心のメタファー

本書は、「自己」――私は誰か、あるいは私とは何か――という概念について考えるところからスタートしました。今ここで考えたいのは、心について私たちがもっている概念が、実はメタファーに由来しているのではないかという可能性です。私たちは、「思考」「感情」「意図」というものが「ある」と信じています。でも、これらの言葉の起源をたどれば、結局はどこかから借りてきたものなのではないでしょうか。

はじめに、フロイトの精神分析理論におけるメタファーについて考えてみましょう。フロイトの主張をごくごく簡単にいえば、次のようになります。私たちは、強い性的欲望をもって生まれてきます。例えば、男の子は幼い頃、自分の母親を自分のものにしたいと願います。しかし、子どもの欲望は、両親にとって受け入れがたいものであるため、厳しい罰の対象となります。その結果、子どもは欲望を「抑圧」し、意識の領域から締め出してしまいます。人々が神経症的な防衛反応――強迫、自己破壊的な行動――を示すのは、抑圧された欲望が再び意識に上ってくることがないようにするためなのです。したがって、セラピーの役割は、無意識を発掘し、抑圧された欲望を明るみに出して、欲望に対する意識的な抑制を患者に獲得させることです。精神分析家は、無意識のプロセスのヒントを、夢、言い間違い、独特の言葉の連想から得ようとします。精神分析の実践は、このような心についての独特な概念にもとづいて行われているのです。

精神分析の考えに含まれているメタファーに、読者はもうお気づきでしょうか。スペンス（Donald Spence）によれば、ひときわ目立つのは「**考古学**」のメタファーです[9]。考古学者は遠い過去について研究します。ただし、過去のできごとを直接知ることは不可能なので、陶器の破片、骨、石などのさまざまな物を吟味することによって、太古の昔に何が起こったのかを解釈していきます。考古学者は、過去に生物が存在していたという証拠を突きとめるために、地層を掘り下げていくこともあります。これは、フロイトの理論と、多くの点――隠れた無意識の次元、早期の抑圧の形成、わずかな手がかりを用いて推論していくこと――で結びついています。精神分析家も、「新しい知識」を発見することを専門にしているという意味で、考古学者と同じ役割を果たしているのです。しかし、スペンスが主張するように、フロイトの理論がメタファーであることが明らかになったからといって、決してそれがつまらないものになってしまうわけではありません（「なんだ、ただのメタファーじゃないか」と言って捨ててしまうべきではありません）。気をつけなければならないのは、メタファーに操られること、[10]つまり、メタファーを現実と見誤り、臨床的な感受性や想像力を弱めてしまうことなのです。もしそうなれば、「自分たちが取りうる手立てを、たった一つに減らしてしまう」[11]ことになります。逆に、現実とはメタファーにもとづいているのだと気づくことによって、新たな行為の可能性が開かれることになるのです。

ここで、読者のみなさんは、こう反論するかもしれません。「精神分析のように奇抜な理論についてはよくわかった。でも、私の『経験』や『思考』や『感情』についてはどうなのか。それは、メタファーではなく、現実に存在するものなのではないか」。第1章と第2章で、「内なる現実」についての従来の私たちの理解に対して、大きな疑問が突きつけられました。メタファーの探究は、それに代わる新たな理解を私たちに与えてくれます。

まずは、経験について考えてみましょう。「私的な経験」という概念は、西洋文化における人間についての中心的メタファー――心を「**容器**」とみなし、その中に入るもの（「心の中に秘めたもの」「私の考え」「私の感情」）と、その外側に残されるもの（「内的世界」に対しての「外的世界」）とがあるとする考え方――にもとづいています。ところが、内側と外側を正確に区別しようとすると、大きな困難に陥ります。果たしてどこまでが内側で、どこからが外側なのでしょうか。皮膚や網膜の表面でしょうか。それとも感覚神経や大脳皮質でしょうか。経験から、「外側」なるもの（「物質的世界」にあるもの）をすべて取り去ったとしましょう。それでも経験と呼べるものが残るでしょうか。おそらく残らないでしょう。逆に、「内側」なるものをすべて排除したとしましょう。それでも、「経験の対象」が残るでしょうか。これもまた残らないでしょう。内側と外側を切り離そうとしたとたん、私たちは泥沼の中に入りこんでいくことになります。

歴史的に見ると、「経験の性質」に関して、二つの対立するメタファーがあります。経験を**受動的な**もの――絶えず変化している世界から与えられた感覚的データの蓄積――とみなす人が大多数を占めていますが、経験を**能動的な**もの――私たちの方が世界に対して働きかけ、探究したり分類したり選択したりする[12]――と考える人もいます。「内側／外側」「能動的／受動的」――これらもまた、経験を意味づける二元論なのです。

ところで、私たちは、心の中身の一つに「思考」というものがあると考えています。しかし、思考とは正確にはどういうものなのでしょうか。また、それをどうして識別すればよいのでしょうか。思考について記述しようとする時、私たちはどうしても、言語の伝統にとらわれてしまいます。認知の性質を明らかにしようとした実験心理学者でさえ、メタファーから逃れることはできませんでした。このことに関して、ギガレンツァー（Gerd Gigerenzer）が、一つの印象的な例を示しています[13]。彼はまず、統計的手法が、一般には、仮説の有効性を検討するための手段にすぎないと考えられている点を指摘します。ところが、統計的手法は、心理学者に、心とりわけ認知についてのメタファーを生み出す上で重要なひらめきを与えたのです。つまり、心理学者は、統計が研究にとって不可欠の道具であることにヒントを得て、心にも統計的なプロセスがあるのではないかと考えるようになったのです。例えば、「意思決定理論」は、人が「いかに統計的な仮説検証を行っているか」を説明します。「特性帰属理論」は、人々が「いつも変化に対して直観的に統計的分析を行っている」と主張します。また、「情報処理理論」は、問題解決に対する「ベイズ統計学的なゆがみバイアス」を支持します。最後に、ギガレンツァーは次のような結論を述べています。「科学者が用いる正当化のための道具が、理論を作り上げるメタファーや概念に先行するのである[14]」。つまり、心理学者の「思考」に関する理論は、科学者が用いていた統計という手法のメタファーなのです。

私たちの「感情」に対する理解もまた、メタファーから切り離して考えることはできません。実際に、自分たちの感情について話す時に用いられる、いくつかの基本的なメタファーがあります[15]。例えば、感情は、私たちの中にある動物的な要素の表れであるとみなされているので（動物メタファー）、「彼は怒りのあまり吠えている」とか「彼女は毛が逆立つような思いをした」などということができます。しかし、「彼の怒りはロボット的だ」などということはありません。また、感情は推進力としても捉えられています（推進力メタファー）。したがって、「彼は恐怖に突き動かされた」とか「愛は世界を回転させる」などの発言は意味をなしますが、「彼はとてもうれしかったので、眠りこんでしまった」

というセリフはナンセンスです。感情の生物学的メタファーも、広く行きわたっています（「私は、腹の底から怒りを感じる」「彼の心は悲しみで張り裂けそうだった」）。感情は、心の病に見立てられることもあるので（病気メタファー）、「彼は嫉妬のあまり周りが見えなくなっている」とか、「彼女は愛に狂っている」ということはできますが、「彼の怒りは彼の成熟のしるしだ」などということはできません。私たちは、心について話をしようとした瞬間、詩的な言葉遊びの世界に入りこむのかもしれません。

構造としての対話――物語（ナラティヴ）的現実

あなたが犯罪の目撃者となって、証言台に立っているところを想像してください。あなたは今、六月六日の夜に起こったことを詳しく説明するように求められています。あなたは、「青……4……靴……私……髪の毛……」と言って黙り込んでしまい、弁護士に「いやいや、私の言っていることをちゃんと聞いてください。いったい何が起こったのですか！　はっきり答えてください！」と言われます。あなたが同じことを繰り返すと、弁護士はますます腹を立てます。ついには、裁判官までが、「あなたは法廷をバカにしているのか!!」とあなたを怒鳴りつけます。

第1章と第2章の議論を思い出してみると、この裁判官の態度は不当であるように思われます。その夜に起こったことが何であれ、それによって、特定の言語表現が決まるわけではないということを、あなたはもう知っています。言葉は写し絵ではないのです。しかし、「何が起こったかを正確に報告する」という西洋の伝統においては、この裁判官のいうことが正当なものになります。ここでは、適切な物語を述べることが求められているのです。

西洋において、「適切に語る」とは、どういう意味なのでしょうか。この質問は、語り（ナラティヴ）を構成する基準について尋ねることと同じです。理解可能な語りを構成するための慣習やルールとは、どのようなものなのでしょうか。一般に、よくできた語りが満たしている四つの特徴があります。四つすべてがそろっていなくても、語りが理解できる場合もありますが、そろっていればいるほど、その語りはいっそう「現実と一致しているかのように」見えることになります。その四つの特徴とは、次のようなものです。

収束ポイント

人々に受け入れられる語りには、まず、あるゴール――説明されるべきできごと、到達すべき／避けるべき事態など、すなわち収束ポイント――が設定されている必要があります。この収束ポイントは、何か意味のあること、例えば望ましいこと、あるいは望ましくないこととして理解されます。先ほどの例でいえば、あなたの証言は、犯罪の発生という一つの収束ポイントを中心に構成されていなければなりません。この恐ろしい事件は、どのように起こったのか。「その夜にいったい何が起こったのか」という質問に対して、自分がどのように靴ひもを結んだかを答えたならば、あなたは再び非難されることになります。靴ひもを結んだということは、今のコンテクストにおいて何の意味ももたない（収束ポイントから外れている）からです。

収束ポイントに関係するできごと

いったん収束ポイントが設定されると、それを説明するようなできごとが述べられていくことになります。理解可能な物語では、それぞれのできごとが、特定の収束ポイントを確実にしたり、鮮明にしたり、そのポイントに接近したりするように機能します。物語の収束ポイントが「犯罪」である場合、あなたには、この収束ポイントに関係するようなできごとについて話すことが期待されています。あなたが、「私は靴ひもを結びました。犬が吠えました。明かりはついていました。ジョンが死んで床に横たわっていました。そして私の歯は痛みました」のように「事実」をいくら述べても、あなたはまだ目撃者としては失格です。「事実」であれば何でもよいというわけではなく、「適切な事実」が求められているからです。この場合、それはジョンの死に関係するできごとです。「犬が吠えた」ことを説明に加えることも不可能ではありませんが、そのためには、「私はジョンの部屋の窓から男が飛び降りるのを見ました。その男に向かって、犬が吠え立てていました」というように、ジョンの死と何らかの結びつきがなければならないのです。

できごとの順序

収束ポイントが設定され、それに関係のあるできごとが選び出されると、そのできごとは、たいていある順序にしたがって並べられます。一般によく用いられるのは、時間に沿った並べ方です。「その男は窓から飛び降りました。悲鳴が起こりました。ジョンが死んで床に倒れていました。銃声が聞こえました」のような証言は、やはり失格なのです。

因果的連関

理想的な物語とは、何かを説明しているものでなければなりません。よく出される例ですが、「王が死に、女王が死んだ」というのは、粗い筋書きにすぎません。ところが、「王が死に、そして女王が悲しみのあまり死んだ」といえば、ちゃんとした物語の始まりになります。ナラティヴの理論家であるリクール（P. Ricoeur）が述べているように、「説明は……語り（ナラティヴ）の層の中に織り込まれていなければならない」[16]のです。したがって、「ジョンとハリーが口論になり、怒ったハリーがピストルを取り出し、それを見たジョンが悲鳴を上げた瞬間、ハリーが引き金を引き、撃たれたジョンは床に倒れ、それを見てハリーが窓から飛び降りた」という話をすれば、あなたは目撃者として高得点をもらえるでしょう。この話では、それぞれのできごとが、その前のできごとと因果的に結びついて、なめらかな一つの語りを作り上げているからです。

よい語りが満たしているとされるこれらの特徴が、どのくらい重要であるかを知るために、ある研究グループは次のような試みを行いました。[17]参加者たちは二つのグループに分かれ、一方のグループの人々は、自分が実際に経験したできごとについて話をするか、あるいは、架空のできごとを作り上げて、それについて話をするように言われました。そして、もう一方のグループは、その話が本当か嘘かを答えるように求められました。実験の結果、後者のグループは、本当の話と嘘の話を区別することができませんでした。興味深いことに、判断するグループの人々が本当だと考えた話について分析してみたところ、それらはたいてい、ここで述べたような四つの特徴をそなえていました。その中でも、話に「真実味」をもたせるのに特に重要だったのは、「収束ポイント」と「因果的連関」でした。考えてみると、優れた小説にはたいていこうした特徴が含まれています。この意味で、小説などの芸術は、真実を語るためのお手本になるといえるかもしれません。

自己についての語り

ここで、再び「自己」についての議論に戻ることにしましょう。私たちの心についての理解が、メタファーに満ちたものであるということは、すでに見てきました。では、語りは、自己や他者を理解する上でどのような位置を占めているのでしょうか。

私たちは、人生やふだんの生活を、「上昇か下降か」「進歩か後退か」「満足か不満か」などの観点から理解しています。このように人生を理解するということは、一つの語られた世界へと入りこむことでもあります。あるいは、私は、自分が今この瞬間何かを書いているということを、独立した行為としてではなく、過去と結びつき、未来とつながっていく物語のようなものとして捉えます。ある人が述べているように、「われわれは、語りにおいて夢を見る。語りにおいて白昼夢を見る。語りによって記憶し、期待し、望み、絶望し、信じ、疑い、計画し、改め、構成し、うわさし、学び、憎み、そして人を愛する」[18]のです。一方、私たちをとりまく他者もまた、私たちを、因果的に結びつきながらある方向へと進む、過去、現在、未来を含んだ物語の登場人物として扱い、その物語に即して行動しています。

語りの構造は、別の意味でも、私たちの人生やふだんの生活を包み込んでいます。述べたように、私たちは、他者によってある物語の登場人物として扱われます。したがって、私たちは「自分自身の話」をしたり、自分の過去について詳しく話したり、「今までどこにいて、これからどこに行くのか」を明らかにするように求められることがあります。私たちは、語ることを通して、自分が何者であるかを証明しているのです。逆にいえば、語りの構造は、「私たちが何者なのか」ということに対して、ある限界を与えているということになります。語りがいかに私たちのアイデンティティを形成していくのかを理解するために、語りの主な形式を考えてみることにしましょう。ここでカギとなるのは、先ほど述べたよい語りが備えている特徴の一つ目、すなわち「収束ポイント」です。

私たちは、自分の人生を理解するために、あるポイントやゴール――「私がどうしてXになったか」「いかにしてY

を達成したか」「どうしてZを信じるようになったのか」——を設定します。ここで、次のような二次元の図を思い浮かべてください。横軸は時間軸、縦軸は価値（+は一般によいこと、−はよくないこと）を意味します。線の向かう先が「収束ポイント」です。

まずは、最もわかりやすい二つの語りの形式を見てみましょう。一つは、収束ポイントがポジティヴなもの（成功や勝利など）で、すべてのできごとがこの収束ポイントを達成するように進んでいく語り「**前進する語り**」です。もう一つは、先ほどと反対に、収束ポイントがネガティヴ（失敗や損失など）で、その収束ポイントに向かって進んでいく語り「**後退する語り**」です。実際には、私たちの語りが一〇〇パーセント純粋な「前進する語り」や「後退する語り」で

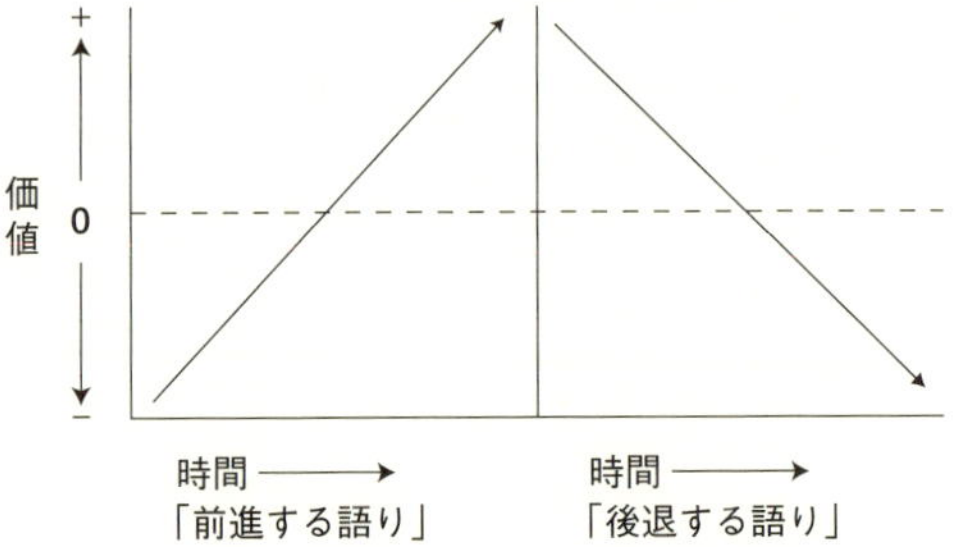

Figure 3.1　語りの基本形

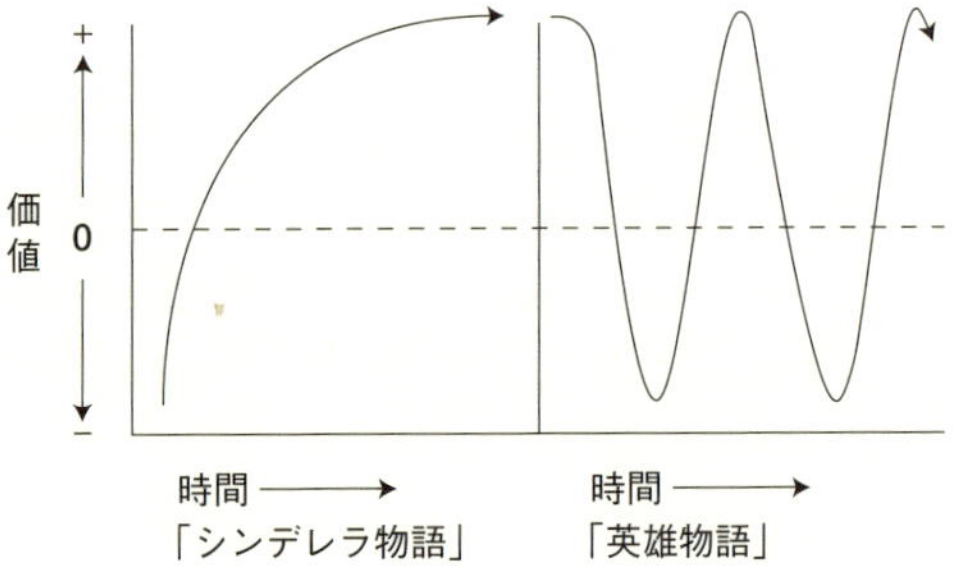

Figure 3.2　「シンデレラ物語」と「英雄物語」

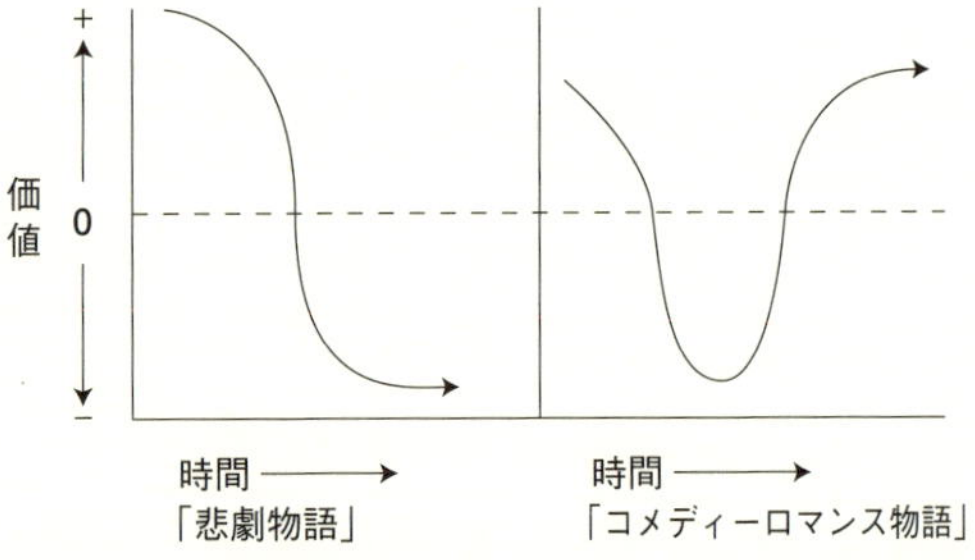

Figure 3.3　「悲劇物語」と「コメディーロマンス物語」

あることはめったにありませんが、ほぼ一致していることはよくあります。例えば、「私はどのようにして試合に勝ったのか」「どのようにしてこの結論を導き出せたのか」「いかにしてこのような成果を達成したか」は前者の語りの例であり、「私はどのようにして恋に破れたのか」「どうしてだまされたのか」「どうして麻薬に手を染めるようになったのか」が後者の例です。

私たちの語りの形式は、この二つだけではありません。今の二つの変型版としては、「**シンデレラ物語**」――「つらい歳月の後に、私はいかにしてすばらしい地位に登りつめたのか」――と「**英雄物語**」があります。「英雄物語」は、特に男性に好まれます。この形式では、人生は上昇と下降の連続――あるゴールを達成するために必死の努力をするが、そこで不運が起こり、それでも再び勝利に向かってもがくが、また挫折する……しかし、ついには勝利を収める――として理解されます。さらに次の二つの語りも一般的です。一つ目は「**悲劇物語**」で、高い地位や成功の絶頂にあった人が、絶望の淵へと一気に転落していく物語です。身近な例を挙げると、例えば、私のパソコンが突然壊れ、手書きのメモもなくしてしまって、私が呪いの言葉を口にする時、私は「悲劇物語」を体現しているのです。もう一つは、「**コメディ‐ロマンス物語**」[19]で、多くのテレビドラマはこの形式になっています。「コメディ‐ロマンス」では、物語の前半で、平穏な状態が突然の災難（犯罪、判断ミス、失言など）によって破られます。そして、話の残りの部分で、秩序や平和を取り戻していくようなできごとが起こります。私たちもふだんの生活を、この「コメディ‐ロマンス」のように理解しているのではないでしょうか――さわやかな朝から一日がスタートし、日中は、問題や障害や突発的な事故に直面して、そこから何とか抜け出そうと試み、眠りにつく頃には、一日が無事に締めくくられる、というように。

スペンスの『Narrative Truth and Historical Truth（物語的真実と歴史的真実）』[20]（一八九二）という本に、このような語りの形式の実例が示されています。スペンスは次のように述べています。人々がセラピーを受けに来た時、たいていの（すべてではありませんが）セラピストは、その問題がどこから来ているのかを探ろうとします。精神分析では特にそうです。クライアントが悩みから解放されるには、抑圧された欲望、怖れ、遠い過去のできごとに結びついた記憶などを、暴いていくことが必要だからです。この時、分析家は、実際に過去に起こったできごと（「歴史的真実」）を見定めようとしているのであって、筋の通った語り（「物語的真実」）を作り出すために過去を探っているわけではありません。ところが、クライアントの話は、筋の通った一つの語りをなすために多くのことを要求されます。その話はあるポイント（「私が今抱えている問題」）に収束し、それに先立つできごとは、当然この結末を導くものでなければなりません——先に述べた物語の形式の例でいえば、それは「後退する語り」であることが暗に求められています。スペンスが強調しているように、分析家は歴史的真実を立証しようとしているにもかかわらず、物語的真実の方が、必ず巧妙に勝利を獲得することになります。そこには、さまざまな理由が考えられます。まず、クライアントの記憶はとても曖昧です。クライアントの言葉と、過去の記憶やイメージとが、きちんと対応しているわけではありません。また、憶えていることをすべて報告するのは不可能です。したがって、クライアントは何らかの形で選択を行っているわけですが、その際治療関係において意味をもつもの——中でも精神分析理論が暗黙のうちに想定している「後退する語り」に合うもの——が選ばれることになります。このように見てくると、過去についての自由な報告というものは存在せず、実際は、セラピストとクライアントが、精神分析を支持するような物語を共に作り出しているということになります。こうして生み出された物語は、治療のカギとなるだけでなく、クライアントにとっては「私の人生」そのものにもなるのです。スペンスは「構成は過去を形作るだけでなく——過去になるのだ」[21]と結論づけています。セラピーにおける物語については、今はこれくらいにして、第7章で再び取り上げることにしましょう。

説得としての対話——レトリックというレンズ

前節で述べた、対話の構造的な見方では、構造が固定されたものとして捉えられています。つまり、対話の伝統によって、私たちの世界や自己についての構成の基盤はすでに作り上げられており、それを変えることはできないかのように見えます。この考え方は、ある面では非常に有用なものなのですが、こうした決定論的な側面を嫌う研究者もいます。彼らは、構造よりもむしろ、日常のやりとりの中で、対話がどのように用いられたり、変形されたりするのかに関心をもっています。こうした実用的プロセスについては、次節で詳しく見ることにし、ここでは、構造とプロセスの中間に位置するような研究について取り上げてみましょう。

これらの研究では、人々が組み立てられた構造をいかに用いているかが、関心の焦点となります。つまり、**レトリック**（説得の技術）です。レトリックの歴史は、古代ギリシャ文明にまでさかのぼります。古代ギリシャでは、レトリックは、将来有望な若者の教育に欠かせないものとされていました。アリストテレス、キケロ、クウィンティリアヌスらの書物は、後世にも、演説の技術を磨くために役立てられてきました。しかし、モダニズムの影響で、客観性、科学、真理に対する信念が強くなるに従って、レトリックはメタファーと同じ運命を辿ることになりました。他者をレトリック——見事な話術、感情に訴えるなどの手段——で納得させるのは、好ましくないことだとされたのです。モダニズムにおいては、明確に表現された論理と事実にもとづく証拠こそが、重要なものだったからです。

しかし、近年レトリックの研究は、メタファーと同様に息を吹き返しました。レトリックへの関心は、第1章で述べた批判の土壌から芽生えてきました。モダニズムは、誤った考えのもとに、レトリックを排除していたのではないでしょうか。ここで、レトリックのもつ可能性についてあらためて考えてみることにしましょう。レトリック研究は、なぜうまく現実を構成できるレトリックとそうでないものとがあるのか、そして、その違いは何かということを、私たちに教えてくれるという意味で特に重要です。レトリックが説得の技術であるとすれば、その研究は、説得的な現実構成の場面に作用している権力を照らし出してくれるものとなるはずです。実際、レトリックに対する最近の関心は、効果的に話す技術にあるのではありません。レトリックを研究することによって、私たちの洞察力を鋭くし、解放の実践へとつなげることが期待されているのです。

レトリックの仮面をはぎとろうとする試みは、ニュースメディア、政治家の演説、法廷での証言、企業の経営方針など、あらゆるものに対して行われています（関連する文献は、章末に挙げてあります）。しかし、最も重要な批判は、「客観的な真理」を主張する者に対して向けられたものでしょう。意図的に人々を説得しようとする者には、私たちも疑いをもちやすいものです。むしろ、もっと危険なのは、純粋に事実——あらゆる者の先入観にも左右されない、ありのままの世界——を報告しているかのようにみえる者なのです。レトリック分析は、科学、政策決定、軍事的決断、経済など、「これは疑いようのない事実です」と言って他の声をすべて沈黙させようとする、あらゆるものに対して異議を唱えます。問題は、「事実である」という主張が、すべてが社会的に構成されるという私たちの主張と相容れないということにあるのではありません。レトリックが私たちの身の周りにあまりにもあふれているために——公立学校のカリキュラムにも組み込まれているほどです——、私たちがそれに気づかないということでもありません。本当に問題なのは、客観的な真理に関する言説が、そこに含まれるものと、そこから疎外されるものとの間にヒエラルキーを生み出してしまうことです。これは、科学のみにあてはまることではありません（確かに、科学者は、自らの構成を「広く受け入れられる事実」[22]の地位にまで高めることを目的としているのですが）。レトリックに加わらない者が、「客観的でない」「思い違いをしている」「理性的でない」「ウソツキだ」として軽蔑されるような、すべての場合にいえることです。このようなレトリックの策略を明らかにすることによって、誰もが自由に話すことのできるような場が開かれるのです。

客観性のレトリック

私たちは対話を通して、「疑いようのない事実」——原子、化学物質、ニューロン、認知、経済プロセス、社会構造などからなる当たり前の世界——を、見事に作り出しています。それはいかにしてでしょうか。この点については、これまでにも多くの議論がなされています[23]。簡潔にいえば、言葉のもつ、「客観性」を作り出す力の中心にあるのは、たった一つの広く共有されているイメージ（メタファー）——「鏡としての心」メタファー——なのです。第1章で述べたように、これは西洋のモダニズムの中心的な想定でした。このメタファーによれば、私たちの信念は心の中（頭の中）のどこかにあり（主観性）、世界はその外側にあって（客観性）、私たちの私的な経験が世界をありのままに写しとることができた時、私たちは客観的だということになります。つまり、人が「ものごとをあるがままに見」たり、「現実に触れ」たり、「ものごとをよく観察し」たりする時、その人は客観的であるとみなされます。しかし、第1章で述べたことから明らかなように、客観と主観を隔てる方法はありません。「心の中に何があるか」を知ることもできなければ、誰の心が事実をより正確に写しとっているのかを決定することもできません。したがって、心と世界との間に客観性を想定することは不可能です。実は客観性とは、レトリックの研究者が主張するように、特定のやり方で話すこと（あるいは書くこと）によって達成されるものなのです。「鏡としての心」の一般的な想定について考察することによって、「客観性」が達成される独特のしくみが理解できるようになります。そのしくみのうち、三つを取り上げて考えてみることにしましょう。

対象と距離を置くレトリック——「外部のそこ」にある世界

客観的事実についての話は、「外的世界」に関するものであるはずだ、と私たちは考えます。したがって、レトリックを用いる者は、**「距離を置くレトリック」**——対象が私たちの「心の中」ではなく、離れたところに存在していると思わせるようなレトリック——を取り入れようとします。最も簡単なのは、「その」「あの」「あれらの」などの前置詞を用いることとです。そうすれば、観察者と対象との間に一定の距離ができます。このような「距離化」の逆が、「私化」——対象を心の所有物のように扱うこと——です。「私の考え方」「私の知覚」「私の感覚」などがその例です。おそらく科学者は、「その器官」「その実験室」「それらの質問紙」のようにいい、「器官についての私の感覚」「実験室についての私の印象」「質問紙についての私のイメージ」とは決していわないでしょう。後者が疑いを生じさせるのに対して、前者は客観的事実を作り出すのです。

対象の距離化は、メタファーによっても行われます。例えば、「**ベールに包まれた大陸**」——「外的世界」にある探検すべき土地——のメタファーを考えてみましょう。少し注意してみると、科学においては「スミスが最初にその効果を発見した」「ジョーンズが……を見出した」「ブラウンが……を探り当てた」などの言いまわしがあることに気づくでしょう。「発掘された」「明るみに出された」などの「うずもれた秘宝」メタファーも、先ほどの大陸メタファーと一体となってよく用いられています。これらと対照的なのは、「スミスが最初に、それが……であると直感した」「ジョーンズもまた同じ幻想を抱いた」「ブラウンは、世界についてのこのイメージを非常に好んだ」のような私化のメタファーです。こうした言いまわしがどんな影響をもたらすか、考えてみるまでもないでしょう。

権威を打ち立てるレトリック──現場における在と不在

「鏡としての心」メタファーによって立つならば、「客観的事実」を宣言する権威者となるためには、実際にその「鏡」が、現実をありのままに映し出せる位置にあったということを示さなければなりません。実際に現場にいたということを示す一つのやり方は、レポートや論文の最初のページで、「私は」「われわれは」などを主語にしたり、「私の」「われわれの」などの所有格を用いたりすることです。例えば、「われわれが試みたのは……を探究することであった」「われわれは……に関心をもっていた」と述べることによって、科学的発見の中に「私はその場にいた」という主張を紛れこませることができます。逆に、慣習に違反した記述がどんな影響を及ぼすかを考えてみると──例えば「その頃、私は授業や会議で非常に忙しく、研究のプロセスを観察する時間がほとんどなかった。実際には、私の大学院生であるスミスがすべての作業を行い、時々私と議論した」と記述した場合を考えてみると──、このことはいっそう理解しやすいでしょう。

また、一人の人間の経験で終わらせるのではなく、「他の鏡も同じものを映し出している」ことを示すことができれば、もっと効果的です。したがって、科学的な論文やレポートでは、手順や、サンプルや、実験室の環境、実験の行われる時間帯などはさまざまであるにもかかわらず、「スミスが……を例証し、ブラウンがそれを裏づけた。そして、ジョーンズも同じ効果を発見した」のように、すべての鏡に同じものが映し出されたかのような記述が頻繁に見られます。

さらに、自分の鏡は特別で、他の誰よりも優れていると主張したり、究極的には「**神の視点**」に立っているとほのめかしたりするようなレトリックもあります。一般的なのは、非人称的な代名詞を用いることです。例えば、「私は……を観察した」よりも「……が観察された」、「私は……を見出した」よりも「……が見出された」という表現の方が好まれます。もっと多いのは、神の視点から見た動かしようのない事実であるかのように記述される場合です。「私は刺激が提示されたのを見たと思い……」ではなく「刺激が提示され……」、「助手が、ボタンが押されたのを認識したと報告した」ではなく「ボタンが押された」と記述するわけです。

レンズを浄化するレトリック――感情は表に出さない

「鏡としての心」が客観性を獲得することができるのは、介入するものが何もなく、映し出された世界のイメージを「ゆがめ」たり、「バイアスをかけ」たりする可能性がない限りにおいてです。そのことを示す一つの方法は、イメージを生み出す積極的な力が、鏡ではなく世界の側にあると思わせるような言いまわしを用いることです。例えば、「データは語る」や「私は次のような事実に遭遇した」などという表現は、「客観的である」という意識をもたらします。それと同時に、心が世界を映し出すプロセスに、感情、動機、価値、願望などの、**心の内的な状態が一切関与しない**ことを示しておく必要もあります。すなわち、「平均値は五・六五……であった」「被験者の落ちつかない様子が観察された」「その結果は……を示している」などといえばよいのです。もし、これらの言いまわしに感情的な記述が加われば、その効果はたちまち薄れてしまいます――「私は平均値が五・〇を上回ることを期待していたので、その通りの結果が得られた時、私の心は踊った……」「肯定的な結果が得られなければ、その研究は活字にならないので、私は被験者が落ちつかない様子であるという証拠を探し求めた。すると、驚いたことにそれが見出されたのだ……」「私は被験者と恋に落ちた。彼女の意見を聞くことができたのは、喜ばしいことだった」。このように、感情などが入りこむということは、鏡がくもっていることを意味します。客観的であるためには、鏡がくもっていてはならないのです。

このような「鏡の浄化」レトリックは、社会科学の記述に、もう一つの興味深い影響をもたらします。つまり、社会科学は、人間という存在の「最も深い部分を探究」するわけですから、その記述は、本来魅力的なものになるはずにもかかわらず、たいてい退屈で、平凡で無味乾燥です。その理由の一つは、感情の入りこんだ生き生きとした記述は、「鏡としての心」レトリックに反するからです。逆に、感情を抜きにした技術的な記述は、このレトリックを支持するものになります。例えば、ある実験の被験者が「男子学生である」「四十代から六十代の女性である」「スラム出身の黒人学生である」ということは、私たちに明らかにされます。しかし、「性的な魅力がある」「見ていて不快なほど肥満である」「うんざりするほど表面的な人間である」「魅力的なふるまいをする」「驚くほど無知である」「ねたましいほどいい服を着ている」「気持ち悪いほど吹き出物がある」のような言及はいっさいありません。そのような記述は、鏡の中立性を損なってしまうからです。

このように「客観性とは心の状態ではなく、レトリックである」とはっきりと言いきることによって、私たちはすぐにだまされるのではなく、じっくりと考えることができるようになります。また、客観的事実を主張する権威者だけでなく、他の多くの人々の声が会話に加わることも可能になります。ただし、このように述べたからといって、レトリックなど捨て去ってしまえばいいと言いたいのではありません。「客観性」を作り出すレトリックが、共同体の中で非常に重要な役割を果たしていることは確かです。レトリックは、私たちが何かを信じたり、結束したり、何かを達成したりするのに欠かせないものなのです。例えば、宇宙科学者たちがこのレトリックを用いる時、「自分たちは、同じ共同体の他の人々と同じように、同じ目的で、言葉を使用しているんだ。信じてくれ」と、同僚に向かって述べているのです。彼らは、共同体の基準に即して「ありのままを語っている」のであり、だからこそ、人間は月面を歩くことができたのです。同じことは、医者、軍事や経済の専門家にもいえます。それに、このレトリックがなければ、法廷で「事実」を証言することもできなくなってしまいます。「客観性」を作り出すレトリックは、共同体が効果的に機能するために必要なものであるといえます。問題なのは、ある共同体における現実を、普遍的な現実であるかのように扱うことなのです。

プロセスとしての対話――実用的な次元

これまでは、構造としての対話に焦点をあててきました。すなわち、対話を「固定的」かつ「可動的」な構造として――構造が私たちの構成のあり方に裏で制限を与えているという意味で固定的であり、構造がある目標を達成するために用いられるという意味で可動的なものとして――捉え、分析してきました。このような分析は、私たちの行動がいかに言語形式によって定義され、構成されているのかを示すものでしたが、それだけではまだ十分とはいえません。なぜなら、そこには、日々私たちが意味を生み出すときに起こるごたごたや、世界を構成する会話の中で生じる緊張状態、交渉、急転回に対する視点が欠けているからです。

とはいえ、すでに多くの研究者が、言語のもつ力に深い関心をもち、人々が日常生活を営む上で対話がどんなふうに使われているのか――言葉がどのように配置されるのか、会話がどのように発展し、あるいは途切れてしまうのか、また、「現実」がいかに人々の関係の微妙な動きによって保たれているのか――を考えてきました。このような、日常的な対話の語用論を正しく理解するために、ここではゴフマン（Erving Goffman）とガーフィンケル（Harold Garfinkel）の独創的な研究を紹介することにしましょう。それをもとに、次節では、会話の中で「自己」が構成されていくようすを詳しく議論します。

ゴフマンとガーフィンケルの遺産

近年の語用論研究のほとんどは、ゴフマンとガーフィンケルの著作に依拠しています。まず、ゴフマンの主張から見てみましょう。ゴフマンは、言語は社会的行為の一形式として理解されなければならないといいます。ゴフマンのいう言語には、「何が事実か」「何がよいことか」を決めるような言葉だけではなく、ジェスチャー、服装、刺青、所有物なども含まれます。ゴフマンは、主著『行為と演技』[24]（一九五九）の中で、私たちは、自分が他人にとって何者であるかを定義する信号を絶え間なく発信していると述べています。彼はある小説の一部を好んで引用し、このポイントを痛快に示しています。それは、小説家サンソム（William Sansom）による『A Contest of Ladies』（一九五六）という本の中の、プリーディというイギリス人についての記述の部分で、彼がスペインにあるサマーホテルのビーチに、はじめて姿を見せる場面です。

しかし、彼はいつも人の注目を浴びないように気をつけていた。彼はまず、ビーチで出会う誰に対しても、自分は無関心だということを示す必要があった……例えば、偶然ボールが自分の前に飛んでくると、彼は一瞬驚いたような表情をするが、すぐに楽しそうな笑顔を見せる（優しいプリーディ）……それから辺りを見まわし、ビーチに人がいるのを見つけて、微笑みながらボールを投げ返す……それは理想的なプリーディをアピールする瞬間である。彼は複雑な手つきで本を持ち、自分の読んでいる本のタイトル——ホーマーのスペイン語訳、古典的ではあるが、それほど大胆でもなく、万人に受ける本——が人に見えるようにする。そして、自分のビーチタオルとバッグを、砂が入らないようにきれいに積み重ね（几帳面で分別のあるプリーディ）、ゆっくりと起き上がってその大きな身体を伸ばし（大きな猫のようなプリーディ）、サンダルを傍らへ放り投げる（結局は無頓着なプリーディ）。[25]

社会生活において私たちはまず、他者に向けたアイデンティティの意識、すなわち、人々に受け入れられる人間として自分のイメージを作り上げる必要がある、とゴフマンはいいます。そして、「ある役柄を演じている時、その人は自分を見ている人々に対して、彼らの前に作り上げられた印象を真剣に受け取ることを、暗黙の内に要請している」[26]のです。ただし、あらゆる関係には、**「裏の部分」**——すなわち、その関係からは見えない行動の領域——があります。そして、それが見えてしまうと、パフォーマンスが成り立たなくなる可能性もあります。例えば、学生にとって、大学における人間関係は、家でのアイデンティティ表現の裏の部分にあたります。同様に、その学生の両親が寝室で行う会話は、娘や息子との関係から見ると裏の部分になります。そして、両親と子どもが一緒にいる時には、みんなでひとまとまりのアイデンティティを作り出し、それをお互いに真剣に受け取り合っている——ふりをしている場合もありますが——のです。ゴフマンは、私たちがお互いに演技をしつつ、私たちがそうであると思われているもの（演じている姿）と、私たちが実際にそうであるもの（本当の姿）とが、めったに一致しないことを知っている、舞台のようなものとして社会生活を描き出します。ゴフマンのこうした考え方は、**「ドラマツルギー（劇作法）」**と呼ばれています。

ゴフマンのドラマツルギーという概念は、社会構成主義にとって非常に魅力的である一方で、多くの人々をとまどわせます。ゴフマンは、こうした分析を通して、いったいどんな世界を構成しようとしているのでしょうか。私たちがそれを真剣に受け取ったならば、社会生活はどうなっていくのでしょうか。ゴフマンの分析は、私たちの表面的な行動のすぐ裏に、他者をだまし続けている行為者がいるということを暗に示しています。「誠実であること」さえ、演じている本人をもだますペテンにすぎない、ということになりかねません。このような考え方を受け入れてしまうと、私たちは自分自身や他者から疎外され、支援や感謝や愛情などあらゆるものに対する不信や疑惑がうずまく中に、取り残されてしまいます。そして、ついには自分自身でさえも、信じたり受け入れたりすることができなくなるでしょう。最も多くの人をだますことができた時、それが、私たちにとっての最良の瞬間だということになるからです。

ゴフマンに続く、第二の先駆的な研究は、社会学者ガーフィンケルによって生み出されました。ガーフィンケルの研究では、先ほどのゴフマンに見られた問題の大部分が回避されています。ガーフィンケルは、代表的な著作『Studies in Ethnomethodology』[27]（一九六七）において、個々の人間がいかに社会生活を営んでいるのかではなく、人々がいかに共同で秩序や理解の意識を作り出しているのかという点に焦点をあてています。ガーフィンケルの主張をまとめると、次のようになります。私たちのやりとりは、言語を中心とする一連の「エスノメソッド」に深く依存しています。エスノメソッドとは、一群の人々（エスノ）が合理性や秩序を達成するために用いる方法（メソッド）です。エスノメソッドは、人々を説得しようとする一部の人間に限られたものではなく、公の資源です。私たちはそれを用いて、誰もが合意する「合理的な世界」を作り出しているのです。

ガーフィンケルはまた、私たちがすでに別のところで議論したこと、すなわち、私たちが言葉を、それが言及する対象と一致しているかのようにみなしているという点についても指摘しています。そして、実はそうではなく、私たちは言葉や言いまわしを別のコンテクストから借りてきて、それを用いて何かを行っているのだと述べています。ガーフィンケルの言葉でいえば、私たちは「インデキシカル（文脈依存的）に」言葉を用いています。つまり、過去の文脈で使用された用語の索引から言葉をひっぱってきて、現在の状況にあてはめています。私たちは、用語索引によって、あいまいで混沌とした状況の中から合理性や秩序を作り上げているのです。

例えば、自殺について考えてみましょう。私たちは、「死」のうちのあるものを「自然死」、あるものを「自殺」として扱います。ところが、よく考えてみると、その二つを区別するのはそれほど容易ではありません。「自殺」とみなされるためには、その人が、自分の人生を終わらせることを、意図的に選択していなければなりません。ここで、第1章の議論を思い出してください。他者の本当の意図、さらには自分自身の意図を知ることは、果たして可能でしょうか。たとえ私たちが「これは私の自由な意志だ」と信じていたとしても、実際にはそう信じこまされているだけだとしたら？　実は、私たちは無意識のうちに操られていて、自分で自分をコントロールしているわけではないとしたら？　何が私たちに特定の行為をさせているか、本当に知ることなどできるのでしょうか。あるいは、自然死について考えてみましょう。私たちが、寿命をまっとうしたいと強く望んでいるならば、今とは全然違う生き方をすべきではないでしょうか――例えば、ジャンクフードを食べない、人ごみやバイ菌をできるだけ避ける、頻繁に健康診断を受ける、過度の運動は控えるなど。しかし、ここまで気を配って生活しているような人はそんなにいません。ということは、「自然死」はすべて、ある意味で「小さな自殺」といえるのではないでしょうか。このように、特定のコンテクストから一歩外に出ると、ある死が自殺なのか、それとも自然死なのかを決めることができなくなってしまうのです。

ある調査チームが、警察や法廷などに協力して、ある死が自殺かどうかを判断しようとしている場面を考えてください。彼らは、どのような課題に直面するでしょうか。延々と議論が続けられるということはありえません。調査チームは、おそらく、あるルールと手順、すなわち議論したり報告したりする方法、もっと正確にいえば、できごとを写しとる一連の用語索引を作り上げていくことになるでしょう。例えば、ロサンゼルスでは、すべての死は四つの基本的なカテゴリー――すなわち、自然死、事故死、自殺、殺人――に分類されます。証拠集めや、友人や隣人に対する質問、死の背景の調査は、そのカテゴリーのうちの一つに分類するのが、合理的に見て正しいという意識を達成するために行われます。ガーフィンケルがいうように、人々は、それ自体は決して疑問視されることのない「お決まりの根拠（routine grounds）」にもとづいて、混沌を秩序へと変えているのです。ふだん私たちは気づいていませんが、このように用語索引を用いるという慣習がなければ、意味をもたない何かにぶつかってしまうことになるのです。

この最後の言い方は、確かにやや過激です。しかし、怪しんだりひるんだりする前に、「現実」や「合理性」のお決まりの根拠が脅かされた場合に、いったい何が起こるのかを見てみましょう。ガーフィンケルは、学生に、日常生活の暗黙のルールを破り、その結果を報告するという課題を与えました。学生たちは、それぞれのやり方で、ありふれた用語索引の妥当性に異議を唱える――すなわち、「常識」を作り出すために用いられている言葉が、本当に適切かどうかに挑む――ことになりました。

一つ目に挙げるのは、ある学生が、洗車場で一緒になった人物（A）とのやりとりを報告したものです。Aは、学生

（B）に、先日パンクしたタイヤについて話しています。

A：車がパンクしちゃってさ。
B：「パンクした」ってどういう意味だ？
A：（一瞬面食らい、怒り出す）「どういう意味だ」ってどういう意味だ？　パンクしたタイヤはパンクしたタイヤだ。そういう意味だ。他の何ものでもない。何てばかげたことを訊くんだ。

二つ目の例は、ある学生（B）に、知り合い（A）が手を振って話しかけるところです。

A：やあ、調子はどうだい？
B：何の調子？　僕の健康のことか？　それとも金銭のことか？　学業のことか、それとも心の平和のことか、それとも……
A：（顔を真っ赤にして、われを失う）何てことだ！　僕はただ礼儀正しくあいさつしただけなのに。本当は、おまえの調子なんて僕にはどうでもいいことなんだ。

別の学生は、婚約者に対して、彼女が言っていることの正確な意味を、一分半くらい質問し続けました。すると、彼女は質問を拒絶し始め、最後には苛立ち、自分の顔や手の動きをコントロールできなくなりました。「彼女は狼狽したようすで、僕が彼女をイライラさせると文句を言い、僕に『やめて！』と要求した……彼女は雑誌を取り上げ、それで顔を隠した……僕がどうして雑誌を見ているのかと尋ねても、彼女は口を固く結んでそれ以上話をすることを拒んだ」[28]。こうした例が示唆しているように、世界についての用語索引を用いる「当たり前」のやり方に、たとえ一瞬であれ異議を唱えたならば、社会という織物には、あっけなく綻びが生じてしまうことになるのです。

自己の会話的構成

ゴフマンやガーフィンケルの研究は、現在でもなお私たちに示唆を与え続けています。ただし、時間を経るに従って、その強調点や関心はかなり拡張されていきました。社会構成主義が特に関心をもってきたのは、会話分析の可能性、すなわち、私たちが、自らのふだんの生き方を批判的かつ創造的に反省することにつながるような問いがもつ可能性です。これまで、広い範囲にわたって、魅力ある研究が行われてきました。例えば、対話がいかに権力関係を維持したり、ある集団の人々を貶めたり、現状を脅かす恐れのある人々を沈黙させたりするために用いられるかを検討した重要な研究があります。政治に関心をもつ研究者たちは、言語の微妙な動きが、いかに特定のイデオロギーを維持し、多くの政策や事業の欠点をうやむやにし、特権的な構造を支持していくかを明らかにしてきました。また、他者をコントロールしようとする対話——例えば、教室における生徒、医療場面での患者、セラピーにおけるクライアントに対する対話——に関する研究もすでに始まっています。あるいは、対話が人々の間に誤解や対立を生じさせていくプロセスに、焦点をあてた研究もあります。こうした研究の一部については、本書の中で取り上げていきますが、もっと知りたいと思われる方は、本章の最後にあるリストを参考にしてください。

ここで、再び自己というテーマに戻ることにしましょう。本章の前半で取り上げた、メタファーやナラティヴについての議論が示していたのは、「自己の固定性」、つまり、対話の伝統がいかに私たちを「自己」という逃げることのできない箱の中に閉じこめていくのかということでした。ここでは逆に、「流動性」、すなわち、ある人が何者であるかは、会話における一瞬一瞬の動きによって決まるという点について考えていきます。私たちは、アイデンティティを、不安定に作り上げられたもの、言葉やイントネーションやジェスチャーの一瞬一瞬の変化に左右されるものとして、理解するようになるでしょう。語用論が社会の中で常に移り変わっていくのと同じように、「自己」を作り出すこうしたプロセスにも終わりはないのです。ではさっそく、「自己の構成」の二つの側面を見ていきましょう。

「存在論」「倫理」「自己」の創造

私たちが他の人々と共に生きていくために必要とする、最も基本的なものとはいったい何でしょうか。パーソナリティ、イデオロギー、ジェンダーなどの問題を別にすれば、私たちの関係を生み出すために不可欠なものとは何でしょうか。ここでは、この問いに対して**「存在論」**と**「倫理」**という点から、次のように答えることができます――私たちは、何が存在するのか（「存在論」）、どんなふるまいが適切なのか（「倫理」）について、たとえどんなに素朴なものであれ、何らかの共通理解をもっていなければならない、と。

では、それぞれについて具体的に考えていくことにしましょう。何が存在するかについての共通理解（「存在論」）は、共通の言語による副産物です。もしあなたが中国語だけで私に話しかけ、私が英語でしか答えられなければ、私たちが関係を築いていくことは不可能に近いでしょう。あるいは、あなたの世界が、天使、精霊、悪の力などからできていて、私の世界は、ニューロン、シナプス、エンドルフィンから成り立っているとしたら、お互いの相容れない存在論によって、私たちのコミュニケーションは非常に困難なものになるでしょう。逆にいえば、コミュニケーションを可能にするには、お互いが似たような状況で似たような言葉を用いるようになればいいのです。ロシアの文芸理論家であるバフチン（Mikhail Bakhtin）が述べているように、私たちの関係は**「求心力」**の作用を受けています。つまり、私たちのコミュニケーションには、一つに収束する――反復的で慣習的なものになる――傾向があります。このことを、関係が単調で決まりきったものになってしまうと否定的に捉える人もいれば、関係がスムーズでより効果的なものになるという肯定的な面を指摘する人もいるでしょう。どちらの言い分にも、それぞれ一理あります。

こうした存在論、すなわち「現実」についての共通理解は、倫理観を確立する基盤にもなっています。さまざまな状況で、人々が会話や行動を調和させるようになると、分裂、アクシデント、失敗などの条件も同時に作り出されます。パターンが確立することによって、それに違反する文脈が生まれてしまうのです。例えば、パターンの分裂は、今ある「現実」や、その現実が織りこまれている行動パターンを脅かします。カップルでお互いの過去の話に食い違いがあれば、二人の関係は動揺するでしょう。学問の世界で、新たな理論的パラダイムへ移行しようとする研究者が敬遠されるのは、めずらしいことではありません。宗教を見ても、異端であるという理由で、多くの人々が迫害されてきました。「悪」は、パターンの分裂の中に潜んでいるのです。

ある程度複雑な社会には、このような「悪」が共通して見られます。それはなぜでしょうか。人々が、さまざまな関係――友人、配偶者、職場の同僚、兄弟姉妹、両親、子ども、隣人、サークルのメンバーなどとの関係――に参加すればするほど、たくさんのローカルな「現実」が生まれます。そして、私たちがある関係から別の関係の中へと動く時、残りの関係も一緒にひきずっていくことになります。私たちは、「悪」の可能性、すなわち、今ある存在論を不安定にする可能性を無限にもっているのです。「存在論」という言葉でさえ、ある確立された秩序を脅かす可能性があるという意味では、「クソッ」という言葉と同じくらい危険なものだといえるのです。バフチンの求心化という概念を用いていえば、秩序へ向かう求心的な傾向は、逆に無秩序へと向かう傾向――関係に脅威や変化をもたらすような、新たな言葉や行動を生み出す傾向――とセットになっているのです。

ところで、「存在論」と「倫理」の問題は、自己とどう関係するのでしょうか。まず前者について考えてみると、人間もまた存在論の中に登場します。すなわち、私が何者かということや、私のふるまいの性質は、関係の中で話し合われ、定義されます。私が誕生し、名づけられ、ジェンダーを決定されたその瞬間、私という存在は、一人の人間として共同体の存在論の中に現れることになるのです。私が「私自身について」、あるいは「私の考え」「感情」「信念」などを話す時、私は一人の主体的な行為者という現実、すなわち「私」を作り出しているのです。この現実は、他の人々が私の名前を呼んだり、私をさまざまに扱ったりすることによって、もっと堅固なものになります。さらに、こうしたすべての言葉やふるまいには、道徳的な力――私を、「善い」あるいは「悪い」として構成する力――が伴うことになります。

このような考え方を示す例として、ウィリス（Paul Willis）による分析――イギリスの青年たちが、いかにして労働者階級としてのアイデンティティをもつようになるのか――を見ることにしましょう[29]。ウィリスは、経済的な向上を人間に生まれつきの動機である――誰もが、より多くのお金を得たいと思っているはずだ――とする想定はあまりにも単純すぎると主張します。また一般に、労働者階級は、抑圧され、社会の下層にとどまる以外のすべをもたない人たちだとみなされていますが、ウィリスは、学校や職場での大がかりなフィールドワークにもとづき、この信念に対しても異議を唱えます。ウィリスは、労働者階級の少年たちが結束して、自分たちを上流階級から区別し、自分たちのほうが優れているような世界を構成していることを見出したのです。例えば、彼らは教師を次のように定義しています。

ジョーイ：あいつらは俺たちよりも強い。あいつらには大きな組織が裏についてるからな……だから、俺たちも味方を探そうぜ。

エディー：あいつらは、「自分たちは先生だから」えらくて力が強いと思ってる。でも本当はぜんぜんたいしたことないんだ。[30]

このような態度は、少年たちの教室でのふるまいにも見られます。ウィリスは次のように記述しています。

教室や集会の場に入ってくると、「少年たち」は何事かをたくらんだ顔でうなずき合う……ただし、彼らは感情や不満をうまく押さえこむことを心得ていたので、（教師との）全面対決にいたることは決してなかった……授業中の教師の指示に対しては、「おーい先公、わからないぞ」「なに言ってんだ、バーカ」「冗談じゃねえ……」と生徒同士でささやきあった。あるいは、特に深い意味のない言葉に対して、くすくす笑いや「ワーオ！」という声が後ろの方から起こった。教師に問い詰められそうになると、教師の前では何もないふりをしながら、教師の背後でVサインをしたり、横で指を鳴らしたりした。教師のネクタイ、指輪、靴、指など、彼らの注意は教師の目以外のあらゆるところに向けられた。[31]

また、このような「俺たち」と「あいつら」の対立の存在論は、「俺たちや、俺たちの生き方には価値があるんだ」という明示されない倫理観に支えられていました。最も大切なのはグループであり、その規範に従うことです。

ジョーイ：一人でゴソゴソするのはつまらないけど、仲間と一緒でやったら、みんなと一緒だったらすごく楽しいし……

フレッド：あいつらは、俺たちが泥棒みたいに仲がいいって言うけどな。つまりは団結してるってことだ[32]。

彼らが、自分たちの生き方を価値あるものだと考えているということは、いわゆる社会的に認められるふるまいをしている生徒について、彼らが述べていることからも明らかです。彼らが「耳穴っ子（ear'oles）」（耳は受動性の象徴であることから）と呼ぶこうした生徒たちは、いつも嘲笑の的にされます。次の会話を見てください。

デレック：耳穴っ子はまったくのとんまだ。あいつなんて、レポートを書けばAが五つでBが一つときてる……

スパンキー：あいつらは、将来、自分の学校生活についていったいどんなことを思い出すんだろう？　そもそも、思い出すことなんてあるんだろうか？　教室にじっと座って、あそこに汗をかいてるだけじゃないか……それに比べて、俺たちは……俺たちが思い出すべきことは山ほどあるぜ……パキスタン野郎との喧嘩に、ジャマイカ人との喧嘩。それから先公にしてやったこと。思い出す時は大笑いだろうな。

ジョーイ：あいつらはまだまだ子どもだな。しゃべり方も、やってることも……あいつらはただ、言われたとおりにやってるだけだ。トム・ブラッドレーをみろよ、知ってるか？　俺はいつもあいつをみて思っていたんだ……俺たちは人生のいい面も悪い面もみてきたし、酒も飲んだし、喧嘩もしたし、欲求不満もセックスも憎しみも愛情もこんなバカ騒ぎもみんな知っているのに、あいつらはなんにも知らないんだ。あいつらは女とデートしたことも、パブに行ったこともないんだぞ[33]。

彼らは、まさにこのような会話の中で、差異の世界——さまざまな価値観をもったグループや人間が住まう世界——を作り上げていくのです。ただし、私たちは、このような「現実」が私たちを縛りつけるものになっていないか、と常に問わねばなりません。

社会的な釈明――アイデンティティと責任

「どうしてそんなことができたんだ……」
「おまえは世間知らずだ……」
「あなたは私との約束を覚えていないのか……」
「あなたの言ったことは、あまり賞賛できない……」

ここに挙げたいくつかのごく身近な言いまわしは、私たちの行いに対する矯正の、無数にある例のほんの一部です。子どもの頃に受けた叱責から、大人になって私たちが耐えなければならない沈黙や冷たい視線まで、「矯正される」ことはすなわち組織化された社会に生きることとです。批判、攻撃、非難の視線などはすべて、秩序を維持するための手段であり、関係における倫理観の作用なのです。社会学者のスコット（M.B. Scott）とライマン（S.M. Lyman）は、日常的な会話には、「社会のひび割れた梁につっかいをする力、約束と実際の行為との間に橋を架ける力、壊れたものを直し、疎遠になった関係を修復する力」[34]があると指摘しています。私たちの人生が複雑に入り組んだものになるにつれて、必然的に、私たちの関係の中にある暗黙の倫理観（求心的な傾向）は脅かされることになりました。ただしその一方で、私たちは、秩序を修復する手段も生み出してきたのです。このような修復の実践は、「**社会的釈明**」と呼ばれています。

この社会的釈明について考えるためのてがかりは、会話分析に見出されます。日常的な会話を研究する会話分析は、「**隣接対**」[35]という非常に重要な概念を生み出しました。この隣接対という概念は、私たちの会話には、ある発話（行為）と次の発話（行為）が対をなして進行する強い傾向がある、つまり、ある発話は、次の話し手から特定の反応を引き出すように作用するということを示しています。隣接対の最もわかりやすい例は、「**あいさつ - あいさつ**」です。ある人の心のこもったあいさつは、相手も同様の行為（あいさつ）を返すことを暗に要求しています。同じように、もし誰かが「**質問**」すれば、「**答え**」を、「**招待**」に対しては「**受諾**」（あるいは「**辞退**」）、「**要求**」に対しては「**承諾**」（あるいは「**拒否**」）を返すことになるでしょう。

この隣接対という観点から社会的釈明を考えてみると、それは隣接対の後半の部分に登場するものだということがわかります。それは、特に「**非難**」——告発、失望、恥、その他の不名誉な行為——に対する反応です。この隣接対の前半の部分は、意味を生み出す関係において「承認されたメンバーの一人」として、別のメンバーのアイデンティティに異議を唱えようとするものです。そして、これに対する典型的な答えが、「**修復**」——「私はまだ、あなたたちの中の一人である」（関係における意味の構成のあり方に、私も同意する）ということを示すもの——なのです。

私たちの言語の長い歴史は、この非難に対してたくさんの答えを用意してきました。それらは、「**言い訳**」と「**正当化**」[36]の二つに分類されます。この区別は重要です。このように区別することによって、その答えに含まれる論理や機能の違いに、人々の注意を引きつけることができるからです。

言い訳は、自己——自己の主体性——についてのモダニズム的な考え方を前提としています。この考え方によれば、ある人が「適切でない」ふるまいをした時、そこに主体性か関与していたのかどうか——その人が、主体的に関係性を放棄することを選んだのかどうか——が重要なポイントになってきます。言い訳は、その人がまだ関係性の中にとどまっていることを示すものなのです。「そういう意味で言ったのではない」「それは私のミスではない」「ちゃんと考えていなかった」「感情の赴くままにまかせてしまった」「酔っ払っていた」「彼らが私にそうしろと言ったのだ」。すべてに共通しているのは、「それは本当の私ではなかった」というメッセージです。そしてそこから、修復のプロセスがスタートすることになります。注意してほしいのは、言い訳は秩序に挑戦するものではないということです。言い訳は、告発者に対して、「あなたは私が逸脱したと思っているかもしれないが、そうではない。私は変わっていない。すべてもとの通りだ」と告げるものなのです。

ところが、もう一方の正当化では、その論理も、もたらす結果もまったく異なるものになってきます。次の例を考えてみましょう。

「あいつは当然の報いを受けたんだ（私は当然のことをしたまでだ）……」

「それはどうしようもないことだ……」

「それは私の自己実現の問題だ……」

「あれは正当防衛だった……」

「そうしなければ、私は完全に信頼を失うことだろう……」

「私たちは自由の国に住んでいるんだ。（だから、私の勝手じゃないか）」


こうした反応に見られる特徴の一つは、一般に受け入れられている現実に異議を唱えているということです。今問題となっている関係（「私たちの結婚」「私たちの家族」など）にとって、必ずしも本質的でないことがらがもちだされていますが、それらのほとんどは、人々に広く共有されている信念や概念です。例えば、恋人との関係にとって、「自由の国」という概念はそれほど重要なものではありません。しかし、私たちが文化というより広い関係の一員であるがゆえに、こうした言葉はレトリカルな力をもつことになります。正当化は、個人のアイデンティティについての問いを、関係そのものについての問いにすりかえているのです。正当化によって、告発者の目は、より広い関係における倫理観、ルール、慣習へと向けられます。正当化は、個人ではなく、関係そのものや他のメンバーのアイデンティティを修正する可能性をもっているのです。例えば「自由」の正当化は、愛する者たちを引き離し、その絆の定義を破壊してしまうことにつながるかもしれません。私たちは、謝罪、言い訳、正当化を通して、自分たちが生きていく関係を創造しているのです。

本章をふりかえって

この章の中でふれた多くの研究は、私たちに知的興奮をもたらすものであると同時に、非常に実用的かつ生成的なものです。そのため、本章では批判や反省をあまり行いませんでした。注意しなければならないことはたくさんあるのですが、中でも私が最も危惧しているのは、「**言語的還元主義**」に陥ってしまうこと、つまり、対話を前面に押し出すことによって、その背後にあるもの——対話はどこからその力を得ているのか——の重要性が無視されてしまうことです。

私がここで、次の三つのことを述べておきたいと思います。第一に、私は、非言語的なシグナル——表情、注視、ジェスチャー、姿勢など——の分析にはほとんどふれてきませんでした。しかし、言葉が関係の中でいかに機能するかは、それがどのように表現されるかによって大きく異なってきます。例えば、ある友人が、私に関する耳の痛い話をしてきたとします。でも、友人の温かい笑顔と柔らかい声のおかげで、私は憤慨することなく友人の言葉に耳を傾けるかもしれません。

第二に、いわゆる物質的なコンテクストについて、私はほとんど何も述べてきませんでした。しかし、例えば、私の服装が私の言葉を重要なものにしたり、あるいは逆にその重要性を損なってしまったりすることはしばしばあります。私が手に持っているもの（花束か本か、それともナイフか）、私たちが話をしている場所（教室かパブか、それとも森の中か）、あるいはその時の天候（晴れか雨か、それとも吹雪か）についても同じです。ありとあらゆるものが、私の言葉に何らかの影響を与えているのです。

第三に、対話のみに焦点をあてることで、コミュニケーション・メディアのもつ重要性が見えなくなってしまう可能性があります。例えば、電話や電子メールで結婚の誓いを交わしたとしても、あまり真面目に受け取ってはもらえないでしょう。ここで重要なのは、「書かれた言葉のもつ力」は、それが「書かれている」（スピーカーを通して叫ばれたり、見知らぬ人に通りすがりにささやかれたりしたのではない）ことに由来するという点です。マクルーハン（Marshal McLuhan）が述べているように、「メディアはメッセージ」なのです。

私がここで目指したのは、さまざまな分析の限界や不完全性を明らかにすることです。これらの分析を、客観的な真実の報告としてではなく、私たちが世界を見る「枠組み」や「レンズ」の一つとして理解するならば、それらは私たちにとって非常に有用なものとなるでしょう。語られるべきことは常に残されています——私たちはそのことを、むしろうれしく思うべきなのでしょう。

注

[1] 例えば、Kessen, W. (1990) *The Rise and Fall of Development*. Worcester, MA: Clark University Press. Hazan, H. (1994) *Old Age, Constructions and Deconstructions*. Cambridge: Cambridge University Press. Shweder, R. (Ed.) (1998) *The Social Construction of Middle Age*. Chicago: University of Chicago Press. Gubrium, J. Holstein, J.A. and Buckholdt, D. (1994) *Constructing the Lifecourse*. Dix Hills, NY: General Hall. Rosenblatt, P.C. (1994) *Metaphors of Family Systems Theory*. New York: Guilford. を参照

[2] 例えば、Harré, R. (Ed.) (1986) *The Social Construction of Emotions*. Oxford: Blackwell. Coulter, J. (1979) *The Social Construction of Mind*. Totawa, NJ: Rowman and Littlefield.（西坂仰訳　1998『心の社会的構成――ヴィトゲンシュタイン派エスノメソドロジーの視点』　新曜社） Graumann, C.F. and Gergen, K.J. (1996) *Historical Dimensions of Psychological Discourse*. New York: Cambridge University Press. Sarbin, T. (Ed.) (1984) *Narrative Psychology*. New York: Praeger. Said, E. (1979) Orientalism. New York: Random House.（今沢紀子訳　1993『オリエンタリズム』上・下　平凡社） Sarbin, T.R. and Kitsuse, J.I. (Eds.) (1994) *Constructing the Social*. London: Sage. を参照

[3] 例えば、Lorber, J. and Farrell, S.A. (1991) *The Social Construction of Gender*. Thousand Oaks, CA: Sage. Kitzinger, C. (1987) *The Social Construction of Lesbianism*. London: Sage. Gergen, M.M. and Davis, S.N. (Eds.) (1997) *Toward a New Psychology of Gender*. New York: Routledge. Butler, J. (1990) *Gender Trouble: Feminism and the Subversion of Identity*. New York: Routledge.（バトラー、竹村和子訳　1999『ジェンダー・トラブル――フェミニズムとアイデンティティの攪乱』　青土社） Tiefer, L. (1995) *Sex is Not a Natural Act*. Boulder, CO: Westview. を参照

[4] 例えば、Hacking, I. (1995) *Rewriting the Soul: Multiple Personality and the Sciences of Memory*. Princeton, NJ: Princeton University Press. Boyle, M. (1991) *Schizophrenia: A Scientific Delusion. London: Routledge*. Rose, N. (1990) *Governing the Soul*. London: Routledge. Gordon, R.A. (1990) *Anorexia and Bulmia, Anatomy of a Social Epidemic*. Cambridge, MA: Brackwell. を参照

[5] 例えば、Kleinman, A. (1988) *The Illness Narratives*. New York: Basic Books.（江口重幸他訳　1996『病いの語り――慢性の病いをめぐる臨床心理学』　誠信書房） Lorber, J. (1997) *Gender and the Social Construction of Illness*. Thousand Oaks, CA: Sage. Hartley, G.M. and Gregory, S. (Eds.) (1991) *Constructing Deafness*. London: Pinter. Clay, C.J. (1995) *The Social Construction of AIDS*. Sheffield:

Sheffield City Polytechnic. Frank, A.W. (1995) *The Wounded Storyteller*. Chicago: University of Chicago Press.（鈴木智之訳　2002『傷ついた物語の語り手——身体・病い・倫理』ゆみる出版）を参照

［6］例えば、Jenkins, P. (1994) *Using Murder: The Social Construction of Serial Homicide*. New York: A. de Gruyter. Huston, S. and Liddiard, M. (1994) *Youth Homelessness: The Construction of a Social Issue*. Houndemills, UK: Macmillan. Goode, E. (1994) *Moral Panics: The Social Construction of Deviance*. Cambridge, MA: Blackwell. Atkinson, J.M. (1977) *Discovering Suicide: Studies in the Social Organization of Sudden Death*. London: Macmillian. を参照

［7］例えば、Bond, G.C. and Gilliam, A. (1994) *The Social Construction of the Past: Representation as Power*. London: Routledge. Barrett, E. (Ed.) (1992) *Sociomedia: Multimedia, Hypermedia, and the Social Construction of Knowledge*. Cambridge, MA: MIT Press. McCormick, C. (1995) *Constructing Danger: The Mis/representation of Crime in the News*. Halifax. NS: Fernwood. を参照

［8］Lakoff, G. and Johnson, M. (1980) *Metaphors We Live By*. Chicago: University of Chicago Press.（渡部昇一他訳　1986『レトリックと人生』大修館書店）

［9］Spense, D. (1987) *The Freudean Metaphor*. New York: Norton.（妙木浩之訳　1992『フロイトのメタファー——精神分析の新しいパラダイム』産業図書）

［10］前掲書（原著）、7ページ

［11］前掲書（原著）、8ページ

［12］Bruner, J. and Feldman, C.F. (1990) Metaphors of consciousness and cognition in the history of psychology. In D. Leary (Ed.) *Metaphors in the History of Psychology*. New York: Cambridge University Press. を参照

［13］Gigerenzer, G. (1996) From tools to theories: discovery in cognitive psychology. In C. F. Graumann and K.J. Gergen (Eds.) *Historical Dimensions of Psychological Discourse*. New York: Cambridge University Press.

［14］前掲書、36ページ

［15］Averill, J.R. (1990) Inner feelings. In Leary (Ed.) *Metaphors in the History of Psychology*. Gergen, K.J. (1995) Metaphor and monophony in the twentieth-century psychology of emotions. *History of the Human Sciences*, **8**, 1-23.

［16］Ricoeur, P. (1981) *Hermeneutics and the Human Sciences*. New York: Cambridge University Press, p.278.

［17］Bennett, L.W. and Feldman, M.S. (1981) *Reconstructing Reality in the Courtroom*. New Brunswick, NJ: Rutgers University Press.

［18］Hardy, B. (1968) Towards a poetics of fiction: an approach through narrative. *Novel*, **2**. 5-14.

［19］この用語は、ナラティヴ（語り）に関するアリストテレスの理論に由来しています。アリストテレス自身はコメディとロマンスを区別していますが、どちらも同じナラティヴの形式をもっているため、ここでは結びつけて考えています

［20］Spence, D. (1982) *Narrative Truth and Historical Truth*. New York: Norton.

［21］前掲書, 175ページ

［22］Latour, L. and Woolgar, S. (1979) *Laboratory Life: The Social Construction of Scientific Facts*. Beverly Hills, CA: Sage.

［23］例えば、Potter, J. (1996) *Representing Reality*. London: Sage. を参照

［24］Goffman, E. (1959) *The Presentation of Self in Everyday Life*. Carden City, NY: Doubleday. （石黒毅訳　1974『行為と演技――日常生活における自己呈示』誠信書房）

［25］Sansom, W. (1956) *A Contest of Ladies*. London: Hogarth.

［26］Goffman 前掲書、17ページ

［27］Garfinkel, H. (1967) *Studies in Ethnomethodology*. Englewood Cliffs, NJ: Prentice-Hall.

［28］前掲書、42ページ

［29］Willis, P. (1977) *Learning to Labour*. Westmead: Saxon House. （熊沢誠・山田潤訳　1985『ハマータウンの野郎ども――学校への反抗・労働への順応』筑摩書房）

［30］前掲書（原著）、11ページ

［31］前掲書（原著）、12～13ページ

［32］前掲書（原著）、23～24ページ

［33］前掲書（原著）、15～16ページ

［34］Scott, M.B. and Lyman, S.M. (1968) Accounts. *American Sociological Review*, **33**, 46-62.

［35］Sacks, H. (1992) *Lectures on Conversation* (2 volumes, Ed. G. Jefferson). Oxford: Blackwell.

［36］言い訳と正当化のさまざまな方法の歴史的概観については、Semin, G. and Manstead, A.S.R. (1983) *The Accountability of Conduct: A Social Psychological Analysis*. London: Academic Press. を参照のこと

【より詳しく知りたい人のための文献案内】

●この章に関する一般的な参考文献

Van Dijk, T.A.(Ed.) (1985) *Handbook of Discourse Analysis*, vols. I-IV London: Academic Press.

Van Dijk, T.A.(Ed.) (1997) *Discourse as Structure and Process*. London: Sage.

●「構造としての対話——生活の指針となるメタファー」に関する参考文献

Lakoff, G. and Johnson, M. (1980) *Metaphors We Live By*. Chicago: University of Chicago Press.

Leary, D. (1990) *Metaphors in the History of Psychology*. New York: Cambridge University Press.

Olds, L.E. (1992) *Metaphors of Interrelatedness*. Albany, NY: State University of New York Press.

Soyland, A.J. (1994) *Psychology as Metaphors*. London: Sage.

●「構造としての対話——物語（ナラティブ）的現実」に関する参考文献

Gergen, M.M. (in press) *Impious Improvisations*. Thousand Oaks, CA: Sage.

Hinchman, L.P. and Hinchman, S.K. (Eds.) (1997) *Memory, Identity, Community: The Idea of Narrative in the Human Sciences*. Albany, NY: State University of New York Press.

Josselson, R. and Lieblich, A. (Eds.) (1993) *The Narrative Study of Lives*, V.1. Thousand Oaks, CA: Sage.

Rosenwald, G. and Ochberg, R. (Eds.) *Telling Lives*. New Haven: Yale University Press.

Sarbin, T.R. (1986) *Narrative Psychology, The Storied Nature of Human Conduct*. New York: Praeger.

●「説得としての対話——レトリックというレンズ」に関する参考文献

Billig, M. (1996) *Arguing and Thinking, A Rhetorical Approach to Social Psychology*. Cambridge: Cambridge University Press.

McClosky, D.N. (1985) *The Rhetoric of Economics*. Madison, WI: University of Wisconsin Press.

Myerson, G. (1994) *Rhetoric, Reason and Society*. London: Sage.

Simons, H.W. (Ed.) (1989) *Rhetoric in the Human Sciences*. London: Sage.

Simons, H.W. (Ed.) (1990) *The Rhetorical Turn, Invention and Persuasion in the Conduct of Inquiry*: University of Chicago Press.

●「プロセスとしての対話——実用的な次元」に関する参考文献

Antaki, C. (Ed.) *Analyzing Everyday Explanation: A Case: A Casebook of Methods*. London: Sage.

Buttny, R. (1993) *Social Accountability in Communication*. London: Sage.

Coulter, J. (1979) *The Social Construction of Mind*. London: Macmillan.

Coupland, N. and Nussbaum, J.F. (Eds.) (1993) *Discourse and Lifespan Identity*. Newbury Park, CA: Sage.

Edwards, D. and Potter, J. (1992) *Discursive Psychology*. London: Sage.

Harré, R., Brockmeier, J. and Muhlhausler, P. (1999) *Greenspeak: A Study of environmental Discourse*. London: Sage.

Hazan, H. (1994) *Old Age, Constructions and Deconstructions*. Cambridge: Cambridge University Press.

Lupton, D. and Barclay, L. (1997) *Constructing Fatherhood*. London: Sage.

Potter, J. (1996) *Representing Reality, Discourse, Rhetoric and Social Construction*. London: Sage.

Wagner-Pacifici, R. (1994) *Discourse and Destruction*. Chicago: University of Chicago Press.

Wetherell, M. and Potter, J. (1992) *Mapping the Language of Racism: Discourse and the Legitimation of Exploitation*. London: Harvester Wheatsheaf.

Wilkinson,S. and Kitzinger, C. (Eds.) (1995) *Feminism and Discourse, Psychological Perspectives*. London: Sage.

第4章　社会構成主義の地平

私は最近、所属する大学のトップから、自分の「研究プログラム」について、簡単に説明するように求められました。これは特にめずらしいことではありません。科学に携わる私たちには、単に学生を教育するだけでなく、自らの研究プログラムをもつことが期待されているからです。私たち研究者の存在理由は、新しい知識を蓄積することにあります。そして、この目的を達成するためには、誰もが認める決まった方法や手順があります。少なくとも、社会構成主義に足を踏み入れる前の私の世界ではそうでした。

ところが、今では、先ほどのような要請があると、私はしばらくの間じっと考えこむことになります。「研究プログラム」「重要な知識」「客観的な手法」「科学的な報告」というのは、いったい何なのだろう、と。これらの問いに答えるのは、決して容易ではありません。そもそも、決定的な答えはありません。

社会構成主義の言説は、二つの難題を私たちにもたらします。第一に、従来の科学の伝統――決まった方法によって、真実を、まるでソーセージのように機械的にひねり出すことができるとでもいうような考え方――に加わるのをやめたとして、それからどうすればよいのでしょうか。私たちは、この伝統から何か価値あるものをもちだすことができるでしょうか。第二に、社会構成主義の前には、いったいどんな新しい扉が開かれているのでしょうか。これまで見てきたように、言説や言説がもつ社会的意味に関して、すでに多くの研究がなされています。しかし、それで十分といえるのでしょうか。他には、どんな探究の可能性があるのでしょうか。

本章では、以上の問いを考えていきます。はじめに、人間科学の伝統的な実証研究について詳しく述べます。そして、実証研究の中心にある前提を社会構成主義の立場から批判し、そこから新たな探究の扉を開いていきます。本章の後半では、こうした探究のいくつかを検討します。まず、現代の社会生活を問い直す新しい研究法――今日の世界における人々の行為を探究する方法――について考察します。それから、異文化や、異なる歴史をもつ他の国々を詳しく知ることを通して、自分たちの現状を明らかにしていこうとする試みについて述べます。その時、私たちの探究は、再び「自己」というテーマに帰っていくことになるでしょう。

実証研究に対する疑問

人間科学の伝統的な研究は、西洋のモダニズムの伝統と一体となっており、第1章で述べた諸前提の網の目に深く埋めこまれています。したがって、伝統的な研究では、「知識は個人の心（あるいは頭）の中にある」「科学は客観的な真実を発見する」「科学によって人間は進歩する」ということが強調されます。「実証研究（empirical research）」という言葉は、文字通り、「経験を頼りに」世界を調べ上げることを意味します。それでは、経験主義の伝統において、研究が優れているとみなされる五つの基準を取り上げ、それぞれに対する社会構成主義からの批判をみてみることにしましょう。

優れた実証研究とみなされるための五つの基準

クールであること

優れた実証研究とは、世界をありのままに写しとるものだと考えられています。したがって、研究者は、世界を直接経験しなければなりません。つまり、研究者がもつ偏見によって観察の目がくもるということはあってはならないのです。研究者が研究対象に対して特別な感情を抱いていたり、特別な倫理的・政治的な動機をもっていたり、宗教的な思い入れをもっていたりすれば、その研究者は疑いの目を向けられることになります。研究者は、自己と対象との間に一定の距離をおき、常にクールでなければならないのです。

〈社会構成主義からの反論〉研究者が何の理由もなく、研究を行うことはめったにない。研究者は、何らかの理想をもっているはずだし、何らかの利益のために研究を行っているはずだ。こうした研究者の理想や利害は、問題を定式化する言葉や、対象の行動の記述など、あらゆる点で研究の中に入り込んでくる。それなのに、それを中立的な言語で覆い隠そうとするのは不誠実だ。たとえはっきりと目に見えなくても、科学的な説明は、よかれあしかれ社会に大きな影響をもたらすものだ。ところが、価値中立性という覆いによって、研究者はそのことに鈍感になってしまう。また、研究者があくまでクールであろうとすることによって、社会にどんな影響がもたらされるかを考えてみてほしい。研究者は、私たちがお互いを最もよく知ることができるのは、お互いにクールで、一定の距離をおいている時だという。これは果たして、日常の人間関係のよいモデルといえるのだろうか。

状況の統制

ほとんどの実証研究は、「原因／結果モデル」――あらゆるできごとには、それに先行する原因があるというモデル――にもとづいています。すなわち人間科学においては、人間のあらゆる行為の原因は、その前の状況（環境的、心理学的、遺伝的）の中に突きとめることができるはずだと考えられています。したがって、優れた研究プログラムとは、ある行為を生み出す特定の状況を正確に説明するものということになります。説明が正確なものか、あるいはそうでないかは、研究者が先行する状況をきちんとコントロールすることができるかどうかを見ればわかります。また、研究者は、先行する状況をコントロールすることによって、組織的に状況を変化させたり、結果の多様性を確認したりすることができます。このように、組織的に状況をコントロールし、結果を観察することは、実証研究の基本です。実験は、因果的な連関を見出すのに最も有効な方法であるとされています。

〈社会構成主義からの反論〉「原因／結果」という考え方は、そもそも社会的に構成されたものだ。「原因」や「結果」というものが、自然に存在しているわけではない。それらは、観察されたものの中に「読み取られる」のだ。同様に、世界を「できごと」「刺激」「行為」などに区分することも、アプリオリな決定である。それは、ありのままの世界に見出されるものではなく、私たちが理解するためにあてはめている枠組みなのだ。

また、このようなアプリオリな決定が社会にもたらす影響は、決して中立的なものではありえない。「原因／結果」モデルが真実として受け入れられるようになれば、人間が自ら行為するという人間主義的な考え方は、跡形もなく消えてしまう。人間は、単なるロボットと同じ――すなわち、本質的な価値も、創造的な思考力ももたないもの――になってしまう。もちろん、社会構成主義は、人間の主体性を客観的事実とみなしているわけではない。しかし、原因／結果モデルが圧倒的な勢力をもっていることを考えれば、人間の主体性を重んじる伝統をもっと大切にする必要があるのではないか、と主張しているのだ[1]。

さらに、すでに述べたことの繰り返しになるが、「他者について知るためには、状況をコントロールして他者の反応を観察するのが最も効果的だ」と研究者が主張したら、社会はどうなるだろうか。周りの人間が自分をそんなふうに見ているのに、彼らと一緒に生きていきたいと思えるものだろうか。

また、研究者がこうした手法によって結果を出した時、その発見が誰に利益をもたらすだろうか――それはたぶん、権力をもつ者である。例えば、売上を伸ばすにはどんなテレビコマーシャルが最も効果的であるかを調べた研究があったとしよう。その結果を最大限に利用できるのは、おそらく大会社である。このように、コントロールされた研究が、コントロールする立場にある者に利益をもたらすというのは、よくあることなのだ[2]。

観察された結果を数字に変換すること

実証主義の研究者の多くは、観察のニュアンスを捉えるのに、言語は適当ではないと考えています。実験結果を数字や数式に変換することができれば、それはより正確なものになるはずだと彼らは考えます。例えば、「より多い」「より少ない」のようなあいまいな概念から、細かい変化量を表すことができるようになります。数字は、記述のための最も中立的な言語の代表格です。数字は理論的な言葉とは違い、「よい／悪い」などの微妙な意味を含みません。最も重要なのは、観察された結果を数字に変換することによって、洗練された統計的な分析が可能になるということです。統計的手法を用いれば、「原因／結果－連関」の強さや信頼性を、確信をもって判断できると考えられています。また、その結果にもとづいて、未来を予測することも可能になると信じられています。

〈社会構成主義からの反論〉 記述言語を数字に置き換えたからといって、それがより正確であるとはいえない。数字が、言葉や音楽や絵画よりも、世界を写しとるのに適しているというわけではない。それらはどれも解釈装置なのだ。その上、数字という解釈装置は、しばしば私たちが「価値がある」あるいは「重要である」と考えるものを捨象してしまうことになる。例えば、自分の友人が暴行を受けたり、強盗の被害にあったりしたとわかれば、私たちは決して無関心ではいられないだろう。私たちは感情的になり、何かしなければと、いてもたってもいられなくなるだろう。ところが、そのような事件が犯罪統計の数字に変換されると、私たちと個別の事件や被害者である友人との間に大きな距離が生まれてしまう。現に、ある研究に参加した人は、「統計には、血も涙もない」[3]と述べている。

また、統計で用いられる言語は専門家の言語であり、専門家が巧妙に不正な用い方をすることも可能である。このような言語を用いて、「これが真実だ」という宣言がなされてしまうと、専門的知識をもたない人々は沈黙せざるをえなくなる。一般の人々は、その結果を導くためにどんな操作が行われたのかがわからないため、異議を唱えることもできない。つまり、統計は人々を黙らせる装置ともなりうるのだ。

唯一絶対の正しい答えを導き出すこと

実証研究では、客観的な世界の存在が無条件に前提されているため、どんな問題についても唯一絶対の正しい答えを明らかにすることが目標とされます。つまり、優れた研究とは、混在するさまざまな考えを一つの明白な正解で置き換えるものなのです。したがって、研究者にとっての課題は、競合し合う主張を吟味し、どれが本当に正しいのかを決定することになります。

〈社会構成主義からの反論〉 世界の本質なるものを写しとる、唯一の正しい言葉やグラフ、あるいは画像などは存在しない。いずれも構成されたものであり、科学的に見ても、社会的な価値という点から見ても、可能性と限界の両方を有している。したがって、その中の一つだけを採用して、残りをすべて排除しようとするのは、大きな可能性をドブに捨てることと同じである。最終的に研究者の声が頂点に君臨する時、研究に携わってきた他の人々の声は、まったく聞こえなくなってしまうだろう。

実践から独立した事実　実証研究の目的は、経験に裏づけられた、広い視野をもつ理論を生み出すことだとされています。つまり、基礎的なプロセスを説明し、特定の歴史や文化の枠を超えた重要性をもつ普遍的な理論を社会に提供することが、最終的な目標になります。したがって、非常に限定された実践についての研究には、科学的に見てそれほど価値があるとはいえません。なぜなら、そうした研究には一般性がないからです。逆に、基礎的なプロセスさえ明らかになれば、実践する人々は、その知識をどんな状況にもあてはめることができます。基本的な事実を手にしさえすれば、実践は最も効果的に進捗するはずなのです。

〈社会構成主義からの反論〉　どれだけデータを収集しても、そのデータは決してある理論が正しいかどうかを証明することができない。何がデータとみなされるか、どんなデータが信頼できるものであるかが、アプリオリな解釈によって決定されているからである。さらに、その解釈は特定の共同体の内部で行われているため、普遍的な真実を生み出そうとする欲望は、文化的帝国主義——「私にとっての真実が、すべての者にとっての真実である」——を引き起こすことになる。

また、理論というものは、研究者の共同体の中で展開されてきたものである。つまり、理論は、研究者の生活形式においてはじめて意味をもつのであって、研究者共同体の外側でも同様に意味をもつかどうかは疑問である。抽象的な理論そのものから、どの状況にその理論をあてはめればよいかを導くことはできない。例えば、攻撃に関する理論は、どの行動が攻撃とみなされるべきかを教えてはくれない。どんな行動でも、解釈する側の見方によって、攻撃としても、そうでないものとしても構成できてしまう。例えば、ただふつうに会話をしているだけであっても、その会話によって他者を支配しようとしているとみなされれば、それは攻撃であるということになってしまうのだ。

実証研究がもたらした成果

　ここまで、実証研究に対するさまざまな批判を見てきました。では、私たちはこれから、実証研究をどう扱っていけばよいのでしょうか。社会構成主義は、実験、データ収集、統計、一般理論などをすべて放棄しろと主張しているのでしょうか。私たちは、実証研究に関する幅広い書物——雑誌、ハンドブック、モノグラフ——をあっさりと捨ててしまえばよいのでしょうか。そうではありません。これまでの議論を思い出してください。社会構成主義が目指しているのは、対抗するすべての立場——例えば、実証主義のような——に対して、われこそが真実だと主張することではないのです。社会構成主義は、どんな伝統や生き方にも、一定の価値と理解可能性があると考えます。もちろん、実証主義も例外ではありません。

　ただし、社会構成主義は、実証研究に対して次の二つのことを要望します。まず、実証研究によくみられる、「事実である」という決まり文句は避けるべきでしょう。実証主義の立場に立つ研究者たちがもし、自分たちのやっていることが歴史的・文化的に限定されたものであると認識し、「最終的な結論」を追い求めるのではなく、広い対話に貢献することができれば、彼らの研究に対する抵抗はかなりやわらぐことでしょう。第二に、研究者が、「すべての人々にとっての事実を発見する」という帝国主義的な主張をあきらめ、実証研究がどうすれば社会の役に立つかを考えるようになれば、そのことによって得られるものは非常に大きいでしょう。特に、次のような可能性が考えられます。

実験にもとづく発見は、ある立場を支持する鮮やかな例となる

　実験で得られた結果そのものが、ある理論を証明したり反証したりすることはありません。しかし、実験の結果は、理論の非常に強力な具体例となります。「実証的な結果」という具体例によって、理論に生命が吹き込まれ、私たちはその理論がもつ重要性や可能性を正しく理解できるようになります。つまり、人間科学の優れた研究は、報道写真やテレビニュースでの目撃証言のような機能を果たすのです。時に私たちは、それらに感銘を受けたり、魅了されたりすることもあるでしょう。

私とスキナー（B.F. Skinner）の強化理論との出会いは、まさにそのようなものでした。私は、さまざまな知的・政治的背景をもつこの理論に対して、ある種の警戒心を抱いていました。それにもかかわらず、私は、教授が小さく丸めたえさを用いてハトの行動を完全にコントロールする――心理学の専門用語を用いていえば、「刺激随伴性」を操作して、ハトにオペラント反応を学習させる――場面を見た時、その理論のもつ魅力に否応なしにとらえられていました。実験を見て「なるほど、そうか」と納得した時のあの感覚を、私はたぶんいつまでも忘れないでしょう。

実験による発見は、道徳的・政治的問題について深い洞察をもたらす

抽象的な理論用語ばかりの議論は、無味乾燥でわかりにくいことがしばしばあります。それに対して、実験の結果は力強く私たちに語りかけてきます。実験結果は、ある問題について、「現実の生活に根ざした」言葉で考えることを可能にしてくれるのです。ミルグラム（Stanley Milgram）が行った、服従についての古典的な実験室実験を例にとってみましょう[4]。この実験において、被験者は、有害な電気ショック（実は見せかけなのですが）を他の人間に与えるように指示されました。驚くべきことに、多くの被験者は、自らの行動に非常に混乱しながらも、実験者（すなわち、その場での権威者）に命じられるがままに、犠牲者が意識を失ったように見えてもなおショックを与え続けました。この研究は、何か一般的な法則を証明しているわけではありません。しかし、それが、ナチスの強制収容所で行われた残虐な行為をモデルにしていたことから、責任と服従について激しい議論を引き起こすことになったのです。

実験にもとづく発見は、役に立つ予測を生み出す

実証研究の多くは、人々のありふれたふるまい――どのように質問紙を回答で埋めていくか、どうやってボタンを押すか、あいまいな状況をどう評価するか――を見るだけに終わっています。しかし、実証的手法を、社会に役立つような予測を生み出すために用いることもできるのです。いくつかの点で人々の間に合意――あるできごとを構成しているのは何か、さまざまな行為に対してどのようにラベルをつければよいかについての、あるいは道徳的・政治的な含意など――が成り立っている場合に限っていえば、実証主義の伝統的手法は、私たちにとって役立つもの、積極的に推し進められるべきものとなるのです。

例えば、実証的手法によって、政党が投票結果を予測したり、保険会社が自動車事故の発生率を推測したり、保護観察官が発生しやすい犯罪の種類を判断したりすることが可能になります。この手法はまた、あるコミュニティにおいて心のケアがどの程度必要か、あるいは、ある教育プログラムが望ましい効果をもたらす可能性がどれくらいあるかを判断するために用いられることもあります。ただし、繰り返しになりますが、そのような研究が予測に成功したからといって、見出されたことがらについてのある記述や説明の正しさが証明されるわけではありません。また、研究は、そうした予測が社会にとってどのような意味をもつのかという議論を、受けつけないようなものであってはなりません。このように条件つきではありますが、実証研究は、現代社会における重要性を失ってはいないのです。

現代における私たちの生活を探究する――質的探究

こうして、伝統的な実証研究とは、科学の唯一絶対のあり方ではなく、可能性と限界の両方を併せ持つ多くの伝統の一つにすぎないということが明らかになりました。人間科学は、長い間実証主義に支配されてきたので、こうした気づきは、人間科学に新鮮な風を呼び込みました。そして、この風は、私たちを新たな旅立ちへといざなおうとしています。実証主義の伝統がもつ欠点が明らかになった今、私たちは研究の新たな見通しを立てることができるでしょうか。どんな実践の可能性が開かれているのでしょうか。新たな可能性を探る試みは、いたるところに確かに存在しています。そして、私がこの本を書いている間にも、ますます発展を続けています。

こうした試みの多くは、質的研究か量的研究かという従来の区別に従えば、**質的研究**に分類されます――ただし、この二分法そのものも、乗り越えられなければならないものだと私は考えているのですが。また、こうした試みのすべてが、上で述べたあらゆる問題をクリアするものであるというわけではありません。それぞれよいところをもっていると同時に、限界もあります。ともあれ、ここでは、特に私たちに強い興奮を与えてくれる三つの研究スタイルについて述べることにしましょう。

語り（ナラティヴ）――人々が生きている世界をつなぐ

実証主義の伝統においては、ものごとの真の性質を「発見」した研究者が、高い評価を受けます。こうして、ある研究者の声が優勢になると、対抗する他の研究者はみな間違っているとみなされ、沈黙せざるをえなくなります。さらに、実証主義では、科学的言説が、ふだん私たちが使う「世俗的な」言語から区別され、専門家にしかわからない「神聖な」言説であると考えられています。

このような実証主義的研究に代わるものとして、より多くの人々の声を対話に加え、彼ら自身の語り（ナラティヴ）を探究することによって、新たな理解を生み出す方法が模索されています。こうした研究には、さまざまなバリエーションがあります。例えば、実験研究につきものの意図的な操作や、被験者（研究協力者）を単なる実験対象としてみる態度をできるだけ排除しようとする研究者たちは、人々の自らについての語りを取り上げてきました。ギリガン（C. Gilligan）の『もうひとつの声』[5]（一九八二）やベレンキーら（M. Belenky *et al.*）による『Women's Ways of Knowing』[6]（一九八六）などの、フェミニストの立場からの研究では、人々の生の声が効果的に用いられています。あるいは、人々のライフストーリーを通して、社会に影響を及ぼしている経済的・政治的な力を明らかにできるのではないかと考え、自伝に焦点をあててきた研究者もいます。また、家族による語り、伝承、日記、手紙などを用いる者もいます。[7]

ただし、初期の研究では、人々の自らについての語りを用いて抽象的な概念を立証したり、説明したりしようとという試みが中心でした。例えば、先ほどのギリガンの研究では、少女たちが語った中絶に関するストーリーが、女性の道徳的意思決定について一般的な議論をするために用いられています。少女たちのストーリーは、あくまで「科学的な」目的のために採用されたものだったのです。それに対して、最近の研究では、「**解放と共感**」――ナラティヴを探究することによって、現状に対する代替案を生み出したり、他者をより身近に感じられるようになったりする――という目的がより強調されています。研究の関心は、狭い学問領域から、社会全体へと移っているのです。

メアリー・ガーゲン（Mary Gergen）がジェンダーとナラティヴの関係について行った研究は、解放に対する関心を示す一つのよい例です[8]。メアリーは、企業や政府、大学のトップに占める男性と女性の割合が非常にアンバランスであることに関心をもち、この研究を行いました。メアリーはまず、次のような仮説を立てました——私たちがもし、それぞれ自らのナラティヴの中で生きているとしたら、男性に顕著なナラティヴと女性のそれとが異なっている可能性があるのではないか。研究を始めてみると、男性が、高い地位を手に入れるというストーリーの中に自らを置こうとするのに対して、女性はそのようなストーリーをあまり好まない（「どうして私がそんなものを欲しがらなくちゃいけないの？」「それ以外に何があるというのか、私の人生に？」）ようだということがわかってきました。では、このことをどう捉えればよいのでしょうか。女性は、ライフストーリーの幅をもっと広げるべきなのでしょうか。

メアリー・ガーゲンは、この点について考えるために、大きな功績を残した男性および女性の自伝を詳しく検討しました。その結果、次のようなことが見出されました。男性は、さまざまな言葉を用いて自らの人生について記述していたのですが、メアリーには、それらの記述に人間らしい温かみを感じることができませんでした。そこには、家族、友人、感情、自分自身の身体に対する関心がほとんど見られなかったためです。いくつか例を見てみましょう。

・ノーベル物理学賞受賞者ファインマン（Richard Feynman）——妻の死後、ロス・アラモスで仕事を再開した時のことについて

「私が戻った時、彼らは私にどうしたのかと尋ねた。私は答えた、『彼女は死んだ。ところで、プログラムはどうなった？』と。彼らはすぐに、私がそのことについてあまり考えたくないのだと気づいたようだった」

・フォードアンドクライスラーの社長アイアコッカ（Lee Iacocca）——妻の心臓麻痺による死について回想した後で

「糖尿病にかかった人間は、何よりもストレスを避けなければならない。ただ、不幸なことに、私が選んだ道では、どうしてもそれが不可能だったのだ」

・ゲッティー（John Paul Getty）——はじめて大きな油井を掘った時のことについて

「気持ちの高揚と達成感——それは、捕えることが非常に困難な、危険な獲物を発見し、自らの手で捕まえるこ

とによって、予測不能な自然に自分が勝利したのだとわかった瞬間に生じる」

男性とは対照的に、女性は関心の範囲が広く、他者との関係に深くふみこんだ記述を行っています。

・オペラ歌手シルズ（Beverly Sills）――自分の過去について

「私は、オペラ歌手としての経歴が、本当に自分にとって一番大切なのか、もう一度よく考えてみた。そして、そうではないという結論にたどりついた……私はその時二十八歳で、どうしても赤ちゃんが欲しかったのだ」

・テニスのスター選手ナブラチロワ（Martina Navratilova）――はじめてウィンブルドンを制覇した時のことについて

「私がはじめてウィンブルドンのチャンピオンになって、かつて父が抱いていた夢を実現させた時……対戦相手のクリス・エバートが私の背中を優しく叩き、笑顔で祝福してくれた」

・企業の幹部チェン（Nien Cheng）――文化大革命によって囚人の身になった歳月の間、一緒にすごした一匹の蜘蛛と自分の関係について

「私の小さな友人は、かなり弱っているように見えた。彼はあちこちでよろめき、数歩ごとに立ち止まった。蜘蛛も病気になるのだろうか、それともただ寒いだけなのだろうか……私はトイレに行く時、その巣をつぶさないよう注意深く腰掛けた」

メアリーには、女性のストーリーの方が非常に魅力的に感じられたため、「成功」に対する彼女の考えは変わり始めました。どうして、女性がもっと「成功」のナラティヴに自らを置くべきだと考える必要があるのか。むしろ、男性が、英雄的な「成功」のナラティヴにこだわるのをやめて、ナラティヴの幅をもっと広げることの方がよほど大切なのではないか、と彼女は思うようになったのです。

ナラティヴ研究の中には、共感を生み出すことに重点を置くものもあります。そうした研究では、社会の中で片隅に追いやられてきた人々に発言のチャンスを与え、彼らの経験を共に分かち合うことを通して、理解を広げていこうとす

る試みがなされています。人々は、他の人々の理解と感受性を引き出すために、「自分たちのストーリー」を自らの言葉で語るよう励まされます[9]。「自民族誌（autoethnography）」は、そのラディカルな例の一つです[10]。自民族誌的な研究では、研究者が自分自身のストーリーを、時に非常に個人的な事情まで明らかにしながら、研究に織り込んでいきます。例えば、ティルマン - ヒーリー（Lisa Tillmann-Healy）は、『A Secret Life in a Culture』というエッセイの中で、過食症になっていく恐怖と苦痛を語っています。彼女は、はじめて恋人に自分の過食症について打ち明けようとした場面を、三つのナラティヴの声を用いて次のように記述しています。


「ダグラス」**声がふるえているわ。**

「うーん……」

「話しておきたいことがあるの」

あまりうまい切り出し方とはいえないわ。

「何だい？」と彼は尋ねる。

「もっと早くあなたに話しておくべきだったということはわかっているの。だから、今まで話さなかったことを怒らないでほしいの」深呼吸。つばを飲みこむ。

大丈夫よ。よくやっているわ。

「いったい何なんだい？」今度は強く尋ねる彼。

長い、長い沈黙。再び彼が尋ねる。「リサ、何だい？」

彼はイライラしているわ。早く言うのよ。

「ダグラス、私ね……私は……ああ、もう！」

もう引き返せない。取り乱さないで。リサ、言えばいいのよ。言葉を口に出すの。

「私……ちょっとね……過食症だったの……」

ばか！　この言葉の響き、大嫌い！

「……十五歳の頃から」

とうとう彼にわかってしまった。あなたは言ったのよ。

ダグラスは、自分以外にこのことを知っている人間がいるかなど、いくつかの質問をした後でこう尋ねる。

「それで、どれくらい悪いの？」

「ひどくなってきているわ」

「そんなことを訊いているんじゃないんだ」

「でも、そんなに悪くはないわ」

うそつき。

「僕に会う前から、そうだったの？」

もしあなたが知っていたら。

「ええ、何回か。でも、あなたに心配をかけたくなかったの」

お願い。お願いだから心配して。

「そうしたら、自分の身体がどうなってしまうか、きちんと知っておくべきだよ」

信じて。わかっているの。全部わかっているのよ。

「でも、君が話してくれて、本当にうれしいよ」彼が言うと同時に、私は泣き始める。

「リサ、愛しているよ。どうしたら君を助けられるか、教えてくれ。お願いだ」

ちゃんと救ってくれたわ。私が今どれほど救われたか、あなたには想像がつかないでしょう。

彼は私をぐっと抱き寄せ、私が眠るまで髪をなで続けてくれる。

私はこの時二十二才。


この文章で、筆者は自らの生々しい経験へと読者を引きこみ、過食症というものを内側から解き明かしていくと同時に、同じ状況にある人々に希望を与えています。また、彼女が自分自身の経験を「『痩せ』の文化」の中に位置づけることによって、私たちは、彼女の問題を自分たちの文化の産物として捉えるようになります。では、このような文化をいかにして作り出し、維持しているのでしょうか。そのことが問われなければなりません。太っていることに対する人々の偏見がコーラスとなって、過食症や拒食症を後押ししているのです。

共同的研究

実証研究では、一般に、研究者と研究の対象となる人々とを、できるだけ引き離しておこうとします。人々の人生や生活は研究者に対して明かされますが、研究者自身は彼らと距離を置き、彼らからできるだけ見えないところにいようとします。そして、研究者は、人々の願いとは関係なく、自らの目的のためにデータを利用しようとします。また、人々の行為は、あらかじめ決定されていた（先行する状況によって必然的に引き起こされる）ものとして扱われるのに対し、研究者は、あくまで自ら決定を下すことができるかのように見えます。

こうした態度に対する一つの代替案は、研究の対象である人々と共同で研究を行うというものです。こうした共同的研究では、研究者と人々が、共通の目的を達成するためにお互いに協力しようと試みます。人々は、自分にとって大事な目的のために、自分自身について語り出します。人々が自ら、研究の方向性を決定し、研究に協力するのです。

共同的研究には、さまざまな形が考えられます。どのような研究であれ、研究に参加する人々の共通の目的と願いにもとづいたものであれば、特に決まったルールはありません。こうした研究の一つの例としては、中年女性と心理学者が共同で、更年期や、それに関連することがらが、慣習によっていかに構成されているかを議論したものがあります[11]。あるいは、セラピストがクライアントと協力して、彼らに特有の問題とセラピーの効果の有無についての専門的な論文を書き上げたという例もあります[12]。また別の例では、フェミニストの研究者たちが、女性の協力者と共同して、感情の意味を再構成する可能性について研究を行っています[13]。

ラザー（Patti Lather）と、スミジーズ（Chris Smithies）らによる『Troubling the Angels』（一九九七）は、共同的研究の印象的な例の一つです。この本は、二十五人のＨＩＶ感染者およびＡＩＤＳ患者の女性と、研究者との共同作品です。この研究は、まず女性たちの出会いに始まり、自らの人生や自分たちに共通の問題、さらに他の人々と自分たちの考えを分かち合う可能性などについての、数年にも及ぶ議論を経て生まれました。この研究の目的は、彼女たちがお互いに支え合い、常に脅威にさらされながらも、自らの生に意味を見出していくということだけにとどまりません。他の多くのＨＩＶ感染者およびＡＩＤＳ患者の女性、さらにはその家族や友人を励まし、援助し、彼らに情報を提供したいという願いもこめられています。研究の内容もまた、非常に興味深いものとなっています。中でも特に目をひくのは、女性たち自身の声です。例えば、リンダＢという女性は、別の一人の女性に次のように語ります。

私は今、これまで生きてきた中で最も孤独だわ。自分からそうしようとしているという面も確かにあるけれど、拒絶されることに対する恐怖の方がずっと大きい。一人きりで、寂しい方がまし。拒絶されるというのは、最も耐えがたいことだわ。

ロリという女性がすぐにこう答えます。

いつか、人と関係をもてるようになると思うわ。あなたさえ準備できれば、きっと誰かとそうするチャンスが来るわよ。[14]

この会話の後には、非常に長い議論が続きます。女性たちは、お互いのストーリーを共有し、「自分がＨＩＶに感染していることをどのように打ち明ければよいか」「人と関係をもち、安全なセックスをするにはどうすればよいか」などの問題について、考えを分かち合います。こうして、彼女らは、ありうる可能性や危険性について、経験を共有し合い、学んでいくのです。

研究者たちもまた、ある時には個人的な事情を明らかにしたり、またある時には専門家としての見識を述べたりしながら、女性たちと一緒になって、自らの感情、疑問、希望などを出し合っていきます。もちろん、ＨＩＶに関連する科学的な情報や統計、研究報告なども紹介します。最後に、参加者全員で自分たちが行ってきたことを振り返り、うまくいった点およびそうでない点についてコメントし合います。この時、研究者が、何か決定的な発言をするのではありません。研究者は、あくまで他の参加者と共に、多様な可能性の世界を作り出していくのです。

アクションリサーチ――社会変革のうねり

典型的な実証研究は、価値中立性というオーラをまとい、道徳的・政治的なものとは、まったく無縁であるかのように見せかけています。このような不誠実な態度とは逆に、自らの価値観を常に意識し、自らの政治的信念を大事にする研究を行う研究者もいます。そうした研究の一つの例は、「参加型アクションリサーチ」と呼ばれているものです。アクションリサーチは、一九六〇年代に吹き荒れた政治的な嵐の中から生まれたと考えられていますが、実は、さまざまな国や民族の中で起こった一つの大きな動きなのです[15]。

アクションリサーチを行う研究者の間には、一つの合意が成り立っています。それは、研究とは、当事者との共同的実践でなければならないということです。研究者が最終的に目指すのは、自分たちのおかれた状況を少しでもよいものにしようと努力している人々と共同で実践を行い、彼らに力を与えることです。その時、研究者は、特定の政治的理想や目標を実践の中にもちこむことになります。共同的実践とは、そうした研究者の理想や目標を推進するためのものなのです。ファルス - ボルダ（O. Fals-Borda）は次のように述べています。「われわれの実践的研究においては、貧しい人々や、虐げられたり搾取されたりしている集団・階級に力を与え、搾取する者に対する反対勢力を結集するために、重要かつ信頼できる知識を獲得することが重要である」[16]と。

一つの具体例を見てみましょう。コロンビアの一地方に、アフリカ系の人々の「ヴィラリカ（Villarica）」というコミュニティがあります[17]。現在、このコミュニティでは、電力に依存して生活が維持されています。人々は、不景気になると、電気を供給している公社にとって都合のいいように、勝手に電気代を変えられていることに気づきました。ところが、人々の訴えはほとんど無視され、それどころか、「支払わなければ電気を止める」という脅し文句とともに、支払い要求がなされました。コミュニティの内部には、自分たちが搾取されていることに対する不満や失望感が広がりました。

そこで人々は、外部組織の協力を得て、「ヴィラリカ・ユーザーズ・コミッティー（Villarica Users Committee）」という電気消費者組合を結成しました。組合は、人々がお互いに不満を吐き出し、結束を強めることができるように、コミュニティ全体の会議を開きました。会議では、搾取の実態を詳細に示すようなエピソードが集められました。証拠固めのために請求書のコピーを集める活動も、人々の間で始まりました。何度も会合が重ねられ、どうアクションを起こすかという作戦が練られました。コミュニティ側は、公社の側が交渉に応じるように要求し、さらに要求が受け入れられるまで支払いを拒否するという圧力をかけました。こうしてようやく、両者間の会議が開かれました。そして最終的には、サービスがずいぶん改善されただけでなく、草の根の民主主義が形成されることにもなったのです。

新たな探究は次々に生まれてきています。これまで紹介してきた三つの冒険――ナラティヴ、共同的研究、アクションリサーチ――はそのほんの一部にすぎません。これ以外の研究に関するガイドは、章末にあります。ところで、ここまで見てきたのは、「今」「ここ」にある社会生活についての研究ばかりでした。そこで、次に、社会構成主義にとって重要な役割をもつもう一つの研究――ただし、今度は、別の時代や他の文化に目を向けたもの――について考えることにしましょう。ここでも再び、「自己」の構成に焦点をあてます。

歴史的・文化的探究――自己って何？

あなたは、本当は私のことをどう思っているの？
あの夜のことを覚えている？
今、何を考えているの？
その仕事、本当にやりたいの？

このことについて、あなたはどう考えているの？
あなたの本当の目的は何？

これらの質問は、日常生活によく見られるもので、特にめずらしいものではありません。しかし、私たちがどのように答えるか――自分の思っていること、考え、意見をどのように述べるか――によって、多くのことが変わってきます。あなたも、こうした質問をされたら、すぐに答えることができるはずです。でも、それはどうしてでしょうか。おそらく、あなたは次のように言うことでしょう。「私はいつも、自分が何を感じているか、何を考えているか、そして何がほしいのかを、できる限り正直に答えようとしています」と。

これは、確かにもっともな答えです。しかし、第1章で議論したいくつかの問題を思い出してください。「正直に」答えようとするといっても、自分が何を感じ、考え、求めているのかを、私たちはどうして知ることができるのでしょうか。「心の中をのぞきこんで」答えを見つけるにはどうすればいいのでしょうか。内なる目で？　そこには、いったいどんなものが見えるのでしょうか。考えというのはどれくらいの大きさで、望みというのはどんな色をしていて、意見というのはどんな形をしているのでしょうか。どうして「意見」と「感情」とを区別することができるのでしょうか。たとえ、これらがすべてわかったとしても、それを報告するにはどんな言葉を用いればよいのでしょうか。純粋に私的な言語はありえません。例えば、私が自分で造った言葉を使って、「私は今『フラッジー（fluzzy）な』あるいは『マンビー（mumby）な』気持ちだ」と言ったとしても、誰も理解できないでしょう。誰かに理解してもらうためには、必ず共通の言語を用いなければなりません。ただし、「感情」「意見」「望み」についての共通の言語が、自分の心の状態を正確に写しとっていると考える必要はありません。自分の心の状態について話すことは、正確な報告をするということとイコールではないのです。誰かに「私のことをどう思っているの？」と尋ねられたとしても、私たちは、心の内側をのぞきこんで、その答えを探り当てることができるわけではありません。

私たちは、どうしていつものような答え方をするのか、という疑問に対する答えは、前章で明らかになりました。つまり、こうした質問と答えは、どちらも言説の慣習の中に埋め込まれたものなのです。前章では、メタファーとナラティヴの伝統を、レトリックとあわせて探究してきました。また、個人のアイデンティティがいかに試されたり、維持されたりするのかという、ミクロ社会的なプロセスについても説明しました。そして、自己についてのこうした議論が、より広い関心の中に位置しているということもわかりました。

社会構成主義は、何よりも「自省」と「解放」を目指しています。私たちが当たり前に思っている世界を反省することによって、その代替案をもっと自由に考えることができるようになるでしょう。解放の可能性を追及することもまた、新たな問いを刺激します。ここでは、今日の前に存在している慣習そのもの——私たちがふだんどのように話したり、行動したりしているか——に焦点をあてるのではなく、その慣習が埋め込まれている歴史的・文化的文脈に目を向けることにしましょう。異なる時代、異なる文化についての理解は、変化と再生の可能性をもたらしてくれるはずです。まず、「自己」というものが、歴史的にみてどのように生まれてきたかを検討し、その後で文化的な考察に戻ることにしましょう。

「自己」の歴史的変遷

現代の「独立した個人」という信念が、西洋の歴史においてどのように形作られたのかについては、すでに第1章で述べてきました。全体主義的な統治——王冠と十字架——に向けられた啓蒙主義の批判から、私たちは、合理的に考え、自ら決定する個人——他から独立し、自律的な個人、自分自身について他の誰よりもよく知っているまとまりある個人、自然界の秩序に根ざした良心と感情を備えた個人——に価値をおくようになったのでした。私たちの民主主義、公教育制度、司法制度などはすべてこの信念の上に成り立っていますが、それが深い問題をはらんでいることはもはや明らかです。この信念がどんなに価値をもつものであろうと、私たちは、それを文化的に構成されたものとして捉えなければなりません。この自己についての信念は、「そうした自己が実在するという事実」によって保証されているわけではないのです。私たちに必要なのは、そうした信念を捉え直そうとする努力です——それは、対話、交渉、詩的創造をもたらすと同時に、激しい論争、他者に対する軽蔑や抑圧を生み出す可能性もあるのですが。構成された現実は、常に何かを代償にして生まれる、非常に不安定なものなのです。

私は、本章で、西洋史における「自己」についての完全なレビューをするつもりはありません。[18]その代わり、「自己」の構成が展開し、変化し、時を経て衰えていくようすを正しく理解するために、二つの問題——「身体感覚」と「人間発達」——に焦点をあてることにしましょう。この二つの問題は、社会構成主義にもとづく歴史的な研究の重要性をも示してくれるでしょう。

世界を感覚するのか——それとも創造するのか？

私たちの五感——視覚、嗅覚、味覚、聴覚、触覚——ほど、疑いようのないものはないように思われます。世界について私たちに教えてくれるのは、生理的な基盤をもつ感覚であるはずだ、と私たちは素朴に信じています。しかし、これは果たしてそれほど自明のことなのでしょうか。この考え方は、第1章で議論した二元論——外界と、そこから隔てられた内なる心——にまつわるあらゆる問題を、再び繰り返すことになります。もし、私たちが二元論的な世界に生きているとしたら、「外界」が存在すると、どうしてわかったのでしょうか（あるいは推測することができたのでしょうか）。私たちはそれぞれ、外界から隔絶された自分の内面の世界——次々に移り変わる夢やイメージの世界——に生きているはずなのに。

これに代わる別の考え方がないか、その可能性を探ってみましょう。例えば、「感じる」とは、「外界の情報を（神経システムを通して）内界へと伝達すること」ではなく、「共同的に構成されたできごと」だと考えてみてはどうでしょうか。私が「感じる」と言う時、私は、「特定の文化の中で意味をもつものとして構成されたできごと」について話しているというわけです。ワインの味を例にとって考えてみましょう。発酵したグレープジュースに魅力を感じる人は、おそらくいませんん。その味は、ほとんどの人々にとって気分の悪くなるようなものでしょう。しかし、ワインの価値を評価する専門家の共同体を考えてみるとどうでしょうか。この共同体には、味に関する独自の語彙があります。そして、その語彙は、共同体に加わっていない人々には、ほとんど理解できないものです。つまり、ワインの味は、単に感覚によって決まるのではありません。専門家たちは、共同体の中で構成された「評価」という行為にたずさわっているのです。ワインや私たちの身体が、この行為にとって重要な要素であることは確かです。しかし、魅力的な味というものは、社会的な伝統の産物なのです。

こうした議論は、感覚の基盤を歴史の中に求めようとする、興味深い問い――さまざまな時代の人々が、自分たちの世界をどのように「経験して」いるのかという問い――へとつながります。また、感覚を共同体に根ざしたものとして理解することによって、その社会的機能、すなわち感覚的な経験が、いかにして価値観や政治、階級、宗教などでおおわれるのか――「バラがバラではない理由は、バラにはないこと」――についても考察できるようになります。コルバン（Alain Corbin）の『においの歴史』（一九八六）は、こうした研究の先駆けです[19]。彼は、フランスの歴史を研究し、匂いに関して以下のようなことを明らかにしました。十八世紀まで、匂いは、社会生活においてそれほど重要な要素ではありませんでした。ところが十八世紀に入ると、気体の性質（特に匂い）に関する科学的な研究が盛んになりました。特に科学者が関心をもったのは、分解（あるいは石化作用）によって生じる匂いでした。さらに、後にパストゥール（Louis Pasteur）によって、空気がバクテリアを運ぶということが示されました。こうして、しだいに病気や死が特定の匂いと関連づけられるようになり、匂いが病気の苦痛に対する怖れを生み出すものになった、とコルバンは考えます。十九世紀頃になると、パリのような大都市では、腐敗物（排泄物、屠場の残骸、ごみ）を一掃し、その匂いをなくそうとする大規模な動きが起こりました。

社会的に見ると、こうした展開は二つの重要な結果をもたらしました。第一に、人々の日常生活において、「無臭」が積極的な価値をもつようになりました。匂いがないということが、「清潔」を意味するようになったのです。この傾向は現在まで引き継がれ、ボディ・デオドラントの普及に火をつけました。その一方で、香水を作るために用いられるジャコウ（ムスク）や動物の分泌物の匂いは、人々に敬遠されるようになりました。そうした匂いは、不快でうっとうしいものとなったのです。もっとも、ジャコウ（ムスク）だけは、徐々に人気を回復しつつありますが。あるいは、かつては受け入れられていたタバコやパイプの匂いが、今では「悪臭」になっていることを考えれば、このことは十分理解できるでしょう。

バクテリア理論がもたらした第二の結果は、さらに広い社会的な意味をもつものでした。腐敗物は、たいてい都市の貧しい地域に置かれたため、富裕階級は、貧しい人々の匂いに対して非常に敏感になっていきました。そして、例えばブルジョアと小作農と売春婦では、それぞれ異なる種類の匂いがすると考えられるようになりました。コルバンは次のように述べています。「うっとうしい匂いがしないということを根拠に、ブルジョアは、自分たちを、死や罪の匂いがする一般民衆から区別すると同時に、彼らに対する扱いを暗に正当化することができた。労働者階級は悪臭を放っており、彼らがいることによって病気などに感染する危険性があると強調することによって、ブルジョアは、自ら恐怖を作りだし、それを思いどおりに操り続けることができた。そして、そのことに良心の呵責を感じる必要はなかった」[20]。このような態度のなごりは、今日でもまだ残っています。このような研究がしだいに明らかにしてきたのは、人間の感覚の性質は極めて社会的なものだということです。特定の関係や文化を超えて存在するような、「人間の自然な性質」なるものはないのです。

〈痛みの問題〉　この最後の結論に対して、読者は疑問をもつことでしょう。どんなに議論がなされようとも、心理的な状態は、解釈うんぬんを超えて確かに存在しているように思われます。中でも、特にそう思われるのは痛みです。真っ赤に燃えたたいまつが皮膚に触れたり、歯医者のドリルが神経に触れたりした時に感じる激しい苦痛の普遍性を、いったい誰が疑うというのでしょうか。スケアリー（Elaine Scarry）は、『The Body in Pain』（一九八五）という、やや挑発的な本の中で、痛みはあくまで普遍的であり、社会的な構成に先立ち、それを超えたものであると述べています。彼女によれば、「身体的な痛みは、言語によるコントロールを受けつけないばかりでなく、言語を破壊する。痛みによって、私たちは言語以前の状態、つまり言語を習得する前の音声や泣き声へと引き戻されることになる」[21]のです。

このような、ある種の本質主義は、社会構成主義の立場に立つ者を刺激します。歴史や文化にかかわりなく、痛みは端的に痛みなのでしょうか。社会構成主義は、まず現代文化における痛みの構成の多様性に目を向けます。異なる民族では、痛みの構成に大きな違いがあることが示唆されています。例えば、イタリア人やユダヤ人の患者は、禁欲的なニューイングランドの住民に比べて、はるかに強く痛みを主張する傾向があります[22]。あるいは、私たちが苦痛にひるむような一撃に、ボクサーやアメフトの選手、マゾヒストはむしろ一種の喜びを感じるということを考えてみるとよいかもしれません。歴史的な研究も、この結論を支持しています。現代のように麻酔技術が発達する以前は、大ケガの治療や大きな外科手術に、多くの人々が意識をもったまま耐えていました。また、中世のキリスト教国では、痛みは信心の表現としてしばしば歓迎されていました。痛みに耐えることは、罪を免れ、十字架に架けられたキリストの苦難に近づくことだと考えられていたのです[23]。

痛みが文化的に構成されたものであるというこうした考え方は、日常生活のありふれた経験にとって深い意味をもっています。痛みは、私たちの生活においてごく当たり前の事象です。そして、痛みに対処することは、医学や治療の専門家にとって最も重要な課題の一つです。社会構成主義から見ると、私たちの痛みの経験は、ただ――耐えるべきものとして――与えられるものではありません。痛みは解釈を必要としており、この解釈が私たちの生き方に大きな影響を与えるのです。

フランク（Arthur Frank）は、『傷ついた物語の語り手』（一九九五）という壮大な研究の中で、深刻な病の経験について、彼自身のガンの経験も含めて報告しています[24]。フランクは、私たちが病に侵された時に語る、いくつかの主要なナラティヴがあると主張します。第一は、**「補償のナラティヴ」**です。補償のナラティヴでは、自らの身体が一時的に障害をもったものとして捉えられており、それを通常の健康状態に戻すことが主な課題となります。このナラティヴは、私たちに目的と方向を与えてくれますが、それと同時に、痛みの感覚を有害な攻撃として作り上げてしまっています。第二は、**「混沌のナラティヴ」**です。このナラティヴにおいて、病は患者にとって不合理なものです――それは予期せぬことであり、なすすべはありません。このような場合に、私たちができるのは、語り手の話に丁寧に耳を傾けることだけです。第三は、フランクが最も好ましいとする**「探究のナラティヴ」**です。探究のナラティヴでは、苦痛は一種の教師として捉えられます。苦痛の経験を通して、人はものごとの本質――人生、愛、自然――についてより深く理解することができます。また、自らの道徳観を形成し、自らの語りを通して他の人々を教え導くことができるようになります。痛みの経験は、攻撃というよりは、むしろ救いとして理解されることになるのです。

過去からの声――子どもの発達とは？

私たちにとって当たり前に見える今日の世界には、過去の人々――はるか遠い時代も含めて――の声が反響しています。この点から、人間の「発達」という広く受け入れられている考え方について、考察してみることにしましょう。たいていの親は、自分の子どもの発達に強い関心をもっています。教師もまた、子どもたちを精神的に成長させるにはどうすればよいかを常に考えています。私たち自身も、自らの潜在能力を十分に発揮できるかどうかを気にかけます。人間は原始的なゼロの状態から、十分な成熟、理性的思考、自己実現のステージへと進んでいくというこうしたイメージは、心理学の世界にも浸透しています。心理学者たちは、子ども、青年、成人という発達段階の特徴を見出し、記録し、測定することにあまりにも没頭してきました。「正常な発達の道のり」とは何か、人々が自らの潜在能力を十分に引き出すために、セラピストはどのような援助をすべきか、どんな状況が発達を阻害するのか――こうした問いが、研究において重要な位置を占めています。

しかし、そもそもなぜ私たちは、人間が発達する――私たちは、ある方向やゴールに向かって進んでいく――と想定するのでしょうか。一瞬一瞬の子どもの行動に、端的に発達が「見てとれる」わけではありません。ここで、発達という概念が、あるナラティヴの形――価値あるゴールへと向かう継続的なプロセスがあるとする「前進するナラティヴ」（第3章を参照）――に非常によく似ていることに気づくと、疑問はますますふくらんできます。私たちが子どもについて――自分自身についても同じですが――語るストーリーは、たいていある理想に向かって進んでいく（あるいは進んでいかねばならない）というものです。しかし、なぜこのナラティヴであって、他ではいけないのでしょうか。例えば、人間の生を反復と捉えるヒンドゥー教徒たちの間には、このようなナラティヴは存在しません。古代ギリシャ文化においても同様に、歴史的なナラティヴは――個人的であれ文化的であれ――ほとんど見られません。

一部の学者たちは、かつてのユダヤ－キリスト神学体系の中に、発達の想定、すなわち「前進するナラティヴ」を見出すことで、この疑問に答えています[25]。彼らは、特に、聖書の中の「創造、原罪、救済」に関する物語が、私たちが共有している信念の原型であると考えています。すなわち、神が天地を創造し、人間（アダムとイヴ）を創造するというあの物語です。悪の誘惑に負けるまで、アダムとイヴは完全な存在でした。ところが、禁断の果実を食べた彼らは、エデンの園から罪と悪と苦痛の国へと追放されてしまいます。彼らは、その時「グラウンド・ゼロ」にいます――つまり、何ももたない無の状態です。しかしながら、彼らはそこにとどまっていてはいけません。キリストの誕生は、神が救済を約束してくれたという証なのです。彼らは、ゼロの状態にとどまる運命にあるのではなく、神の恩恵を授かることができるのです。ただし、神による救済は未来へと先送りされています。それは「いつか」成し遂げられることであり、そのために、私たちは自分が救済に値することを示さなければなりません。私たちは、罪の中に生まれ落ちます。これが自然の状態です。しかし、徳の高い生を送ることによって、最終的には救われることになるのです。この物語は、宗教的信念の礎石となると同時に、私たちに、人間の生について――私たちは弱い存在としてこの世に誕生するが、努力と支えによって、すばらしい結末を迎えることができるのだと――教えてくれます。私たちの概念には、さらには日常の養育や心理学の研究にも、古代の神話が反響しているのです。

このような見方に関連するものとして、発達に関する近年の精神分析理論の特徴について研究したキルシュナー（Susanne Kirschner）の興味深い著作があります[26]。この本の中で彼女が最も強調しているのは、母親から引き離された幼児が直面する心理学的な問題です。精神分析理論では、子どもが、養育者と「一体」となっているという安心感を与えられ、独立した創造的な自己という確固とした感覚を形成することが、発達的な課題とされています。このような考え方は、単なる観察を通じて得られるものではない、とキルシュナーは主張します。では、これもまた、古い宗教的な信念から生まれたものなのでしょうか。

答えの一つの可能性は、キリスト誕生から数世紀後に登場し（ネオ・プラトン主義）、後に十九世紀のロマン主義において修正された宗教的神秘主義に見出されます。この宗派では、アダムとイヴの堕落は、神と人間との神聖な統一の破壊であると考えられています。今や人間は追放され、孤独で、希望もなく、途方にくれています。この状態を乗り越えること、つまり神聖なるものとの結びつきを再び取り戻すこと――「魂における神性のきらめきの復活」――によって、魂の救済は達成されるのです[27]。

精神分析の文献に描かれているのは、まさにこの「より高い次元における再統合」の達成です。精神分析家は、子どもは、完全で創造的な自己という感覚を獲得するために、母親を自己に内面化し、自分とは異なる存在であり、なおかつ自己に内在するものとして、母親を捉えるようにならなければならないと主張します。発達の最終段階は、統一を前提とした分離――まず母親から引き離され、再び一体になる（神聖なる統一）――によって達成されるのです。精神分析家は、これはあくまで科学であって宗教ではないと主張します。しかし、その境界は非常にあいまいです。人間として「発達」するために、西洋の宗教的なルーツを避けることはできないのです。

異文化研究、自文化理解

数年前、私は幸いにもモロッコを旅行することができました。そこで最も心に残っているのは、マラケシュとフェスのメディナを訪れた時のことです。メディナとは都市の古い地区のことで、狭い道路と歩道が複雑に入り組んでいます。営業中の店、明かりのついていない住居、職人、働いている子どもたち、蓋のない下水溝、荷を負ったロバ、独特の音や匂い、人々でごった返した道――そのすべてが、私の感覚を圧倒します。それはまさに、私にとって「異国の文化」であり、私はたえず興味をかき立てられました。

ところで、私にとって何より不思議に感じられたのは、自分の身が安全だという事実でした。人々の中にあって、私は明らかに外国人――すなわち異教徒――であり、彼らの一年分の賃金にも相当するようなカメラを持っていました。もちろん周囲についてもよく知らず、どこに行くというあてもなくふらふらと歩き回っていました。それなのになぜ、私は強盗や、もっとひどい目に遭わなかったのだろう？　人々の中に、誰か、犯罪を目撃した人はいるのだろうか。いやまてよ、そもそも、彼らにとってそれは犯罪なのだろうか……。この思いつきは、やがて驚くような考えへと発展しました。なぜ私は、自分の安全に興味をもったのでしょうか。このことは、私や、私が生まれ育った文化について、いったい何を物語っているのでしょうか。人々の間に不信感が蔓延し、経済的な違いに対して人々が憤り、共同体の中で一致した道徳観をもつことが非常に困難な文化に、私が生きていたということを暗に示しているのではないでしょうか。

社会構成主義の研究が目指しているのは、まさにこうした反省を進めていくことなのです。過去を振り返ることが、現在の深い洞察へとつながる――自分たちが受け継いだものを評価し、その持続可能性を考え、新しい未来を創造するための手がかりとなる――ということはすでに述べました。それと同じように、異文化について知ることによって、私たちは、自文化との共通点と違いの両方について考えるようになります。ただし、そうした違いはすべて、私たちの言語――他者を理解し、構成する慣習――を通して生まれるものであり、特定の価値を帯びています。したがって、共通点や違いについて語ること――他者に対する分析――によって、客観的現実が明らかになるというよりはむしろ、私たち自身のあり方が反映されることになるのです。他者を解釈することは、自分自身の存在――私たちがいかに世界を構成しているのか、それはどんな結果をもたらすのか――を明らかにすることなのです。そして、この点にこそ、私たちがさらに進んでいくための手がかりがあるのです。

こうした研究の例は、歴史的な研究と同様、非常にたくさんあります。そこで、再び「自己」の構成、特に感情の問題に、焦点を絞ることにしましょう。

感情の語彙

誰かがもし、あなたに、人生において最も大切なものについて尋ねたとしたら、感情が、その答えのカギを握るかもしれません。例えば、私たちの自己実現にとって最も重要なのは、愛する能力である、と多くのセラピストが述べています。もし、怒りや恐れなどの感情を表出しなければ、私たちの幸福感が損なわれると主張するセラピストもいます。動物行動学者は、感情は人間という種を形作る基盤である、と私たちに教えます。感情をもっているのは、人間だけではありません。ダーウィン（Charles Darwin）は『The Expression of Emotions in Man and Animals』（一八七三）の中で、「昆虫でさえ、羽をすり合わせて鳴くことによって、怒りや恐怖や嫉妬や愛を表現しているのだ」[28]と自信たっぷりに述べています。

このように、感情が「自然な」ものとする考え方に対して、社会構成主義は疑いのまなざしを向けます。まず、感情にはどのようなものがあり、その種類はどのくらいあるのかを突きとめようとする試みについて考えてみましょう。アリストテレスは、「寛容さ」「信頼」「慈悲」「無作法」「憤り」「競争心」「憧れ」「熱狂」を、「怒り」や「喜び」と同じように明確な感情であると考えました。トマス・アクィナス（Thomas Aquinas）は、「愛」「希望」「勇気」が主要な感情であると信じていました。ところが、二十世紀の研究を見てみると、トムキンス（Sylvan Tomkins）[29]も、イザード（Walter Izard）[30]も――二人とも科学者なのですが――、それらを感情とはみなしていません。また、トマス・ホッブズは、「貪欲」「贅沢」「好奇心」「野心」「善良さ」「神秘なものに対する恐怖」「意志」も感情の一部であるとみなしていましたが、今日そのように考える心理学者はおそらく一人もいないでしょう。現代の心理学者の間でさえ、完全に同意がなされているとはいえません。トムキンスとイザードは、「驚き」を感情とする点で一致しているのですが、これは、後の多くの研究者を困惑させています。また、イザードは「寂しさ」や「罪悪感」を感情であると信じていますが、それらはトムキンスの分析には含まれていません。逆に、トムキンスは「嘆き」を主要な感情とみなしていますが、イザードはそうではありません。

こうした不一致は、私たちにとって興味深いものです。数世紀にわたって研究が続けられてもなお、合意に達することがなぜこれほどまでに難しいのでしょうか。もっと注意深く考えてみましょう。感情にはどのようなものがあるかを特定したり、自分が何種類の感情をもっているのか数えたりすることなど、そもそもできるのでしょうか。私たちは、決して「自分の心の内側を見る」ことができません。また、感情の基盤となる基本的な感覚なるものが、果たして存在するのでしょうか。これらは、第1章で取り上げた「自分の心について知る」という、あの解決できない問題です。そもそも、私たちは、他の人々の感情をどうして知ることができるのでしょうか。あるいは、心理学者や生理学者には、どうしてさまざまな生物の感情がわかるのでしょうか。おそらく、「表出」にもとづいてでしょう。決して「感情そのもの」が目の前にあるわけではありません。では、なぜ私たちは、感情なるものが人々の心（あるいは頭）の中にある、あるいは生物学的に組みこまれているということに、そこまで確信をもてるのでしょうか。

これは、単なる学問的な問題ではありません。感情の語彙には、社会的・政治的な含意もあります。それらは、時に、巧妙な評価の手段として用いられます。私たちはふだん、感情の語彙を、実際にその人の中で起こっていることを示すものであるかのように用いています。そうした語彙は、しばしば評価のための巧妙な手段となります。その例を、二つだけ紹介することにしましょう。

一部のフェミニストの研究者たちは、以下に挙げるような、西洋文化において一般的な二分法に着目します[31]。

理性的	感情的
洗練された	自然な
強い	弱い
有能	無能
頼りになる	頼りにならない

この二分法がもっている、二つの側面に注意してください。第一に、上にある言葉は、下にある言葉よりも価値があると考えられています。例えば、感情的であるより、理性的であるほうが、ふつうは望ましいとされます。第二に、上にある言葉は、どちらかといえば男性を、下にある言葉は女性を、それぞれ連想させます。もちろん、言語というものはそれほど単純ではありません。しかし、こうしたステレオタイプが、女性を不利な立場に追いやっていることは確かではないでしょうか。しかし、私たちには、本当にそうなのかどうかを確かめるすべはありません。また、この二分法がもつこれらの傾向が、力の違いを映し出すものであるという可能性が、研究者たちによって示唆されています。それは、主人が奴隷に対して、あるいは植民地開拓者が原住民に対して、自分たちと彼らとの違いを強調するやり方を連想させます[32]――「われわれは生まれつき教養もあり、力もあるが、彼らは感情をすぐあらわにするし、非力である」。

これは、もう一つの一般的な傾向、すなわち、感情を有害で危険なもの、常に監視しておかなければならない衝動と捉える傾向とも関連しています。「自分の感情をしっかりコントロールしなければならない」「そういう気持ちは抑えるように努力しなさい」というセリフを、私たちはふだんよく耳にします。専門的な世界では、感情的な人間として知られることが、そのまま失敗につながることも決して珍しくはないのです。

文化的な文脈における感情

すでに述べたように、感情にはどのようなものがあり、どれくらい種類があるのかを特定することはできません。また、感情についての語りは、政治的な意味をもっています。以上から、感情とは生物学的な特性の一つ、あるいは私たちを行動へと駆り立てる生まれつきの衝動ではなく、文化における私たちの生を形作る要素であるということがわかります。文化人類学者による研究は、この理解がもつ大きな可能性を私たちに教えてくれるはずです。多くの民族誌的な研究を概観すると、次の三つの結論が導かれます。

〈異文化の多様性は私たちの想像を超えている〉 西洋にいる私たちにとってはあまりなじみのない、次の二つの例をみてください。

(a) ニューギニアの高地では、二十代半ばの正常な男性が突然「野生の豚」になるということがしばしば起こります。「野生の豚」は住居に押し入って強奪したり、そばにいる人間に向かって矢を放ったりと、人々にひどい迷惑をかけます。数日後、彼は森の中へ入りこみ、奪ってきたもの（多くはとるに足らないものですが）を壊します。結局、彼は再び村に帰るのですが、自分がした行為については何も覚えていません。村人も、彼に思い出させようとはしません。彼が「野生」の状態で村に戻った場合は、野生化した本物の豚を「再び飼いならす」ためのものとよく似た儀式が、彼に対して執り行われることになります。

(b) 東南アジア、特にマレーシアでは、その土地の男性が正常な生活から逸脱し、しばらく瞑想にふけった後、突然跳びあがって剣やナイフをつかみ、道路に飛び出して、不幸にして犠牲になる生き物を——人間であろうと動物であろうと——虐殺し始めることがあります。人々は「アモク、アモク」という警告の叫び声を上げながら走り、彼から逃がれようとします。「アモク」にとりつかれた人間は、殺人を終えると、今度は武器を自分に向けて、倒れるまで自らを刺したり切り裂いたりし始めます。[33]

〈ある文化から他の文化への翻訳は困難である〉 私たちは、このような例が「感情」の違いを表していると考えがちです。しかし、人類学の知見は、事態はそれほど単純ではないということを示しています。どうして「感情」の違いであると考える必要があるのでしょうか。私たちにとって問題なのは、ある文化から別の文化に翻訳するすべをもたない

――例えば、微笑みやしかめ面が、ある文化において別の文化と同じことを意味するかどうかを知る手立てがない――ということです。感情は普遍的なのでしょうか。ある文化から他の文化に翻訳することはできないわけですから、この問いは永遠に謎のままです。

この点について考える上で有用な一つの例が、ロザルド（Michelle Rosaldo）の「イロンゴット」――フィリピンのルソン島北部に住み、狩猟採集を営んでいる集団――に関する研究の中に示されています。[34] 彼らの間では、個人は「リゲット」をもっているかどうかという基準で判断されます。ところで、リゲットとはいったい何なのでしょうか。私たちにもそういうものがあって、単に別の呼び方をしているだけなのでしょうか。もう少し詳しく考えてみましょう。イロンゴットにとって、リゲットとは心臓に由来するものであり、生命力、秘められた可能性、エネルギー、情熱と同等のものです。それはまた、攻撃的な行動や混乱のもとであり、軽蔑や侮辱がその引き金となることがあります。その一方で、リゲットは消極性や意志の喪失をも生み出します。だからといって、否定的に捉えられているわけではありません。それどころか、リゲットは大変望ましいものです。それは、集中や勤勉の源でもあります。また、敵対する部族の首を狩る際には、最も重要かつ根本的な原動力となります。そして、首狩りの後には、盛大な祝福が行われます。さて、あなたは自分のリゲットを祝福すべきでしょうか。この問題は、第6章の解釈学に関する議論の中で、詳しく取り上げることにしましょう。

〈感情は文化の中で構成されたものである〉　文化的なコンテクストを越えて、感情にまつわる言葉を翻訳することが原則的に不可能だとすれば、どうして「異文化に属する人々にも感情がある」と断言できるのでしょうか。そもそも、私たち自身の中に感情なるものが存在するとどうしてわかるのでしょうか。心の内側の状態としての感情について明らかにしようとする代わりに、人類学者たちは、意味をもった行為が文化の中で構成されるという点に注意を向け始めています。私たちならば「感情」という見出しをつけるような、異文化の人々が示す一群の行為を、西洋の人々に対して説明することはできるだろうかと彼らは問いを発します。言い換えれば、「彼らの頭の中で厳密に何が起こっているか、私たちにはわからない。だが、西洋に住む私たちが感情的だと呼ぶようなある生活形式について、あなたがたにお話ししよう」というわけです。私たちが感情と呼ぶものは、人間の心の中にあるものではなく、ある文化に特有のパフォーマンスなのです。心の状態に対するこのような考え方については、第5章で再び取り上げることにしましょう。

ルッツ（Catherine Lutz）は、南太平洋に浮かぶ「イファルク」という小さな島でフィールドワークを行いました。彼女は、その島で、西洋に住む私たちならば感情的と呼ぶような、しかしとても不自然に感じられる一連の行動を見出し、それらについて記述しています。そうした「感情」の一つが「ファーゴ」です。ファーゴは、一見、好意、愛情を抱くという意味に近いように思われます。例えば、ルッツは、「彼は私にものをくれるから、私は彼をファーゴする」「あなたが誰かをファーゴするのは、その人が無作法ではないからだ」「彼らは落ちついているので、あなたはファーゴするだろう」と島の人々に教えられました。しかし、ファーゴは、性的な関係にはあてはまりません。また、ファーゴには同情の意味も含まれており、他者から屈辱を受けた人や親類のいない人はファーゴの対象となります。それと同時に、ファーゴには賞賛の意味もあります。例えば、誰かが模範的、あるいは知的な行動を示したり、指導力を発揮したりした場合、その人はファーゴに値します。ファーゴは、深い悲しみを意味することもあり、誰かがいなくなったり亡くなったりすると、島の人々はファーゴについて話します。ただし、それは単に、愛する者を失った悲しみだけを意味するのではありません。なぜなら、現在も関係が続いている人々であっても、彼らが弱ったり衰えたりしつつあれば、積極的にファーゴという語が用いられるからです。そういう意味では、ファーゴは「あわれみ」により近いようにも思われます。

ルッツはこうした感情の起源について、あれこれと推測を続けます。ただし、ルッツは、それを一般的に具わっているものとして捉える――西洋的に普遍化しようとする――のではなく、どのような状況や社会的な文脈が、「ファーゴ」的な行動を好ましいものにしているのかに目を向けます。例えば、ファーゴがイファルク島に住む人々にとって好ましいものとなっている理由の一つは、彼らの不安定な相互依存性にあります。イファルク島の小さな環礁は、常に台風の危険にさらされています。人口の過密と物質不足の問題もあります。彼らが生き残るためには、強い社会的な絆が必要です。ルッツは、ファーゴがその役割を果たしているのではないか、と考えました。「食べ物を分け合うこと、養子を迎えること、訪問者をもてなすこと、兄弟姉妹の関係、権威のあり方や権威に対する態度、健康を管理するシステム―

—これらはすべて、日常生活の中心的な要素であり、その重要性や特徴は、ファーゴという概念に由来するものである」[35]とルッツは述べています。ファーゴは単なる言葉ではなく、人々の生き方そのものに深く埋めこまれた行為なのです。

本章をふりかえって

本章で行った感情についての議論は、私自身にとっても格別な意味をもっています。私は成長するにつれて、「感情的なリアリスト」になっていきました。感情は、私にとって実在するリアルなものであるだけでなく、私の生活において最も重要なものでもありました。感じることは、すなわち生きることを意味していたのです。

私は十歳の時、熱狂的な宗派の一つである南部バプテスト派の洗礼を受けました。私たちは定期的に聖体式に出て、キリストの血を飲み、その肉を食べるという儀式を行いました。といっても、それはグレープジュースとウエハースであり、私は少し幻滅を感じていました。ところが、私たちは、本当に信じていなければ、この神聖な場に参加してはならないと言われたのです。リアリストだった私は、たとえ口では「信じている」と言えたとしても、自分の心の中にある感情は嘘をつけないと考えていました。だから、聖餐台で順番を待っている時、「血のグラス」についた手のひらの汗の量で、自分の心の中がわかってしまうにちがいないと思い、いつも不安でいっぱいでした。これは、私にとってひどく苦しい儀式であり、その記憶は何年もの間、繰り返しよみがえってきました。

また、恋に落ちていた数年間、私の人生はよくあるドラマや事件に満ちていました。相手に、「あなたの本当の気持ちは？」「あなたは本当に私を愛しているの？」と尋ねられることもしばしばありました。私はうろたえました。私はどう答えればいいのだろうか。どんな証拠を見せれば、信じてもらえるだろうか。結局、社会構成主義がもつ人生にとっての価値を私に教え、私を救ってくれたのは、私の妻であるメアリーでした。「あなたが、『私はあなたを愛している』と言う時、自分の心の状態について報告しているわけではないのよ」と彼女は言いました。「それは、誰かと一緒にいるための方法、生きていくためのすばらしい方法の一つなのよ」。これは、「感情」に関するすべてのパフォーマンスについてもいえます。それは、私たちの存在のしかた、歴史的に与えられた生き方なのです。私たちは、それを測ろうとしたり、それに突き動かされるのをじっと待ったり、自分が「不自然に」感じすぎているのではないかと気にしたりする必要はありません。感情は、服の着方や、ゲームやダンスにおける動きと同じように、行為のレパートリーなのです。そして、私たちが、それをいかに遂行するかによって、私たちの人生は、充実したものになったり、空虚なものになったりするのです。

注

［1］Slife, B.D. and Williams, R.N. (1995) *What's Behind the Research, Discovering Hidden Assumptions in the Behavioral Sciences*. Thousand Oaks, CA: Sage.

［2］Argyris, C. (1980) *Inner Contradictions of Rigorous Research*. New York: Academic Press.

［3］Lather, P. and Smithies, C. (1997) *Troubling the Angels: Women Living with HIV/AIDS*. Boulder, CO: Westview Press. p. xxvi. に引用されているリンダBの言葉

［4］Milgram, S. (1974) Obedience to Authority. New York: Harper & Row.（岸田秀訳　1975『服従の心理――アイヒマン実験』河出書房新社）

［5］Gilligan, C. (1982) *In a Different Voice*. Cambridge, MA: Harvard University Press.（生田久美子・並木美智子訳　1986『もうひとつの声――男女の道徳観のちがいと女性のアイデンティティ』川島書店）

［6］Belenky, M., Clinchy, B.M., Goldberger, J.N.R. and Tarule, J.M. (1986) *Women's Ways of Knowing*. New York: Basic Books.

［7］例えば、Bertaux, D. (1981) *Biography and Society*. Beverly Hills, CA: Sage. を参照

［8］Gergen, M.M. (1992) Life stories: pieces of a dream. In G. Rosenwald and R. Ochberg (Eds.) *Storied Lives*. New Haven, CT: Yale University Press.

［9］具体的な研究の例としては、Josselson, R. (1995) *Exploring Identity and Gender: The Narrative Study of Lives*. Thousand Oaks, CA: Sage. Rosenblatt, P.C., Karis, T.A. and Powell, R.D. (1995) *Multiracial Couples: Black and White Voices*. Thousand Oaks, CA: Sage. などがあります

[10] Ellis, C. (1995) *Final Negotiations: A Story of Love, Loss, and Chronic Illness*. Philadelphia, PA: Temple University Press.

[11] Gergen, M. (1999) *Impious Improvisations: Feminist Reconstructions in Psychology*. Thousand Oaks, CA: Sage.

[12] Karl, Cynthia, Andrew and Vanessa (1992) Therapeutic distinctions in an on-going therapy. In S. McNamee and K.J. Gergen (Eds.) *Therapy as Social Construction*. London: Sage.（野口裕二・野村直樹訳　1997『ナラティヴ・セラピー――社会構成主義の実践』金剛出版）も参照

[13] Crawford, J., Kippax, S., Onyx, J., Gault, U., and Benton, P. (1992) *Emotion and Gender: Constructing Meaning from Memory*. London: Sage.

[14] Lather and Smithies 前掲書、103ページ

[15] 章末の参考文献を参照

[16] Fals-Borda, O. (1991) Some basic ingredients. In O. Fals-Borda and M. A. Rahman (Eds.) *Action and Knowledge*. New York: Apex. p. 3.

[17] de Roux, G. (1991) Together against the computer: PAR and the struggle of Afro-Colombians for public services. In Fals-Borda and Rahman, *Action and Knowledge*.

[18] 参考文献を参照

[19] Corbin, A. (1986) *The Foul and the Fragrant*. Cambridge, MA: Harvard University Press.（山田登世子・鹿島茂訳　1990『においの歴史―嗅覚と社会的想像力』新版　藤原書店）

[20] 前掲書（英文）、143ページ

[21] Scarry, E. (1985) *The Body in Pain*. New York: Oxford University Press. p. 4.

[22] 伝統的な研究には、Zborowski, M. (1952) Cultural components in responses to pain. *Journal of Social Issues*, **8**, 16-30.があります。また、Bates, M.S. (1996) *Biocultural Dimensions of Chronic Pain*. Albany, NY: State University of New York Press. も参照

[23] Cohen, E. (1993) Towards a history of physical sensibility: pain in the later middle ages（*the Israel Academy of Sciences and Humanities*において発表された論文）

[24] Frank, A. (1995) *The Wounded Storyteller*. Chicago: University of Chicago Press.（鈴木智之訳　2002『傷ついた物語の語り手―身体・病・倫理』ゆみる出版）

[25] Kessen, W. (1990) *The Rise and Fall of Development*. Worcester, MA: Clark University Press. または、White, S. (1983) The idea of development in developmental psychology. In R. Lerner (Ed.) *Developmental Psychology: Historical and Philosophical Perspectives*.

Hillsdale, NJ: Erlbaum.
[26] Kirschner, S. (1996) *The Religious and Romantic Origins of Psychoanalysis*. New York: Cambridge University Press.
[27] 前掲書、128ページ
[28] Darwin, C. (1873) *The Expression of Emotions in Man and Animals*. New York: D. Appleton. p. 850.
[29] Tomkins, S. (1962) *Affect, Imagery and Consciousness*, vol. 1. New York: Springer-Verlag.
[30] Izard, W.E. (1977) *Human Emotions*. New York: Prenum.
[31] Shimanoff, S. (1993) The role of gender in linguistic references to emotive states. *Communication Quarterly*, **30**, 174-179.も参照
[32] Lutz, C.A. (1990) Engendered emotion: gender, power, and the rhetoric of emotional control in American discourse. In C.A. Lutz and L. Abu-Lughod (Eds.) *Language and the Politics of Emotion*. Cambridge: Cambridge University Press. も参照
[33] 詳しい記述は、Averilll, J. (1982) *Anger and Aggression*. New York: Springer-Verlag.を参照
[34] Rosaldo, M.Z. (1980) *Knowledge and Passikon*. New York: Cambridge University Press.
[35] Lutz, C.A. (1998) *Unnatural Emotions*. Chicago: University of Chicago Press. pp. 153-4.

【より詳しく知りたい人のための文献案内】

●「実証研究の問題」に関する参考文献
Danziger, K. (1990) *Constructing the Subject: Historical Origins of Psychological Research*. Cambridge: Cambridge University Press.
Gergen, K.J. (1993) *Toward Transformation in Social Knowledge*, 2nd edn. London: Sage.
Slife, B.D. and Williams, R.N. (1995) *What's Behind the Research? Discovering Hidden Assumptions in the Behavioral Sciences*. Thousand Oaks, CA: Sage.
●「質的研究（語り・共同的研究・アクションリサーチ）」に関する参考文献
Denzin, N.K. and Lincoln, Y.S. (1994) *Handbook of Qualitative Research*. Thousand Oaks, CA: Sage.
Dunaway, D.K. and Baum, W.K. (Eds.) (1996) *Oral History*. Thousand Oaks, CA: AltaMira.
Ellis, C. and Bochner, A.P. (Eds.) (1997) *Composing Ethnography, Alternative Forms of Quantitative Writing*. Thousand Oaks, CA: Sage.
Fals-Borda, O. and Rahman, M.A. (Eds.) (1991) *Action and Knowledge: Breaking the Monopoly with Participatory Action Research*. New York: Apex.

Gergen, M., Chrisler, J.C. and LoCicero, A. (1999) Innovative methods resources for research, teaching and publishing. *Psychology of women Quarterly*, **23**, 431-456.

Kvale, S.(1996) *InterViews*. Thousand Oaks, CA: Sage.

Polkinghorne, D.E. (1988) *Narrative Knowing and the Human Sciences*. Albany, NY: State University of New York.

Van Maanen, J. (1988) *Tales of the Field, On Writing Ethnography*. Chicago: University of Chicago Press.

●「歴史的文脈における自己」に関する参考文献

Badinter, E. (1980) *Mother, Love, Myth and Reality*. New York: Macmillan.

Carrithers, M., Collins, S. and Lukes, S. (Eds.) (1985) *The Category of the Person*. Cambridge University press.

Danziger, K. (1997) *Naming the Mind*. London: Sage.

Graumann, C.F. and Gergen, K.J. (1996) *Historical Dimensions of Psychological Discourse*. New York: Cambridge University Press.

Hacking, I. (1995) *Rewriting the Soul. Multiple Personality and the Science of Memory*. Princeton, NJ: Princeton University Press.

Miller, W.I. (1997) *The Anatomy of Disgust*. Cambridge, MA: Harvard University Press.

Morss, J. (1991) *Growing Critical. Alternatives to Developmental Psychology*. London: Routledge.

Onians, R.B. (1988) *The Origins of European Thought*. Cambridge: Cambridge University Press.

Spacks, P.M. (1995) *Boredom, The Literary History of a State of Mind*. Chicago: Chicago University Press.

Taylor, C. (1989) *Source of the Self*. Cambridge, MA: Harvard University Press.

●「文化的文脈における自己」に関する参考文献

Bachnik, J.M. and Quinn, C.J.(1994) *Situated Meaning*. Princeton, NJ: Princeton University Press.

Heelas, P. and Lock, A. (Eds.) (1981) *Indigenous Psychologies: The Anthropology of the Self*. New York: Academic Press.

Kirkpatric, J.T. (1983) *The Marquesan Notion of the Person*. Ann Arbor, MI: University of Michigan Press.

Levine, G. (Ed.) (1992) *Constructions of the Self*. New Brunswick, NJ: Rutgers University Press.

Lutz, C.A. and Abu-Lughod, L. (Eds.) (1990) *Language and the Politics of Emotion*. Cambridge: Cambridge University Press.

Morris, D.B. (1991) *The Culture of Pain*. Berkeley, CA: University of California Press.

Radley, A. (1993) *Worlds of Illness: Biographical and Cultural Perspectives on Health and Disease*. London: Routledge.

第5章　「個人主義的な自己」から「関係性の中の自己」へ

前章では、「自省的な問い」すなわち、私たちが自らの現状、伝統、慣習、関係を反省する手がかりとなるような、興味深い研究の数々を取り上げました。私たちが、言説を通して自分たちの世界を創り出しているのだとしたら、「いかに話すか」「いかに書くか」ということがとても重要な意味を帯びてきます。自分たちが言語によってどのように世界を構成しているか、そして、その構成はどんな実践によって支えられているのか、と自省的に問うことによって、私たちは、新たな扉――解放、豊かな世界、社会変革への扉――を開くことができるでしょう。

ここで、議論をもう一歩先へ進めましょう。確かに、自省的な問いは非常に重要ですが、それだけで十分とはいえません。私たちは、ただ反省したり検討したりするだけではなく、代替案を生み出していかなければならないのです。自省的な問いは、私たちを未知なる領域との境界まで連れて行ってくれます。でも、その境界を越えるにはどうすればよいのでしょうか。ここで、社会構成主義はさらなる大きな貢献をすることになるのです。

生成的理論

私たちの行動のパターンは、常に言説のモードと絡み合っています。例えば、「私はあなたのことを気にかけている」というセリフは、後に続く行為の可能性を暗示します――例えば「連絡をとりつづける」「援助する」はありうる行為ですが、「避ける」「敵意のこもった言葉を投げつける」はそうではありません。したがって、私たちが行為のパターンを変えたいと考えている場合、言説のモードを変えること——できごとの記述、説明、解釈の仕方を変えること——は有効な手段の一つとなります。これは、すでに私たちが日々の生活の中で実践していることです。私たちはうわさ話や皮肉、あざけりなどを通して、仲間との関係から政治まで、さまざまな対象のイメージを違うものにし、その結果、人々の行為を変化させています。しかし、社会構成主義は、さらに困難かつ大胆なことにチャレンジします。日々の実践は、どうしても、一般に受け入れられる現実の範囲内にとどまりがちです。私たちは、自分にとって身近な言語ばかりを用いるため、生じる変化は極めて小さいものに限られてしまいます。より大きな変化をもたらすためには、今ある慣習や思いこみを捨ててしまわなければならないのです。

このことを、第1章で登場した二分法という概念を用いて説明してみましょう。すでに述べたように、私たちは二分法の構造によって言葉の意味を理解しています。そのため、私たちはともするに、上か下か、内か外か、賢いか愚かか、というように両極端に陥ってしまいがちです。こうした伝統的な二分法を社会の変革のために用い、世界や人々について記述し直そうとしたとしても、その変化は表面的なものにとどまるでしょう。なぜなら、否定された方はたとえいったん退いたように見えても、舞台の袖に控えていて、再び登場する機会を待ち構えているからです。例えば、「善」を代表するとされている人々（大統領、裁判官、警察）が実は「悪」である（腐敗している、偏見をもっている、不正だ）ということ、あるいはその逆を示そうとしても、私たちはまだ、善か悪かという二分法のシステムの中でものごとを判断しています。私たちがいくら「彼らは悪い」と主張したとしても、結局は「善い - 悪い」という正反対のカテゴリーを対立させるような語りのシステムを支持していることになり、逆の主張（「彼らは善い」という主張）にも登場するチャンスを与えてしまっているのです。フェミニスト批評家ロード（Andre Lorde）が述べているように、「主人の道具を用いて主人の家を壊すことはできない」のです。もっとラディカルな方法は、二分法そのものに疑いの目を向け、それ以外の語り方を生み出すことです。では、善／悪の両極端に陥ることなく他者や自己について話すとは、いったいどういうことでしょうか。

二分法を打ち破ることによって、確かに行為の幅は広がります。しかし、まだ「新しい家」を完成させるにはいたっていません。ここで、社会構成主義にもとづく新たな出発、ものごとの新たな捉え方、新しいメタファーやナラティヴ、新たな記述や説明が、必要となります。私たちが求めているのは、**「生成的理論」――慣習的な理解のあり方に挑み、新たな意味や行為の世界を開いてくれるような、世界についての説明**――なのです[1]。

例えば、フロイトの理論は非常に生成的なものでした。彼は、いくつかの伝統的な想定――人間の行動の中心にあるのは意識である、性は人間の機能の中でそれほど重要なものではない、道徳性は本質的に善であるという想定――に対して挑戦状を突きつけたのです。同様に、マルクス主義の理論も、経済的格差や、経営者と労働者の貧富の差を「当然」とする考え方に意義を唱えたという点で、生成的だったといえます。また、スキナーの行動主義理論――「人間の行動は偶然の強化の産物である」――は、「自由な意思をもって自ら行為する人間」という一般的な考え方や、心理的プロセスの重要性に対して、真っ向から反対しました。この三つの理論は、それぞれ大きな影響――精神医学の創出、ロシア革命、教育実践の変革――をもたらしました。さらに、このように述べたからといって、私がこれらの理論に賛成であるとか、それらが今日でもなお生成的であると思っているというわけではありません。ただ、大胆な理論化は、社会を変える重要な道筋の一つとなりうると考えているのです。

この主張は、実は非常にラディカルな意味を含んでいます。生粋の現実主義者（リアリスト）にいわせれば、研究者の仕事は、現実についての正確な説明を用意すること、つまり世界をありのままに写しとることです。こうした考えにもとづく研究では、一般に「客観的」「現実的」とみなされている記述の言語が用いられます。したがって、犯罪という問題に取り組むとすれば、まず、いかにして犯罪を防ぐかという観点から研究が行われることになるでしょう。私たちの慣習では、犯罪には原因があること、犯罪は防止されるべきものであることが、当然のことと考えられているからです。このように、ある問題に対して現実主義的なアプローチをとることは、私たちの慣習とそれと結びついた生活形式を維持することにつながります。しかし、生成的理論を目指すことによって、私たちは従来の慣習を疑問視し、これまでとは異なる世界の見方、記述・説明のしかたをすることが可能になります。例えば、犯罪を、「社会病理の現れである」と考えるとどうなるでしょうか。あるいは、「自尊心を満足させる手段である」と考えたら？　あるいは、「犯罪とは、一部の限られた人間が、それ以外の人々を貶めるために作り上げた社会的構成である」と考えたら？　どの可能性も、それぞれ新しい問いの立て方や、新たな生き方を切り開いてくれるはずです。生成的理論は、「言葉のもつ力によって、現実の行動を変える」という意味で、「詩的な改革主義」と呼ぶこともできます――つまり、言葉がはらむリスクを認め、自らの慣習を見直し、新たな理解の構造やイメージを生み出すことが、私たちに求められているのです。

本章では、生成的理論の一つの例を取り上げ、慣習に挑戦するとはどういうことか、それがどれほど複雑か、生成的理論は将来に向けてどのような希望を与えてくれるのか、逆に、その欠点は何か、などを明らかにしていきます。また、この例をもとにして、第1章で取り上げた「自己」の問題を捉え直すこともできます。私たちは、言葉を通して、自己についての理解をどう変えていくことができるでしょうか。どうすれば長い間の伝統を打破し、私たちの人生に新たな意味を与えることができるでしょうか。これは、ある意味、壮大な挑戦です。具体的には、「個人主義的な自己」という伝統的な想定を、「関係の中の自己」という考え方に置き換えることを試みます。この考えを押し進めていく前に、その根拠についてもう少し述べておくことにしましょう。

個人主義とイデオロギー

もし、自らの私的な経験が自分という存在の核をなしており、意思決定や行動の源としての「自己」がある、と素朴に信じていられるなら、それは私たちにとって、とても居心地のよいことです。しかし、第1章の冒頭から、このような居心地のよい想定に対してさまざまな疑問が提起されてきました。これまで取り上げてきた疑問の多くは、概念そのもの――それらが抱える矛盾、疑問、袋小路――に向けられたものでした。第1章では、「心と世界を分断し、心が世界をいかに写しとるかを知り、心の状態を正確に見極める」という素朴な考え方に潜む、数々の問題について述べました。第2章、第3章では、個人主義的な自己なるものが、社会的に――ミクロな社会関係、あるいはマスメディアによって――構成され、定義されたものであるということが明らかになりました。そして第4章では、自己という概念が、文化や時代によって非常に多様であるということを見ました。現在の私たちの想定――個々の人間がそれぞれの心（頭）

の中で考え、感じ、望み、意図するという想定――は決して唯一絶対的なものではなく、時代や文化の産物なのです。

こうして、個人主義的な「自己」という概念や、そのよりどころとなっている想定が、実は非常に不安定なものであるということが明らかになりました。そこで、私たちは次に、価値の問題、すなわちそれらが社会に及ぼす影響に目を向ける必要があります。私たちの生き方を支えている基盤が非常にもろいものでしかないとしたら、私たちは一歩も進めなくなってしまうからです。大切なのは、現在の私たちの想定や信念が、私たちの生活にどんな影響を及ぼしているのかを見極めることです。個人主義的な自己という伝統を維持することによって、私たちが得ているものとはいったい何でしょうか。逆に、私たちは何を失っているのでしょうか。おそらく、ほとんどの人々は、こうした想定が西洋文化にとってプラスの影響をもたらしていると考えていることでしょう。例えば、個人の考えや判断は、民主主義にとって欠かせないものです。私たちが公教育を重視するのも、公教育が独立心を育むと信じているからであり、このことは、民主主義とも密接に結びついています。一人一人の心がしっかりとしたものになればなるほど、民主主義のプロセスはより効果的なものになるはずだからです。それに、個人が行為主体であると考えなければ、道徳的判断の制度が揺らぐことになります。一人一人の人間に、行動を選択する能力があると信じているからこそ、日常生活においても、法廷においても、自らの行動の責任は自分にあると考えることができるのです。私たちは、この個人主義の伝統に強く依存しており、そこから抜け出そうとすることはほとんどありません。しかし、私たちは今こそ好奇心を解き放ち、その暗い側面を直視しなければならないのです。

個人主義および心についての一連の言説に対する不満は、このところ急速に高まりつつあります（第1章を参照）。西洋の伝統の中で生きている私たちは、それが自分たちにとって真理であり、そして西洋以外の人々にとっても同様に真理であると信じて疑いませんでした。しかし、グローバリゼーションが進み、国や民族や文化の差異の問題がますます重要になりつつある中で、私たちの西洋的な態度や考え方は、いったいどんな意味をもつのでしょうか。それによって利益を得るのは誰でしょうか。逆に抑圧されるのは誰でしょうか。私たちは、個人主義によって、二十一世紀を乗り切ることができるのでしょうか。むしろ、個人主義に代わる新たな可能性を育んでいくべきなのではないでしょうか。

個人主義を、イデオロギーの一つとして捉えている人々も決して少なくありません。それは、かつては確かに有望なものでしたが、今では、非常に深刻な問題をもたらしています。ここで、個人主義に対する批判を見てみることにしましょう。

「孤立した魂」という問題

私という存在にとって最も重要なものが、私の内部にしかないとしたら、どうして自分以外の人たち——例えばあなた——を尊重する必要があるのでしょうか。根源的に、あなたは「他者」——私とは別の存在、私にとって異質なもの——です。私は本来孤独な存在であり、一人きりでこの世界に登場し、いずれ一人で去っていくことになります。私という存在は、決してあなたの手の届くところにはなく、あなたが完全に私を理解することはできません。同様に、あなたという存在にとって最も重要なものは常に「仮面の奥」にあります（それがあなたを「嫌らしいヤツ」にしているのですが）。私はあなたが何を隠しているのか、本当は何を欲しがっているのかを知ることはできません。私とあなたがとても親しい仲だったとしても、私にはあなたが何を感じているのか決してわからないのです。こうして、お互いの孤立は、不信へとつながっていきます。お互いに相手について確信をもてないために、相手のどんな言葉や行動も信じることができず、いつも疑惑が漂うことになるのです。もし、私たちの世界がこうした態度に埋め尽くされてしまったら、親密な関係はどうなってしまうのでしょうか。グローバルな共同的関係を作ることなど、もはや不可能になってしまうのではないでしょうか。

手段としての他者

二つ目の問題にも、個人主義イデオロギーがもたらす孤立感、疎外感、不信感が浸透しています。一人一人の経験の中心にあるのは自己であり、他者を理解することも信頼することもできないとしたら、私たちは「ナンバーワンになること」を何よりも優先しようとするでしょう。そうすると、他者のために努力するというのは、極めて不自然なことになってきます。たとえ他者を尊重するにしても、まずは「これによって、私は何を得るのか、何を失うのか」と自らに問わなければなりません。こうした態度は、「手段的・道具的」と呼ばれています。人は何かものごとを行う時、その結果とのバランスを常に考えます。わかりやすくいえば、ある行為が一定の満足感をもたらすものであれば、その行為は合理的であるということになります。個人主義イデオロギーは、利他主義をまったく受けつけないというわけではありません。ただし、それは、利他主義がそれに見合う報酬——賞賛、感謝など——を運んでくる場合に限られます。

個人主義がもたらした「自分が一番」という態度に対する、最も批判的な言説の一つは、ラッシュ（Christopher Lasch）の『ナルシシズムの時代』[2]（一九七九）です。私たちが利己主義的な態度をとるならば、人間関係は本当につまらないものになってしまうだろう、とラッシュは述べています。例えば、自己満足のためだけに誰かと恋愛関係をもつとしたら、愛するという行為が本来もっていたはずの価値が損なわれることになります。同じことは、「自分のキャリアのため」だけに行われる研究や、「自分の勝利のため」だけの政治活動にもいえるでしょう。

見せかけだけの関係

以下に挙げる、よく耳にする言いまわしをみてください。「私たちは関係を築いていく必要がある」「この関係は崩壊しかけている」「もっとチームワークをよくしなければならない」「彼は組織作りに貢献した」。こうした言いまわしはすべて、個人主義の想定の中にあります。私たちが、個人の自己を最も重要なものと考え、社会は個人から成り立っていると信じているからこそ、関係は、構築されたり、作られたり、修復されたりするべきものとなるのです。関係とは、人工的、一時的なものであって、一人ではうまく機能を果たすことができない場合にのみ必要になるというわけです。

ベラー（Robert Bellah）らは、『心の習慣』[3]（一九八五）という著作の中で、今日の個人主義が、「自己表現」「個人の自由」「自己成長」「個人の目標達成」などをあまりにも強調するあまり、社会の存続にとって中心的役割を果たしている社会制度に矛盾するようになるのではないかと述べています。例えば、「もし愛や結婚というものが、何よりもまず『個人の満足』という観点から測られるとしたら、それはもともともっていた社会的機能、すなわち人々に安定した関係をもたらし、人々を社会に結びつけるという機能を果たすことができなくなる」[4]でしょう。徹底した個人主義に立つと、結婚によって個人の自由が失われたり、自己表現の欲求が満たされなくなったりするならば、結婚している理由などないということになるからです。ベラーらはまた、共同体の自治能力、つまり人々がどれほど社会、組織、政治などに進んで参加したいと考えているかに関心をもっています。そうした活動は、かなりの時間とエネルギーを必要とするため、自己の成長や、個人の利益とは対立するように見えます。個人主義においては、「『絆』は束縛として、『価値』は偏見として、『慣習』は押しつけられたものとして」[5]捉えられてしまうのです。

「周りはみな敵」という悲劇

十七世紀の政治哲学者ホッブズは、『リヴァイアサン』という有名な著作の中で、強力な市民法と強力な中央政府が必要だという議論を展開しています。ホッブズの考えによると、自然な状態に置かれた人間はみな、他の人々より上位に立とうとします。つまり、人間という存在の根底にあるのは、「万人に対する万人の闘争」であり、人間とは孤独で、貧しく、残酷な存在にほかなりません。だからこそ、市民法と中央政府が、私たちにとって欠かせないものとなるのです。

こうした個人についてのホッブズの考え方は、今日の個人主義の中にも——日常生活においても、あるいは政治・教育・産業に関する制度においても——生きています。「私たちの根源には、孤立と不信が横たわっている」という考えは広く浸透しています。重大な危機が訪れた時、他人を押しのけてでも生き残る以外にどうすればよいというのでしょうか。もはや誰も一〇〇パーセント信頼することはできません。誰もが、自分の利益のためという動機に突き動かされて行動しているからです。

つまり、個人主義は、私たちを常に闘争へと導くことになります。例えば、学校の教室に一歩足を踏み入れると、私たちは否応なく競争の中に投げこまれます。そこではほんの一握りの人間だけが、上位の成績を勝ち取って浮かび上がってきます。職場に入っても同じです。私たちは、自分が再び競争の中に呑みこまれていることに気づきます。ごくわずかな人間だけが、頂点に上りつめていくのです。このように、教育の場においても、職場においても、個人主義は大きな影響を及ぼしています。資本主義の市場もまた、マルクス主義によって批判されているように、個人主義イデオロギーと結びついています。経済という世界は、自らの利益を最大にし、損失を最小にするために行動する個人から成り立っていると想定されています。世界には限られた資源しかないのですから、私たちはみな、自分の利益を求めて他者と争わなければなりません。

こうした絶え間ない争いは果たして望ましいことなのでしょうか。このような考えが世界の隅々まで行きわたった時、私たちの未来はいったいどのようなものになるのでしょうか。

権力の問題

前項では、ホッブズの政治に対する考え方を見ました。私たちは、お互いに相手を「孤立している」「信用できない」「利己的だ」「競争的だ」とみなしているため、絶えずチェックし合う制度――監視、評価、処罰、監禁の制度――と、そのための組織を作り上げます。ところが、こうした組織が動き始めたとたん、それ自体が生命をもち始め、作った本人でさえ、モニターしたりチェックしたりすることができなくなるということがしばしば起こります。KGB（旧ソ連国家保安委員会）やCIA（中央情報局）はその典型的な例です。今や政府の官僚でさえ、KGBやCIAがもつ力を怖れています。

個人主義の問題は、他者を信用できないというだけにとどまりません。権力もまた、個人主義へと向かうプロセスを通してその支配を強めていきます。フーコーによれば、西洋史において、書物に一人の著者の名前が添えられるべきだという考えは、はじめからあったわけではありません。何かを書くということが、ある人間に特有の心の表現だとは考えられていなかったのです。「著者」という概念が重要視されるようになったのは、フランス王朝が、自分たちの政治を批判する冊子を警戒し始めた時だ、とフーコーは述べています。著者名のない原稿の出版を違法とすることによって、言論の統制が行われたのです。

今日、個人は「数値化」されています。インターネットを通して、個人についての膨大な情報が収集され、それを簡単に入手することも可能になっています。このことに対して、多くの人々が関心を寄せています。ストーン（Rosy Stone）が主張しているように、私たちは「他者から信託されるかぎりでの主体」なのです。つまり、常に他者によって価値を数字で測られ、他者からアイデンティティを与えられ、それに答えるように要求されているのです。[6]したがって、自由な社会を維持しようとするならば、個人主義に対する抵抗が必要不可欠になります。

社会的なものの軽視

私たちは、個人を一つの完結したまとまりである——一人一人の人間は、自ら考え、感じ、事実や価値を慎重に吟味した上で行為する——と固く信じています。だからこそ、私たちは、他者の異質なふるまいや態度（薄気味悪さ、犯罪、嫌がらせ、偏狭なふるまい）に直面した時、その信念にもとづいた身近なやり方でそれらを理解しようとします——すなわち、まず、その人の内面の機能に欠陥があるのではないかと疑います。例えば、「薄気味悪さ」は「精神病」のせいにされ、「犯罪」は「善悪の判断」ができなくなった結果であるとされ、「嫌がらせ」や「偏狭なふるまい」は、深く染みついた偏見からくるものだとみなされます。また、私たちはよく「責任を取らせる」という言葉を使います。問題の原因はあくまで個人にあり、したがってその人をさまざまな方法で——セラピー、教育、投獄などによって——正していかなければならないというわけです。

もう一度よく考えてみましょう。ある人の行為はすべて、その人の内面から生まれてくるものなのでしょうか。それは、いかなる歴史や環境からも独立しているのでしょうか。例えば、私が何らかの偏見をもっているとして、その偏見は私の内面から自然にわき出てきたものなのでしょうか。おそらくそうではないはずです。これまで述べてきたように、私たちは広い世界——人々との関係、仕事、物理的な環境など——の中に深く織りこまれています。それなのに、なぜ問題のふるまいの原因として、個人の心だけが選ばれるのでしょうか。私が、仕事があまりにも退屈だ、あるいは上司がワンマンだと強く感じていると、なぜ私が抑うつの治療を受けることになってしまうのでしょうか。どうして、職場の環境を変えようとはしないのでしょうか。個人主義は、あまりにも多くのものを私たちの目から覆い隠してしまいます。私たちは、ある行為をとりまく状況にはほとんど関心をもたず、目の前にあるたった一つの身体にのみ焦点をあてようとします。それでは、個人主義がもつ長所を生かせないばかりか、悲惨な結果を招くことにもなりかねません。

「個人主義的な自己」という想定は、私たちの社会にとって有益であると同時に、深い欠陥ももっています。「自己」を、社会を作り上げている本質的な原子だとみなすと、私たちは孤立や不信、ナルシシズム、闘争へと導かれていくことになります。私たちの関係は、あまり重要でない一つの手段にすぎなくなり、私たちの自由は脅かされ、病は非常に単純化して捉えられます。私たちが望んでいるのは、もっと明るい代替案――思いやりのある温かい社会をもたらし、明るい未来の創造を可能にする、新しい自己概念――であるはずです。果たして私たちは、そのような代替案を発展させることができるでしょうか。次に、その可能性を探っていくことにしましょう。

関係としての自己――第一ステップ

まず、私がここで何を提案しようとしているのか、明確にしておきましょう。私たちは、「個人主義的な自己」――ものごとを感じ、考え、感情をもち、自らの行為を決定する自己――なるものに強いリアリティを感じています。しかし、この「自己」という構成に欠陥があるということは、すでに明らかにしたとおりです。私たちは、どうすればこの自己という「事実」を構成し直すことができるでしょうか。個人主義が直面した困難を再び繰り返すことなく、「人」を概念化するにはどうすればよいのでしょうか。一つの可能性は、他でもない社会構成主義の対話の中から生まれてきています。

第4章で大まかに述べたように、社会構成主義は、「事実」や「善」の起源を、社会的なプロセスの中に位置づけようとします。また、私たちの「知識」は、人々の関係の中で育まれるものであり、個人の「心」の中ではなく、「共同的な伝統」の中に埋めこまれていると考えます。社会構成主義は、確かに「個人」よりも「関係」を、「孤立」よりも「絆」を、「対立」よりも「共同」を重視します。しかし、個人主義の前提から離れ、「共同体の関係」へ向けて動き出すためには、まず、「人」について概念化し直す必要があります。

ところが、これは容易ではありません。なぜなら、私たちが用いる言語そのものが、すでに個人主義に絡めとられてしまっているからです。例えば、英語の語彙の中には、個人の心の状態に言及する言葉が二千以上あるのに対し、関係に関する言葉は、ほんのわずかしかありません。「関係」という概念自体、そもそも「個人」というもっと基本的なユニットからできているという想定の上に成り立っています。これはまるで、ポーンやルーク、ビショップについてはいくらでも説明できるのに、チェスというゲームについてはほとんど語ることができないようなものです。今ある語彙を用いることなく、生成的な理論を作り出すことは果たして可能なのでしょうか。

私たちは、まったくゼロの状態から始めることはできません。いかなる伝統ともまったく無関係に、意味を生み出すことは不可能だからです。したがって、過去をより詳しく吟味することが重要になってきます。でも、これまでの伝統を調べていけば、未来に向けての資源を提供してくれるような、「知性のポケット」を見つけることができるのでしょうか。それができるのです。私たちが自ら捨てたものの中に、実は豊かな資源が隠されています。ここでは、「存在」を関係の中で捉えることにつながる三つの流れ——象徴的相互作用論、文化心理学、現象学——を取り上げることにしましょう。また、これらの伝統を超えて、どのように進んでいくことが望ましいのかについても、併せて考えていくことにしましょう。

象徴的相互作用論

一九三〇年代から、社会心理学では、個人主義にもとづく見方が一種の教義のようなものになりました。環境の「刺激状況」をコントロールするために、実験室実験が行われ、そうした状況に対して、認知、動機、感情などのプロセスを備えた「個人」が、攻撃的に、あるいは利他的に、あるいは偏見をもって、あるいは魅力的に「反応する」と考えられていました。社会心理学のこの想定にもとづくならば、関係というものは、独立した個々の人間が寄り集まった結果生まれるものにすぎないということになります。皮肉なことに、社会心理学は「社会関係の中にある人間」を研究する学問であるにもかかわらず、社会心理学者は関係にほとんど興味をもたなかったのです。また、社会心理学は、「個人」の機能について明らかにしようとすると同時に、「人の人生や生活には、常に他者が侵入しようとしている」ということを証明しようとしてもいました。他者は、「個人」の機能を邪魔するものとして扱われていたのです。社会心理学の伝統においては、「他者」こそが、「個人」に誤った信念に従うように命じたり、非人道的な指示に服従させたり、その人の独立した思考を邪魔したりすると考えられていました。

ただし、歴史的に見ると、他者をどう取り扱うかという点において、社会心理学が今とはまったく異なるものになっていた可能性もありました。特に、一九三四年に出版されたミード（G.H. Mead）の『精神・自我・社会』は、そのようなきっかけになりうるものでした。[7]私たちは、社会的なプロセスから完全に独立に思考したり、「自己」意識をもったりすることはできない、とミードは主張しました。彼によれば、私たちは、互いに行動を調節し合う能力、特に相手の身ぶり――手、声、顔面表出、注視などを含む――に対して応える能力を生まれつきもっています。そして、私たちは、自分の身ぶりに対する他者の反応を通して、次第に「象徴（シンボル）化」という心的能力を発達させていきます。つまり、自分の身ぶりとそれが他者から引き出す反応とが、私たちの心の中に表象として浮かぶようになるわけです。人々が共通の心的象徴をもつ時、例えば、ある言葉が、会話に参加しているどの人にとっても同じ象徴を呼び起こすようになった時、はじめて言語の使用が可能になります。

ミードは、私たちに遺伝的に備わっている「役割行動」によって、共通の象徴が発達していくと考えました。私たちは、自らの身ぶりに対する他者の反応を、自分の内面で経験することによって、他者の身ぶりがその人にとって何を象徴するかがわかるようになるというわけです。例えば、私が小さな子どもだとします。私が父親に向かって叫んだ時、彼が脅かすように手を振り上げたら、私は怖くなって叫ぶのをやめるでしょう。その時、私は、私の叫び声が父親にとっては我慢がならないのだということを察します。私は父親になってみることによって、彼の象徴世界にとって、自分の叫び声がどういう意味をもつのかを理解するのです。

ミードは、私たちが自己についての意識をもつようになるのも、このような役割行動を通してであると主張します。私は、自分の行動に他者が何らかの反応をした時、その人になってみることによって、自分とは何かということを理解するわけです。私は、長い時間をかけて、さまざまな状況における他者の反応の合成物――「一般化された他者」についての感覚――を作り上げていきます。私は、この一般化された他者の感覚から、自己についての感覚、すなわち「私とは何か」という一貫した感覚をもつようになるのです。したがって、私と他者は、徹底的に関係づけられていることになります。ミードは次のように述べています。「私の自己と他者の自己の間には、厳密な境界線を引くことができない。なぜなら、私の自己は、他者の自己が存在し、私の経験の中に入りこんでくる限りにおいて存在し、私の経験の中に入ってくることができるからである」[8]と。

ミードの業績は、社会心理学ではあまり重視されてきませんでしたが、「**象徴的相互作用論**」という研究の流れを生み出しました。象徴的相互作用論が特に関心をもつのは、社会秩序や逸脱がどうして生じるのかという問題です。中でも重要なのは、「社会的役割」という概念です。象徴的相互作用論によれば、私たちの社会生活は、さまざまな役割――獲得したり、作り出したり、あるいは強制的に与えられたりする役割――の網の目の中で営まれています[9]。自らの生活を考えてみても、目の前に役割の構造――先生、セラピスト、上司、あるいは妻、父、同性愛者――が広がっているのが見えるはずです。社会の本流から逸脱しているとみなされている人々――薬物中毒者、泥棒、精神病患者――もまた、私たちが社会に登場する以前から決められていた台本を演じているのだと考えることができます。すでにおわかりのように、象徴的相互作用論は、第3章で取り上げたゴフマンのドラマツルギーとも密接な関係をもっています。

象徴的相互作用論は、「個人」の相互依存性についての正しい理解を、私たちにもたらしてくれます。考えること、知ること、信じること、自己を理解することなどはすべて、「個人」の心の中ではなく、関係においてはじめて可能になります。「心」は、社会的プロセスから切り離しては考えられないのです。しかしながら、象徴的相互作用論は、個人主義に完全に取って代わることはできませんでした。

第一に、象徴的相互作用論では「関係」が強調されているとはいえ、個人主義的な要素も多く含まれています。ミードの考えでは、人は一個の主体として世界に生まれるのであり、高度な思考プロセスを発達させるためには、主体として他者を「経験」し、心の中で「他者になってみる」ようにしなければなりません。ミードの理論には、主体なるものが不可欠です。コミュニケーションも、ある主体から別の主体へとなされると考えられています。

第二に、象徴的相互作用論は、人がどのようにして、他者の身ぶりからその心の状態を捉えることができるようになるのかを説明できません。子どもである私に、父親が手を振り上げた時、この身ぶりが彼にとってどんな意味をもつのかを、私はどうして知ることができるのでしょうか。これは第1章で私たちがぶつかった「他者の心を知る」という問題とまったく同じです。

最後に、象徴的相互作用論は、社会的決定論の色彩を帯びています。ミードによれば、「社会的プロセスの中で形成される、自己意識をもった『個人』には、時間的・論理的に先立つ何ものか」[10]が存在しています。つまり、私たちが世界や自己についてどのように考えるかは、究極的には他者によって決定されるのであり、私たちは、他者の自分に対する見方を抜きにしては、自己についての概念をもちえないということになります。この決定論的な考え方は、社会的役割の分析にも見出されます。すなわち、私たちはすでに用意された役割を演じるように、最初から決められていると考えられています。しかし、本当にそれでよいのでしょうか。ここで問題なのは、こうした決定論的な考え方が、「個人」の選択や行為というものを否定しているということではありません。それは、個人主義の立場からの不満にすぎません。そうではなく、人間関係についての機械論的な考え方――行為が他者によって決定される――が、果たして最善のものなのかということが問題なのです。人間関係において原因と結果を考えることが、そもそも、暗黙の内に私たちを隔て、疎遠にしているのではないでしょうか。「自由意志か決定論か」という二分法からまず離れてみることが望ましいのかもしれません。これは学問的に見ても非常に重要な課題であり、これからも考えていく必要があるでしょう。

文化心理学

前項で述べたように、社会心理学が、「個人」よりも「関係」を強調する方向に発展するという可能性もありえたのですが、実際のところ、そうはなりませんでした。同じことは、発達心理学についてもいえます――すなわち、発達心理学者が、「人間の発達とは社会的なプロセスである」と考えることも、決してありえないことではありませんでした。しかし、ほとんどの発達心理学者は、社会心理学と同じ方向に進み、「自らをコントロールする個人」という観点から人間の発達を研究してきました。こうした研究は、たいてい、人間を「機械」か「花」というメタファー――発達の「機械的な」見方か、「有機体的な」見方のどちらか――で捉えていました。[11] 機械的な見方では、子どもはいわば入力－出力マシンとみなされます。つまり、子どもの発達（ふるまいという出力）は、環境の状態（入力）によって形成されると考えられます。したがって研究者は、例えば、乳児期に受ける刺激が子どもの知性に与える影響や、養育パターンの違いが子どもの愛着や自尊心の形成に及ぼす影響などを、明らかにしようとします。子どものふるまいは、機械的な（環境からの）入力の結果生じる出力なのです。こうした機械的な見方は、しばしば行動主義と呼ばれています。一方、有機体的な立場に立つ研究者は、発達の遺伝的な基盤を強調します。ラッパズイセンの球根から芽が伸びて花が咲くのと同じように、人間の発達の方向と段階は、あらかじめ決定されているもの、有機体の性質として、生まれつき具わっているものだと考えられています。したがって、ピアジェ（Jean Piaget）が示したような、子どもの能力が自然に発達していく道のり――乳児期における未熟な感覚的反応から、児童期後半における抽象的な概念思考まで――に重点が置かれることになります。結局、機械的、有機体的な見方のどちらにおいても、子どもは周囲から切り離されています。

　発達研究の歴史もまた、違うものになっている可能性がありました。一九三〇年代、ロシアのヴィゴツキー（Lev Vigotsky）が、それまでの主流であった考え方に対して、非常に大胆な異論を提出し始めました。ヴィゴツキーは、人間は他の人々や物理的な環境と密接に結びついており、個人をその周囲から切り離す（機械としてであろうと、花としてであろうと）ことは、分析的に、つまり理論の中でのみ可能となっているにすぎない、と主張しました。ヴィゴツキーは、いわゆる「高度の心的機能」――思考する、計画を立てる、何かに注目する、記憶するなどの機能――に特に関心をもっていました。他の多くの心理学者は、こうした機能を普遍的なものだと考えます。したがって、研究は一般的な「認知の性質」に向けられ、決して「異なる民族的、あるいは宗教的伝統における認知」に向けられることはありません。しかし、ヴィゴツキーは、「あらゆる高度の（心的）機能、および機能間の関連性の背後には、社会的関係、あるいは人々の関係がある」[12]と述べて、こうした高度のプロセスを関係性の中に位置づけました。つまり、心的機能には、社会的なプロセスが反映されているのです。

ミードの研究が象徴的相互作用論を引き起こしたのと同様、ヴィゴツキーの理論は、「**文化心理学**」と呼ばれるものの発展を促すことになりました。文化心理学の立場に立つ主要メンバーの一人、ブルーナー（Jerome Bruner）は、人々の自らの行為に対する日常的な説明——「**フォークサイコロジー**（素人の心理学）」と呼ばれるもの——が、思考の不可欠な要素となっているという刺激的な考えを示しました。例えば、私たちが他者の行為を、「願望」「信念」「目標」「熱情」などの言葉を用いて説明する時、私たちはフォークサイコロジーに関与していることになります。私たちはまた、これらの言葉でものごとを考えています。ブルーナーが述べているように、フォークサイコロジーが共有されていなかったとしたら、私たちは、関係の中で何かを行うにはどうすればいいかがわからなくなります。おそらく社会は、少なくとも私たちが知っている形では、成り立たなくなってしまうでしょう。また、ブルーナーによれば、フォークサイコロジーは、心の中のナラティヴ（語り）として存在しています。私たちは、他者に関する物語を作ることで、他者を理解しています。例えば、私たちは「アレックスはその賞が欲しかったのに、スージーに負けたので、腹を立てている。だから、彼はスージーと話そうとしないのだ」などと考えます。こうしたナラティヴはまた、私たちの世界の経験のあり方を組織化し、私たちの感情をも規定します。私たちは、ナラティヴの知識のおかげで、今の状況にどんな感情がふさわしく、逆にどんな感情がふさわしくないのかがわかります。「解釈という（われわれの）文化的なシステムのおかげで、われわれの生のあり方——われわれの心の中にあって、変化し続ける未完成な自伝の原稿——が自分にとっても他者にとっても理解可能なものになっている」[13]のです。

文化心理学は、学問的な意味においてだけでなく、実践的な意味でも大きな発展です。このような見方は、特に教育実践に対して重要な意味をもっています。[14]伝統的な教育では、生徒一人一人の「心」や「頭」（理性、知識、理解）をよりよいものにしていくことに、重点が置かれてきました。生徒には、教育的な題材が山のように与えられ、それらを学習することが期待されていました。しかし、文化心理学的な見方では、教育のプロセスの重点が、生徒の「心」から「関係」——教師と生徒の関係、生徒同士の関係——へと移ります。中でも、ヴィゴツキーは、学習の「場」は、人と人の関係的行為の網の目に存在するものであり、大切なのは「共にする」ことだと考えました。人は、他者と共に活動する中で、比喩的な意味で「自己」の外側に足を踏み出し、他者のある側面を取り入れるのです。

ブルックリンにある「バーバラ・テイラー・スクール（Barbara Taylor School）」には、教育に関する文化心理学的な考え方が反映されています。[15] この学校の子どもたち（四歳から十四歳まで）には、定められたカリキュラムや、年齢による画一的なクラス分けがまったくありません。カリキュラムは、生徒同士の、また教師との関係のプロセスを通して、おのずと生まれてくるものなのです。決められた題材を受動的に習得することよりも、共に何かをすることを通して学習するプロセスが活動の中心となります。つまり、相互に学び合う関係をいかに発達させていくかが重視されているわけです。したがって、教師と生徒の共同プロジェクトや、生徒のグループ活動が頻繁に行われ、プロジェクトによっては、生徒が学校から共同体（商店、美術館、役所など）の中へと出て行く機会が用意されます。

以上見てきたように、文化心理学は、確かに実践的な意味で重要な貢献をしてきました。しかし、ここで関係性への探究を終わりにすることはできません。文化心理学のもつ限界に、もうお気づきの読者もいるでしょう。その限界とは、象徴的相互作用論の議論のところですでに指摘してきたことです。文化心理学者たちは、ミードと同様に、「文化的な理解がどのようにして個人の心の中に組み入れられていくかを説明する」という、あの難題にぶつかります。私たちが、高度の心的機能（あるいはナラティヴ的思考）を通して世界や他者を理解しているとして、では、そうした機能をもつようになる前に、文化を理解することは果たしてできるのでしょうか。生まれたばかりの子どもは、どうして両親の言葉や行動を理解できるのでしょうか。完成した認知プロセスをもって生まれてくるのでなければ、どうして、両親の叱責、嘆願、承認が私たちにとって意味をもつのでしょうか。もし、私たちがそうしたプロセスを生まれつきもっていると考えるならば、文化心理学だけでは、こうした疑問に対して十分な答えを与えることができないということになります。また、文化心理学にも、社会的な決定論の傾向が見られます。すべての思考が文化に適応した結果であるとしたら、個人は単なる社会のロボットにすぎないのでしょうか。文化が個人の心の源であるとして、当の文化はいったいどこからくるのでしょうか。議論をもう少し先へと進めていくことにしましょう。

現象学と他者

自己の関係的な見方に対する第三の重要な貢献は、ある意外なところ――ヨーロッパの現象学――からもたらされています。なぜ意外かというと、一般に現象学的研究は、個人の意識的な経験、すなわち個人の認識の性質を記述したり分析したりすることに関心をもっているからです。現象学は、個人主義にもとづいた壮大な試みのように見えます。しかしながら、現象学者にとって、意識をもった主体と認識対象との伝統的な分裂は、決して望ましいものではありませんでした。例えば、哲学者フッサール（Edmond Husserl, 1859-1938）は、あらゆる経験は志向的であると主張しました。フッサールが意味したのは、私たちの経験が、他者や物的対象への関係、あるいは逆に対象からの関係の上に成り立つということです。同じことは、意識経験についてもいえます。つまり、意識的な経験とは本来、関係的なものであり、主体と対象――あるいは自己と他者――は志向的関係において結びついているのです。言い換えると、私の経験が内容をもつためにはあなたが必要であると同時に、私があなたにかかわる経験をしている限りにおいて、私にとってあなたが存在するのです。このような考え方は、フッサールの後継者であるシュッツ（Alfred Schutz）の、個人的な経験がもつ社会的側面についての詳しい記述の中に引き継がれています。[16]

シュッツは、世界についての私たちの経験は「自然的態度」に支配されていると述べています。つまり、「自分たちの周囲にある整然とした理解可能な世界」についての私たちの感覚や認識は、世界のあり方そのものからもたらされるものではなく、私たちが、ふだん当たり前とみなしていること（自然的態度）の副産物なのです。例えば、あなたが微笑む時、あなたの手も胴体も足も肩も目も全部動いているはずです。しかし、私はそうしたことをいちいち気に留めたりしません。ただ、「あなたが微笑んだ」と理解するだけです。私たちのこのような自然的態度は、「類型」――すなわちできごとの部類に関する想定――から成り立っています。私は、何百もの異なる微笑みを目にする可能性があり、あなたの今の微笑みは、私がこれから見る微笑みのどれとも同じではないのですが、私は「微笑み」の類型だけを経験するのです。さらにシュッツは、こうした類型のほとんどは、言語によって植えつけられると考えます。私たちは、「微笑み」という言葉を獲得すると同時に、一つの部類を指し示す名前を受け入れることになります。私たちは、日々出会うさまざまな微笑みの一つ一つに対応する言葉をもっていません。ただ「彼女は微笑んだ」というだけです（「にっこりと」「うっすらと」「表面的に」などの言葉を用いて修飾することはありますが）。言語を習得することによって、世界の経験におけるニュアンスが覆い隠されてしまいます。私たちの経験は、社会的なものによって、もっと直截にいえば、私たちが浸っている言語的な世界によって、不可避に色づけされているのです。

まさにこの点において、現象学の著作は、関係的な見方を発展させる上で重要な意味をもっています。なぜなら、シュッツが主張しているのは、意識的な経験という、私たちが何よりも私的だと考えているものが、実は社会的な相互行為に由来しているということだからです。私的（個人的）なものは、公的（関係的）なものから切り離すことができないのです。この考え方は非常に魅力的であり、文化心理学の考え方とも符合します。現象学の考え方は、一部のセラピスト（ヒューマニスト、全体論的治療、実存主義などさまざまに自らを定義するセラピスト）の間でも受け入れられています。彼らは、操作的、機械的、統制的なセラピーが人間性を奪うものであると考え、異なるセラピーのあり方を求めてきました。現象学的な理論においては、他者の経験には深い価値があるとされ、クライアント自身の経験に寄りそうことが最も重視されています。したがって、セラピストには、クライアントが自らの経験を十分に表現できるような関係を築くことが求められます。こうして、「誠実な関係」「あたたかい関係」「受容的な関係」「成長できる関係」などが、セラピストたちの間で重んじられてきました。[17]

このように、現象学的な見方は、確かに私たちの社会生活に大きく貢献してきました。しかし、その一方で、私たちがこれまでぶつかってきたのと同様の困難を抱えています。第一に、言語が、私たちが世界を理解するために必要不可欠な媒体であるとして、私たちはいかにして言語を理解するようになったのでしょうか。幼い子どもにとって、ある特定の音節パターンが、何らかの意味をもつようになるのはどうしてでしょうか。ある言葉を「何ものかとして」経験するためのカテゴリーをもたなければ、それは何ものでもありえないでしょう。第二の問題は、第一の問題に引き続いて起こってきます。ある特定の言葉が私たちの語彙の中に入ってきた時、私たちの世界についての経験はどのように変化するのでしょうか。[18]言葉を身につけることで、私たちが見ている対象の実際の形や色が変わるとでもいうのでしょうか。

最後に、現象学的な立場は、あくまで主体的な経験にこだわるため、人間を関係性において捉える上での十分な説明を私たちに与えることはできません。現象学的な分析は、主体的な経験を主体の問題として捉えようとするために、個人主義の遺産を完全に放棄することはないのです。言語は確かに個人に理解の手段を与えてくれるかもしれません。しかし、現象学者の関心の中心にあるのは、結局、内的な世界の性質なのです。

関係の中の存在――新たなビジョン

これまでの三つの議論――象徴的相互作用論、文化心理学、社会的現象学――には、重要な共通点がありました。つまり、心理的なものは、社会的なものから形作られると考えられていました。いずれの立場においても、社会的な世界が、心理的なものに先立って存在しており、社会的な世界によっていったん心理的なものが作り上げられてしまうと、自己は社会から独立に存在するようになると考えられていました。これらはすべて、自己／他者、内部（心）／外部（世界）、個人／社会という、あの二分法を引きずっています。個人主義に取って代わるものを用意しようとするなら、もっと思いきった飛躍をしなければなりません。つまり、二分法を――私たちは、たとえ他者の影響を受けることはあっても、本質的には他者と切り離された存在であるという考え方そのものを――壊してしまう必要があるのです。私たちは、いかなる個人にも帰すことはできないが、個々の人間なしには存立しえないプロセス（言語プロセス）を構成する要素として、自らを理解しなければなりません。こうした考え方は、どうすればわかりやすいものになるでしょうか。一つの重要な提案が、ロシア文学の理論家であるバフチンの研究の中に見出されます。

バフチンと対話主義

バフチンは、ロシア文学と文化に深い関心をもっていました。しかし、彼の研究は、多くの点で、一九三〇年代のロシアの支配的な政治秩序に反するものでした。そのため、彼は五年間投獄され、その後、祖国で学問的に重要な地位につくことはなかったのです。旧ソ連以外でも、彼の研究は、つい最近までほとんど注目されませんでした。しかし、現代の一部の研究者にとって、バフチンの発掘は、まるで長く消息を絶っていた家族の居所をつきとめたかのような興奮をもたらすものとなっています。

バフチンの著作は実に複雑であるため、ここではその中心的要素の一つに焦点を絞ることにしましょう。彼の研究を一言で表すと、「解釈の自明性に対する挑戦」です。特に、研究者が「意味を確定する」ことの不可能性に関する議論が中心でした。バフチンは、「**モノローグ**」のもつ抑圧的な特徴――ある巨大な権威の声が、意味を独占し、競合するすべての声を排除すること――に強い関心をもっていたのです。バフチンのこうした批判の矛先は、当時のロシアの全体主義体制にまで向けられたため、彼は投獄されることになりました。しかし、彼が抱いたこのような反感は、彼の著作にもあるように、今日「たった一つの正しい解釈」を主張するあらゆる者に対して向けられるべきなのです。

こうしたモノローグへの抵抗から、「**対話主義**」と呼ばれる対話についての新しい理論が生み出されました。対話主義においては、対話は到達すべき目標――モノローグに取って代わる関係のあり方――であると同時に、そこから、自己を関係の中に織り込まれたものとして捉えるような説明を引き出すこともできます。バフチンは、「人々は対話を通して意味の中に生まれてくる」と言います。これはどういうことでしょうか。このことについて考えるために、まず、バフチンの「言語の異種混淆性（heteroglossia）」という概念について述べておきましょう。バフチンによれば、ある文化の言語は、決して純粋なもの――たった一つの伝統の産物――ではなく、さまざまなものが混じり合ったシチューのようなものです。ここでバフチンが意味しているのは、ある言語が、他の異なる伝統の痕跡を残している――例えば、英語は、ギリシャ語、ラテン語、ノルウェー語、ドイツ語などの要素を受け継いでいる――ということだけではありません。言語は、絶え間なく動いています。言葉の意味は、新しいコンテクストの中におかれるたびに微妙に変化し、常に新しい言葉が造り出されていきます。

お互いにコミュニケーションする時、私たちは、膨大な貯蔵庫から言葉を引き出してきます。私たちは、話したり書いたりする時、過去から言葉を取り出し、それをバフチンのいう「発話（utterance）」の中に放ちます。発話には、さまざまな伝統の断片が含まれているだけでなく、現在のコンテクストやイントネーションも、発話の重要な要素となっています。例えば、「いいね」という文そのものだけでは、私たちに何も語ってはくれません。しかしながら、この文が、イヴァンとピーターがある晩遅く二人で暖炉の火をじっと見つめながらワインを飲んでいる時に、イヴァンがピーターに向けて言ったものだとしたら、それは、対話の重要な一部となってきます。それに対して、ピーターが同じように「いいね」と答えた時、その文の意味はまた違うものになります。この場合、その文は「同意」、あるいは「絆」を意味するかもしれません。言葉は、先行する発話によって、意味の中に産み落とされるのです。つまり、あらゆる発話は二重に発せられたものであり、進行中の対話は、常に語られない過去の声を伴っているのです。

以上の分析は、私たちにとって二つの意味で重要です。第一に、この分析によって、発話の意味が対話という関係の中で生み出されているということが明らかになりました。あらゆる意味は、関係に由来します。つまり、バフチンの理論は、意味を言語ゲームの産物とみなすヴィトゲンシュタインの考え方（第2章）を拡張したものと考えることができます。第二に、個人が何かを意味することができる、そしてその結果、「理性的」あるいは「分別がある」とみなされるかどうかは、関係によって決まるということがわかりました。したがって、自己を他者から切り離すことはできません。自己と他者は、共に意味の生成の中に浸っているのです。バフチンは、「意識とは決して自己完結的なものではない」と述べています。「意識は常に、別の意識との密接な関係の中に自らを見出して[19]」います。いいかえれば、「存在することは、すなわちコミュニケーションすること[20]」なのです。

関係の中の存在

バフチンによって耕された畑は、人生や生活を関係性という観点から理解しようとする私たちに、豊かな実りをもたらしてくれます。バフチンは、人間の行動に対する新たな理解——理性を関係から切り離して考えることは不可能であり、私たちのあらゆる行動は、過去の関係を明らかにすると同時に、私たちのこれからの関係をも示している——を私たちに与えてくれています。ただし、この説明には、まだ個人主義の痕跡が残っていることに注意しなければなりません。過去の対話を現在へと運び、対話において思考し、対話の中に新たに生まれてくるのは、あくまで個人なのです。

バフチンは次のように述べています。「聞き手は、言葉の意味を知覚して理解すると同時に、その意味に向けて（あるいは応じて）ある態度をとるのである」[21]。つまり、ここでもやはり、個人の「心」が意味の生成や解釈にとって重要なものと考えられているのです。では、人間を関係の流れの中に埋めこまれたものとして捉えながら、なおかつ「個人が思考する」という想定から自らを引き離すことはできるのでしょうか。ただし、こういったからといって、私たちの日常的な「心」の語り――「私は……と感じる」「私は……と思う」「私は……がほしい」など――をすべてなくしてしまおうと主張しているわけではありません。これらの表現を、真実を表すものとしてではなく、関係を構成するものとして捉えることが大切です。私たちが次にしなくてはならないのは、バフチンが残した財産から、関係を中心に据えた説明を引き出すことです。そのためには、どうすればよいのでしょうか。二つの理論的ステップを踏まえ、それから具体的な実践に目を向けることにしましょう。

〈1．心理的な言説は「内的世界の正確な記述」ではなく、「パフォーマティヴ（遂行的）」なものである〉　この第一ステップは、本書のここまでの議論とも連続しています。すでに述べたように、「私はあなたを愛している」「私は怒っている」などの発話は、決して心の内的な状態やニューロンについての報告ではありません（第1章）。「私はあなたを愛している」という発話は、ある関係の中では非常に大きな力をもちます。この発話は、他者を親密な関係の中に引きこむこともあるでしょうし、あるいは、逆に他者を遠ざけることになるかもしれません。この発話は、人々の関係において、重要な機能を果たしています。それは、ある関係を、他ではないこの特定の関係として形作っているのです。したがって、「私はあなたを愛している」と同じ意味をもっているように思われる発話、例えば、「私は……のことが気になる」「私は……を敬愛している」「私はあなたに夢中だ」などは、同じことの言い換えでも、まして、それぞれが異なる心的状態に結びついているわけでもありません。それらは、関係の中で少しずつ異なる働きをし、関係を微妙に修正したり調整したりしているのです。例えば、「私は……のことが気になる」という言葉は、情熱的な関係を友情へと変えるかもしれません。「私はあなたに夢中だ」は、映画や舞台にありがちな型にはまった言い方なので、「私はあなたを愛している」という言葉に含まれる誠実な感じが失われてしまいます。こうした愛情表現の多様性によって、関係の幅がより豊かなものになっているのです。

ただし、こうした発話が、「単なる言葉」ではないということに注意してください。第2章で議論したように、発話はパフォーマティヴな機能をもっています。つまり、「何かを言う」というまさにそのことによって、私たちは特定の関係の中で特定のパフォーマンスを行っているのです。人をののしる言葉（「畜生！」）や宗教的な儀式（「ここに、あなたがたが夫婦となることを宣言します」）、ゲーム（「位置について、よーい、ドン！」）などを考えると、このことが理解しやすくなります。大切なのは、発話の内容ではなく、その発話がさまざまな関係の中でどのように機能するかということです。「水素分子が取り出された」のように、明白な「事実」の言明に思われるものでさえ、ある社会的グループの中でのパフォーマンスであり、結果として、ヒエラルキーを構築し、取り決めを行い、特定の行為を推進することになるのです。このことは、心理状態についての言語や、愛、怒り、希望、願望などの表現にもあてはまります。それらは、常に複雑なパフォーマンス――言葉のイントネーションだけでなく、身振りや、まなざしや、姿勢も含んだパフォーマンスに――埋めこまれています。例えば、消え入りそうな声で、目線を床に落とし、微笑みながら「私は怒っている」と言っても、その発話はパフォーマティヴな意味をほとんどもちません。私たちは、その人が何を言っているのか理解できないでしょう。私たちの文化において、適切に「怒り」を演出するには、声の激しさと大きさが大事なポイントになってきます。顔をしかめたり、全身をこわばらせたりすることも必要かもしれません。このように、個人の心の中にある「気持ち」と考えられているものを、人と人との間の「行為」に置き換えることは、非常に重要です。私たちは、感情や思考や記憶を「もっている」のではなく、それらを「する」のです。[22]

このように、「心理的な言語はパフォーマティヴなものである」と主張したからといって、私たちの表現が「表面的だ」とか「計算的だ」ということになるわけではありません。自分が、白熱したスポーツの試合の真最中にいるところ――夢中で走ったり跳んだりしている状態――を想像してみてください。あなたは、自らの行動について、「もくろみがあった」とか「わざとだった」とか「ただある結果を生じさせるためだけにやった」などとは言わないでしょう。しかし、ゲームそのものは文化的に作り出されたものです――私たちは「たかがゲームじゃないか」などと言うこともあります。心理的な言説を含んだパフォーマンスも、それと同じです。私たちが怒り、愛、記憶などを遂行する時、たとえそれらがある文化や歴史に埋めこまれたものであり、あるルールによって理解可能になっているのだとしても、私たちは「あたりまえのことを（『自然的態度』にもとづいて）遂行している」だけなのです。

〈2．パフォーマンスは関係性の中に埋めこまれている〉

1．で述べたように、「心理的な言説はパフォーマティヴなものである」と考えると、次に、二つの重要な問いが生まれてきます。第一は、そうしたパフォーマンスはどこから来るのかという問いです。ある感情の表現のもとになる特定の心の状態などないとしたら、いったい何がパフォーマンスを引き起こすのでしょうか。私たちの表現が、いかに、文化や歴史によって理解可能なものになっているかという、これまでの章での議論を思い出してください。私が、自分が勝手に造った言葉を用いて話したとしても、私の言っていることが意味をなさないのと同じように、私の行為は、文化的・歴史的な背景を取り入れなければ何の意味ももたないでしょう。私はあるパフォーマンスをする時、さまざまな関係の歴史を引きずり、それを表現しています。つまり、私のあらゆる動きの中には、関係が潜んでいるのです。第二の問いは、パフォーマンスはいったい誰のためのものなのかというものです。劇場のメタファーを用いて言うならば、パフォーマンスの観客は誰なのでしょうか。バフチンが指摘しているように、私たちが心理的状態について話す時（「私は……がほしい」「彼は……だと思っている」「彼女は……と考えている」）、その発話は、明示的であれ暗示的であれ、ある関係の中で特定の誰かに対して向けられたものです。パフォーマンスが誰かに向けられたものであるということは、それが受け手に応じて形作られているということになります。例えば、ある人の怒りの表現は、それが自分の子どもに向けられる場合と、同僚や両親に向けられる場合とでは決して同じではないでしょう。ある表現の中には、他者が、まさにその形成のプロセスにおいて入りこんでくるのです。

したがって、ある人のパフォーマンスは、必ずある関係の構成要素であるということがわかります。すなわち、それは、これまでの関係の歴史や、それが向けられていく関係をも含んでいるのです。心理的な言説をパフォーマティヴなものとして扱い、パフォーマンスを関係の中に埋めこむことによって、心に関するすべての語彙は、関係の中で構築されたものだと考えることができるようになります。社会的な関係を通して、独立した「心」が作り出されるわけではありません。社会的な世界がいかにして個人の主体的な世界の中に入りこんでくるのか、などと考える必要はありません。「心」と呼ばれる独立した領域など存在しないのです。あるのは行為であり、その行為は関係の中で形成され、関係を通して人々にとって理解可能なものになるのです。

このことから、「考える」ということは決して心の中の私的なできごとではなく、私たち自身が、人々の発話や行為にもとづいて、「思考」や「理性」を人々に帰属させているのだという主張もなされます。すなわち、「理性」とは効果的なレトリックであり[23]、「思考」とはうまく議論する能力のことなのです[24]。

読者は、ここで次のような疑問をもつかもしれません。この主張は、私たちの主体性や、私たちが個人的に（一人で）何かをすることを完全に否定しようとしているのでしょうか。期末のレポートを書いている時、あるいは友人の不愉快な発言についてあれこれ考えている時、その時点に注目すれば、私たちは個人的に何かを行っているように見えます。どうして、これが社会的な行為だといえるのでしょうか。もう少し考えてみましょう。例えば、期末のレポートに取り組んでいる時、私たちはどんなプロセスにかかわっているのでしょうか。意味ある議論をするための、つまり、社会的な行為のための準備をしているはずです。同じように、友人に拒絶されるということは、特定の関係の歴史においてのみ意味をもちます。私たちは、個人的に何かをしている――推論している、考えている、感じている――といいたいところですが、それらはすべて、「個人的に」行われる「社会的な」行為なのです。例えば、舞台のセリフの練習をしている女優を考えてください。セリフは、舞台から独立には意味をもちません。セリフが理解可能なものとなるためには、そのセリフが埋めこまれている関係が必要です。ところが、この女優は、誰もいない部屋で声を出して「個人的に」リハーサルをすることもできるし、黙って言葉が形をなしていくままにまかせることもできます。後者の場合、私たちは、彼女は「イメージしている」あるいは「考えている」のだと言います。しかし、実は彼女は、社会的な行為を行っているのであり、ただそこに、観客やパフォーマンス全体が不在だというだけなのです[25]。

以下では、関係の中の存在に向けてのこうした考え方を、さらに詳しく説明しましょう。特に、記憶と感情のプロセスに目を向けることにします。

集合的な行為としての記憶

「あの時のことを、覚えてる？」
「直角三角形の斜辺の二乗は？」
「五月五日の夜に起こったできごとについて、説明できますか？」

こうした記憶に関する問いは、私たちの日常生活の中にあふれています。もしかしたら、これらの問いにどう答えるかによって、私たちの人生が変わることもあるかもしれません。これまで多くの心理学者や神経科学者たちが、記憶喪失、記憶力の改善、失語症など、記憶についてのさまざまな研究に着手してきました。ところで、私たちの記憶についての常識――そして、それはそのまま科学の基盤ともなっているのですが――の中心にあるのは、個人主義的な考え方です。「記憶」という言葉は、個人の心（あるいは頭）の内側で起こっている特別なプロセスを指すと考えられています。また、記憶のプロセスは神経学的な基盤の上に成り立っており、その機能は普遍的であると想定されています。こうした考え方に含まれている概念的・政治的な問題については、すでに述べてきました。今私たちにとって必要なのは、記憶を関係の中の現象として理解することです。「私は覚えている」という言葉を、特定の心理学的あるいは神経学的な状態についての報告と考えるのはナンセンスです。いったいどんな状態が報告されているのでしょうか。どうすれば、「心や頭の内側をのぞきこんで」、「思考」や「願望」ではなく「記憶」があると認識することができるのでしょうか。むしろ、ショッター（John Shotter）が述べているように、「われわれが経験について話す時、経験そのものの性質を表現しているのではない。われわれは、そのことを通して、ある社会的秩序を作り上げ、維持している」[26]のです。

つまり、記憶とは個人の行為ではなく、集合的な行為であるということができます。ここで、以下に挙げる会話の一部について考えてみましょう。これは、イギリスの学生たちが、一緒に見た映画（「E.T.」）について、グループで議論しているようすを録音したものです。[27]

ダイアン：「とっても悲しかったね」

レスリー：「あの小さな男の子は、とてもすばらしい俳優だね」
ダイアン：「うん、彼は本当にすばらしかった」
ティナ：「特に、最後に彼が……」
カレン：「震えてなかった？」
ジョン：「あれを見て泣かなかった人って、どれくらいいるんだろう？」
レスリー：「（強調して）僕は泣かなかったよ。それに、そのことを自慢に思うね」
ダイアン：「最初のところで彼が宇宙船に乗らなかった時、私ね……でも、ストーリーはつまらなくなかった？」
カレン：「そうね」
レスリー：「ああ、死ぬほど退屈だった」
ティナ：「特殊効果はすごかったけどね」
ポール：「彼が酔っ払ってあんなふうになった時、ちょっと信じられないくらいおもしろかったね」
レスリー：「ああ」

この映画がグループによっていかに描写されるか、その可能性は無限にあります。しかし、上の会話からわかるのは、学生たちが、何について話すかに関して、非常に選択的だということです。彼らは、話しながら「何が起こったか」についての説明を作り出しています。彼らは、ストーリーの悲しさ、演技のすばらしさ、退屈な筋書きなどについて一定の同意を生み出すと同時に、あとで誰かに「『E.T.』観た？　どんな感じだった？」と尋ねられた場合の答え方を前もって用意しているのです。

同じように、学校で、子どもが「三かける三はいくつ？」と尋ねられて「九」と答える時、子どもは、心に蓄えられた記憶を報告しているのではありません。それは、さまざまに入り組んだ関係の歴史において形成された一つの行為なのです。また、家族が再会した時にする昔話も、彼らの心の中にある像ではなく、長い家族の歴史の中で温められてできた会話の形なのです。人々が、政治的なできごと――戦争や革命――をどのように思い出すのかを調べたスペインの研究者たちは、「あらゆる記憶は、たとえどんなに個人的なものに見えても――他の誰とも共有されないできごとについての記憶でさえ――、他者と共有しているもの、つまり言語、イディオム、できごと、社会を形作るあらゆることがらとの関係を通して存在しているのだ」と結論づけています。[28]

記憶やその他の心のプロセスが集合的なものであるということは、言い換えれば、それらが**共同体の中に配分されている**ということです。母親にアルファベットを教わっている子どもについて考えてみましょう。例えば、母親が「ローラ、Fの次はなに?」と尋ねます。子どもがしばらく黙っていると、母親は「よい（Good）、ガチョウ（Goose）、グレービーソース（Gravy）……」と言います。すると、子どもは「G!」と答えます。この子どもの「正しい記憶」は、母親と子どもの間に配分されます。答えているのは子どもですが、そのためには母親の促しが不可欠だからです。記憶はこのように共同体の中に「配分される」と研究者たちは主張します。例えば、ある国の人々の歴史に関する記憶は、人々の会話だけでなく、教科書、新聞、テレビ、映画などにも「配分される」でしょう。[29]つまり、歴史は集合性によって創られるのであり、したがって、もののわかった政治家ならとっくに気づいているように、歴史は常に再構築されるものなのです。

記憶と同様、「合理性」もまた、共同体の中に「配分されている」ということができます。ダグラス（Mary Douglas）が述べているように、合理的な決定とは、組織におけるさまざまな会話の中から生まれてくるものであり、この意味で「組織が考える」ということもできます。[30]逆に、愚かな決定も、ある個人の心が生み出したものではなく、グループ全体の産物――どのように話をするか、誰が会話に加わっているのか、誰が会話から排除されているのかということも含めて――だと考えることができるのです。この点に関する一つの重要な研究があります。それは、飛行機の乗員に関する研究です。[31]飛行機の乗員には、飛行経路、天候、着陸などの状態を考慮し、綿密な共同作業で「理性ある判断」を生み出すことが求められます。こうした共同作業は、多くの人々の生死を左右します。ところが、多くの飛行機事故では、下位の乗員の提言が上官に十分に考慮されていなかったということが、この研究によって示されました。これは、集合的な合理性が招いた悲惨な結末だといえるでしょう。

感情のシナリオ

私たちは、感情を「自然に与えられたもの」、すなわち人間の本質の一部であると考えています。例えば、母親は、子どもの泣きは「怒り」のしるしであり、笑顔は「幸福」の表現であるというように、子どもが生まれつき感情という機能をもっていると考えています。[32] 心理学者は、感情の心理的な基盤を突きとめようとし、その普遍性について議論します。[33] 感情の普遍性の議論は、ある意味でとても魅力的です。なぜなら、人間が人間を理解できるのは、人間の本質である——例えば、私たちは他者の「恐れ」や「愛」や「喜び」を理解できるように生まれついている——ということが暗に示唆されているからです。しかしながら、私たちが「自然だ」と思いこんでいるものは、たいてい、私たち自身の文化における感情です。例えば、イファルク島の人々が「ファーゴ」と呼ぶものや、日本人が「甘え」と呼ぶものは、西洋の感情についての「普遍的な」語彙から抜け落ちてしまっています。こうした文化帝国主義の問題は、これまでに議論してきたさまざまな問題によっていっそう困難なものになっています。

感情の表現を、関係の中のパフォーマンスとして理解するにはどうすればよいのでしょうか。ここで、「シナリオ」——劇などで用いられる、一連の行為を書き表したもの——という概念を考えてみましょう。[34] シナリオに書かれている一つ一つの行為は、次に続く行為の舞台を用意すると同時に、先立つ行為は後の行為によって理解可能なものとなっています。それぞれの役者のパフォーマンスは、劇に筋の通った統一性を与えるために不可欠であり、それぞれのパフォーマンスが理解可能なものになるかどうかは、それ以外のパフォーマンスによって決まります。このように考えると、感情的なパフォーマンスは、文化に特有のシナリオを構成するもの、すなわち他者を含んだ劇の一部であるとみなすことができます。「怒りの叫び」も「抑うつの表情」も、関係におけるシナリオの中に位置づけられなければ、意味をなしません。つまり、そうした表現はいつでもどこでも起こるわけではなく、文化的にみて適切な、ある文脈の中でしか生じえないのです。例えば、家族で静かに食事をしている最中に、突然、地団太を踏んで「頭にきた！」と叫び出すことはめったにありません。西洋の一般的な基準から見ると、そうしたふるまいは非常識なものです。しかし、誰かに自分のプライバシーが侵害された場合には、同じ表現が適切なものになるだけでなく、逆に、まったく怒っているそぶりを見せなければ、性格に問題があると判断されるかもしれません（「いったい、おまえはどこまで弱虫なんだ?」というように）。つまり、ある感情のパフォーマンスをするには、それに適した時と場合があるのです。

さらに、ある感情のパフォーマンスがなされると、関係のシナリオによって、後に続く行為が決定されます。例えば、友人の一人があなたに、「実は、僕は不治の病にかかっているんじゃないかと思うんだ」と打ち明けたとします。その時、文化的なシナリオによって、あなたの反応のうちあるものは適切とされ、あるものは禁止されることになります。同情やいたわりの表現は適切な答えとなりますが、くだらない冗談を言ったり、自分の休暇の話をしたりすれば、非常にまずいことになるでしょう。また、優れたストーリーと同じように、多くの感情的なシナリオには「始まり」と「終わり」があります。例えば、真夜中に突然電気が止まったら、それは、「嫉妬」や「狂喜」ではなく「恐怖」の表出が適切となるようなシナリオの始まりです。あるいは、誰かが自分の悲しみについて話を始めたら、彼女が笑顔になるまで慰めてあげることが必要になるかもしれません。シナリオが終わりに近づけば、くだらない冗談を言ったり、休暇について話したりすることができるようになるでしょう。

この考え方からすると、感情とは個人の心の所有物ではなく、関係のもつ特性です。「あなたの喜び」は、あなた個人のものではなく「私たちのもの」であり、「私の怒り」は「私たちの怒り」である、というように。このように理解することは、非常に重要な意味をもっています。今や十人に一人はかかる「心の病」である「抑うつ」を例に挙げて考えてみましょう。ここでの考え方によれば、抑うつは個人の病ではありません。個人は、関係性の中で、文化的に理解可能な行為として、「抑うつ（というパフォーマンス）をする」のです。こうして治療の関心は、個人の心（「彼のどこが悪いのか」）ではなく、その人が含まれている関係のシナリオへと向けられます。どんな関係の中で、あるいは誰と、どんな状況において、抑うつが引き起こされるのでしょうか。そこで、まったく別の行為をすることはできるでしょうか。同様に、家庭内暴力（配偶者による虐待）もまた、自然な怒りの爆発ではなく、家族のメンバーや、他人との微妙なやりとりの中に埋めこまれたものだと考えることができます。そうしたやりとりの中に、暴力が「自然なものになる」ような時と場合があるのです。ここで重要なのは、どうすればこのようなシナリオを打ち切ることができるかと問うことです。

もっと明るい側面にも目を向けましょう。このような関係的な見方は、私たちの楽しみ――味、におい、色、性に関する喜び――もまた、単に個人的なものではないということを示しています。そうした喜びを感じられるのも、私たちが人々との多様な関係の中に生きているからなのです。私は、シャーリーに出会うまで、オペラが好きではありませんでした。マイクと出会う前は、スコッチウィスキーを飲んだことがありませんでした。スタンに会うまで、野球は退屈なものでした。このようなリストは、まだまだ続けることができます。読者のみなさんもきっと、このようなリストを作ることができるでしょう。

結　論

「関係性の中の存在」という考え方によって、これまで述べてきた「個人主義的な自己」という概念に含まれる問題を乗り越えることができるでしょうか。この考え方によって、自己と他者の間の亀裂や、孤独感、他者に対する違和感や不信感などが低減されます。私たちは、直接的であれ間接的であれ、常に他者と共にあります。「利己的」になったり、他者を、自分の利益のための道具として扱ったりしなければならない理由はありません。私たちは、お互いによって作り上げられているのです。また、初期の研究者たちが直面した問題――自己は他者によって作り出されたものであり、社会や環境の単なる「結果」にすぎないのではないか――に悩む必要もありません。そこには、原因も結果もないのです。さて、ここまでは、順調に歩んでくることができました。次章では、関係的な考え方がもたらすさらなる成果について、探究していくことにしましょう。

本章をふりかえって

読者はもうお気づきかもしれませんが、私はこの「関係性の中の自己」という考え方に出会った時、非常に興奮しました。西洋文化に属する私たちが、今自ら、自分自身についての概念化のしかたを変えようとしているのだという感覚が、私をそんなに興奮させたのだと思います。それはまるで、第二の啓蒙主義に加わっているような感覚です。「個人主義的な自己」という概念を強固なものにした第一の啓蒙主義が、民主主義、公教育、人間の権利などを推し進めたとすれば、今、どのような実践の開花が期待されているのでしょうか。自己を関係性の中の存在として理解しようとする試みは、まだ始まったばかりです。これからもっと発展させていかなければなりません。その時、「社会的なものの過剰な特権視」をどう乗り越えるかが、私にとって重要な課題となるでしょう。関係性の中の自己という概念を発展させようとすると、関係とは社会的なものである——人間の共同体によって、意味生成のプロセスの中で行われるものである——と想定されがちです。しかし、このように関係なるものを制限することは、社会的／非社会的、文化／自然、共同体／環境のような二分法を支持することになります。私たちにとって必要なのは、関係の概念を広げ、非社会的なもの——特に自然環境——も含めたものにすることです。意味を、環境の中で人間が生み出すものとして再構築するような、新たなメタファー、ナラティヴ、イメージなどを作り上げていくことが必要なのです。

注

［1］生成的理論に関するより詳しい説明は、Gergen, K.J. (1993) *Toward Transformation in Social Knowledge*, 2nd edn. London: Sage.（杉万俊夫・矢守克也・渥美公秀監訳　1998『もう一つの社会心理学』ナカニシヤ出版）を参照

［2］Lasch, C. (1979) *The Culture of Narcissism*. New York: Norton.（石川弘義訳　1981『ナルシシズムの時代』ナツメ社）

［3］Bellah, R.N., Madsen, R., Sullivan, W.M., Swidler, A., and Tipton, S.M. (1985) *Habits of the Heart*. Berkeley, CA: University of California Press.（島薗進・中村圭志訳　1991『心の習慣』みすず書房）

［4］前掲書（原著）、85ページ

［5］Wallach, M. and Wallach, L. (1983) *Psychology's Sanction for Selfishness*. San Francisco: Freeman. p. 11.

［6］Stone, A.R. (1996) *The War of Desire and Technology at the Close of the Mechanical Age*. Cambridge: MIT Press.（半田智久・加藤久枝訳　1999『電子メディア時代の多重人格——欲望とテクノロジーの戦い』新曜社）興味深いことに、インターネット・テクノロジー評論家であるストーンは、複数のアイデンティティをもつことが、個人主義に対抗する手段になりうるとして、これを擁護しています

［7］Mead, G.H. (1934) *Mind, Self, and Society*. Chicago University of Chicago Press.（稲葉三千男・滝沢正樹・中野収訳　1973『精神・自我・社会』青木書店）

［8］前掲書（原著）、164ページ

［9］関連する興味深い研究や理論の例として、次のようなものがあります。Hochschild, A. (1983) *The Managed Heart: Commercialization of Human Feeling*. Berkeley, CA: University of California Press（石川准・室伏亜季訳　2000『管理される心——感情が商品になる時』世界思想社）．Turner, R.H. (1978) The role and the person. *American Journal of Sociology*, **84**, 1-23. Matza, D. (1969) *Becoming Deviant*. Englewood Cliffs, NJ: Prentice-Hall.

［10］Mead, 前掲書（英文）、186ページ

［11］両者の違いに関する古典的な議論は、Overton, W.R. and Reese, H.W. (1973) Models of development: methodological implications. In J.R. Nesselroade and H.W. Reese (Eds.) *Life-span Development Psychology: Methodological Issues*. New York: Academic Press. を参照

［12］Vygotsky, L. (1981) The genesis of higher mental functions. In J.V. Wertsch (Ed.) *The Concept of Activity in Soviet Psychology*. Amronk, NY: M.E. Sharpe. p. 163.

［13］Bruner, J. (1990) *Acts of Meaning*. Cambridge, MA: Harvard University Press.（岡本夏木・仲渡一美・吉村啓子訳　1999『意味の復権——フォークサイコロジーに向けて』ミネルヴァ書房）

［14］例えば、Moll, L.C. (1990) (Ed.) *Vygotsky and Education*. Cambridge: Cambridge University Press. を参照

［15］Holzman, L. (1997) *Schools and Growth*. Mahwah, NJ: Erlbaum. を参照

［16］特に、Schutz, A. (1970) *On Phenomenology and Social Relations*. Chicago: Universityof Chicago Press.（森川眞規雄・浜日出夫訳　1980『現象学的社会学』紀伊國屋書店）を参照。シュッツの研究は、社会構成主義の最初の重要な著作、バーガーとルックマンの『日常世界の構成』（1977）においても中心的な役割を果たしています

［17］詳しい議論については、Schneider, K.J. (1998) Toward a Science of the Heart: Romanticism and the revival of psychology. *American Psychologist*, **53**, 277-89. を参照

［18］言語が、私たちの世界の知覚に影響を及ぼすという考えは、言語学者ウォーフBenjamin Lee Whorfの著作（*Laguage, Thought and Reality*, Cambridge, MA: MIT Press, 1956.（池上嘉彦訳　1978『言語・思考・現実——ウォーフ言語論選集』弘文堂）にちなんでしばしば「（サピア＝）ウォーフの仮説」と呼ばれています。ただし、言語学においても、これがいかにして起こるかというこ

とについて、説得力のある説明はいまだになされていません

[19] Bakhtin, M. (1984) *The Problems of Dostoevsky's Poetics* (Ed. and trans. C. Emerson). Minneapolis, MN: University of Minnesota Press. p. 26.（望月哲男・鈴木淳一訳　1995　『ドストエフスキーの詩学』　筑摩書房）

[20] 前掲書（英文）、287ページ

[21] Bakhtin, M.M. (1986) *Speech Genres and Other Late Essays*. (trans. by V.W. McGee) Austin, TX: University of Texas Press. p. 68.

[22] Shaeffer, R. (1976) *A New Language for Psychoanalysis*. New Heaven, CT: Yale University Press. も参照

[23] Myerson, G. (1994) *Rhetoric, Reason and Society: Rationality as Dialogue*. London: Sage.

[24] Billig, M. (1996) *Arguing and Thinking*, 2nd edn. Cambridge: Cambridge University Press.

[25] この点に関する詳しい議論は、Harré, R. (1979) *Social Being*: Oxford: Blackwell. を参照

[26] Shotter, J. (1990) The social construction of remembering and forgetting. In D. Middleton and D. Edwards (Eds.) *Collective Remembering*. London: Sage. pp. 122-3.

[27] Middleton, D. and Edwards, D. Conversational remembering: a social psychological approach. In D. Middleton and D. Edwards (Eds.) *Collective Remembering*. London: Sage. pp.31-2.

[28] Iniguez, L. Valencia, J. and Vasquez, F. (1997) The construction of remembering and forgetfulness: memories and histories of the Spanish civil war. In J. Pennebaker, D. Paez, and B. Rime (Eds.) *Collective Memory of Political Events*. Mahwah, NJ: Earlbaum. p. 250.

[29] 例えば、Schudson, M. (1992) *Watergate in American Memory*. New York: Basic Press. を参照

[30] Douglas, M. (1986) How Institutions Think. London: Routledge & Kagan Paul.

[31] 例えば、Engestrom, Y. and Middleton, D. (Eds.) (1996) *Cognition and Communication at Work*. Cambridge: Cambridge University Press. を参照

[32] Gergen, K.J., Gloger-Tippelt, G., and Berkowitz, P. (1990) The cultural construction of the developing child. In G. Semin and K.J. Gergen (Eds.) *Everyday Understanding*. London: Sage. を参照

[33] Lillard, A. (1998) Ethnopsychologies: cultural variations in theories of mind. *Psychological Bulletin*, **123**, 3-32. において有用な議論がなされています

[34] Gagnon, J. and Simon, W. (1973) *Sexual Conduct*. Chicago: Aldine. も参照

【より詳しく知りたい人のための文献案内】

●「個人主義の検討」に関する参考文献

Bellah, R.N., Madisen, R., Sullivan, W.M., Swidler, A., and Tipton, S.M. (1985) *Habits of the Heart*. Berkeley, CA: University of California Press.

Sampson, E.E. (1993) *Celebrating the Other: A Dialogic Account of Human Nature*. London: Harvester-Wheatsheaf.

●「象徴的相互作用論」に関する参考文献

Denzin, N. (1992) *Symbolic Interaction and Cultural Studies: The Politics of Interpretation*. Oxford: Blackwell.

Hewitte, J.P. (1994) *Self and Society*. Boston, MA: Allyn & Bacon.

●「文化心理学」に関する参考文献

Bruner, J. (1990) *Acts of Meaning*. Cambridge, MA: Harvard University Press.

Cole, M. (1996) *Cultural Psychology*. Cambridge, MA: Harvard University Press.

Moll, L. (1990) *Vygotsky and Education*. New York: Cambridge University Press.

●「現象学」に関する参考文献

Berger, P. and Luckmann, T. (1967) *The Social Construction of Reality*. London: Allen Lane.

Owen, I.R. (1995) El construccionismo social y la teoria, practica e investicacion en psicoterapia: Un manifesto de psicologia fenomenologica. *Boletin die Psicologia*, **46**, 161-86.

Polkinghorne, D. (1988) *Narrative Knowing and the Human Sciences*. Albany, NY: State University of New York Press.

Wagner, H. (1970) *Alfred Schutz: On Phenomenology and Social Relations*. Chicago: University of Chicago Press.

●「バフチンと対話主義」に関する参考文献

Hermans, H.J.M. and Kempen, H.J.G. (1993) *The Dialogical Self*. New York: Academic Press.

Morson, G.S. and Emerson, C. (1990) *Mikhail Bakhtin, Creation of a Prosaics*. Stanford, CA: Stanford University Press.

Shotter, J. (1993) *Conversational Realities*. London: Sage.

Wertsch, J.V. (1991) *Voices of the Mind*. Cambridge, MA: Harvard University Press.

●「関係性の中の自己」に関する参考文献

Bakhurst, D. and Sypnowich, C. (Eds.) (1995) *The Social Self*. London: Sage.

Burkitt, I. (1993) *Social Selves*. London: Sage.

Edwards, D. (1997) *Discourse and Cognition*. London: Sage.

Gergen, K.J. (1994) *Realities and Relationships*. Cambridge, MA: Harvard University Press.

Middleton, D. and Edwards, D. (1990) *Collective Remembering*. London: Sage.

Pennebaker, J.W., Paez, D. and Rime, B. (Eds.) (1997) *Collective Memory of Political Events*. Mahwah, NJ: Erlbaum.

Sarbin, T.R. (1989) Emotions as narrative emplotments. In M.J. Packer and R.B. Addison (Eds.) *Entering the Circle: Hermeneutic Investigation in Psychology*. Albany, NY: State University of New York Press.

第6章　理論と実践(1)——対話のもつ可能性

前章では、「個人」としての私たちが、実は「関係」から生み出されるという新しい考え方について述べてきました。これに対して、そんな考え方は学者が気まぐれに思いついた——直感的で独創性に富んだといえないこともない——メタファーであって、学問世界の外側ではそれほど重要ではないという反論があるかもしれません。出版された書物が、社会に何らかの影響を与えるはずだというのは、確かに、学問的な著作につきものの危険な思いこみです。しかし、本に書かれた言葉とふだんの生活の中で私たちが用いる言葉の間に結びつきがあると信じるには、それなりの根拠があります。社会構成主義から見れば、言葉はそれ自体一つの社会的実践なのです。ただし、大切なのは、こうした実践が、学問世界という特権的な城の中に閉じ込められてしまわないようにすることです。この「実践」こそが、本書の残りの章（第6～8章）に共通する主なテーマとなります。

本章ではまず、私たちの日常生活において——実は、学問世界においても同じなのですが——最も困難な問題の一つ、すなわち「私たちはどうすればお互いに理解し合うことができるのか」という問題に、正面から取り組んでいきます。私たちは、いかにして対話の中で意味を共有するようになる（あるいは共有できなくなる）のでしょうか。関係性を強調する立場からこの問題を考えていくことによって、新たな行為への扉が開かれるはずです。また、この議論は、日常の対話がもつ可能性について考えるためのベースともなるでしょう。私はこれまで、対話が世界を構成するのだと主張してきました。私たちが今直面しているのは、「対話と差異」というスリリングな挑戦です。お互いに、まったく異なる、あるいは対立する現実——「他者」を信用せず、敵視するような世界——の中にいる人々が、共に生きていくことは果たして可能なのでしょうか。

解釈学的な問い——「心」から「関係」へ

「あなたは、私のことをまったく理解していない……」
「私がどう感じているか、あなたにはわからない……」
「あなたの言っている意味が、私にはわからない……」

これらのセリフはどれもありふれたものですが、私たちの日常における「理解」の問題をよく表しています。「理解」というものがなければ、私たちはきっと途方にくれてしまうでしょう——誰の言うこともまったく理解できないようなところへ、旅行することを考えてみてください。「理解」がなければ、私たちは共に意味を作り出すことも、共に行動することも、一緒に居ることもできないように思われます。では、私たちはどうしてお互いを理解するようになるのでしょうか。なぜこんなにも頻繁に誤解が生じるのでしょうか。

「人間の理解がいかに生まれるか」という問題は、研究者たちを長い間悩ませてきました。この問題に最も関心をもっているのは、「解釈学（hermaneutic）」です。ちょうどギリシャ神の使者であるヘルメスが、オリンポスの山から降ってくる言葉を人間にとって理解可能なものにしたように、解釈学は、人間同士の理解の根源を明らかにすることを目的としています。解釈学の起源は、聖書のテキストに対する宗教的な解釈にさかのぼります。そこでは、「神の言葉」や古い宗教的な書物が、どうすれば私たちにとって理解できるものになるのか、それらが何を意味していたのかということが問題となっていました。法の解釈においても、同様の問題が見出されます。例えば、アメリカ合衆国の最高裁判所が、権利章典の意味——言論の自由に関する問題や、武器の所持の権利も含めて——をどう解釈するかが、何百万人もの人々の命に影響を及ぼすことになります。文学研究においても、テキスト——シェークスピア（W. Shakespeare）

の劇からエリオット（T.S. Eliot）の作品まで——の背後にある意味が、関心の対象となります。解釈学は、このように、他者を理解するという困難な問題を解決することに力を注いできたのです。

「真実の」解釈をもたらす方法はあるか

伝統的な解釈学的研究は、二元論の前提に立っています。つまり、言葉や行為は、内界にある心の動きが物質的な形をとって外部に表れたものであるとみなされます。したがって、言葉や行為を正しく解釈するには、著者や行為者の心に接近することが必要になります。こうして、私たちは、彼らが本当に意味したり、意図したり、感じたりしたことを知りたいと考えるのです。

二十世紀に入ると、多くの研究者たちは、解釈をもっと科学的なものにしようとしました。もし、一貫性のある解釈の方法を確立できたなら、主観性や「単なる思いつき」を乗り越えて、法律や詩、劇、あるいは身ぶりが本当は何を意味しているかを明らかにできるはずだと彼らは考えました。つまり、私たちにとって必要なのは、正しい解釈という「真実」をもたらす「方法」を手に入れることなのです。これまでの章で議論してきた実証主義も、同様の信念——標準化されたテストや手順を用いることによって、化学的な物質の構造から心理的な抑うつまで、ありとあらゆるものが分析できるという信念——にもとづいていました。しかし、ここでの「方法が真実をもたらす」という夢物語は、実証主義のそれとはまた異なるものです。

解釈学的研究の一つの例が、英文学者ハーシュ（E.D. Hirsch）によってわかりやすく示されています。ハーシュは、『Validity in Interpretation』（一九六七）という著作の中で、「テキストの意味とは、すなわち著者が意味していることである」[1]と主張します。したがって、読者は、注意深く検討し、論理的に推論することを通して、できる限り著者の意図を読み取っていかなければならないということになります。このハーシュのモデルは、行動科学の考え方から引き出されたものです。事実、彼は、テキストの解釈には仮説検証のプロセスが存在する、つまり読者は、そのテキストで著者が何を意味しているかについて、さまざまな仮説を比較・検討していると主張します。ハーシュは、「ある仮説が、他の仮説よりも、より多くの情報をテキストの行間から引き出し、より多くの要素の間に関連性をもたせることができる時、その仮説は優れた仮説であるとされるべきだ」[2]と考えます。例えば、詩とは、相手を誘惑するために書かれたものだという仮説をもっている読者は、詩の中に性的なイメージを探そうとするでしょう。そして、詩の中にそうしたイメージが散りばめられていることが見出されたならば、自分の仮説は正しいと結論づけるでしょう。

このように、体系的な方法によって正しい解釈を引き出すことができるという考えは、確かに魅力的です。しかし、これまでの章を振り返ってみると、この考えに対して疑問を抱かざるをえません。解釈学的立場に対する最大の挑戦は、おそらくドイツの哲学者ガダマー（Hans Georg Gadamer）によるものでしょう。ガダマーは『真理と方法』[3]（一九七五）という記念碑的な著作の中で、いかなる解釈においても、それに先立つ「真実についての概念」、すなわち前提が存在すると主張します。この前提こそが、私たちの解釈を了解可能なものにし、そもそも解釈すること自体を可能にしているのです。つまり、あらかじめ存在する、真実についての概念が解釈の方法を生み出すのであって、方法によって真実がもたらされるわけではありません。いかなる解釈の方法も、私たちがすでに想定している以上のものを、私たちに与えることはできないのです。したがって、先ほどのハーシュが主張する解釈法は、私たちにさまざまな想定——著者は自分自身のはっきりとした意図をもっている、あるいは、その意図はさまざまな表現の中に表れるという想定——をあらかじめ受け入れるよう、暗に要請するものなのです。

解釈の方法についてのこのような見方は、そのまま、解釈に対するガダマーの立場につながります。ガダマーが主張するように、私たちは、ある「理解の地平」——あらかじめもっている偏見——からテキストに取り組みます。この理解の地平こそが、私たちがテキストに対して発する問いの答えを明らかにするのです。例えば、私たちは決して、シェークスピアのハムレットが同性愛の不安について書かれたものであるとは考えないでしょう。あるいは、ミッキーマウスのアニメは、私たちを改宗させようとするものである、などとは夢にも思いません。それは、何もそういうことがありえないというわけではなく、そのような解釈の可能性が、私たちの理解の地平に含まれていないためなのです。ところが、もしも私たちの解釈が、この理解の地平によって完全に決まるとしたら、私たちは唯我論的な世界に陥らざるをえなくなり、したがって、もともともっていた偏見はさらに強化されるとガダマーは述べます。例えば、マルクス主義者が、あらゆるニュースを、人々を支配しようとする資本主義的なストーリーとして解釈しようとしたら、彼の理解の地平は固定されたまま、決して変化することはないでしょう。

ただし、理解の地平は、対話的な関係のテキストに加わることによって、変化・拡大しうるとガダマーは考えます。対話的な関係を通して、「地平の融合」が達成されます。そのために必要なのは、すでにもっている自分の理解の構造を疑うことです。私たちは、そうした構造をいったん保留にして、テキスト自体が問いを発する（私たちに語りかけてくる）ようにしなければならないのです。こうしてテキストが新たに現れてくると、私たちは、テキストの意味を「自らのもつ意味全体（理解の構造）と関係づける」[4]ことができます。対話的な関係とは、自らの理解とテキストの意味とを対話させるということです。対話がうまく進んでいけば、私たちの理解とテキストの意味は「新たなコミュニティーの中で、相互に結びつくことになる……それは親交の場であり、そこでは、私たちはもはや、それまでの私たちではない」[5]のです。つまり、地平の融合とは、読者とテキストのやりとりの中で起こるものであり、その結果として生じるのは、ハーシュのいうような正確な読みではなく、新たな創造です。優れた解釈は、新しい世界を開くのです。

ガダマーの研究によって、私たちは、「『真実の』解釈をもたらす方法がある」という危険な思いこみを避けることができます。それはまた、多くの可能性を私たちにもたらしてくれます。しかし、ガダマーの主張には、多くの問題が含まれていることも確かです。例えば、テキストに向き合う時、自分がもっている偏見を疑い、文化の中にすでに用意されている解釈のあり方の外側に踏み出すことは、どうすれば可能になるのでしょうか。たとえそれが可能であったとしても、どうすればテキスト自身に語らせることができるのでしょうか。私たちがもともともっている理解の構造をすべて保留にした時、果たしてテキストは、どのような問いを私たちに発することになるのでしょうか。こうした問題を、たとえを用いて表すと、次のようになります。私が理解できる言語は、今フランス語だけ（私の理解の地平）だとします。しかし、私は、ロシア語のテキストと対話する――テキストが私に話しかけたり、問いを発したりすることを可能にする――ためには、もともと自分がもっているフランス語の構造を疑ってみなければなりません。そんなことが果たしてできるのでしょうか。こうした問題に対する答えは、まだ見出されていません。そもそも、ガダマーの理論によって――つまり、ガダマー自身の理解の構造の中で――、この問題に答えることは、おそらく不可能でしょう。

意味は関係の中から生み出される

このように見てくると、他者の理解という問題は、よりいっそう絶望的に感じられるかもしれません。人々の言葉や行動の背後にある意味を見極めたり、さまざまな考えをもつ人々がお互いを正しく理解し合ったりすることは、ほとんど不可能であるように思われます。しかし、これまでの章の議論をふりかえってみると、私たちがここでぶつかっている困難の原因は、もともとの問いの立て方にあるということがわかります。つまり、**個人の心**を前提にして、行為やテキストの背後にある意味を見定めようとしたり、**他者の心の中**にあるものを突き止めようとしたりしていることに、問題があるのです。

ヴィトゲンシュタインは、次のように述べています。「『理解』を、心のプロセスとして理解しようとしてはいけない。それが、あなたを混乱させる原因なのだ。その代わり、自分自身にこう問いかけてみなさい。私たちはどんな時に、あるいはどのような状況において、『どうすればいいか、わかったよ』と言うのか、と」[6]。ヴィトゲンシュタインのこの忠告を受け入れることによって、私たちはさらに前へ進むことができます。ヴィトゲンシュタインは、意味を個人の心の中に閉じこめるのではなく、人々の相互関係の中に位置づけようと提案しているのです。さらに、この提案によって、「関係の中の存在」についての前章での議論を深めることができます。

ところで、「意味が関係の中に存在する」とは、どういうことでしょうか。大づかみにいえば、意味とは、人々が互いに行為を調整し合う中で立ち現れてくるものです。例えば、私とあなたが道で偶然出会い、お互いに歩み寄るという場面を考えてください。そこで、私があなたに向かって手を伸ばしたら、私のこの行為は、意味の候補となります。それに対して、あなたがもし私の手を握ったならば、あなたは、私の行為があいさつという意味をもつと認めたことになります。もし私の手をそっと横にやって、私を抱きしめたならば、あなたは、ふつうのあいさつでは足りないくらいだということを私に示したことになります。逆に、もしあなたが、私の手をちらっと横目で見て、急いで歩き去ったならば、それは、私にはあなたを友達と呼ぶ資格などないということを意味します。

以上のことをより形式化していえば、私の行為に対してあなた自身がどうふるまうかが、私の行為に欠けている何かに意味を与えてくれる――つまり、**補完**するのです[7]。私はたった一人では、何も意味することができません。他者の補完的な行為を通してはじめて、私は「何かを意味する」力を得るのです。したがって、私は、自分の言葉や行為の意味を完全にコントロールすることはできません。「何かを意味する」ために、私はあなたを必要とするからです。

この考えをさらに進めてみましょう。確かに私の行為は、あなたに補完されなければ何の意味ももちません。ところが、あなたの補完という（意味を与える）力もまた、私の行為を通してしか得られません。私が手を差し出さなければ、あなたはそれがあいさつであるとか、それだけでは足りないとか、私の思い違いである、などという意味を与えることはできないのです。つまり、あなたは、私の行為を通してはじめて「何かを意味する」力を得るのです。したがって、意味は、私かあなたかどちらか一方の行為の中にあるわけではありません。意味は、「行為 - 補完」という連関――つまり、私たちが共に行為を調整していく中で達成されるものなのです。社会学者ショッターが述べているように、意味とは、単独の行為やそれに対する反応そのものの結果ではなく、共同的行為（ジョイント・アクション）の結果なのです[8]。

この議論をさらに拡張してみましょう。道で出会った時、私たちはそれぞれ、過去からつながっているさまざまな人間関係の影を引きずっています。こうした**関係の歴史**から、行為や補完のレパートリーが引き出されているのです。私たちが関係の歴史に埋めこまれているからこそ、私の最初の握手が、意味の候補となるのです。私たちが歩み寄った時に、私が自分の脚を叩いたとしても、その行為は気づかれないか、補完されないままで終わっていたかもしれません。脚を叩くという行為が、それまでの関係の歴史からみた時に、意味の候補とはならないからです。つまり、私の「何かを意味する」能力は、関係の歴史によって決められているのです。同様に、あなたの補完の力も、関係の歴史によって決定されています。差し出された私の手を見て、あなたが、突然胎児のような姿勢で道に倒れこむことはおそらくないでしょう。

この議論は、さらにもう一つの方向に――過去の関係から未来へと――拡張することができます。すでに述べたように、私たちは過去の関係からレパートリーを引き出し、一緒に意味を生み出そうとします。ただしそれと同時に、私たちの関係は、不確定な未来に向かって揺れ動いてもいます。ここで重要なのは、次の二つの点です。第一に、私たちの過去によって、私たちが共に生み出す意味が完全に決まってしまうわけではありません。私たちは、手持ちのレパートリーを、ただ繰り返しているだけではありません。確かにあいさつのように、同じように繰り返されるものもあります。しかし、日常の会話、私たちが手にしている言語や行為のレパートリーは、今まで思いつきもしなかったような形で調和する可能性を秘めています。私たちが共に生み出す意味は、**継続的な改訂**のプロセスをたどるのです。例えば、突然、誰かが自分にキスしようとしたら、私たちは侵害だと受けとめるでしょう。しかし、さらに対話や行為を調整していくことによって、その行為は、絶望して助けを求めていることを示したり、深い愛情のしるしとなったりするかもしれません。あるいは、衝動的な行動や、何でもないこと——「ちょっとしたハプニングだよ」——として定義されるかもしれません。第二に、こうした継続的な意味の改訂のプロセスは、いかなる人の手によってもコントロールすることができません。たった二人きりの関係（のように見えるもの）にさえ、それ以外の関係の声が入りこんできます。もちろん、他者との対話の中に直接入り込めば、そこにさまざまな調整のパターンが生まれ、時には、かつては自明に思われたものをみな変えてしまうこともあるでしょう。

前章での関係性についての議論とも結びつけていえば、理解とは、他者の心の内側で起こっているできごとを見通すことではありません。もしそうだとしたら、私たちは決して理解し合えないでしょう。理解とは、関係の中で達成されるものであって、それが達成されるかどうかは、行為の調整（調和）——ただし、それはたいてい、ある伝統に限定された調和なのですが——にかかっているのです。

感情の問題を例にとって考えてみましょう。私たちは、どうして他の人々の感情がわかるのでしょうか。もし、感情が個人の内面でのできごとだとしたら、私たちは決して他者の感じていることを理解することはできないはずです。例えば、私の顔のどんな表情も、私の内面に通じる窓にはなりえません。あなたが、私の笑顔を、私が感じている幸福の表出（文字通り、外へ押し出すこと）だと考えるのは、あなたが私の内面をのぞきこんで、「これがそうだ」と発見したからではありません。あなたは、笑顔が「幸福感」を表すと信じられている文化の一員になることによって、そう考えるようになったのです。あなたは決して、私の笑顔はファーゴの表れであるとはいわないでしょう。

また、西洋文化では、笑顔に対しては笑顔で答え、できれば相手が感じていることについて、何か述べることが適切であると考えられています。もちろん、実際には、こうしたパターンが気づかれることはほとんどなく、人々は完全に「お互いを理解し合っている」かのように見えます。しかし、あなたの笑顔に対して、私が顔をしかめて「あなたは、今嫌な気持ちでしょう」と答えたとしたら、あなたは、驚いて私をじっと見つめるかもしれません。あなたは、「なんてヤツだ。あいつは私のことを全然わかっていない」と思うかもしれません。ここで私が間違えたのは、あなたの心の中を見ることができなかったからではありません。私の答えは、私たちの関係というシナリオに反するものだったのです。お互いに理解するということは、一緒になめらかなダンスをするのと同じです。つまり、お互いの行為が受け入れられるものになるように、行為を調和させることなのです。

三つのD――対話（Dialogue）、言説（Discourse）、差異（Difference）

対話は、社会構成主義の理論にとって、カギとなる概念だと考えられています。「対話」を、人々の間の会話という意味で捉えるならば、確かにそれは、私たちが「現実」や「善」を構成する上で重要な役割を果たしています。私たちはこれまで、「人々がいかにして理解可能な世界を共に創り出しているのか」を、さまざまな点から考えてきました。こうした議論はすべて、広い意味での対話に関するものでした。

ただし、対話には、もう一つの意味もあります。ある種の対話は、変化や発展、新たな理解を生み出すこともあるのです。このような、対話のもつ第二の意味については、これまでほとんどふれてきませんでした。主に、「創造」の問題――人々がいかにして共に現実を創造していくのかという問題――に焦点をあてて議論してきたからです。対話を通していったん作り上げたものを、再び対話を通して変化させたり、新しいものを生み出したりするにはどうすればいいのでしょうか。そもそも、なぜ、そうする必要があるのでしょうか。これは、「**変化を生み出す媒体**としての対話」という問題です。ここでいう変化とは、単にある見方をやめて他の見方をするということではなく、人々がよそよそしい関係から抜け出して、共に豊かな未来へと歩むようになることを意味しているのです。

他者性と意味の終わり

ここでは、「対話による変化」にとって最も重大な問題――「**他者性**」――について考えてみましょう。私たちは、ある特定の集団を、他の集団よりも居心地がよいと感じます。その一方で、あまり好ましくない、あるいは自分に害を及ぼすように思われる人々の集団――それは、ネオナチだったり、KKKだったり、マフィアやテロ集団だったりするかもしれません――もあります。こうした他者性の感覚は、社会において避けられないものです。第3章で見たように、私たちが、家族、仲間、職場など特定の集団の中で現実や道徳を創り出していくにしたがって、その集団に属する人々は、私たちにとってますます重要な存在になっていきます。彼らは、私たちに、自分が誰であるか、何が現実なのか、何が正しいことなのかを教えてくれるからです。ところが、特定の集団を構成する関係は、同時に、集団の内部に対しての外部、つまり**自分たちとは違う**領域を創り出します。そして、たいていの場合、外部は内部よりも価値が低い――信じられない、正しいとは思わない――とみなされることになります。

このことは、私たちが現実を構成するために用いる言語の構造に由来しています。第2章で述べた、言語の二分法的基盤を思い出してください。言語とは、差異を生み出すものであり、すべての語は、指し示されているものを、そうでないもの（「不在」や「逆」）から区別するのでした。私たちは、「これが現実である」「これは正しい」と宣言する時、何かに対して特権を与え、その不在や逆を周辺へと追いやっているのです。「現実は物質からなる」と強調することが、精神的なことがらを抑圧することになったり、観察可能な世界の重要性を強調されるあまり、目に見えないものや直観がないがしろにされたりしたことを思い出してください。他者性は、あらゆる現実に潜んでいるのです。

「他者性（差異）」という問題は、私たちのもつ次のような傾向によって、さらに深刻なものになります。第一に、私たちは、自分とは違う人々を**避ける**傾向があります。特に、彼らの生き方や考え方が自分と対立するように思われる時、それは顕著になります。私たちは、彼らとの話し合いや、会話や、社会的な集まりをできる限り避けようとします。第二に、他者との交流の機会をほとんどもたない場合、私たちは他者を非常に**単純化**して説明しようとします。自分たちの説明に疑問をもったり、考え直したりすることはほとんどありません。そして第三に、私たちは他者の行為を**否定的**

に**捉える**傾向があります。私たちが常に、他者の行為に「正しくないこと」を見出そうとし続けていると、しだいに他者は劣ったもの、悪いものとして現れるようになります。社会心理学者はよく、この「否定的なステレオタイプ化」を行います――つまり、他者に対して、柔軟性のない非常に単純化された概念をもっています[9]。

ここでは、「心の中に偏見がある」と考えるのではなく、ある集団の内部でどのような対話が支持されているかに焦点をあてます。ある集団の中で特定の対話が支持されるようになった結果として、社会的な分裂が起こります。学校で、文字や芸術を好むおとなしい生徒のグループと、不良グループとに分かれていくのと同じようなプロセスが、社会的なレベル――左翼 vs. 右翼、基礎づけ主義 vs. リベラル、ゲイ vs. 反ゲイ、中絶容認 vs. 中絶反対など――でも繰り返されているのです。ユダヤ人とパレスチナ人の対立、アイルランドのカトリック教徒 vs. プロテスタント、イスラム教徒 vs. キリスト教徒などについても、同じことがいえるでしょう。

すでに述べたように、不和や対立に向かう傾向は、社会的なやりとりの不可避の帰結です。したがって、偏見は、心のどこかに欠点がある――柔軟性がない、認知がうまく統合されていない、感情的であるなど――ために生まれるものではありません。私たちが、一部の人々との間に同意を生み出そうとする限り、逆に望ましくないという分類が構成されてしまうのは避けられないことなのです。統合、団結、同胞愛、連帯意識、共同体などがあるところには、必ず他者性が隣り合わせになっており、そこに対立が生じることになります。

したがって、私たちの課題は、対立や衝突のない共同体や世界を作り出すことではありません。対立へと向かう不可避の傾向の中でも、攻撃や抑圧が起こるのをできるだけ防ぎ、共に未来へと進んでいこうとするにはどうすればよいのでしょうか。コミュニケーション技術の急速な発達によって、ますます多くの集団が組織されている今日の世界において、このことはよりいっそう難しくなっているように思われます[10]。私たちが、地球上で共に暮らしていくために努力することが、おそらく二十一世紀における最も重要な課題となるでしょう。

このとても大きな課題に、私たちはどうやって取り組めばよいのでしょうか。少なくとも一つの重要な可能性が、社会構成主義の理論の中で示唆されています。対立の基盤が、対話を通して現れてくるならば、対話こそが、対立に満ちた現実を扱う最も有効な手段となるはずです。本章の残りの部分では、対立の深さに応じた三つの対話的アプローチについて検討します。第一は意見の不一致を調節するためのルール、第二は対話の倫理にもとづくアプローチです。これらのアプローチはどちらも、私たちの伝統——豊かであると同時に、限界もある伝統——の中に見出されるものです。そして節を新たにし、ここまで展開してきた関係的な見方から生まれる、変化力をもつ対話という第三のアプローチについて詳しく述べることにしましょう。

第一のアプローチ——議論、取引、交渉、調停

人々の間に意見の不一致があり、しかしできれば争いは避けたいと全員が考えている時、話し合いという手段がとられます。ところが、話し合いではしばしば誤解が生じたり、ごまかしや巧みな駆け引きなどが行われたりして、それが時には、人々の関係を破壊することにもつながります。こうした問題に対する一つの解決策は、「形式化すること」です。つまり、何とか争うことなく結論を生み出せるように、話し合いに関するルールや基準を作るのです。ルールによって話し合いを統制しようとするこうしたアプローチは、かなり一般的なものになっています。そうしたアプローチにはどのような利点があるのでしょうか。逆に、どのような欠点があるのでしょうか。

こうしたアプローチは、「合理主義」と「リアリズム」という双子の伝統から生まれたものです。合理主義では、人間は、明確な目的を達成するためにどうしたらよいかを合理的に推論する、独立した行為者であるとみなされています。一方、リアリズムでは、「たった一つの現実」の存在が仮定されています。この二つの見方からすると、対立し合うグループ間の違いを解決しようとするならば、唯一の最も優れた論理（合理的な手順）を突き止めることが理想となります。

このようなアプローチの中で、最も極端なのは、「議論の実践（argumentation orientation）」です。議論の実践では、「話し合いに参加する者は、その場において、自らの立場を防御し、相手の立場を攻撃するような発言をしなければならない……参加者は、自らの意見が容認しうるものであると、お互いを説得しなければならない。話し合いの目的は、聞き手が納得できるように、意見を正当化したり、説明したりすること」[11]になります。そのため、議論についてのル

ールは、広く応用できるように作られています。議論の実践の最もわかりやすい例は、裁判です。裁判では、両者がお互いに相手を打ち負かすために、根拠や証拠を集めようとします。

議論ほど形式化されてはいませんが、よく似たものとして、「取引の実践（bargaining orientation）」があります。この場合、対立し合うそれぞれのグループは、さまざまな場合についてコストと利益を計算し、自らが最も高い利益を得られる（最大化する）ように、相手と取引をしようとします。グループの間には、たいてい「好みの衝突」が生じるので、「取引とは、和解によってどのような利益が得られるかを探ること」[12]になります。利益を最大にし、損失を最小限に抑えるような取引の戦略に関しては、論理が非常に重要になってきます。例えば、相手に罰や脅しではなく、報酬を与えることで、どんな結果がもたらされるかが検討されます。あるいは、相手の弱点を突くことによって、できるだけ自分は譲歩せずに、最大の利益を得ることが望ましいと考えられます。取引の実践は、ビジネスや政治の舞台で、特に激しい対立が生じている場合によく用いられます。

第三は、「交渉の実践（negotiation orientation）」です。交渉では、まだ相手を敵とみなしていますが、「取引」のようなミニマックス戦術をとるのではなく、相手と協力して、お互いに最大の利益を得ようとします。フィッシャー（Roger Fisher）とユーリー（William Ury）は、ベストセラーとなった二冊の本『ハーバード流交渉術（Getting to Yes）』（一九八一）『Getting Past No』（一九九三）の中で、交渉を行うグループが、「お互いの利益になる選択」をいかに生み出していくかを次のように概説しています[13]。それぞれのグループはまず、自らの基本的な関心、つまり、交渉によって何を得たいと考えているのか、それがどのくらい大切かを、お互いに明らかにします。参加者たちは、お互いの関心を視野に入れて共通する関心を探ったり、それぞれの関心を結びつけてどのグループも容認できる解決を生み出したりします。交渉の実践は、主に対立がそれほど深刻でない、ビジネスや政治の場面において見出されます。

第四は、「調停の実践（mediation orientation）」です。これは、交渉とやや重なるところもありますが、あえてこの二つを区別することにしましょう。調停の実践では、お互いの距離を縮めることに強調点が置かれます[14]。調停において最も重視されるのは、敵対関係を解消し、円満な問題解決を導くことです。それぞれのグループは、お互いの考えや感じていることを理解し、さまざまな選択肢を生み出し、その中でお互いが同意できるようなものを探そうとします。調停は主に、離婚や親権争いなど、個人間の対立に有効な実践です。

以上のような四つの実践——議論、取引、交渉、調停——はすべて、対立を解消するという重要な役割を果たしています。国際的な対立や労使間の争いから家族の対立まで、さまざまなところで、こうした実践の有効性は明らかになっています。しかし、私たちは、さらに先に進まなければなりません。こうした実践は、「合理性」や「客観的な現実」を想定するモダニズムの世界観に深くとらわれているからです。

社会構成主義は、「合理性」も「現実」も、共同体の関係によって生み出されると考えます。合理性についていえば、「合理的な議論」や「合理的なルール」などはすべて、ある歴史・文化に限定されたものでしかないのです。確かに、西洋社会には、誰もが同意するような「正しさ」の基準やそれに対する要求があるように思われます。しかしこうした基準や要求は、一部の人々やグループから、社会参加の権利を奪うことになっています。また、そうした基準を固定することによって、私たちは、新しい代替案を生み出す可能性を狭めてしまっています。もう一つのリアリズム（現実主義）についてはどうでしょうか。社会構成主義では、「問題」「私の利害」「最善の解決法」など、私たちが「リアルである」と思っているものはすべて、限られた場合に限られた人々にとって説得力をもつような言説にすぎないと考えます。それらは本来あいまいであり、変化しうるものなのです。したがって、「問題」や「私の利害」を固定してしまうことは、対話の進展を妨げることになります。例えば、「これは問題である」という同意が形成されると、私たちは「解決の話」をするほかありません。あるいは、「あなたの利害」vs.「私の利害」という図式を作り上げてしまったら、「権利」「義務」「公正」「魂」などについての対話は不可能になります。このように、私たちは、現実を相互構成する可能性を狭めてしまうことになるのです。

こうした可能性の制限は、現在の伝統におけるもう一つの想定——「個人主義的な自己」——によって、さらに強められています。対話を、それぞれに関心や理性をもつ個人と個人の間で起こるものであるとみなせば、対立感はいっそう強まります。一時的な同意は可能であっても、他者はやはり異質な存在であり、完全に信頼することはできないということにもなりえます。個人主義的な見方の中心にあるのは、「万人の万人に対する闘争」のような世界観です。個人主義的な見方をやめ、関係性を中心に置く見方をすれば、私たちはもっと大きな希望をもてるようになるはずなのです。

第二のアプローチ――ハーバーマスと対話の倫理

前項で述べたように、議論や交渉のルールによって対立を解消しようとするアプローチには限界があります。では、対話に対してもっと総体的な方向づけを与えてみてはどうでしょうか。つまり、人々が、ほぼ一致した価値観をもって会話に参加しているとしたら、どうでしょうか。ドイツの思想家ハーバーマスの研究は、この可能性に対する関心から生まれました。第1章で述べたように、彼の初期の研究は、「科学の合理性はすべてに優る」とする科学者の主張に限界を与えたという意味で、非常に重要なものでした[15]。しかし、ハーバーマスは、あらゆる権威がもつ抑圧的な傾向に異議を唱えながら、それと反対の方向、すなわち無秩序状態へと進んでいくことに対しても抵抗を示しました。彼が特に関心をもっていたのは、現代社会にあふれている対立、その中でも「公正」と「道徳」に関するものでした。例えば、学校で礼拝をすべきか、死刑制度を採用すべきか、差別を是正するプログラムを作るべきか、人々を失業させることになるとしても森林を保護すべきかなどの問題を考えてみましょう。これらはみな、道徳的、倫理的に見て重要であり、その結果が私たちの生活に大きな影響を及ぼすことになる複雑な問題です。こうした問題に対し、道徳的なルールや規定――普遍的なドグマ――をもちだして、それを人々に押しつけようとするのは間違いだとハーバーマスは主張します。宗教、政府、哲学などいかなる権威であっても、その考えを人々に押しつける権利などないはずです。しかし、すべての権威を否定したとして、そこから私たちはどう進んでいけばよいのでしょうか。それでは、異なる利害や関心の間の争いが、果てしなく続くことになるのではないでしょうか。

ハーバーマスは、この問題の解決法を、「**対話の倫理**」――対立をいかに解消していくかについて、生成的な対話を行うための倫理的基盤――に求めました。彼は、平和で、民主的で、公正な審議を行うための合理的な基盤を生み出そうとしました。あらゆる意見に対して公平に耳を傾け、あらゆる事実を考慮に入れれば、人々は必ず同意に達するはずだと、ハーバーマスは信じていたのです。対話の倫理に関する彼の研究は、広範囲に及ぶ複雑なものですが、ここでは、そのいくつかのポイントを要約するにとどめておくことにしましょう。ハーバーマスが特に主張するのは、次の点です。[16]

・対立が生じた場合、議論が行われるべきである。ただし、議論の方向は、同意へと向かっていなければならない。
・誰もが平等に、議論に参加する権利をもっていなければならない。
・議論に参加する者はすべて、対等な力を与えられていなければならない。また、いかなる表現も抑圧されることのない、対等な戦いの場が用意されていなければならない。
・誰もが、自らの態度や願望を、議論の場で主張したり表明したりすることができる。
・すべての参加者が認めるような解決法のみが有効なものとなる。全員の利害や関心が満たされなければならない。

この五つのポイントは、確かに魅力的です。しかし、実際に議論がどう進められていくべきかについて、ハーバーマスは詳しいことをあまり述べていません。またそれ以外に、いくつかの問題も見出されます。まず、この特定の対話の倫理を正当化する手立てはありません。つまり、すべての人々がこの提案を受け入れなければならない理由はありません。この提案はそもそも、教養ある西洋人が好む「人々は合理的に推論する」という前提に立っています。ハーバーマスの提案は、こうした民主的な手順を望ましいとする彼自身の関心や信念に支えられており、彼が主張するような対話的プロセスではなく、ハーバーマスという一つの権威によって生み出されたものです。彼は、合理的な推論やそれに関するルールを普遍的なものとして扱う理論家たちと、同じ問題を共有してしまっているのです。

ハーバーマスはさらに、人々が、倫理によって統制された意見のやりとりを通して、必ず同意へと導かれるはずだと信じています。しかし、この信念はあまりにも理念的であるように思われます。例えば、「中絶反対」を主張する人々のグループと、「中絶容認」を主張するグループとの対立を考えてみてください。一方の側の理屈や証拠によって、もう一方が、「自分たちが間違っている」「自分たちは、誤った想定のもとに行動していたのだ」と納得することなど、果たしてありうるでしょうか。一方にとって「理にかなっている」ことが、他方にとってもそうであることはめったにありません。一方にとっては非常に説得力があるように思われる証拠も、もう一方にとってはまったく当てにならないでっちあげにすぎません。「中絶反対」を主張する人々は、妊娠した瞬間を人間の生命の始まりであるとみなします。しかし、「中絶容認」を主張する人々にとっては、それは自分勝手な考え方にすぎません。いったいどんな証拠をもちだせば、どちらか一方が正しいと証明することができるのでしょうか。

最後に、なぜ私たちは同意を追求しなければならないのでしょうか。どうして、違いを認め、正しく理解するという可能性について、考えようとしないのでしょうか。多様な宗教、政治に対する価値観、文化の概念、生き方などがあってはいけないのでしょうか。たとえ合意に達することができなかったとしても、そして、たとえそれぞれが自らの生き方を優れていると考えていたとしても、「たくさんの花が咲き乱れるがままにしておく」ことによって、世界は豊かなものになるのではないでしょうか。社会構成主義は、むしろ、このような考え方を支持します。特定の共同体を超えて、普遍的にあてはまるような「唯一の正しい答え」などないのです。それなのにどうして、人々が同意することを望まなければならないのでしょうか。多様性や差異は、実は、人間の存続にとって最も有効な戦略であるとさえいえるかもしれません。

しかし、こうした問題を抱えているにしても、対話の倫理に関するハーバーマスの提案は、十分に私たちの興味を引くものです。私たちは、敵対する立場の人々の中にあっても、人々の反応を恐れることなく自らを表現したい、そして、耳を傾けてもらいたいと思うでしょう。また、それに対してなされるあらゆる決議について、自ら承認のスタンプを押したいと考えるでしょう。ハーバーマスの基準を正当化することはできなくても、それらは効果的なやりとりを作り上げる要素として、魅力的なものに感じられます。私たちは敵対関係のモデルを乗り越え、それでもなお、これらの特徴を維持することができるでしょうか。

変化力のある対話へ向けて——第三のアプローチ

人々の多様な「現実」のぶつかり合いがもたらす苦痛を軽減するような、ルールや倫理を作り出そうとする研究者たちの試みは、確かによく理解できます。しかし、私も含めて研究者たちは、長い歴史と伝統をもつ特殊な世界に住んでいます。したがってその理論にも、日常的な対立や混乱から距離を置き、保護された立場が反映されます。その結果、研究者たちは、「われわれのような人間」が得意とする議論を好み、他の文化的背景をもつ人々をないがしろにしがちです。研究者に限らず、いかなる人間や集団であっても、まったくゆがみのない対話のルールや倫理を作り出すことはできません。裁判の場で取り入れられているような、議論や証拠に関する厳密なルール——「あらゆる者に対しての公正」をもたらすはずのルール——でさえ、経済的に豊かな人々にとって有利なものになっているということが指摘されています。[17]

それでは、この問題はあっさりと投げ出してしまった方がよいのでしょうか。つまり、ハーバーマスが「理想的な語りの条件」と呼ぶこのアイディアに、見切りをつければよいのでしょうか。私は、決してそうは思いません。他にも道があるはずです。ただし、先ほどのような「トップダウン式」の——誰かが、高いところからルールや倫理を私たちに与えてくれるというような——考え方をするのではなく、むしろ「ボトムアップ式」に進んでいくことにしましょう。つまり、実際の行動の世界、すなわち、人々が、対立し合う多様な現実という問題と格闘している事例からスタートするのです。さまざまな事例を検討することによって、人々が共に歩んでいく手がかりとなるような、会話や行動がどんなところにあるか突き止めることができるでしょう。ここで試みているのは、「**変化力をもつ対話**」——ただし、「ルール」を決めるのではなく、実践の多様なレパートリーをしっかりと築くことです。そうすれば、私たちはどんな時でも、このレパートリーから役立つものを引き出してくることができるでしょう。ただし、このレパートリーは決して固定されたものではありません。意味が時を経て変化するに従って、あるいは、新たな声が加わることによって、レパートリー自体も変化し、拡大するからです。

議論を先へと進めるために、まずは一つの成功例を紹介することにしましょう。それから、その例の特徴を検討し、それらがどんな意味をもっているのかを考えていくことにしましょう。

一九八九年、マサチューセッツ州ウォータータウンの「パブリック・カンヴァセーション・プロジェクト」のローラ・チェイシン（Laura Chasin）、リチャード・チェイシン（Richard Chasin）、ロス（Sallyann Roth）らは、家族療法の分野で発展してきた技法を、膠着した議論に応用する実践をスタートさせました。[18] 彼らの実践は数年にわたって行われ、とても印象的な結果を残しました。ここでは、彼らの試みの一つ――中絶について正反対の立場に立つ政治家や活動家を一つの場所に集める試み――について考えます。この問題は、議論が平行線を辿り、どこにも辿りつかないようなケースの典型です。その最大の理由は、対立する立場に立つ人々が、それぞれまったく異なる「現実」や「道徳」を構成しているからです。中絶の問題には、さまざまなことがらが複雑にかかわっています。激しい憎しみが生じたり、致命的な影響がもたらされたりすることもあります。

チェイシンらの試みでは、この問題について話し合いたいと考えている政治家や活動家が、いくつかの小さなグループに集められました。プロジェクトを主催する側は、もし居心地の悪さを感じるようであれば、その活動に参加する必要はないと参加者に伝えました。会合はビュッフェ形式のディナーで始まり、そこで参加者は、中絶の問題に関することがら以外で、自分の人生や生活についてお互いに話し合うように言われました。ディナーが終わると、進行役は参加者を「種類の異なる会話」へと招待しました。進行役は、彼らに対して、ある立場の代表者としてではなく個人として自分の経験や考えについて話をし、また自分以外の人々の話を聞いて考えたり感じたりしたことを話し合い、興味をもったことについて質問してほしいと言いました。実際のセッションでは、参加者は、順番に以下の三つの質問をされ、他の人が話している間は口をはさまないようにという注意が与えられました。

1. どうしてこの問題にかかわるようになったのですか。この問題とあなた自身との関係や、その経緯について聞かせてください。
2. 中絶の問題に対する「あなた自身の」信念や展望について、もう少し聞かせてください。あなたにとって最も重要なのは、いったいどんなことですか。

3．私たちがこれまでにお話してきた多くの人々は、この問題に対する自分たちのアプローチに、曖昧なところ、自らの信念に関するジレンマ、矛盾点があるということがわかったと言っています。あなたはどうですか。半信半疑な部分、今一つ確信がもてない点、心配事、価値に関する矛盾、誰かに理解してもらいたい複雑な気持ちなどはありますか。

はじめの二つの質問に対する答えは、たいてい、個人的体験に関するものであり、耐えがたい苦痛、喪失、困難のストーリーが語られることもしばしばあります。参加者は、自分が疑問に感じていることについても語り、反対の立場にいる人々も確信をもてないでいることを知って驚きます。

三つの質問が終わると、参加者は、お互いに質問し合う機会を与えられました。彼らは「質問に見せかけて難癖をつける」のではなく、「あなたがたが心から興味をもったことについて、『私たちは、あなたがた自身の個人的な経験や信念について知りたいから質問するのだ』という気持ちで」質問するように求められました。それから、参加者が重要だと考える幅広いテーマについての話し合いが行われ、最後に、「会話を今までのように進めてくる」ために、自分たちがどんなことをしてきたと思うかという点について議論がなされました。

それぞれのセッションの二週間後に電話で追跡調査を行った結果、セッションのプラスの効果が二週間たってもなお続いていることが明らかになりました。参加者は、セッションを通してこの問題に対する深い理解が得られ、「他者」を自分と同じ人間として見られるようになったと感じていました。もちろん、彼らの根本的な考え方は変わっていません。しかし、その問題を「黒か白か」という目で見たり、反対する立場にある人を悪魔であるかのようにみなしたりすることがなくなったのです。

この研究は非常に大きな反響を呼び、それに続いてさまざまな試みが、時にはアレンジを加えて行われました。ここで、私たちが考えなければならないのは次の点です。つまり、このような対話がもつどんな特徴が、それほどまで効果的なのでしょうか。他の文脈にもあてはめられるように、そうした要素を概念化するにはどうすればよいでしょうか。これとまったく同じ実践を、いかなる対立や差異の状況に対しても行うというわけにはいきません。しかし、この実践を抽象化することができれば、どこか他の場面で進めていくにはどうすればよいかを考えることが可能になります。さらに私たちは、この実践には含まれていないことがらに対しても敏感でなければなりません。それでは今から、変化力のある対話と密接に関連する五つの要素を順に見ていくことにしましょう。

非難から関係の中の責任へ

西洋のモダニズムの伝統では、個人は自らの行為に対して道徳的責任を負うという考えが広く根づいています。私たちは、人間の行為の源はその人自身にある（「モラルエージェント」）と考え、したがって、悪い行いに対しては本人が責任をもつべきだとみなします。また、私たちが大事にしている、この「個人の責任」という伝統には、さまざまなバリエーションがあります。例えば、強盗、強姦、殺人などの犯罪に関しては、個人を非難する対話が生まれ、そうした行為を行った本人に道徳的責任を取らせるべきだとされます。逆に、並外れた業績、献身的な行いや英雄的行為などに対して、個人を賞賛することもあります。

ただし、個人を非難する対話には、他にはない特徴があります。つまり、私たちは他者の欠点を見つけることによって、自分と他者の間に「壁」を作り出します。私たちは、他者を非難することによって、自分はすべてを知っている正義の立場にあり、他者は私の判決を待つ欠点を持った存在であるということを暗に示しています。こうして、私たちは他者との間に大きな距離を生み出し、時に他者を敵にまわすことにもなります。

対立する集団同士の場合には、問題はいっそう深刻になります。お互いに、相手が悪いと主張し合うからです。例えば、貧しい人々は、豊かな人々が自分たちを搾取していると非難し、逆に、豊かな人々は、貧しい人々が怠けているからいけないのだと非難します。保守的な宗教観をもつ人々が、同性愛者は社会を堕落させていると非難すれば、同性愛者は、保守的な人々のものの見方は狭すぎるといって非難します。そして、それぞれ、相手は自らの非を認めないだけでなく、不当にも自分たちに罪をなすりつけようとしていると感じ、さらに相手を非難することになります。こうして、対立はいっそう激しさを増していきます。個人を非難する伝統が、変化力をもつ対話の可能性をだいなしにしてしまうのです。

　ここで、責任の所在を「個人」から「関係の中」に移す可能性について考えることが重要になってきます[19]。私たちが「正しい」「道徳的に善い」とみなすものはすべて、私たちの関係の中で、私たちが一緒に意味を構成していくプロセスにおいて作り出されているのだとしたら、意味を作り出す関係そのものを重視すべきではないでしょうか。私たちは、意味が固定されてしまうことなく、常に生成されていくようなコミュニケーションを維持するにはどうすればよいかを考える必要があります。お互いを非難し合うことは明らかにこれとはまったく逆の方向であり、「関係の中の責任」の妨げになります。では、「関係の中の責任」を実行に移すにはどうすればよいのでしょうか。先ほどのプロジェクトの例では、シンプルに、相手を非難することが禁止されていました。非難の語りは、たとえそれが質問に見せかけられていたとしても、許されませんでした。しかし、ふつうは、このように会話のルールが統制されることはほとんどありません。日常の生活において、個人の非難を関係の中の責任に置き換えるにはどうすればよいのでしょうか。この問いに対する十分な答えはまだありません。しかし、私たちが行っている文化的な実践の中に、個人を非難する以外の方向へと会話を進めていく上で重要ないくつかの視野を見出すことができます。それらについて考えてみましょう。

内なる他者への視野

　私があなたに、あまりにも大きな声で多くのことを言いすぎ、あなたに発言する機会を与えないとします。あなたが、私を非難するのももっともです。しかし、だからといってあなたが私を直接的に攻撃したら、私たちの関係は冷え切ってしまうでしょう。それを避ける一つの可能性は、私の中にもう一つの声——すなわち、今「話をしている私」——が存在すると考えることです。例えば、あなたが私を直接非難するのではなく、「あなたの話し方は、あなたのお父さんの横柄な話し方に似ている……」、あるいは「あなたは本当に先生にそっくりだ……」のように言ったとしたらどうでしょうか。実際、あなたは私に不快感を伝えているわけですが、こうした言葉によって、私は、自分のふるまいを「私自身」から切り離して評価する立場に置かれることになります。私たちが必死で守らなければならないと考える「自己」なるものが、攻撃にさらされることはありません。あなたは、私を、多くの他者の声を自分のレパートリーの中にもっている人間として理解し、現在の私の望ましくないふるまいは彼らによるものだと考えるからです。

連帯責任への視野

白熱した議論の最中に、あなたが私を侮辱したとします。あなたの暴言によって、私は正当な理由をもってあなたを責めることになり、私たちの関係はいっそうぎくしゃくしたものになるでしょう。しかし、私はあなた一人を責めるのではなく、私たちの関係のあり方に原因があると考えることもできるはずです。問題の行動を作り出したのは、あなたか私かではなく、私たちなのです。例えば、「私たちが今、お互いにやってきたことを考えてみようよ……」「どうしてこんなことになってしまったのだろうか……」「私たちはお互いをただ傷つけあっているだけだ。はじめからやり直して、もっと別の話をしないか……」などと言ってみてはどうでしょうか。こうしたセリフによって、「相手が悪い」と考えるのではなく、「悪いのはお互いさまだ」と思えるようになるでしょう。

集団への視野

「テッドには本当にいらいらさせられると、アリスは思った。彼はだらしがなく、決して身の周りを片づけようとしないし、自分のことばかり考えて、アリスの言うことにほとんど耳を傾けない。一方、テッドは、アリスのあまりにもあっさりした性格や、彼の仕事にまったく無関心であること、彼女のむだ話にがまんがならないと感じている。二人はお互いに腹を立て、非難し合っている……」。しかし、こうした二人の会話の方向や形を変化させる可能性はあります。その一つは、自分や相手をあくまで個人として捉えるのではなく、特定の集団や伝統、あるいは家族の代表とみなすことです。例えば、テッドとアリスがジェンダーの違いについて話し合い、自分たちの問題の原因を異なるジェンダーの伝統に見出したならば、もっと快く話ができるようになるかもしれません。集団の違いに話し合いの焦点をあてることによって、個人を非難することがそれほど重要ではなくなるはずです。

システム全体への視野

マクベイ（Timothy McVeigh）が、オクラホマシティの庁舎を爆破し、大勢の命を奪ったとして有罪の判決を受け、死刑を宣告された時、「正義が行われた」という安堵感が社会全体に漂いました。しかし、ここで、彼が加わっていた武装右翼運動（Militia Movement）の側の論理にも耳を傾けてみましょう。彼らにいわせれば、アメリカ政府こそが、アメリカの伝統を破壊し、自分たちの権利を踏みにじり、自分たちを追放しようとしているのです。よって、この悪意に満ちた力に対して彼らが革命を起こした時に、正義が達成されるというのが彼らの考えなのです。実は、マクベイの行為と、それに対する私たちの反応の背景には、同じ非難の論理が隠れています。つまり、マクベイの犯罪は、私たちが支持している伝統から派生しているのです。だからといって、彼の犯した罪を許すべきだというわけではありません。個人の非難という伝統にこそ問題があるのだといいたいのです。私たちは視野を広げ、自分たちがどうして、誰も決して善いとは思っていないパターンを、なおも生み出し続けているのかを考えなければなりません。強姦、強盗、その他の忌まわしい犯罪には、システム全体がかかわっているのです。

自己表出の重要性

以上のように、私たちが個人を非難する傾向をうまく排除することができたとします。では次に、対話を変化の方向へともっていくには、どうすればよいでしょうか。はじめに紹介したパブリック・カンヴァセーションの実践は、「自己表出感」が重要なのではないかということを示唆しています。セッションでは、参加者に、自分にとって重要な考え方を他の人々と共有する機会が与えられていました。こうした「自己表出」の重要性は、少なくとも部分的には西洋の個人主義の伝統に由来するものです。私たちは、自分たちの心の中に思考や感情などがあって、それらが、私たちのアイデンティティ（存在・定義）にとって欠かせないものであると信じています。対話がうまく進んでいくには、私たちが何を思い、何を信じているのかを他者に理解してもらうことが大切です。ここで、他者は、私たちの言うことが理解できないなどといってはいけません。耳を傾けて、理解しようとしなければなりません。「私の立場――私が何を考え、何を感じているか――が表明されないところに、対話はありえない」のです。

ただし、パブリック・カンヴァセーションで促されていた自己表出は、特殊なものです。参加者は、抽象的な議論をするのではなく、個人的な話をするように、つまり、彼ら自身の中絶の問題とのかかわりに関するストーリーを語るように求められていました。このような**ストーリーを語る**という表出が、変化力のある対話にとって望ましい理由は、少なくとも三つあります。第一に、それらは私たちにとって、容易に理解できるものです。私たちは子どものころからストーリーやナラティヴに慣れ親しんでいます。つまり、個人的なストーリーは抽象的な議論よりも、はるかに理解しやすいものであるはずです。第二に、ストーリーは抽象的な考えに比べて、より多くの聞き手を惹きつけることができます。私たちは、ストーリーを聞きながら、イメージし、ドラマを作りだし、話し手と一緒に苦しんだり喜んだりすることがよくあります。第三に、個人的なストーリーは、「抵抗」よりもむしろ「受容」を引き出します。私は、「あなたのストーリー」や「あなたの経験」に対して、「あなたは間違っている」ということはできません。しかし、あなたが抽象的な考えを私にぶつけてきたならば、私は、私たちが共有する議論の伝統にもとづいてそれに抵抗しようとするでしょう。私は、あなたが私に自分の主張を押しつけようとしている、あなたはまるで自分が神様であるかのように私に命令しようとしていると感じます。そして今度は、私があなたを攻撃し、あなたはまた、先ほどの私と同じように感じることでしょう。「顕微鏡でしか見えないような受精卵に、『生きる権利』があるなどという考えを私に押しつけようとするなんて、おまえはいったい何様なんだ」「女性には、子どもを殺す権利があるなどと言うおまえこそ何様だ」……私たちはお互いに一歩も譲らず、議論はどこまでも平行線を辿ることになるでしょう。

他者を肯定すること

自らの感情を表出したり、ライフストーリーを語ったりすることと、他者に肯定されているという感覚を得ることは、また別の話です。意味は関係の中から生まれるものであり、個人の自己表出は、他者に補完されない限り意味を獲得することはできません。ですから、あなたが私のいっていることを正しく理解できなかったり、あなたが私のストーリーをだいなしにしていると私が感じたりしたならば、私は本当の意味では何も表出できていないことになります。この場合、あなたにとって「肯定する」ということは、**私の**表出の中に、同意したり支持したりできるような何かを見出すということです。このように、相手を「肯定する」ことを重視する考え方は、ある意味、個人主義の伝統や、思考や感情を個人の所有物とみなす信念とも関係があります。あなたが私の表出を疑うということは、**私の存在そのものを疑う**ことです。逆に、私の表出を肯定することは、私の主観を認め、それを尊重することを意味します。また、ある人にとっての現実がもつ重要性があまり認められなかったり、信用してもらえなかったりするということは、その現実のもとにある関係もまた、軽んじられたり信用されなかったりすることになります。例えば、読者であるあなたが、社会構成主義はばかげていると思い、私に「リアリズムに帰れ」と言ったとします。その時、あなたは私に対して、多くの関係を絶つように求めているのです。ある考えを取り入れることは、ある関係を受け入れることであり、ある人を避けることは、その人が代表しているある共同体を無視することになるのです。

あなたは、対立する現実を生きる人々同士が、どうしてお互いを肯定し合えるのだろうかと疑問に思うかもしれません。相手に同意しているわけではないのに、どうしてお互いを肯定できるのか、と。ここでも、パブリック・カンヴァセーションの実践が参考になります。この実践では、会話がお互いの理解を促すよう計画的に行われ、効果を発揮していました。そこではまず、好奇心をもつことが歓迎されていました。好奇心をもつことは、何よりの肯定のしるしです。また、お互いのストーリーを熱心に聞いている時も、肯定が実現されていました。他の人の苦しみに「心を動かされる」ことは肯定の高度な形です。セラピストのアンダーソン（Harline Anderson）は、「聞く」中で肯定することの重要性について、次のような意見を述べています。「セラピストが、他の人のイデオロギー的なもの——その人にとっての現実、真実、経験——に対して心を広く持ち、真摯な態度やマナーを持って介入した時にはじめて、セラピーは変化させる力をもつことになる。この態度やマナーには、相手に敬意を示し、謙虚さを忘れず、クライアントの話に耳を傾ける価値があると信じることなども含まれている」[20]。

行為を調和させること――即興のすすめ

パブリック・カンヴァセーション・プロジェクトの成功にとって重要な要素の一つとして、会合が一緒に食事をするところから始まったということが挙げられます。参加者はまず、あいさつ、笑顔、握手を交わし、自然な形で子どもや仕事や味覚などについて親しく話をしました。こうして、彼らは、やりとりをする、アイコンタクトをする、話す、聞くというリズムを身につけていったのです。変化力をもつ対話は、相互に行為を調和させようとする、そうした努力から生まれてくるのかもしれません。意味を作り上げること自体、調和した行為の一つの形だからです。つまり、もし私たちが共に意味を生み出そうとするのであれば、なめらかで何度も繰り返されるやりとりのパターン――お互いの動きが調和したダンス――を身につけなければならないのです。

調和を生み出す最も重要な方法は、**共同構成**と呼ぶことができるかもしれません。会話におけるお互いの動きは、どこか、相手の動きを反映していたり、相手の動きに似ていたりします。ある人の行為や発言は、他者にとって、行為を構成する手がかりとなるのです。これは、相手がしたり言ったりしたことを完全に真似たり、それに同意したりするという意味ではありません。ある人の行為には、他者が部分的で不明瞭な形で反響しています。その人自身の中に、他者が映し出されているのです。このように、ある人の行為が他者の行為の一部を含んでいる時、共同構成が起こります。例えば、私が、両親の自分への愛情に対する疑いをあなたに打ち明けたのに対して、あなたが「明日の天気予報はどう？」と答えたとすると、あなたのその答えの中には、私の存在が含まれていません。しかし、逆にあなたの答えの中に私が言ったことの影響や、それに対する関心が含まれていれば、私はあなたの中に自らを――今まさに話をした「私」を――見出すことになります。ただし、この表現を生み出したのはあなたであって、私ではありません。あなたは私たちを近づけたのであり、そのことによって、今度は私があなたに対して同じように答えることが求められているのです。対話が変化力をもつかどうかは、おそらく、お互いに自らを相手の中に見出すことができるかにかかっています。ではここで、調和を共同構成する二つのやり方について考えてみましょう。

リズムを調和させること

「何人かの友人たちが、ジャマイカで休暇を過ごしていた。彼らは、地元のバンドが生演奏するレストランに子どもを連れて出かけた。ところが、熱気あるパフォーマンスの最中に赤ちゃんが大声で泣き出してしまい、彼らはうろたえた。彼らはとても決まりの悪い思いで、近くの出口を探し始めた。しかし、ミュージシャンたちには、別のアイディアがあった。彼らは音楽のリズムを複雑にあやつり、子どもの泣き声のリズムに合わせた。音楽と泣き声が一つになり、客はうっとりと聞きほれた……」。こうした新たな作り変えは、共同構成による調和の一つの例です。巧みで自然な動きによって、調和をかき乱すようなものも、意味を作り出すプロセスの中に統合されるのです。

このバンドの例は、まさに文字通り「リズムの調和」を示すものですが、ここでは「リズム」という言葉をもっと広い意味で捉えることが大切です。つまり、先行する行為をプラスの方向へ進めるような、あらゆる行為のあり方をそこに含めることにしましょう。最もシンプルに、笑顔に対して、（無表情に見返すのではなく）笑顔で答えること、相手の声のトーンを引き継ぐこと、自らの服装の中に、相手のスタイル（フォーマルな、あるいはカジュアルなスタイル）を映し出すことなどはすべて、共同構成による調和の例です。これらと対照的なのは、打ち消すようなリズムです。例えば、暖かい態度に対して冷たい態度で、静かな声に対して怒鳴り声で、カジュアルなマナーに対してフォーマルなマナーで答えたならば、それらは先行するものを打ち消してしまい、決して共鳴することはありません。調和をもたらす即興のポイントは、会話に加わる人々をお互いに近づけるようにリズムの相互性を保ち、新たな構築が進められるような場を共有することなのです。

言説を調和させること

私たちがもし、お互いにまったく異なる世界を構成しているならば、共同での創造はおそらく不可能でしょう。しかし、相互性に向かって進んでいく方法は、実は言語――よく似た言い方、声の抑揚・トーンを用いることなどを含めて――の中に存在しています。最も興味深いやり方は、**言語に陰影をつける**こと、つまり、ある単語や言いまわしをよく似た意味の別の言葉に置き換えてみることです。例えば、「愛」を「魅惑」と呼んだり、「怒り」を「いらだち」と呼んだりすることによって、言葉に陰影をつけるのです。この方法は、非常に大きな力を秘めています。言葉の置き換えによって、連想が広がり、新たな意味の領域が開かれ、新鮮な会話が始まるのです。例えば、対立関係について、「私たちの間には憎しみがある」ではなく、「私たちの間には緊張状態がある」といえば、敵意は和らぎ、調和が達成されるかもしれないという希望も見えてきます。言葉に陰影をつける可能性は、実際的な問題を別にすれば、無限にあります。極端にいえば、正反対の意味に辿り着くこともあるのです。例えば、「愛」は「魅惑」へ、「魅惑」は「執着」へ、「執着」は「病気」へと置き換えることができます——驚いたことに、愛する相手は「私の病気のもと」になっています。さらに続けていくとどうなるでしょうか、「病気のもと」は「望ましくない」へ、「望ましくない」は「好きではない」へ、「好きではない」は「憎しみ」へ。このように、愛が憎しみにたどり着いてしまうのです。

この観点から、共同構成によって調和を生み出すということについて、もう一度考えてみましょう。私たちの信念の言明が、意味のあいまいな言葉を含んでいるならば、それを別の言葉に置き換えることによって、言明全体を変化させることができます。対立し合う信念は、永遠にそのままというわけではありません。あらゆる言葉には、異なる意味をもつ可能性があり、適切な陰影のつけ方によって「正反対」のはずの言明が「よく似た」ものになりうるのです。お互いが激しく対立し合っているような議論も、共通の関心を探るものへと作り変えることができるのです。あなたは、たとえどれほど冷酷な殺人者であっても、「死刑にすればよい」という考え方には絶対反対かもしれません。しかし、もし「死刑に賛成すること」が「憎むべき犯罪に対する厳しい処置を認めること」をも意味するとすれば、あなたも時には「厳しい処置」が必要だと同意するかもしれません。このように言い換えることで、あなたは相手との共通の基盤を見出していくことになるでしょう。

自己内省——多声性への期待

私たちの現実が、他の人々に耳を傾けられ、肯定されて、会話がますます調和したものとなった時、変化力をもつ対話へ向けてのさらなる動き——「自己内省」——が生じる可能性が生まれます。モダニズムの伝統として、私たちは常に、「統合された自我（ego）」として会話の中に位置づけられています。つまり、私たちは、単独の首尾一貫した自己として構成されています。そのため、論理的あるいは道徳的な一貫性がない人は、人々の軽蔑の対象となりますし、私たちは自分と立場を異にする人々に対して、自らの意見を、ほころびのない織物のように作り上げようとします。したがって、私たちがいったん対立関係に入りこんでしまうと、私たちの距離は決して縮まることはありません。さらに、自己が相手に脅かされると感じたならば、暴力にまで行きついてしまうかもしれません。議論の最中に相手が突然態度を翻して、「私の考えは間違っていた。あなたの勝ちだ」と言い出すことなど、ほとんど期待できないでしょう。

ここでは、相手を変化させようとするのではなく、自らの立場を疑問視する試み——つまり「自己内省」への会話を取り上げます。自らのよって立つ位置を反省するということは、異なる声を受け入れることでもあります。「Xは正しい」「Yは善い」とただ繰り返しているばかりでは、疑問が入りこむ余地はありません。自分の立場に固執するのをやめ、対立の姿勢を崩すことによって、別の会話が生まれる可能性が開かれることになるのです。こうした自己内省を可能にするのは、私たちの「**多声性**」です。私たちは、日々さまざまな関係に参加し——共同体の中で、仕事で、趣味で、あるいはテレビを通して——、その関係の痕跡を身にまとっています。私たちは、さまざまな声で話すことができるのです。したがって、絶対正しいと思われるいかなる前提についても、疑う理由を見つけることは可能ですし、自分の人生にとって非常に重要ないかなる価値に対しても、限界を見出すことができます。私が、「私の本心」を話したり、「私の信念」を述べたりする時、それに反対する人々の声は抑圧されることになります。しかし、この抑圧された声を、会話の中に見出すことができれば、私たちは変化の方向へと進んでいくことができるのです。

パブリック・カンヴァセーション・プロジェクトの例では、自己内省を促す問いが用意されていました。参加者たちは、それぞれ自分のストーリーを話した後で、自らの信念の中でやや「あいまいな」部分、不確かな点、複雑な気持ちなどについて尋ねられました。人々が、自分自身に対する疑問について話をする中で、参加者の間の敵意は和らいでいくように思われました。こうして、お互いの違いにこだわらない、新たな会話が生まれる可能性が開かれていったのです。

これを応用したものとして、コンフリクトの専門家であるピアス（W.B. Pearce）とリトルジョン（S.W. Littlejohn）

は、対立するグループ間のやりとりを、メンバーの一人が会話から外れて観察する――「第三者として聞く」――という方法をしばしば用いています[21]。ある立場を代表する当事者の立場から第三者の位置へと移ることによって、人々は、それまでとは違った基準で（例えば、「これは生成的なやりとりといえるだろうか？　これによって、いったい何が変わるだろうか？」という視点から）対立を観察することができるようになります。別の研究では、対立する立場のどちらとも異なる考えや信念を取り入れることが有用だということに、参加者たちが気づきました。つまり、例えば二つの宗教間（キリスト教 vs. イスラム教）の対立は、そこに他の宗教（ユダヤ教、ヒンドゥー教、仏教など）が入りこむことによって、まったく異なる特徴を示すようになるのです。

新しい世界の共同的創造

これまで述べてきた五つの要素は、敵意を和らげ、お互いにとってより適切なやりとりを生み出す可能性をもっていました。しかし、そのどれも、新しい現実を積極的に生み出そうとするものではありません。すなわち、私たちの「現実」や「善」を新たに構成するにはいたっていません。対立し合う人々が、まだどちらの側にも実現されていない「現実」の未来図に加わる瞬間――対話における**想像的な瞬間**――が必要なのです。この想像的な瞬間は、人々が共に現実を構成していく種をまくだけでなく、人々の目を戦いではなく協力へと向けさせます。人々は共通の目標に向かって協力する中で、他者を「私たち」として定義し直すことになります。

共同の現実へ向かうための最もシンプルな方法は、共通の「大義（cause）」を見出すことです。敵対関係にある人々同士であっても、双方が支持する「大義」に向かって努力するために、自分たちの違いをいったん留保することがあります。例えば、年中争っている夫婦であっても、そこに介入してこようとするおせっかいな人には結束して対抗するかもしれません。急進的なフェミニストと保守的な伝統主義者も、ポルノ反対のキャンペーンには一緒に参加するかもしれません。他国からの侵略の脅威を受ければ、国全体の結束は強まります。社会心理学では、こうしたことを「上位目標（superordinate goals）」という言葉で説明してきました。

このように、共通の「大義」を見出すことは非常に有用です。しかし、それが必ずしも永続する新たな合成物を生み出すというわけではありません。このことを示す興味深い研究が、ハーバードの心理学者ケルマン（Herbert Kelman）によってなされています。ケルマンは、イスラエル-パレスチナ紛争に関心をもっていました。[22] この紛争の起源は、十九世紀の終わり頃、政治的シオニズム（Political Zionism）の誕生にさかのぼります。一九二〇年代に紛争が勃発し、それ以来不安定な状況が続いています。それぞれが、相手のアイデンティティや財産の権利を否定し、血を見る結果に到ったこともあります。一九九一年になってようやく、平和イニシアティヴが開始されましたが、時にうまくいっているように見えても、敵意にふたたび火がつくということもたびたび起こっています。

一九七〇年代のはじめ頃、ケルマンはあるワークショップをスタートさせました。このワークショップはその後何年かにわたって続けられ、双方の有力な指導者が集まりました。「問題解決のワークショップ」と呼ばれたこのワークショップは、非公開の自発的なものであり、録音はされませんでした。このワークショップでは、パブリック・カンヴァセーション・プロジェクトと同様に、できる限りお互いを非難したり極端に批判したりするのはやめようという試みがなされました。また、抽象的な信念ではなく、「今ここの経験」について話すことによって、お互いの立場を正しく理解することができるということが強調されました。参加者の課題は、以前に述べた「交渉モデル」のように、対立が双方の勝利で終わるような解決法を見出すことでした。何より重要なのは、参加者が「望ましい未来像を共有するために努力する」ように求められていることです。[23] ここでは、「誰が間違っているか」についての会話が、「どんな世界を共に構成していくか」を一緒に考えていくことに置き換えられています。ケルマンが述べているように、「このようなプロセスは、グループ間で——はじめは交渉する者の間のレベルから、最終的には二つの社会全体の間で——新しい関係を構築するのに貢献する」[24] のです。このように共通の現実を構築していこうとする実践の内容については、次章でさらに詳しく見ていくことにしましょう。

本章をふりかえって

本章で述べてきた「変化力をもつ対話」という概念は、私にとってとても重要な意味をもつものです。グローバル化の進行に伴い、人々の現実の対立がますます深まっていく今日の世界において、コミュニケーションの新しい資源は必要不可欠です。対立は、教室、家族など、どんなに親密な関係の中にも存在します。私は、相手を肯定し、相手にとってそれほど敵対的でない別の「自己」を、自らの内に見出すことが非常に有用だということがわかりました。

しかし、私は「変化力をもつ対話」の力に対して、あまりにも楽観的であってはいけないと思っています。確かに、変化を生み出すことが可能であり、それが望ましい場合もたくさんありますが、実際にやろうとすると、それほど容易ではありません。例えば、私は何かがうまくいかない時、他者を非難することに慣れてしまっています。私はまだ、「関係の中の責任」へと進むことができていません。これは、本書で示しているような学問的な解決には、重大な限界があるということを示しています。学問的な分析は、新しい行動の方向を明確にするという意味で役に立つものではあっても、それで十分というわけではありません。新たな資源を手に入れることと、それを行動に移すこととはまた別です。私たちは会話の達人となるために、協力して、新たな実践を押し進めていかなければならないのです。

注

［1］Hirsch, E.D. (1967) *Validity in Interpretation.* New Haven, CT: Yale University Press. p. 25.
［2］前掲書、190ページ
［3］Gadamer, H.G. (1975) *Truth and Method.* New York: Seabury.（轡田収他訳　1986『真理と方法――哲学的解釈学の要綱』法政大学出版局）
［4］前掲書（英文）、238ページ
［5］前掲書（英文）、341ページ

［6］Wittgenstein, L. (1953) *Philosophical Investigations*. Oxford: Blackwell.（藤本隆志訳　1997　『哲学探究』12版　大修館書店）

［7］さらに詳しい説明は、Gergen, K.J. (1994) *Reallities and Relationship*. Cambridge, MA: Harvard University Press.（永田素彦・深尾誠訳　2004　『社会構成主義の理論と実践——関係性が現実をつくる——』　ナカニシヤ出版）を参照

［8］例えば、Shotter, J. (1993) *Cultural Politics of Everyday Life*. Tronto: University of Tronto Press.（橋口捷久・黒川正流編訳　1999　『偏見の社会心理学』　北大路書房）を参照

［9］例えば、Brown, R. (1995) *Prejudice, Its Social Psychology*. Oxford: Blackwell.を参照

［10］例えば、Hunter, J.D. (1991) *Culture Wars: The Struggle to Define America*. New York: Basic Books. を参照

［11］van Eemeren, F. and Grootendorst, R. (1983) *Speech Acts in Argumentative Discussions*. Dordrecht: Forris. p. 2.

［12］Lebow, R.N. (1996) *The Art of Bargaining*. Baltimore, MD: Johns Hopkins University Press. p. 1.

［13］Fischer, R. and Ury, W. (1981) *Getting to Yes*. Boston, MA: Houghton Mifflin（金山宣夫・浅井和子訳　1998　『ハーバード流交渉術』　ＴＢＳブリタニカ）、および、Ury, W. (1993) Getting Past No. New York: Bantam.

［14］例えば、Bush, R.A. and Folger, J.P. (1994) *The Promise of Mediation*. San Francisco: Jossey-Bass. およびSusskind, L. and Cruikshank, J. (1987) *Breaking the Impass: Consensual Approaches to Resolving Public Disputes*. New York: Basic Books. を参照

［15］特に、Harbermas, J. (1971) *Knowledge and Human Interests*. Boston: Beacon Press（奥山次良他訳　1981　『認識と関心』　未來社）、およびHarbermas, J. (1975) *Legitimation Crisis*. Boston, MA: Beacon Press（細谷貞雄訳　1979　『晩期資本主義における正当化の諸問題』　岩波書店）を参照

［16］Habermas, J. (1993) *Moral Consciousness and Communicative Action*. (Trans. C. Linhardt and S. Nicholsen). Cambridge, MA: MIT Press.（三島憲一・中野敏男・木前利秋訳　1991　『道徳意識とコミュニケーション行為』　岩波書店）

［17］例えば、Hunt,A. (1993) *Explorations in Law and Society*. New York: Routledge. および、Griggin, S.M. and Morrat, R.C. (Eds.) (1997) *Radical Critiques of the Law*. Lawrence, KA: University Kansas Press. を参照

［18］例えば、Chasin, R. and Herzig, M. (1992) Creating systemic interventions for the sociopolitical arena. In B. Berger-Could and D. H. DeMuth (Eds.) *The Global Family Therapist: Integrating the Personal, Professional, and Political*. Needham, MA: Allyn & Bacon. を参照

［19］McNamee, S. and Gergen, K.J. (1999) *Relational Responsibility*. Thousand Oaks, CA: Sage.

［20］Anderson, H. (1997) *Conversation, Language, and Possibilities*. New York: Basic Books. p. 153.（野村直樹・青木義子・吉川悟訳

2001『会話・言語・そして可能性——コラボレイティヴとは？ セラピーとは？』金剛出版）
［21］ Pearce, W.B. and Littlejohn, S.W. (1997) *Moral Conflict: When Social Worlds Collide*. Thousand Oaks, CA: Sage.
［22］ 例えば、Kelman, J. C. (1997) Group processes in the resolution of international conflicts. *American Psychologist*, **52**, 212-30. を参照
［23］ 前掲書、214ページ
［24］ 前掲書、218ページ

【より詳しく知りたい人のための文献案内】

●「解釈学的な問い」に関する参考文献

Bleicher, J. (1980) *Contemporary Hermeneutics*. London: Routledge & Kegan Paul.
Messer, S.B., Sass, L.A., Woolfolk, R.L. (Eds.) (1988) *Hermeneutics and Psychological Theory*. New Brunswick: Rutgers University Press.
Taylor, T.J. (1992) *Mutual Misunderstanding*. Durham, NC: Duke University Press.

●「議論、交渉、調停と対話の倫理」に関する参考文献

Arrow, K.J., Mnookin, R.H., Ross, L., Tversky, A. and Wilson, R.B. (Eds.) (1995) *Barriers to Conflict Resolution*. New York: W.W. Norton.
Bercovitch, J. and Rubin, J.Z. (Eds.) (1992) *Mediation in International Relations: Multiple Approaches to Conflict Management*. New York: St Martin's Press.
Billig, M. (1996) *Arguing and Thinking* (2nd ed.) Cambridge: Cambridge University Press.
Bush, R.A. and Folger, J.P. (1994) *The Promise of Mediation*. San Francisco: Jossey-Bass.
Habermas, J. (1993) *Justification and Application: Remarks on Discourse Ethics*. Cambridge, MA: MIT Press.
Lebow, R.N. (1996) *The Art of Bargaining*. Baltimore, MD: Johns Hopkins University Press.
Shailor, J.G. (1994) *Empowerment in Dispute Mediation*. New York : Praeger.

●「変化力のある対話」に関する参考文献

Baxter, L.A. and Montgomery, B.M. (1996) *Relating, Dialogues, and Dialectics*. New York: Guilford.
Folger, J.P. and Jones, T.S. (Eds.) (1999) *New Directions on Mediation*. Thousand Oaks: Sage.
Grimshaw, A.D. (Ed.) (1990) *Conflict Talk*. New York: Cambridge University Press.
Markova, I., Graumann, C.F. and Foppa, K. (Eds.) (1995) *Mutualities in Dialogue*. Cambridge: Cambridge University Press.

Pearce, W.B. and Littlejohn, S.W. (1997) *Moral Conflict: When Social Worlds Collide*. Thousand Oaks, CA: Sage.
Sandole, D.J.D. and van der Merwe, H. (1993) *Conflict Resolution Theory and Practice. Integration and Application*. Manchester: Manchester University Press.

第7章　理論と実践(2)――心理療法・組織変革・教育・研究

専門家のトレーニングを行っている団体で、しばしば耳にする言葉の一つに、「話したことを実践せよ（walk the talk）」があります。これは、トレーニングを受ける人々に対していわれるもので、これまで学んできた抽象的な概念を実践に移しなさい、という意味です。しかし、社会構成主義から見ると、この言葉は少し矛盾しているように思われます。「話すこと（talk）」は、それ自体、一つの実践のあり方だからです。まず何か抽象的な概念を学び、それから、それをどう実践に移すかを考えるのではありません。言語を用いることそれ自体が、実践に携わることであり、さまざまな影響を及ぼすのです。

しかし、話すことが一つの実践のあり方であるとすると、伝統的な学問についてはどう考えればよいのでしょうか。私たちは、科学に対するモダニズム的な考え方、すなわち科学者の仕事は、「世界をあるがままに写しとること」であり、「ものごとがどうあるか」についての専門家になることであるという考え方を受け継いでいます。この考え方によって、世界は、二つに――科学的・学問的「知を有する人々」と、その外側に位置する「無知な人々」に――引き裂かれました。そして、前者の役割は、知（抽象的な事実）を生成することであり、後者の役割は、その事実を学び、それを行為に応用することだとされていました。つまり、「純粋な研究」の世界と、「応用」の世界の二つがあるというわけです。

社会構成主義の立場から見ると、これまで展開されてきた科学的・学問的な記述は、それ自体が実践です。このように考えることによって、伝統的な学問について問い直すことができるだけでなく、新たな道が開かれることになります。

まず、実践よりも理論の方が優位であるという上下関係が解体されます。私たちはみな、文化を創造する実践家なのです。また、私たちは「共に、ある文化の中にいる」わけですから、理論や実践を分かち合い、それを創造的な関係へともたらすことが求められます。したがって、私たちは、抽象的な理論を社会において「実践可能な」ものにしたり、あるいは逆に、具体的な行動を「伝達可能な」概念と結びつけたりするにはどうすればよいかを、考えていかなければなりません。

本章では、こうした実践がどのように展開されてきたかを見ていきます。中でも、セラピー、組織変革、教育、学問の四つの領域における社会構成主義の実践を取り上げます。この四つを選んだのは、これらが、ドラマティックともいえるほどのめざましい発展を遂げてきたからです。ページに限りがあるため、それ以外の多くの試みにはふれることができませんが、章末に関連するいくつかの文献を挙げておくことにします。

社会的構成としてのセラピー

私が子どもの頃、「キッピー」はよく私の庭にやってきました。彼は、私や私の兄と遊びたがっているようでした。彼は、自分にできることであれば、にっこり笑いながら私たちのゲームに加わってきました。しかし、私たちには、彼が話す奇妙な言葉がわからず、うまくコミュニケーションすることができませんでした。それに、彼は大人でした。母は私たちに、彼とはあまり遊ばないように言いました。

近所の誰もが、「キッピーはちょっとおかしいんだ」と言いました。ゲール語には、キッピーのような人々に対する言葉があったのですが、それは英語に訳すと、「神と共にある」という意味でした。ところが、現代の精神衛生業界では、こうした穏やかな表現を、四百にも及ぶ「病気」の用語にことごとく置き換えてしまいました（第2章を参照）。さらに、心の「病気」の原因を探ろうとする大規模の研究プログラムが生まれ、心に「病気」を抱えた人々に対するさまざまなセラピーの効果を検証するために莫大な時間が費やされてきました。今日の精神衛生の専門家たちは、心の

「病気」を癒す手段として、薬学に注目しています。

　社会構成主義の立場から見ると、このように何とか「科学」たりえようとする壮大な努力は、間違った方向へ向かっており、実際に多くの害をもたらしています。キッピーや彼のような人々の状態がどのようなものであれ、「病」というのは、社会的構成の可能性の一つにすぎません。彼を「病気」とみなすことによって、「治療」という実践が登場するのであって、もし、彼が病気と定義されなければ、治療以外の実践が動き始めるはずです。このような**医学モデル**は、セラピーやカウンセリングの大部分に浸透しています。セラピストの仕事は、人々が報告する問題――抑うつ、暴力、恐怖、無力感など――の原因を探し出し、それを取り除き、人々を安心させる（治療する）ことです。問題の原因は、精神分析ならば「心の深層（抑圧）」に、ロジャーズ派ならば「自尊心の欠如」に、認知主義の立場ならば「思考の欠陥」にと、さまざまなところに求められます。しかし、いずれにしても、問題は患者あるいはクライアントの心の中にあるとされ、セラピストは専門家としての役割――「中立」を保ち、問題の源を探り、解決に向けて努力する――をただ果たせばよいということになります。

　社会構成主義は、医学モデルに立つこのようなセラピーへのアプローチに対して、真正面から挑戦します。なぜ、クライアントは、「問題を抱えている」とみなされなければならないのでしょうか。他にもっとよい道はないのでしょうか。また、それぞれのセラピストは、どういう根拠にもとづいて、「この理解のしかたの方が優れている」などと主張するのでしょうか。本当に中立的なセラピーなど、果たして存在するのでしょうか。三十年ほど前、心理療法の専門家たちは、同性愛は一種の心の病気であると主張し、多くの治療法を生み出しました。例えば、男性が他の男性の裸を見ても何も感じないようにするために、電気ショックが用いられたりしました。これは果たして治療といえるでしょうか。それとも、政治的なイデオロギーなのでしょうか。今日では、社会から抑圧を一掃することが目指されていますが、まさにそれは、「誰もが幸福な社会こそ、理想的な社会である」という政治的な信念にもとづいているからではないでしょうか。逆にポーランドでは、「抑うつ的でない人間は、狂っているに違いない」といわれています。治療的なものと、政治的なものとは、分かちがたく結びついているのです[1]。

　以上のような社会構成主義からの批判にもとづいて、新たな治療的アプローチが生まれ始めています。こうしたアプローチは、一般に次のような特徴をもっています。

意味に焦点をあてる

伝統的なセラピーでは、「原因」と「結果」に焦点があてられます。つまり、抑うつの源や、夫婦間の暴力の原因が何であるかが問題となります。しかし、社会構成主義から見ると、「抑うつ」や「暴力」は、あらかじめ定められた事実ではなく、ある原因がそれらの結果を生じさせるという想定も、たくさんあるナラティヴの一つにすぎません。私たちは共に、「その場における事実」を構成している、つまり、世界を理解可能なものにする方法を生み出しているのです。だからといって、「事実」を無視するというわけではありません。しかし、「本当に何が起こったのか」をはっきりさせる必要は、必ずしもないのです。

ここで強調しておきたいのは、私たちが、自分たちの人生を切り開いていくために、どのように意味を構成しているのかという点です。例えば「感情」について考えてみましょう。精神科医は、患者が両親に対して抱いている感情に強い関心をもつでしょうし、ロジャーズ派の心理療法家は、クライアントが自分自身に対してもっている感情を追求するでしょう。しかし、社会構成主義にとって「感情」は、調べるべき「事実」ではなく、あくまで会話の対象なのです。セラピストは、一人一人の「心の状態」を探ろうとするのではなく、その人が自らをどのように構成するかに関心をもちます。クライアントは「問題の原因」にとらわれず、自由に話をすることによって、より望ましい構成のあり方を見出すことができます。このように、その人の構成のしかたを変化させることが大切なのです。

セラピーは共同構成である

伝統的なセラピストは、「抑うつ」や「夫婦間の対立」などの問題に、専門家としての立場から取り組もうとします。セラピストは、専門的な知識をもっていると想定されているからこそ、セラピーを進めていくことができる――クライアントの問題を解決し、深い洞察へと導くことができる――わけです。しかしながら、社会構成主義から見ると、「抑うつ」や「対立」に関するセラピストの理論は、「専門家」という一つの共同体によって生み出されたものであり、それがすべての人々にとって有用なものであるとは限りません。例えば、多くの専門家は、ロマンチックな愛の言説は疑わしいものであり、神聖な魂の言説は、人を惑わせる神話にすぎないと考えるでしょう。しかし、より広い視点から見ると、そうした言説は、世界を構成する大切な方法なのです。したがって、社会構成主義の立場に立つセラピストは「無知のスタンス」[2]、すなわち専門家から見た現実を離れ、クライアント自身がもっている意味のバリエーションに興味をもって耳を傾けようとするスタンスをとらなければなりません。セラピストの仕事は、クライアントを「知へと導く」ことではなく、クライアント（あるいはその家族）と協力して、生成的な対話を生み出していくことなのです。治療という関係においても、共同の意味生成が行われなければなりません。

関係に焦点をあてる

一般にセラピーにおいては、個人の心の状態――感情、思考、動機、無意識――に強い関心が向けられます。しかし、社会構成主義のセラピーでは、「関係」が、「心」に取って代わります。ある関係の中に入りこむことによってはじめて、「問題」が問題としての意味を与えられたり、ある行動のパターンが合理的なもの、あるいは望ましいものとなったりするからです。したがって、個人が参加している関係のネットワークを探究することが最も重要となります。問題という意味を、対話の中で共に創り出しているのは、誰なのでしょうか――今、身の周りにいる人？　それとも過去に関係のあった人？　実在する人物？　それとも架空の人物？　そして、それは今どのような状態をもたらしているのでしょうか。家族療法では、問題となる人は、しばしば「**患者の役割を担う人（designated patient）**」と呼ばれます。つまり、患者はたまたま、家族の他のメンバーによって、その家族関係にはらまれた問題のスケープゴートに選ばれただけなのではないかというわけです。

価値に対して敏感になる

伝統的なセラピストの立場とは異なり、社会構成主義では、いかなる治療的関係も価値中立的ではありえない――ある特定の生き方を好ましいものとし、それ以外の生き方を否定する――と認識されています。異性愛が望ましいと考えるセラピストは、同性愛という選択肢を認めようとはしないでしょう。勤勉さ、生産性こそが重要だと考えるセラピストは、快楽主義を否定するでしょう。セラピストがもし、男性優位の考え方をもっていれば、女性は選択の自由を失うでしょう。そこで、「スタンドポイント・セラピー」、すなわち、政治的な立場や目的を積極的に明言するセラピーの動きが活発になってきました。特に、フェミニスト、ゲイ、レズビアンの立場に立つセラピストは、注目に値します。ただし、ほとんどのセラピストは、特定の立場にそこまで傾倒しているわけではなく、問題が非常に微妙なものになってきた時に、クライアントに対して自分の立場を知らせるという程度にとどまっています。

これまで述べてきたように、四つの基本的な方向性はありますが、社会構成主義的セラピーの実践の可能性は実に多様です。ここでは、中でもよく知られている三つのセラピー——解決中心療法、ナラティヴ・セラピー、多声的な共同実践——について、考察していくことにしましょう。

解決中心療法——ブリーフ・エンカウンターの力

本当は、問題なんてどこにもない——人々をセラピーへと向かわせることになる、深い悲しみや失望には、実は何の根拠もないのだ——。社会構成主義の主張を突き詰めるとこうなるのではないか、と一部の人々は考えています。私たちは決して、人生の中で困難な問題——非常にリアルで、時にひどい苦しみをもたらすような問題——に直面することなどない、と主張しているわけではありません。ただし、社会構成主義は、こうした現実が、実は社会的に構成されたものである、つまり、問題は私たちから独立した「現実」として「外界」に存在しているわけではなく、私たちが現実について取り決めを行う中で「問題」となっていくのだということを、私たちに思い起こさせてくれます。さらに、こうした指摘をきちんと受けとめ、問題を探り出して解決するという伝統的な実践を見直すよう、多くのセラピストに呼びかけてもいます。従来のセラピーのように、クライアントに自分の問題について詳細に語ってもらい、それについてよく考えさせ、自分の感情をできる限り表現させようとすることで、かえって有害な結果がもたらされるのではないかという議論もなされています。「問題」は、「語る」ことによって、ますます現実的かつ客観的なものになっていきます。

なぜ、いつまでも幼い子どもの頃受けたダメージを掘り返す必要があるのでしょうか。そうすることによって、そうした「現実」がいっそう鮮明になり、つらいものになるかもしれないのに。それよりも、明るい未来をもたらすような「現実」の見方はないのでしょうか。社会構成主義は、このように問いかけます。

こうした問題から、社会構成主義のセラピストは、治療的な会話により焦点を絞った方法を模索しています。最も広く浸透している実践の一つは、解決中心療法と呼ばれるものです。この考え方を推進している人物の一人、ドゥシェイザー（Steve deShazer）は、クライアントが自分の問題そのものについて語るよりも、その問題の解決について語ることの方が有効な場合が多いと主張します。[3] ドゥシェイザーによれば、解決についての語りは、たいてい希望や期待に満ちています。したがって、例えば、クライアントである子どもの抑うつの度合いを測ろうとするよりも、どうすればその子が「学校に復帰できる」か、あるいは、デイケアを受けられるようになるか、について話す方がもっと効果的です。会話がさらに進み、将来の目標や、それを達成するにはどうしたらよいかということに話題の中心が移った時、クライアントは問題から解放されるでしょう。クライアントが「抑うつ」について語ることは、「抑うつ」を客体化することにつながりますが、自らの向上心や能力について話すことは、すばらしい可能性を開くことになるのです。

解決へと向かう語りを生み出すための、一つの重要な方法は、「**奇跡の問い**」と呼ばれています。セラピストは、クライアントに、「もし今晩奇跡が起こって、明日の朝、目を覚ますと問題が全て解決していたら、あなたはどんなことをしますか」と尋ねます。この質問は、積極的な行動、すなわち、未来をより明るいものにするために、今ここで何かできることはあるかということに、クライアントの目を向けさせようとするものです。このように、問題をいったん保留にすることによって、クライアントは、「問題を乗り越えた人生」について考えるようになります。[4] セラピストは、質問したり自分の意見を述べたりすることを通して、クライアントを、**あれかこれか**という思考――例えば、異性愛か同性愛か、キャリアをとるか結婚をとるか、人に対して毅然とした態度をとるか人の言うことに従うか――から引き離そうとします。その代わりにセラピストは、**あれもこれも**という考え方を積極的に支持し、クライアントが多様な――時には矛盾するような――生き方のイメージをもてるようにします。[5]

セラピストの中には、「**目標への道のり**（**on-track**）**の言語**」[6]を用いることによって、クライアントに、目標とそれを達成するために必要な段階について考えさせようとする者もいます。このように、人生を「未来への道」という観点から見ることは、**「見積もりの問い」**——「あなたは今、一から十までの段階の、どのあたりにいると感じていますか」——によってさらに進められます。この問いは、クライアントに、自分の置かれている状況の外側に立ち、自らの行動を相対化するように求めているのです[7]。

このように、伝統的なセラピーと対照的に、問題の解決や積極的な行動により大きな力点を置くことによって、クライアントがセラピーに費やす時間がかなり短縮されるということがしばしば起こります。そのため、「解決中心療法」は、**「短期療法（ブリーフ・セラピー）」**と呼ばれることもあります。解決中心（短期）療法は、伝統的なセラピーに多く見られるような、問題の原因を追求する考え方とは非常に対照的です。解決中心療法では、治療の時間が短縮されるため、多くの専門家によって取り入れられています。

ただし、この療法にも限界があります。こうしたセラピーでは、目標を定め、その目標に向かって努力するのはあくまでクライアント本人です。これは、個人主義のモデルに強く結びついており、その人をとりまいている関係に対して、あまりにも小さな役割しか与えていません。また、このように目標を強調することに抵抗を感じ、また、人生を、進歩というものさしで測られる「課題」およびその達成という観点から見るのは、非常に狭い考え方だと感じる人々もいます。そして、最も疑いの目が向けられているのは、短期療法が、容易に解決策が見つからないような、非常に深刻な問題に対してどれほど有効かという点です。解決に焦点を合わせることで、日常的な問題は解消されるかもしれません。しかし、長期に及ぶ深刻な不安も、果たしてそれで解決されるでしょうか[8]。

ナラティヴ・セラピー

社会構成主義の立場に立つ多くのセラピストにとって、「ナラティヴ（語り）」という概念は、非常に重要です。第2章で述べたように、ナラティヴ（物語ること）は、私たちがお互いに自分について理解してもらうための大切な手段です。私たちの人生や生活の中心にはナラティヴがあって、私たちに秩序や正しい方向性を示したり、私たちの関係を適切なものにしたりしているとすれば、クライアントの苦しみもまた、その人のナラティヴから切り離しては考えられません。例えば、夫婦が離婚する時にもたらされる苦しみは、それまでの夫婦のナラティヴが、夫婦としての幸せを最も大切な目標としていたということを示しているといえます。また、人が怒りを感じるのは、自分が「成功のナラティヴ」を生き抜くことができなかったと思っているからだとすれば、その怒りは理解できるものになります。つまり、クライアントが自分の人生を語り直し、人生の中の辛いできごとを新しく概念化し直すのを可能にするナラティヴこそが必要なのです。

では、こうしたナラティヴの変化はどうすれば達成できるのでしょうか。ホワイト（Michael White）とエプストン（David Epston）は『物語としての家族』（一九九〇）という本の中で、自分たちが、クライアントの語り直しをどのように支えてきたか、そのさまざまな方法を紹介しています。その中で、最も興味深く、革新的な方法の一つは、「**問題の外在化（problem externalization）**」と呼ばれるものです。[9] 伝統的な考え方では、「私の抑うつ」「私の無気力」「私の敵意」というように、問題を個人の内部にあるものとして捉えます。しかし、ホワイトとエプストンによれば、その人が——あるいは、その家族や友人が——問題をその人の「自己」から切り離して考えられるようになることが、語り直しへの重要な一歩となるのです。「もし家族のメンバーが、自分たち自身、あるいは家族間の関係を問題から切り離すことができれば（外在化）、自分たちには何の問題もないという新たな目線に立って、家族について記述することができるようになる。つまり、その家族のもう一つのストーリーを展開することが可能になる」[10] とホワイトらは述べています。

この外在化に関して、ホワイトとエプストンの本の中から具体的な例を取り上げてみましょう。ある日、ニックという6歳の男の子が、両親に連れられてセラピーにやってきました。ニックの問題は、衝動的に排便してしまうこと（enopresis）でした。ニックはまた、自分の「うんち（poo）」を壁やたんすにこすりつけたり、それを丸めて家の中に置いたりしました。ニックのそうしたふるまいをやめさせることは非常に難しく、両親はかなり気が動転していました。

ホワイトらは、ニックを「うんちの問題」から切り離すことによって、外在化を進めようと試みました。まず、ニックの問題を擬人化するために、「スニーキー・プー（Sneaky Poo）」という名前が考え出されました。そして、話し合いの中心テーマは、このスニーキー・プーが、どんな作戦を使ってニックをだまして自分の友達にしようとしたり、ニックが他の友達と仲良くなるのを邪魔したりしてきたか、どうすれば、両親がニックと一緒にスニーキー・プーのたくみに立ち向かうことができるようになるか、という点に移っていきました。

こうした問題の外在化によって、彼らがセラピーを訪れた時点での「ニックの問題」には含まれていなかったできごとも明らかになってきました。また、彼らはスニーキー・プーが彼らをだますようになる前のことや、共にプーに立ち向かった時のことなども、話し始めました。こうして、両親とニックが一致団結して外部の脅威に抵抗するという、新たなストーリーが生まれ、この新しいナラティヴが問題にとって有効であるということが明らかになったのです。

ホワイトとエプストンは、セラピーの政治学にも深い関心をもっています。人々がセラピーにもちこむ問題のナラティヴは、実は、より広い権力関係の結果なのではないか、と彼らは考えます。フーコーの理論——支配的な言説が、いかに人々を統制していくのか——に関する第2章の議論を思い出してください。例えば、私は、自分が「抑うつ的」であり、何か治療法を見つけなければならないと信じているとします。つまり、私には欠陥があり、それに対する治療を必要としているというストーリーを生きていることになります。この時、私は、精神衛生という専門領域で作られたという医学モデルをうのみにしているのです。ホワイトとエプストンは、人々が支配的な言説の下から逃れ、「支配された知に対する反乱」を起こすのをいかに援助するか、という点を重視してセラピーを行ってきました。[11] 例えば、ホワイトは次のような手紙をクライアントに書いています。

親愛なるスーへ

過食症は、君にあまりにも多くのことを要求した。君は、そのためにたくさんの犠牲を払ってきた。君は、自分をコントロールしなければならなかった。君は自分を否定しなければならなかった。君は、常に自分の体や容姿に対する評価の目にさらされてきた。過食症は、君に従順であることを要求した……

この手紙の中で、ホワイトは、スーが精神医療の専門家による支配的な言説――過食症を病気とみなし、治療のためにはセラピーが必要だとする言説――に立ち向かう手助けをしようとしています。彼は、スーが社会的な言説の束縛から逃れ、自分の状況に合った彼女自身の、自己や未来についての概念を創り出していくように彼女を励まします。

ナラティヴの概念は、多くのセラピストにとって、ますます有用なものとなっています。ナラティヴに焦点をあてることで、意味の問題に切りこみ、治療の現場と研究の間に豊かなやりとりの場を生み出し、政治学に対する意識を高めることができます。しかし、ナラティヴの概念は、まだまだ発展させていく必要があると考える人々もいます。一つの問題は、「クライアントのストーリーは不完全であり、究極的には解体あるいは脱構築され、他のものに置きかえられなければならない」という想定が、しばしばなされることです。つまり、クライアントのストーリーに対して、一種の不信感のようなものがあるのです――これは、ナラティヴ・セラピストの本来の意図に反することなのですが。実際、最終的に「語り直される」ことになるのは、必ずといっていいほどクライアントの側の説明です。例えば、私が、自分には死者とコミュニケーションする特別な能力があると固く信じているとします。もちろん、周囲の誰もそのようなことを信じてはいません。しかし、なぜ、おかしいのは私のストーリーの方だと考えなければならないのでしょうか。自分のストーリーが、周囲の人々のストーリーに呑みこまれてしまわないように抵抗することが、なぜいけないのでしょうか。もう一つの問題は、人々は本当にたった一つのナラティヴ、一つのライフストーリーのみを生きているのかということです。私たちは、自分の人生、自分が何者であるか、自分の未来などについて、たった一つのストーリーしかもたないのでしょうか。私たちはむしろ、異なる状況で、あるいは異なる人々に対して語られる、複数のナラティヴをもっているのではないでしょうか。

ところで、ナラティヴによって生きる、あるいはナラティヴの中を生きるというのは、いったいどういうことでしょうか。ナラティヴが行為を決定すると考えるのではなく、むしろ、ナラティヴ自体を一つの行為のあり方として考えた方がいいように思われます。第3章のナラティヴに関する議論を思い出してください。私たちは、人々との関係を進めていくためにナラティヴを用いるのでした。したがって、私たちは、セラピーの中で展開されるナラティヴが、セラピーの外側でも果たして有効かどうかを問わなければなりません。

多声的な共同実践——複数の意味がもたらす実り

社会構成主義の立場に立つセラピーが注目する三つ目は、「**多声性**」——困難な状況における「声」を多様にすること——です。ここで目的となるのは、何らかの「解答」や「新しいストーリー」を見つけることではなく、幅広い新たな選択肢を生み出すことです。たくさんの「声」が身近にあることで、さまざまな行為の可能性がクライアントの前に開かれます。また、多様な「ものの見方」に接することによって、現実が構成されたものであるという意識を深めることができるのではないかということも期待されています。私たちは、「たった一つの真実」ではなく、「たくさんある真実の一つ」を見出すのです。こうした意識は、本書の中でたびたび言及してきた「解放」へとつながるものかもしれません。

セラピストはまず、個人の中に「多声性」を生み出そうとします。セラピストは、クライアントが自らの問題について話し始めた時、自分の内に別の声——世界を別様に構成するような声——を見出すことができるかと尋ねます。例えば、クライアントが父親を憎む気持ちに苦しんでいるとしましょう。クライアントの中には、父親に対して憎しみ以外の感情を持つことを可能にするような、「まだ聞こえていない」声があるでしょうか。トム（Karl Tomm）のいう「**内化された他者**」の声は、そのバリエーションの一つです。[12] 私たちの感情や態度は、他者との関係において獲得されたものです。どんな状況における私たちの発話も——「私の信念」だと確信している場合でさえも——、私たちが他者から獲得した声を反映したものなのです。したがって、私たちは、内なる他者の声にほんの少し耳を傾けることによって、よりよい代替案を見出すことができるはずです。

ペン（Peggy Penn）とフランクフルト（Marilyn Frankfurt）は、クライアントに、他者（時には死者）にあてた手紙を書かせています。[13] 彼らは、クライアントが他者に話しかける時——自分の言葉に耳を傾けてもらうために、他者に対して手紙を書く時——、それは同時に、相手の反応を予測することによって、自分に対して話しかけることにもなるはずだと考えています。バフチンの言葉を借りていうならば、人は、自らの内部をのぞきこむ時、「もう一つの目で見る」[14] ことになるのです。このように、人は手紙を書くことで、人生を新たな方向へと向かわせるような、新しい内的な対話を始めることができます。例えば、メアリーというあるクライアントは、前の夫に対してひどく腹を立てていました。彼女は、自分は彼の犠牲になったと感じており、彼についてよく言うことはめったにありませんでした。しかし、セラピストが、本当に彼にはまったくよいところがなかったのかと尋ねると、メアリーはとうとう、息子にとってはよい父親だったと認めました。そこで、セラピストはメアリーに、前の夫に対して、父親としての彼について彼女がどう考えているかを伝える手紙――出すかもしれないし、出さないかもしれない手紙――を書くように勧めました。こうしてメアリーは、夫についての話し方が変わっただけではなく、自分に対しても、犠牲者以外の見方をすることができるようになったのです。

「多声性」は、会話に参加する人を増やすことによっても生まれます。こうした実践の中で最も一般的なのは、アンダーセン（Tom Andersen）というノルウェーの家族療法家によって導入された「リフレクティング・チーム」です[15]。家族は、自分たちや家族の他のメンバー、あるいは家族が抱えている問題などの「現実」を、共同で構成しています。アンダーセンは、家族にとってのそうした「現実」を、無理に変えようとすることに対しては慎重でした。アンダーセンは、変化は適切な会話のプロセスによって、最も効果的に引き起こされると考えていたのです。そこで、彼は次のような実践を行いました。ある家族が、自分たちの問題についてインタビュアーと会話をします。そのインタビューの様子を、「リフレクティング・チーム」と呼ばれるセラピストのチーム（多くの場合、三人）が（しばしばワンウェイミラー越しに）観察します。インタビューが行われている間、セラピストたちは、その場で起こっていることについて「個人的な対話」を行います。セッションの後半で、リフレクティング・チームのメンバーは家族に合流し、議論に加わって自分たちの意見を述べます。会話を権威的で閉ざされたものにしないために、セラピストたちは、「よくわからないけれど……、もしかしたら……、こうも考えられるのでは……」など、断定的でない話し方をします。また、さまざまな見方を締め出そうとするのではなく、「こうも考えられるし……、もう一つの可能性は……」というように、「あれもこれも」という態度を徹底させます。最後に、家族は、セラピストのチームの議論に対して意見を述べるように求められます。例えば、「これまでの話の中で、なにかコメントしたいことや、もっと話したいことはありませんか」と尋ねられるわけです。リフレクティング・チームは、専門家としての権威にしがみつくのではなく、対話を促し、有効な意味を探しつづけます。「セラピーは、クライアントとセラピストの双方に焦点をあてたものになる……治療システムの会話のいかなる瞬間においても……お互いがしっくりくると感じられることが重視される」[16]のです。

組織における意味の創造

ワイク（Karl Weick）は、『センスメーキング・イン・オーガニゼーション』という本の中で次のように述べています。「組織行動とセンスメーキング（ものごとがわかること）のプロセスは、実は同じものなのだ。組織行動とは、秩序を維持し、例外を正し、単純化し、要素を結びつけることである。センスメーキングもそれと同じなのである」。この言葉が示唆しているように、ワイクは、現実を社会的に構成するプロセスが、個人や家族だけでなく、組織にとっても非常に重要なものであると考えています。彼はまた、他の組織理論家たちの考え――組織の運命は、組織の内外における多様な「現実」の中で、いかにうまく舵を取るかにかかっているという考え――についても考察しています。社会構成主義の立場に立つ、組織に関するこうした理論化の例は、章末の文献一覧に収録してあります。ただし、ここでは、理論よりもむしろ、効果的な実践を生み出すことに焦点をあてて議論することにしましょう。実践に関する最も重要な著作は、おそらくモーガン（Gareth Morgan）による『Images of Organization』（一九九八）でしょう。[17]モーガンは、私たちの組織についての理解のしかた――さらには、組織の中での私たちの生き方――がメタファー的であるということを明らかにしました。私たちの理解は、世界における生きられたフィクションなのです。例えば、理想的な組織とは機械のようなものであると考えるならば、組織は、それぞれの人間が、車の部品のように特定の機能を果たす、専門的ユニットに分けられるでしょう。逆に、組織を生物のようなものであるとみなすならば、組織の健康状態や、参加者がチームの中でどのように機能し、時間の制約の中でいかに行為を調和させるのかということが大きな関心事となるでしょう。あるいは、脳というメタファーを用いるならば、組織がどのように情報を収集して蓄え、学習し、思考するのかということが重要になってくるでしょう。モーガンは、組織管理に成功するかどうかは、「状況に対してさまざまな見方や捉え方をすることができるようになり、そこから生み出される洞察にもとづいてさらに前進していけるかどうかにかかっている」[18]と述べています。つまり、優れた管理者は、現実をさまざまにイメージし、そのイメージを用いて、他者と世界について対話することができなければならないのです。[19]
ただし、社会構成主義から見ると、これではまだ組織の管理者の能力として十分とはいえません。意味を創造するプロセスに、もっと入りこむことが大切なのです。社会構成主義の実践は、まさにこの方向に向かおうとしています。

価値を認めようとする問い——対立から共同体へ

一般に、組織の活動はダイナミックです。組織のいたるところで、メンバーは、自分たちの間で通用する「現実」や「道徳」についての感覚——誰が誰にどんなことをしているのか、それはよいことなのか悪いことなのか——を絶え間なく生み出しています。多様な「現実」や「道徳」は、必ずといっていいほどぶつかり合い、疑いや敵意、士気の喪失などを引き起こします。これは、組織活動の日常的な課題であり、問題が人々の手におえなくなると、組織の管理者やコンサルタントの手にゆだねられることになります。従来、管理者やコンサルタントは、こうした問題に対して、現実主義的なアプローチを行ってきました。問題は、「もの」——いってみれば、組織における病気——として扱われ、したがって、何らかの解決——病気の治療法——が必要であるとされます。例えば、ある人々が解雇されたり、賃金が見直されたり、新しいポストが作られたり、新しいトレーニング法が開発されたりします。これらはすべて、組織を悩ませる問題に対する一般的な対処法です。

しかし、社会構成主義から見ると、問題は、私たちが現実について取り決めを行っていく中で存在するようになるのです。「問題がある」ということに私たちが同意するから、問題が存在するのであって、いかなる状況も、「問題がある」ということもできれば、「問題がない」ということもできるのです。このことにヒントを得て、クーパライダー（David Cooperrider）をはじめとするケース・ウェスタン・リザーブ大学（Case Western Reserve University）のグループは、「**価値を認める問い**」という、非常に興味深い対立へのアプローチを生み出しました。[20]この「価値を認める」というのは、どんな作品の中にも「美」を見出すことができるとする、芸術における考え方から生まれたものです。クーパライダーは次のような問いをたてます。いかなる組織においても——たとえ対立があったとしても——、「美」を探し出すことはできるだろうか。そして、「美」が見出された時、組織のメンバーはそれによって新たな未来を開いていくことができるだろうか、と。

では、積極的に「価値を認める」にはどうすればよいのでしょうか。そのヒントは、社会構成主義が強調するナラティヴの中に見出されます。人々は多様なストーリーをもっていますが、そうしたレパートリーの中には、きっと、価値をもつもの、不思議なもの、面白いものがあるはずです。組織にとって、ストーリーは、銀行にとってのお金のように大事な資源です。つまり、多様なストーリーを引き出してくることは、新たな未来の展望に投資することなのです。ストーリーを人々が共有することで、そうした展望が実現可能であるという確信が生まれます。価値を認めるナラティヴは、創造的な変化の力を解き放つのです。

次に挙げる一つの例は、価値を認めるナラティヴが秘めている力をよく示しています。「アクメ社」（ここではこう呼んでおきます）という会社は、男女間の対立に悩んでいました。女性従業員は、自分たちが男性によって惨めに扱われている——何も情報を与えられず、時には嫌がらせをされ、低い賃金で過剰に働かされている——と感じていました。一方、男性従業員は、自分たちが不当に責められていると感じ、女性は必要以上に神経質になって、自分たちに敵意を抱いていると非難しました。社内には不信感がはびこり、訴訟の話ももち上がり、会社はとうとう、にっちもさっちもいかなくなりました。

アクメ社の重役は、クーパライダーたちに助けを求めました。重役は、よいふるまいのルールを作ること、つまり、すべてのグループにとって適切なふるまいを定め、守られなければ罰を与えることが必要だと感じていました。しかし、クーパライダーは、そういう姿勢は「問題」をいっそう動かしがたい現実として構成することになり、そのような「解決」のしかたは、会社の中に強い不信感を残すだろうと考えました。そこで、「価値を認める問い」が実践に移されることになりました。男性と女性は小さなグループに分かれ、会社の中で共有したよい経験について思い出すことが課題として与えられました。男性と女性が一緒に働き、お互いに協力し、尊重し合ったことはこれまでにあったでしょうか。

相手に助けられたと感じたことはあったでしょうか。こうした経験の詳細はどんなものだったのでしょうか。そして、その経験は、従業員である彼らにとってどんな意味をもっていたのでしょうか。従業員たちは、熱心に課題に取り組み、その結果、過去のよい経験についてのたくさんのストーリーが見出されました。次に、グループの間で話し合いが行われ、お互いのストーリーを共有し、比較し合いました。この実践を通じて、変化が生まれ始めました。敵意が緩和され、笑い声があちこちで起こり、男性と女性がお互いをほめたり尊重し合ったりするようになったのです。こうした和やかな雰囲気が生まれてくると、クーパライダーは次に、従業員たちに会社の未来像をイメージしてもらいました。これまでのよい経験を核として組織を作り上げていくには、どうすればよいでしょうか。どうすれば、会社をもっと楽しい場にすることができるでしょうか。参加者は、このような未来についての話し合いを通して、新しい実践――会社の方針、委員会、社会的な立案――についても深く考えるようになりました。また、楽しいムードや、モラルに対する高い意識も生まれ始めました。こうして積極的な計画が動き出すにつれて、男女の対立という「問題」はいつのまにかどこかに消えてしまったのです。

未来の探求と共同体の構築

「価値を認める問い」は、社会構成主義の理論と深い結びつきをもっていますが、社会構成主義以外でも同様の実践が見られます。こうした実践は、ある特定の組織という範囲にとどまらない広範な示唆を与えてくれます。特に私たちにとって興味深いのは、組織とそれをとりまく共同体の間での、あるいは、ある共同体の中に存在する複数のサブカルチャーの間での、差異を超えた共同的実践が強調されていることです。

このような実践の一つに、「未来の探求」というものがあります。「未来の探求」の実践は、人々の共通の基盤を探したり、構築したりするために行われ、主として比較的大きな集団やシステムにおける計画立案のプロセスで採用されてきました。実際のプログラムは次のように進められます。「システム全体」から代表者が集まり、ある議題に取り組むのですが、その際、対話を開かれたものにし、また、参加者全員が何らかの形でリーダーシップをとることが目指されています。参加者は、集中的な議論を数日間行うのですが、問題を簡単にしたり、意見の不一致を解消したり、単に問題を解決したりするのではなく、生き生きとした未来像を創り出すことが目標とされます。

この実践の一つの例を紹介しましょう。それは、カリフォルニア州のサンタクルズというコミュニティで、住宅問題について考えるために行われたイベントです[21]。三日間にわたるこのイベントには、教師、農家の人々、学生、年金生活者、教会関係者、企業家、政府関係者と、さまざまな人々が招待されました。ある参加者は、会場に到着した時、「もしここで何も生み出すことができなかったとしたら、この集まりは、かつてないくらいめちゃくちゃなものになるだろう」とコメントしています。参加者は詳しい説明を受けた後で、共同体の過去について、特にここ数十年の間に生じてきたさまざまな問題——薬物、エイズ、ギャングによる暴力など——について話し合いました。一人の参加者は、「『コミュニティ』という意識は、ずいぶん前に消滅してしまっており、私たちは、『隣人を知っている』とはどういうことかさえ忘れてしまっている」と述べました。次に、議論の焦点は、現在についての正しい理解——資源、隠れた願望、共有する価値観——へと移されました。コミュニティの中で積極的にさまざまな活動を行っているある人は、「私たちは、自分たちの民族的・宗教的な多様性を誇りに思っている」と述べました。こうした議論をもとに、参加者は、未来へ向けての「理想的なシナリオ」を作っていきました。例えば、農業センターや、地域の市場を作るという案が出されました。こうした未来についての話し合いは、共通の基盤を探し求めること——これこそが、カギとなるテーマなのですが——につながりました。そして最後に、一連の活動プログラムが作成されました。収入の低い住民が家をもつことができるように支援したり、ラテン系の人々に対してもっと雇用や教育の機会を提供したりするという計画は、そうした活動プログラムの一部です。

現在、アメリカの多くのコミュニティや都市において、「価値を認める問い」と「未来の探求」の二つを結びつけたプログラムが行われ始めています。「想像のシカゴ」「想像のアトランタ」などと名づけられたこうしたプログラムには、都市の官僚から、公営の団地に住む低所得者まで、幅広い人々が参加しています。実際のプログラムでは、さまざまな民族や世代の参加者が入り混じり、都市でのよい経験について話し合いました。また、コミュニティや都市の全体にとって、何が最も重要だと考えるかということも話し合われました。こうしたストーリーが集められ、共有されると、次に参加者は、自分たちのストーリーにおける理想が実現できるような、未来へ向けての計画づくりに取り組みました。ここで目指されているのは、都市の生活において生じがちな失望や疎外感を、人々の間の連帯感に置き換えることなのです。では次に、もう一つの組織化された生活、すなわち「学校」における社会構成主義の実践に目を転じることにしましょう。

教育——共同的実践と共同体

私たちは、よく「優れた教育のおかげで」といいます。しかし実際には、大部分の人々が経験した「学校教育」は、必ずしも幸せなものではなかったかもしれません。多くの人々にとって、学校での経験は、失敗への恐怖、競争に対する憂慮、耐えがたい退屈に満ちています。こうした悲惨な経験の原因は、教育システムに広く浸透している次の二つの前提にあると考えられます。第一に、教育の目的は、無知な生徒を知的に変える——生徒の誤った考えや信念などを、確固とした事実や論理的な推論で置き換える——ことであるという前提があります。この前提をもとに、教育の専門家たちは、「何が正しい知識か」「何が正しい信念か」を決定し、生徒が修得しなければならないカリキュラムを定めるわけです。第二の前提は、教育によって、一人一人の生徒の心をよりよいものにしていかなければならないというものです。生徒の心に「事実」をしっかり身につけさせる——「知識を心（頭）の中に蓄えさせる」——ためには、頻繁に評価を行うことが重要になってきます。個々の生徒は、「一定の基準に達する」ことが求められており、それができない者は罰せられます。生徒たちは、もともとあまり興味のないカリキュラムを突きつけられ、専門家が決めた「事実」を再生する能力を、何度も何度も試されることになります。

教育に対するこのような姿勢は、よほど痛烈に批判されない限り、なくなることはないでしょう。最も強い批判を行っているフレイレ（Paulo Freire）は、このような伝統的なモデルを、「**栄養士モデル**」と呼びます。[22] この伝統的なモデルでは、知は「よい食べ物」であり、教育者は栄養を与える者、生徒は栄養を与えられる者（たとえ彼らがどれほど抵抗しようと）として定義されています。ここで最も大きな権威を有しているのは、知の創造に携わる人々——学者や科学者——です。ヒエラルキーの次に位置しているのは、カリキュラムの作成などを行う教育の専門家であり、彼らによって知は教育的なパッケージに詰め込まれます。教師は、生徒に教育的な「栄養」を与えるための道具として、最後にようやく登場します。そして、生徒に期待されているのは、ただ知を摂取することです。批評家たちが指摘するように、知の「創造」から「摂取」の段階へと進むにつれて、人々のもつ権力はだんだん小さくなっていきます。したがって、教師が、標準化されたカリキュラムを教える道具として登場する時、教育テーマについて反省したり、それぞれの状況に合った教育を行ったりする力は奪われています。彼らはそうした力をもっているにもかかわらず、それを奪われてしまっているのです。[23] また、このモデルでは、生徒は空の容器——ただひたすら情報を吸収することが期待されている受動的な存在——として扱われています。生徒自身による「創造」や「革新」の可能性もまた、抑えこまれているのです。[24]

社会構成主義は、このフレイレの主張を支持します。これまで述べてきたように、私たちが「事実である」「合理的である」と考えているもの——知——はすべて、共同体の関係による産物です。したがって、共同体を超えた事実などありえません。「個人の心」という概念は、知的にも政治的にも深い問題を引き起こしています。このように、「事実」も「心」も疑問視されるのであれば、上で述べた教育のヒエラルキー的構造——ある階級の人々が、すべての人々にとって何が事実であり合理的であるかを決定し、生徒は知らず知らずのうちにその犠牲になっている——もまた、疑われるべきでしょう。

では、批判はこれくらいにして、社会構成主義が提示する三つの代替案を紹介していくことにしましょう。行きづまりを見せる伝統的な教育に対して、社会構成主義はどんな活動を提案できるでしょうか。

じっくりと考え、反省すること

伝統的な栄養士モデルでは、知は、生物学、経済学、歴史など、それぞれの学問領域の中で「料理され」、飢えた生徒たちに与えられています。社会構成主義から見ると、このような「知」は、特定の専門家集団が用いる語彙（および活動）にすぎません。生徒は、カリキュラムによって、自分にとって異質な領域の中へと、いざなわれ（無理やり放りこまれ）ます。生徒は、その領域でのやり方を習得することを強制され、見知らぬ人々によって評価されます。このように決まりきったプロセスがある限り、生徒に、その領域に対して別の視点から質問してみようという気持ちが起こることはほとんどないでしょう。歴史の時間に、生徒が「これはいったい誰にとっての歴史なのですか」「どうして王や戦争や富などは取り上げられるのに、音楽や芸術や愛に関する話はほとんどないのですか」「このことが、どうして今、私にとって重要なのですか」などと質問することは決して歓迎されません。また、生徒が「違う見方をする」こと、つまり、新たな歴史を創造したり、「本当に起こったこと」についてまったく別の考え方をしたりすることも、ほとんど重視されません。しかし、社会構成主義は、じっくりと考え、反省することこそ、実は最も価値のあることだと考えます。権威的な言説に対して、そこにはどのような利点があるのか、その言説が誰のものなのかを生徒自らが議論し、新たな解釈を創り出していくには、どうすればよいのでしょうか。もしそうなれば、生徒はこの目的に向かって、カリキュラムを計画したり、自らの経験を教材と結びつけたり、自分なりの結論を出すために教材を集めようと考えたりするかもしれません。

こうした「反省的な教育実践」への最初のステップとなったのは、「隠れたカリキュラム」批判でした。隠れたカリキュラムとは、生徒に教えられることがらに暗黙の内に含まれている信念や価値観を指します。こうした隠れた信念や価値観には、特定の階級や民族——カリキュラムを作っている人々——の利害や関心がしばしば反映されています。批判家たちは、カリキュラムが、特定のグループが他の人々の学問的な成功を巧妙に妨害したり、自分たちの価値を正当化して人々に押しつけたりするのに用いられている、と主張します。[25]例えば、労働者階級の生徒は、従順で、受動的で、個性をもたないことがよいとされています。[26]

このような批判に共鳴する一部の教育者は、「解放的教育」、つまり、批判的にものごとを捉え、単に与えられた「真実」をうのみにするのではなく、自分の未来を自分で切り開いていく力を生徒にもたせようとする実践を進めてきました。解放的教育実践の中心メンバーであるジルー（Henry Giroux）は、教師が、公のカリキュラムに暗に含まれている偏った価値観——ジェンダー、階級、民族などによるバイアス——を暴いて、そのベールをはぎ取り、生徒に代替案を探すように促すにはどうすればよいかを示そうとしました。[27] アーノウィッツ（Aronowitz）とジルーが主張しているように、私たちは「『学校教育』や『社会の成員』の意味の中心には文化の違いがあるということをしっかり認識し、それにきちんとかかわって」いかなければならないし、「民主的な社会にとって大切な原理や伝統を維持していくために、生徒を教育して」[28]いかなければならないのです。

これまで述べてきたことは、「反省的な教育実践」を進める上で、確かに重要な一歩となりました。しかし、ここからさらに発展させていかなければなりません。例えば、解放的教育は、教師が生徒に対して別のイデオロギーを押しつけるだけに終わってしまう危険があります。ラザーが指摘するように、「解放的教育もまた、自己流の『真実』を主張したり、従来の価値観を『誤った意識』として一方的に解釈したりすることは避けられない。したがって、自分たちの新たな『権力の付与』が、人々の解放にどのくらい役立つかを示すことができない」[29]のです。例えば、解放的教育を進めようとした時、平等や民主的意志決定を必ずしも必要とは考えていない人々——正統派のヒンドゥー教徒やイスラム教徒——はどうなるのでしょうか。解放的教育のカリキュラムもまた、自らが攻撃する制度と同じように、ヒエラルキーや抑圧を生み出してしまう危険性をはらんでいるのです。解放的教育の問題はこれだけにとどまりません。解放的教育のカリキュラムでは、たいてい支配的な伝統に対する批判があまりにも強調されており、伝統のポジティヴな側面を生徒に正しく理解させようとはしません。また、考えたり反省したりすることを、どのように未来へとつなげていくのかということが十分に考えられていません。それとは対照的に、社会構成主義は、創造的なやりとりの実践——生徒と教師、あるいはその他の人々が、共に明るい未来を切り開いていけるような実践——を重視します。では次に、このような実践について見ていくことにしましょう。

教室での共同的実践

伝統的な栄養士モデルでは、教師が生徒に伝達すべき知をもっているとされています。だから、教師は、「対話（ダイアローグ）」よりも「独語（モノローグ）」というスタイル、つまり講義やデモンストレーションなど——を好むわけです。しかし、社会構成主義から見ると、「モノローグ」というスタイルにはあまり魅力がありません。情報を一方的に与えるような授業にまったく価値がないというわけではありませんが、あまりにもモノローグを多用することによって、生徒を授業に引きこむことができなくなるだけでなく、生徒がものごとを自分なりのやり方で吸収していく機会を奪うことにもなります。また、生徒自らが教材から、自分の周りの状況をより豊かにするようなものを獲得する妨げにもなります。

教育研究者ブラッフェ（Kenneth Bruffee）は、教室における教師の「モノローグ」という権威的な声をできる限り小さくし、「唯一の正しい答え」[30]をあまり重視しない教育実践を、積極的に行っています。例えば、彼の英文学の授業では「コンセンサス・グループ」が取り入れられています。この授業では、さまざまなテキストからの質問——生徒に、その分野の定説に挑戦させるような質問——に対して、自分なりのやり方で答えなさいという課題が、グループごとに与えられます。ただし、その際、グループの中で合意に達しなければなりません。各グループは、考えをまとめていく時に、時には極端な反対意見にどう対処するかを考えていかなければならないのです。ブラッフェがいうように、「グループ全体が『一応納得できる』ような点に達しなければならないため、生徒は、学問において最も高度でやっかいな問題の中に放りこまれる」[31]ことになるのです。

こうした取り組みをさらに拡張し、教室という枠組みを越えて対話を広げていく道を模索する教育研究者もいます。そのねらいは、教育が社会にとって身近なものになるように、教室を世界と結びつけることです。例えば、生徒はあるコミュニティの中で働いたり、恵まれない子どもたちの家庭教育プログラムに参加したり、ボランティア団体やコミュニティサービスに研修に行ったりし、それによって単位を修得することができます。あるいは、世界のさまざまな国の学校の教室をインターネットで結び、遠く離れた場所にいる生徒同士が、地球規模の問題について話し合うという授業も行われています[32]。このようなインターネット上でのコミュニケーションは、さまざまな境界を越えて、生徒たちが一緒にものごとに取り組むための一つの方法にすぎません。さらに、生徒に「現実世界の」プロジェクトを作らせようとしている学校もあります。その一つである「フォックスファイヤー・プログラム」では、生徒は自分たちだけで、あるいは教師や専門家と共同で、雑誌や本を出版したり、ラジオやテレビ番組を制作したりします。こうしたプロジェクトでは、ふだん生徒が教室で学習している教材も、教室の外の世界との関係における大切な資源となるのです。[33]

多声的な教育学

はじめに、「上手な文章を書く」ということについて、考えてみましょう。私たちは、小学校に入学してから高校を卒業するまで、わかりやすく書く——トピックを明確にし、キーとなる概念を定義し、文や段落を論理的に結びつけ、重要な点を具体的な証拠で示す——ことを教わります。こうした背景には、上手な文章を書くことが、「普遍的な正しい推論」を行っている証拠であるという信念があります。大学のレポートの書き方についてのあるハンドブック『Harper Handbook of College Composition』（一九六九）の前書きには、「明確な思考を行い、正しく、はっきり、効果的かつ適切に書けるようになることは、作文の授業だけでなく、あらゆるところで重要な知的プロセスである」[34]と書かれています。

しかし、これまで（特に第1章、第2章）述べてきたように、こうした考え——個人の心の中に普遍的な推論のプロセスが存在し、それは話されたり書かれたりした言葉によって明らかになるという考え——には、大きな問題があります。また、「知的な」記述だと認められるには、ある特定の基準——教養ある一部の人々が定めた基準——に従っていなければならないというのは、「植民地主義的」ではないかという批判もあります。このような「教養ある」書き方は、いったい誰に有利なものとなっているのでしょうか。グローバル化がますます進み、かつてないほどの多様性、異質性に人々が直面している現代において、こうした「標準的な書き方」は、どのような状況で、また誰にとって、理想的なものなのでしょうか。さらに、「標準的な書き方」とは、いわば、上司に対して明瞭かつ効率的に報告するためのスタイルであり、したがって、暗黙のうちに人々を従属的な立場に置こうとするものであるという批判もあります。それは、主体的に人々を指導したり社会を変革したりする者のスタイルではなく、そうした人々のために報告書を書く者のスタイルなのです。

社会構成主義に立つ教育研究者は、「多声性」を生み出す——生徒が、複数の声を手にし、多様な表現やものごとの捉え方ができるようになる――ためにはどうすればよいかを考えようとします。ラザーが行った授業は、その興味深い一例です[35]。一般的に大学の教員は学生に対して、あるトピックについて文章を書く――精神病理学、社会運動、フランス革命などについて、記述、説明、分析をする――ことを求めます。ところが、ラザーによれば、これは、題材となることがらが実在するという現実主義の前提に立っており、「研究の対象」に対して異議が唱えられることはほとんどありません。ラザーはまず、学生に、標準的ではない書き方をレポートに取り入れることを求めました。つまり、学生は、あるトピックについて、ある特定の立場に立って批判的に書くように言われました。例えば、「精神病理学が生み出された時、権力はどう作用し、どんな抑圧や排斥が起こったのか」、あるいは、「伝統的なセラピーの実践によって利益を得るのは誰か、また忘れ去られるのは誰か」などの問いが立てられることになります。ただし、これまで議論してきたように、批判そのものも抑圧の問題を免れることはできません。そこで、ラザーは、第二段階として、同じトピックについて脱構築的に書くことを求めます。このことによって、学生は、一つのトピックに対してさまざまな解釈のしかたを見出します。さらに、これまで自分がもっていた理解のカテゴリーを反省し、なぜこれでなければならないのか、と考えるようになるかもしれません。そして最後に第三段階として、学生は、論理的かどうかは無視して、もっとトピックを自分に関連づけて書くように言われます。こうしたさまざまな書き方をすることを通して、学生は、現実主義的な表現スタイルから自由になり、複数のパースペクティヴを生み出し、多様な人々に対して効果的に話すことができるようになるとラザーは考えたのです。

複数の異なる相手に向けて書くというのも、多声性を生み出す方法の一つです。例えば、環境保護についてのレポートを、まずは同年代の生徒に、次に環境保護団体に対して、そして環境保護に反対するグループに対して書く、というように。こうした異なる記述は、それぞれ新たな声を生み出し、生徒は問題に対して新たな見方ができるようになります。また、出版物は今や、映画、ビデオ、CG、写真などの視覚メディアに取って代わられてきており、書かれた言葉のもつ力は衰えつつあると主張する人々もいますが、これに対して、一部の教育研究者たちは、視覚メディアを通して多声性を生み出すことも強調し始めています[36]。

これまで紹介してきた、反省、共同的実践、多声性という、教育における三つの展開は、社会構成主義の対話において望ましいと考えられている動きのほんの一部にすぎません。しかし、ここではこれ以外の展開にふれることはできません。そこで、社会構成主義が教育にもたらす影響を、もっとよく理解するためにも、その基礎となる学問がいかに変化してきたかを、最後に見ておくことにしましょう。

学問的表現——新しい世界製作の方法

前項で見たように、私たちは、社会構成主義から、人に教えることについての貴重なアイディアを得ることができます。ただし、その前に、片づけておかなければならない問題があります。それは、社会構成主義の対話は、学問に対して重要な意味をもちうるか、という問題です。もちろん、これまで取り上げてきた研究はすべて、この問いに対する答えを、部分的ではあれ示しています。つまり、こうした研究は、新たな分析や問いの形を確かに生み出しているわけですから。しかし、本章で焦点をあてたいのは、「内容」ではなく「行為」——学問において何がコミュニケーションされているかではなく、学問的なコミュニケーションという実践そのもの——です。

伝統的な現実主義の考え方からすると、学問におけるコミュニケーションとは、事実を正確にレポートすることです。しかし、社会構成主義から見ると、この「正確に」という概念には大きな問題が潜んでいます。学問におけるレポートとは、本来、その書き手と読み手をある関係へと引きこむものなのです。この点について、もう少し深く考えることにしましょう。次のような「学問的」記述に対して、あなたはどのように感じるでしょうか。

Pが時点tでCにおいて欲していることがGの達成だけであり、CにおいてAを試みることがGを導く可能性が最も高いと、Pが信じているならば、なおかつ、Pが時点tでCにおいてAをなすことが可能であると信じており、A以外の可能な行動のいずれも、Aと同じかそれ以上の努力を必要とするとPが考えているならば、Pは時点tでCにおいてAをするだろう。[37]

（コミュニケーションにおいて）沈黙が生じる場合、それは、規則によって次の三つのいずれかであることが予測される。すなわち、(i)規則1(a)または規則1(c)が次に適用されるまでの間、(ii)規則1(a)も規則1(b)も規則1(c)も適用されない期間、(iii)規則1(a)が適用された後で、次に選ばれた話者が行う意味ある沈黙、のうちのいずれかである。[38]

上の二つの例は、伝統的な基準においては、優れた研究とみなされるものです。しかし、おそらくあなたは、どこかすっきりしない感じをもつことでしょう。第一に、このような記述スタイルは、あなたと書き手との間に距離があるという印象を与えます。それは非常に形式的で、人間らしさがまったく感じられません。記述の内容は、非常に冷やかで平板であり、読み手が著者に共鳴したり共感したりすることは、ほとんど不可能です。また、こうしたスタイルは、著者に「知る者」——合理的・思索的な人間——としての高い地位を与え、読者を「無知な者」として位置づけます。このような記述にはどこにも欠陥がないように思われるため、読者は、たとえ疑問を感じても、自分の方が間違っているのだろうと考えます。そして結局、疑問をぶつけることをためらってしまうのです。さらに、こうした記述は、ある意味でエリート主義的です。つまり、それは、エリート社会の中で教育を受けてきた少数の人間だけに、語りかけるものとなっています。黒人のフェミニスト学者であるベル・フックスは、次のように述べています——「解放の声を上げるためには、まず聴衆について考えなければならない——われわれは、誰に向かって話をしているのかを、きちんとわかっていなければならない」[39]。

もしかしたら、あなたは、「だからどうしたというのか？　それはそんなに重要な問題なのか？」と思うかもしれません。こうした書き方が、対象についてコミュニケーションするのに最も効果的な方法であるならば、文体の違いによる影響などほとんどないはずです。プレゼントを、包装で判断するべきではありません。しかし、社会構成主義から見ると、書き方に関心をもつにはそれなりのわけがあるのです。主に第2章で述べたように、私たちの世界についての記述は、世界をありのままに写し取る地図ではなく、他者と共にものごとを行うために、すなわちパフォーマティヴに用いられるものです。とすれば、私たちの関心は、さまざまな表現が共同体の中で何を達成するのかという点へと移ります。現在の理解のあり方によって、どんな関係が好ましいとされるのでしょうか。その理解によって、私たちの目から何が隠されてしまうのでしょうか。私たちは、ある記述を選ぶことによって、どのような世界を作り上げているのでしょうか。

今、多くの研究者たちは、新しい表現スタイルを取り入れた、さまざまな試みを行っています。そうした試みは、非常に興味深い結果を生み出しています。そのいくつかの例を、以下で見ていくことにしましょう。

「一人の人間」の視点に立つこと——具体的な記述

最も広く試みられているのは、伝統的な学問に多く見られるように「神」の視点に立つことをやめ、研究の中で、著者という血の通った人間——感情、偏見、欠点などもつ——の存在を明確にしようとすることです。したがって、「街中の会話」、例えば民族的なイディオムや汚い言葉などが、記述の中に盛りこまれるかもしれません。カルチュラル・スタディーズの研究者ストーンが技術について述べている中にも、次のような率直な記述が見られます。

初めて何かに夢中になったのは、一九五〇年のことだった。私は真夜中の暗闇の中、ベッドの上にしゃがみこみ、友人が古いラジオの部品である鉱物の結晶の表面を削るのを手伝っていた。私たちは発熱する部分、すなわち結晶がラジオの電波をキャッチする場所を探していた。ずっと、沈黙が続いていたが、突然、イヤホンが命をふき返し、まったく新しい宇宙が私たちの頭の中に生まれた……私はもう夢中だった。私は技術のとりこになった。[40]

このテキストの中に、私たちは、筆者の存在をありありと感じることができます。たとえ、ここで表されている著者が、テキストによる構成であるとしても。

内省と多声性──私は誰？

伝統的な学問では、著者は一つのまとまった主体であり、非常に合理的で、「最終的な結論」を告げることができる者として定義されています。確かに、前項で述べたように著者が一人の人間としての視点に立つことによって、読者は著者と親密な関係をもてるようになります。しかし、まだ、著者は「個人としての自己」の痕跡を引きずったままです。そこで、一部の研究者は、「個人の心」という想定に挑戦し、批判も含めた複数の声を、テキストに盛り込むにはどうすればよいかということを考え始めています。ここでは、ただ著者の声を多声的なものにするだけでなく、読者自身も意見をもつことが望ましいとされるのです。

マルケイ（Michael Mulkay）の『The Word and the World』（一九八五）という論文は、自己内省的な著述の古典的な例です。マルケイは、まず伝統的なスタイルの書き出しの後で、「読者」と「著者」の声を導入します。

「読者」は言います。「**ねえ、『著者』。その本は確かにおもしろいけれど、僕はまだその内容をすべて理解できたという自信がもてないんだ。ちょっと質問してもいいかな？**」

すると、「著者」は答えます。「**悪いけど、やめてくれ。それは、本やレポートの方の問題なんだ。あいつらが自分で語り始めたら、どうしようもないんだ……こういうテキストには、特有の頑固さみたいなものがあるんだ**[41]」。

こうして「著者」が、テキストをうまくコントロールできないと言って自分を責めると、「読者」は口を挟みます。「**それは、『著者』、君が悪いのであって、『本』が悪いわけじゃない！　君は『著者』なんだよ。『本』は、君が望むことなら何だって言うはずさ**」。

ところで、マルケイ自身はどこにいるのでしょう。もちろん、彼は本のいたるところにいるのです。

多様な声のるつぼ

これまでにも見てきたように、伝統的な学問の記述は、しばしば冷静すぎて、血が通っていないように感じられます。

そこで、一部の研究者は、このような記述に息を吹きこみ、読者をより豊かな経験へと引き込むために、学問的でない記述の伝統——小説、詩、神話における記述スタイルや、神秘主義などのジャンル——を取り入れようとしています。そうすることによって、読者に刺激を与えるだけでなく、「直線的——客観的、合理的——な語り」と「レトリック」の区別を取り払うことができます。さらに、いかなる記述も構成されたものであるという記述の本質を、常に読者に思い起こさせることにもなるはずです。

ここで、かなりユニークな文化人類学者であるタイラー（Stephen Tyler）の『The Unspeakable』（一九八七）という作品を取り上げましょう。彼はこの本の中で、「合理的なシステム」という考えを攻撃しています。

結局、システムという概念は、「分析」というメスによって破壊されてしまった「全体性」へのノスタルジーにすぎない。それは、一度死んだ身体を、それを殺した微生物に再び感染させることによって、蘇らせようという企てである。「システム」とは、偉大なるクモの女王（spider goddess）に与えられた別名なのだ。[42]

タイラーのメタファーは、非常に鮮やかで、力強さが感じられます。また、アフロ - アメリカン・スタディーズの教授ウェストは、メタファーに黒人牧師の声を取り入れて、現代の人種間の関係について、次のような力強い記述を行っています。

白人優位の社会で苦しむ黒人が増加した結果、静かな怒り、今にも爆発しそうな激しい憤り、アメリカ社会における公正に対する強い悲壮感などが生じた。[43]

彼はまた、こうした怒りへの虚無主義的な答えに対して、次のように反論しています。

虚無主義は、議論や分析によって乗り越えられるものではない。それは、愛と思いやりでもって懐柔していかねばならない。いかなる魂の病も、その魂を変えていこうとする努力によって、克服できるはずだ。[44]

ウェストの記述に示されているように、書き手は、複数の異なるジャンルを採用し、複数の伝統を自分の著作に取り入れることによって、多様な聴衆に対してさまざまな方法で語りかけることができます。社会学者フォール（Steven Pfohl）の『Death at the Parasite Café』（1992）という著作の中に、その優れた例が見られます。フォールは、このテキストに、伝統的な学者、編集者、翻訳者、自伝作家としての彼自身のほかに、ラダラダ（RadaRada）、ランターン（Jack O. Lantern）、ブラック・マドンナ（Black Madonna Durkheim）という、さまざまな人物を登場させています。例えば、若い社会学者フォールが、アメリカ南部でのフィールドワークにおいて援助を求めた時、ブラック・マドンナは次のように答えます。

北部の人間よ、よくお聞き！　思考回路の閉じてしまった白人男性の革命家はもうたくさん！　救済者ももうたくさん！　サギ師ももうたくさん！　そんなものには、もううんざりだわ。じゃあ、それ以外ならどうかって？もしかしたら、あんたは、自分にはもっと力があるんだってところをみせたいのかもしれない。でも、それはそんなに簡単なことじゃないし、どれだけやっても、完璧ということはないわ。でも……さあ、荷物をまとめて。踊りましょう。[45]

パフォーマティヴに向けて

新たな表現の試みは、「書く」という領域に限られたものではありません。「そこに何があるか」が、表現のしかたを決定するわけではないとしたら、言葉だけを特権視する理由はありません。学問の世界において、言葉に格別の地位が与えられているのは、個人の頭の中に推論（論理的思考）が存在し、それは言葉によって表現されるという伝統的な信念によるものです。この信念に含まれている欠点については、これまでにも十分明らかにしてきました。ここで大切なのは、言葉以外の表現方法——芸術、劇、音楽、ダンス、喜劇、映画、マルチメディアなど——に対しても、扉を開くことです。そうすることによって得られるものは、非常に大きいはずです。中でも、参加できる人々の幅が広がるということが特に重要です。

例えば、視覚的な文化は人々の間に広く行きわたっているため、伝統的な学問の記述よりも映画の方が、より多くの人々を関係の中に引きこむことができます。こうした表現方法を用いることによって、エリート主義的であるという非難を避けることが可能になり、人々の参加の度合いが深まることになります。もしもクロスワードパズルを与えられたら、あなたは難しい顔をしながら字をあてはめていくでしょう。でも、そのパズルがユーモラスなものであるなら、あなたは笑うという反応をするかもしれません。パズルの文字が積み木になっていたら、あなたはそれをきちんと組み立てる必要があります。あなたが参加できる度合いは、課題が変形されるたびに変わるのです。したがって、人々が十分に参加できるように——視覚的にも、感情的にも、音楽的にも、身体的にも——、コミュニケーションすることが大切なのです。

事実、パフォーマティヴなものを重視する動きは、さまざまなところで起こってきています。文化人類学や社会学では、映画のもつ力を重視した活動がずっと続けられてきました。コミュニケーションの分野では、パフォーマンスが、メディアとしても教育の手段としても強調されています。アメリカ心理学協会では、パフォーマンス心理学に関するシンポジウムが企画されました。このシンポジウムでは、ダンス、詩、劇、一人芝居、マルチメディアなどの特集が組まれました。このような取り組みによって、学問と、芸術や映画制作、マルチメディアダンスなどのパフォーマンスとの境界はあいまいなものになってきています[46]。

以上のような取り組みのイメージをもっとよく伝えるために、「リレーショナル・アート（関係性の芸術）」の一例を示して、この章を閉じることにしましょう。これは、チューリッヒに住む芸術家ウォルター（Regine Walter）と私が共同で行ってきたテキスト／グラフィック-シリーズの一部で、本書の第5、6章で述べてきた、関係を中心にした思考や実践を目指すものです。彼の絵では、複雑な人間の結びつき——存在の絡み合い——が強調されており、私の文章では、関係性を言葉によって表現しています。私たちは、関係性についてそれぞれに探究を行い、その二つの探究は独

You are my delight,
And your laughter celebrates my being.
My pleasure inhabits your heart,
And my smiles are those of adoration
Joy resides in the resonance.

あなたは私の喜びであり、
あなたの笑い声は、私の存在を祝福する
私の喜びはあなたの心の内にあり、
私の笑顔は崇拝の笑顔、
楽しさは共鳴の中にある

特の関係で結びついています。[47]そして、それは今、読者であるあなたとの関係を求めているのです。

本章をふりかえって

私は、長い間、伝統的な社会科学者として、ものごとを外部から観察し、それをレポートするためのトレーニングを受けてきました。しかし、社会構成主義の対話を通じて、これまで自分がしてきたことが、いかに偏った狭いものであったかがわかりました。もし、私が行う学問的な観察やレポートが、事実を発見しそれを語ることではなく、世界におけるパフォーマンスであるとしたら、「それは誰にとって大切なのか」「それはどんな結果をもたらすのか」「私は言葉だけを用いていてもよいのだろうか」などと問わなければならなくなります。こうした問いを通じて、学問の舞台の外側に新しい見通し――例えば、セラピストと共同で、あるいは組織の中で、あるいは宗教団体や交渉人との間で実践を行うなど――が私の前に開かれました。研究者と実践家の共同体「タオ・インスティテュート（Taos Institute）」の創設は、こうした変化の一つの結果です。その目的は、社会構成主義の理論と、さまざまな社会的実践との接点を探ることにあります。[48]

ところで、社会構成主義の対話は、私の日々の教育実践にも変化をもたらしました。例えば、私が大学で教えていて最もわくわくするのは、専門課程の学生に、典型的な「学期末レポート」ではなく、自分なりの表現方法を用いるようにという課題を与える時です。その結果、豊富なビデオプロジェクト（ビデオカメラで自ら撮影したり、映画やテレビをつなぎ合わせたりして作られる）、絵画やコラージュ、録音された音楽、ウェブサイト、劇の上演、詩、ダンスなどが生み出されたからです。もはや、たった一つの基準で、学生を評価することなどできないのです。それを「進歩」とみなすのは、確かに、一つの構成にすぎないかもしれません。しかし、人生を「前進するナラティヴ」としてみなすか「地獄への道」とみなすか、と問われたら、私は迷わず前者を選ぶでしょう。

注

[1] 例えば、Unger, R. and Crawfold, M. (1992) *Women and Gender: A Feminist Psychology*. Tronto. あるいは、McGraw-Hill; Szasz, T. (1984) *The Therapeutic State*. Buffalo, NY: Prometheus.を参照

[2] Anderson, H. and Goolishian, H. (1992) The client is the expert.: a not-knowing approach to therapy. In S. McNamee and K. Gergen (Eds.) *Therapy as Social Construction*. London: Sage. （野口裕二・野村直樹訳　1997 『ナラティヴ・セラピー――社会構成主義の実践』 金剛出版）

[3] 例えば、deShazer, S. (1994) *Words Were Originally Magic*. New York: Norton. を参照

[4] Freedman, J and Combs, G (1993) Invitation to new stories: using questions to suggest alternative possibilities. In S. Gilligan and R. Price (Eds.) *Therapeutic Conversations*. New York: Norton. を参照

[5] Lipchik, E. (1993) Both/ and solutions. In S. Friedman (Ed.) *The New Language of Change: Construtive Collaboration in Psychotherapy*. New York: Guilford.

[6] Walter, J. and Peller, J. (1992) *Becoming Solution-Focused in Brief Therapy*. New York: Brunner/ Mazel.

[7] Berg, I.K. and deShazer, S. (1993) Making numbers talk: language in therapy. In S. Friedman (Ed.) *The New Language of Change*. New York: Guilford.

[8] これに反対する意見については、Duncan, B.L., Hubble, M.A. and Miller, S. (1997) *Psychotherapy with "Impossible" Case*. New York: Norton. を見てください

[9] White, M. and Epston, D. (1990) *Narrative Means to Therapeutic Ends*. New York: Norton.（小森康永訳　1992 『物語としての家族』 金剛出版）

[10] 前掲書（原著）、38ページ

[11] 前掲書（原著）、32ページ

[12] Tomm, K. (1998) Co-constructing responsibility. In S. McNamee and K.J. Gergen (Eds.) *Relational Responsibility*. Thousand Oaks, CA: Sage.

[13] Penn, P. and Frankfurt, M. (1994) Creating a participant text: writing, multiple voices, narrative multiplicity. *Family Process*, **33**, 217-31.

［14］Bakhtin, M. (1986) *Speech Genres and Other Essays* (Eds. M. Holquist and C. Emerson) Austin, TX: University of Texas Press. p. 287.
［15］Anderson, T. (Ed.) (1991) *The Reflecting Team*. New York: Norton.
［16］Lax, W. (1991) The reflecting team and the initial consultation. In T. Andersen (Ed.) *The Reflecting Team*. New York: Norton, p. 142.
［17］現在第３刷の、Morgan, G. (1998) *Images of the Organization*. Thousand Oaks, CA: Sage. を参照
［18］前掲書、11ページ
［19］Morgan, G. (1997) *Imaginazation, New Mindsets for Seeing, Oroganizing, and Managing*. Thousand Oaks, CA: Sage.
［20］Cooperrider, D.L. (1996) Resources for getting appreciative inquiry started. *OD Practitioner*, **28**, 23-34.
［21］Weisbord, M.R. and Janoff, S. (1995) *Future Search*. San Francisco: Barett-Koehler. も参照
［22］Freire, P. (1985) *The Politics of Education*. South Hadley, MA: Bergen and Garvey.
［23］例えば、Wise, A. (1979) *Legislated Learning*. Berkeley, CA: University of California Press. または、Apple, M. (1982) *Education and Power*. Boston, MA: Routledge & Kegan Paul.（浅沼茂・松下晴彦訳　1992『教育と権力』日本エディタースクール出版部）を参照
［24］例えば、Mehan, H. (1979) *Learning Lessons, Social Organization in the Classroom*. Cambridge, MA: Harvard University Press. を参照
［25］例えば、Aronowitz, S. and Giroux, H.A. (1993) *Postmodern Education: Politics, Culture and Social Criticism*. Minneapolis, MN: University of Minnesota Press. を参照
［26］Bowls, and Gintis, J. (1976) *Schools in Capitalist America*. New York: Basic Books.（宇沢弘文訳　1986-1987『アメリカ資本主義と学校教育――教育改革と経済制度の矛盾』岩波書店）
［27］Giroux, H. (1992) *Border Crossing*. New York: Routledge.
［28］Aronowitz and Giroux, *Postmodern Education*. pp. 12 and 34.
［29］Lather, P. (1994) *Getting Smart*. New York: Routledge. p. 105.
［30］Bruffe, K. (1992) *Collaborative Learning*. Baltimore, MD: Johns Hopkins University Press.
［31］前掲書、41ページ
［32］例えばTaylor, M.C. and Saaranen, E. (1994) *Imagologies: Media Philosophy*. London: Routledge.
［33］フォックスファイヤー・プログラムについてもっと知りたい方は、Boyte, H.C. and Evans, S.M. (1986) *Free Spaces. The Sources of Democracy in America*. New York: Harper & Row. を参照

[34] Wykoff, G.S. (1969) *Harper Handbook of College Composition*. New York: Harper & Row.
[35] Lather, P.、前掲書
[36] 例えば、Ulmer, G. (1989) *Applied Grammatology, Post Pegagogy from Jaques Derrida to Joseph Beuys*. Baltimore, MD: John Hopkins University Press. を参照
[37] Smedslund, J. (1988) *Psycho-logic*. New York: Springer-Verlag. p. 63.
[38] Levinson, S.C. (1983) *Pragmatics*. New York: Cambridge University Press. p. 222.（安井稔・奥田夏子訳　1990『英語語用論』研究社出版）
[39] hooks, b. (1989) *Talking Back*. Boston, MA: South End Press.
[40] Stone, A.R. (1996) *The War of Desire and Technology at the Close of the Mechanical Age*. Cambridge: MIT Press. p. 3.（半田智久・加藤久枝訳　1999『電子メディア時代の多重人格――欲望とテクノロジーの戦い』新曜社）
[41] Mulkay, M. (1985) *The Word and the World*. London: George Allen & Unwin. p. 8.
[42] Tyler, S. (1987) *The Unspeakable*. Madison, WI: University of Wisconsin Press. p. 54.
[43] West, C. (1994) *Race Matters*: New York: Vintage. p. 28.
[44] 前掲書、29ページ
[45] Pfohl, S. (1992) *Death at the Parasite Cafe*. New York: St Martins. p. 47.
[46] 例えば、Carr, C. (1993) *On Edge, Performance at the End of the Twentieth Century*. Hanover, NH: University Press of New England.
[47] Gergen, K.J. and Walter, R. (1998) Real/izing the Relational. *Journal of Social and Personal Relationships*, **15**, 110-26.も参照
[48] さらなる情報については、http://www.serve.com/taosを参照

【より詳しく知りたい人のための文献案内】

●「社会構成としてのセラピー」に関する参考文献

Anderson, H. (1997) *Conversation, Language, and Possibilities*. New York: Basic Books.
Friedman, S. (1993) *The New Language of Change: Constructive Collaboration in Psychotherapy*. New York: Guilford.
McNamee, S. and Gergen, K.J. (Eds.) (1993) *Therapy as Social Construction*. London: Sage.
Monk, G.,Winslade, J., Crockett, K. and Epston, D. (Eds.) (1997) *Narrative Therapy in Practice*. San Francisco: Jossey-Bass.

O'Hanlon, W.H. and Weiner-Davis, M. (1989) *In Search of Solutions: A New Direction in Psychotherapy*. New York: Norton.
Riikonen, E. and Smith, G.M. (1997) *Re-Imaging Therapy*. London: Sage.
Rosen, H. and Kuehlwein, K.T. (Eds.) *Constructing Realities, Meaning-Making Perspectives for Psychotherapists*. San Francisco: Jossey-Bass.

●「組織における意味の創造」に関する参考文献

Boje, D.M., Gepahart, R.P. and Thatchenkery, T.J. (Eds.) (1996) *Postmodern Management and Organisation Theory*. Thousand Oaks, CA: Sage.
Czarniawaska-Joerges, B. (1996) *Narrating the Organization: Dramas of Institutional Identity*. Chicago: University of Chicago Press.
Gergen, K.J. and Thatchenkery, T.J. (1997) Organizational science in a postmodern context. *Journal of Applied Behavioral Science*, **32**, 356-77.
Grant, D. and Oswick, C. (Eds.) (1996) *Metaphor, and Organizations*. London: Sage.
Hassard, J.H. and Parker, M. (Eds.) (1993) *Postmodernism and Organizations*. London: Sage.
Hosking, D., Dachler, H.P. and Gergen, K.J. (1995) *Management and Organization: Relational Alternatives to Individualism*. Aldershot: Avebury.
Weick, K. (1995) *Sensemaking in Organizations*. Thousand Oaks, CA: Sage.

●「教育」に関する参考文献

Freire, P. (1978) *The Pedagogy of the Oppressed*. Harmondsworth: Penguin Books.
Jennings, T.E. (Ed.) (1997) *Restructuring for Integrative Education*. Westport, CT: Greenwood.
Petraglia, J. (1998) *Reality by Design, The Rhetoric and Technology of Authenticity in Education*. Mahwah, NJ: Erlbaum.
Usher, R. and Edwards, R. (1994) *Postmodernism and Education*. London: Routledge.
Walkerdine, V. (1990) *Schoolgirl Fictions*. London: Verso.

●「パフォーマンスとしての学問」に関する参考文献

Carlson, M. (1996) *Performance, A Critical Introduction*. London: Routledge.
Clifford, J. and Marcus, G.E. (Eds.) (1986) *Writing Culture: The Poetics and Politics of Ethnography*. Berkeley, CA: University of California Press.
Game, A. and Metcalfe, A. (1996) *Passionate Sociology*. London:Sage.

Gergen, K.J. (1997) Who speaks and who responds in the human sciences? *History of the Human Sciences*, **10**, 151-73.

●「社会構成主義にもとづくその他の実践」に関する参考文献

Best, J. (Ed.) (1995) *Images of Issue: Typifying Contemporary Social Problems*. New York: Aldine de Gruyter.

Fox, C.J. and Miller, H.T. (1995) *Postmodern Public Administration*. Thousand Oaks, CA: Sage.

Frank, A.W. (1995) *The Wounded Storyteller, Body Illness and Ethics*. Chicago: University of Chicago Press.

Guba, E.G. and Lincoln, Y.S. (1989) *Fourth Generation Evaluation*. Newbury Park. CA: Sage.

Klineman, A. (1988) *The Illness Narratives*. New York: Basic Books.

Newman, F. (1996) *Performance of a Lifetime*. New York: Castillo International.

Young, K. (1997) *Presence in the Flesh: The Body in Medicine*. Cambridge, MA: Harvard University Press.

第8章　理論と実践(3)――マスメディア・権力・インターネット

例えば、あなたが、インターネット上に登場する新しい文化に興味をもち、それについて研究したいと考えたとしましょう。あなたは、自分の研究が、こうした文化の重要性（あるいは、逆にあまり重要ではないこと）を理解するための手がかりとなるのではないかと期待しています。あなたは、社会構成主義の考え方――この新しい文化を分類・記述するために自分が用いるカテゴリーは、世界をありのままに写し取る鏡ではなく、文化に依存したものであり、価値と無縁ではありえない――を素直に受け入れています。あなたはただ、今起こっていることを、同じ文化の中にいる人々が正しく理解できるように説明したいと思っているのです。あなたは、「スター・トレック」についての議論を展開している、あるグループを分析の対象にします。あなたは、三ヶ月間、掲示板をチェックし続けた結果、膨大な量のデータを手にし、その分析に六ヶ月を費やします。さらに三ヶ月間かけて、あなたは、壮大かつ綿密に構成された、非常に友好的なサブカルチャー――お互いのユーモアや考え、イメージなどを認め合うグループ――を描いた原稿を完成させます。さて、あなたの原稿を読んだ友人の一人は、さっそく「トレッキー・ニュースグループ」のサイトをチェックしてみます。翌日、彼はあなたを訪れ、いったいどうやってあんな結論を導いたのかと尋ねます。彼は、掲示板の書きこみなどほとんどなく、書かれている内容も非常に不愉快で排他的だったと言います。驚いたあなたは、自分でチェックしてみて、彼が言っていたことの意味をようやく理解します。あなたが記述したはずの文化は、もう影も形もありませんでした。たとえ、あなたが、新たな文化について研究をまた一から始めたとしても、その文化もまた同様に、あなたがレポートできるようになる前に消えてしまうかもしれません。

人間科学において、この類の問題はもはや無視できないものになっています。人間科学における多くの研究は、今の時点で研究者の関心を引くような、人々のふるまいや社会的パターンを研究の対象としています。ところが、社会の変化のスピードがあまりにも速いために、研究が完成する前に現象が変化してしまうということがあるのです。私たちの研究は、常に過去に向けられており、どこまでいっても後ろ向きであるように思われます。政府の政策担当者も、「社会に関する研究は、いわばスローモーションの歴史である。われわれがレポートを手にした時には、それはすでに時代遅れになっている」と、半ばあきらめたように述べています。

社会構成主義が、伝統的な研究パラダイムに対して、意義ある代替案を提示できるのは、まさにこの点においてです。私たちの世界が急速な変化を繰り返しているのだとしたら、私たちにとって必要なのは、過去のできごとに関する入念な説明ではなく、社会に対する鋭い分析を続けることです。この分析は、今起こっていることについて多様な立場からの理解を可能にし、さまざまな人々と対話を進めていく手がかりとなり、私たちの目を未来の可能性に向けさせてくれるようなものでなければなりません。そして、なにより重要なのは、私たちが共に未来を創造していくために必要な「理解の語彙」を生み出すような分析であるということです。分析のポイントとなるのは、「正しい理解を提供する」ことではなく、私たちが自らを反省したり、未来を創造したりするための手がかりとなるかということなのです。

本章では、興味深く魅力ある研究をいくつか紹介していきます。中には、少し奇抜に感じられるものもあるでしょう。しかしながら、こうした研究のポイントは、私たちが浸りきっている居心地のよい暗黙の想定を打ちこわし、私たちが「もう一度考えてみる」ことができるように「意味と戯れる」というところにあります。したがって、その結果をあまりにも深刻にとりすぎてはいけません――まるでそれが真実についての最終宣告であるかのように。私たちの構成のあり方が私たちの未来を左右するという意味で、こうした研究は重要なものになるのです。

この章では、特に現代の文化や生活に焦点をあてます。私たちが置かれている現在の状況は、学問の世界で起こっている大きな変化の波（第1章参照）と同じように、「ポストモダン」[1]と呼ばれています。ただし、「ポストモダン」「ポストモダニズム」という言葉は、非常に多様な意味で用いられているので、現在の私たちをとりまく状況――ポスト産業主義、情報化社会、グローバル化した経済――に関する対話の総体を指すというくらいに考えておいた方がよいかもしれません。

ところで、なぜ「ポスト」なのでしょうか。この言葉は、自分たちの生活が急激に変化しつつあると多くの人々が感じていることを暗示しています。マルクス主義の言葉を借りて言えば、現在の世界においては、「それまで確かだと思っていたものがすべて、宙へ消えてしまう」かのように感じられます。今、さまざまな対話に火をつけているのは、こうした変化に対するめまいのするような感覚なのです。

こうした対話は、私たちの周りにこっそりと忍び寄りつつある「崩壊」の感覚とも関連しています。社会批評家の間では、自己についての確信は崩れ、伝統的な価値は脅かされ、過去の「大きな物語」――政府や科学者が、私たちをよりよい未来へと導いてくれるにちがいない――に対する信頼は失われ始めているという感覚が、人々の間に浸透していることを指摘する声も上がっています。[2] 社会構成主義も、一般に、モダニズムの想定――個人の心、合理性、客観性、事実――に異議を唱えるものとして、ポストモダンに位置づけられています。

本章では、このポストモダニズムという文化的な状況に焦点をあてます。慎重に議論を進めていくことはもちろん大切ですが、ここでは社会構成主義に与えた影響などを考慮して、特に興味深いと思われる三つのトピックを選ぶことにします。第一は、メディアによる大量のメッセージ・イメージ・考えの氾濫、第二は、変化しつつある権力の構図、そして最後は、テクノロジーが私たちの文化や生活に与えた衝撃です。

意味の渦

最近私は、週末を利用してビーチへと「避難」しました――太陽、水、新鮮な空気、そうしたシンプルなものに囲まれて、「自分は自然の中に生きているのだ」という感覚を取り戻すために。ビーチに座って青い海や空をじっと見ていると、突然、飛行機の音が聞こえてきました。見上げると、私の頭上で、小さな飛行機がラム酒の広告の垂れ幕をぶら下げていました。その数分後には、別の飛行機が飛んできて、ビーチにいる人々に近くにあるレストランをひとしきり勧めていきました。私はひどい侵害を受けたような気がしました。私が努力してやっと避難して来たはずの日常世界が、再び舞い戻って空から襲撃をしかけてきたのです。さらに、ふと浮かんできた次のような考えによって、私の不安はいっそう強くなってきました。つまり、もはやこのような広告を、単に、人々を「ある現実」「ある生き方」「ある一つの政治学」に引き込むためによく用いられる、たくさんある言葉やシンボルの内の一つとして捉えることはできないかもしれない。それは、すでにわれわれの生活の一部になっていて、そこから逃れることは不可能なのではないか、と私は思ったのです。ビーチを見渡してみて、私は疑いをさらに深めました。人々は、シンボルから逃れるために海岸にやってくるわけではないようです。いたるところに本や雑誌があり、ロゴ入りTシャツやデザイナーのラベルがあります。ここは、日常から遮断された自然の世界などではなかったのです。私は、ここでも再び、意味の渦に飲み込まれていました。

文化のあらゆるところにおける意味の大量生産――ラジオ、テレビ、映画、本、雑誌、新聞、ウェブサイトなど――こそ、二十世紀の大きな特徴の一つであると考える批評家もいます。かつて、西洋では、口頭でのコミュニケーションが主流でしたが、十七世紀のはじめ頃から、印刷が重要な役割を果たすようになりました。さらに、二十世紀に入り、コミュニケーションの大部分がテクノロジーに媒介されるようになっています。私たちは、こうした変化をどのように受けとめればよいのでしょうか。それは、私たちの生活に対してどんな意味をもつのでしょうか。テクノロジーの劇的な進歩を目の当たりにして、私たちはこれからどこへ向かっていけばよいのでしょうか。こうした問いは非常に深く複雑なものであり、今すぐそれらを公正に判断することはできません。そこで、ここでは、文化の分析において社会構成主義がどのような役割を果たしているかを理解してもらうために、最近になって登場してきた三つの立場について考察することにします。この三つの立場はそれぞれ、私たちが浸っている状況を理解するためのレンズとなってくれるはずです。

メディアと操作

もう一度先ほどの例を思い出してください。ビーチで飛行機の広告に侵害された時、私はどんな反応をしたでしょうか。私は苛立ち、憤慨しました。私は純粋でシンプルな自然を求めていたにもかかわらず、いつの間にか広告の犠牲者になっていました。この「犠牲者」というイメージは、現在の分析における重要な核となっています。私たちが、自分の意思に反してコミュニケーションの集中砲火——大部分はマスメディアによる——の犠牲者になっていると主張する声は、さまざまなところで上がっています。さらに、このようなコミュニケーションは、私たちに対して一つの世界——例えば、魅力的な／わくわくするような／知的な／充実した世界——を構成します。それはまた、私たちの思考や願望、さらには購買の習慣や政治的な好み、もっと広くいえば私たちの生き方までも変えようとします。私たちは大量操作の犠牲者なのです。

このような考え方は、一九四〇年代にわき起こってきた一つの疑問——なぜ、ドイツの人々は、ナチスのイデオロギーに屈することになったのか——から生まれました。この疑問に対する注目すべき答えの一つは、それは組織的な宣伝活動の結果であるというものです。人々は、ゲッベルス（ヒトラーの狂信的な協力者）の宣伝機関による組織的な操作の犠牲者になったのです。このテーマは、オーウェル（George Orwell）の『1984年』（一九四九）という未来小説で再び取り上げられることになりました。この小説では、「真理省」という機関によって、人々が「戦争こそが平和であり、自由とは奴隷制であり、無知こそが強さである」[3]と教えこまれるという、極めて全体主義的な世界が描かれています。また、一九五七年には、パッカード（Vance Packard）が『The Hidden Persuaders』を出版し、コマーシャルが目に見えない心理的装置を用いていかに人々をだましてきたかを明らかにしました。[4]大量に伝達される情報が悲惨な結末をもたらしうるというこのような警告は、現在もなお行われています。

社会構成主義という考え方が登場して以来、メディアの影響に対する関心はますます強くなってきました。社会構成主義が主張するように、私たちが構成された世界に生きているのだとしたら、その構成の元を理解しなければなりません。メディアがいかにして私たちの日常のすみずみに入りこみ、私たちの欲望を刺激し、理想を作り、価値を生み出し、さらには個人の自己感を作り出しているのかということが問われ始めています。[5] 例えば、フェミニストの研究者たちは、広告によって、美の基準――どのようなものが好ましいのか――が決められ、人工的で軽薄なものにまで価値が与えられているという批判を長い間行ってきました。[6] また、ユーウェン（Stuart Ewen）は、『浪費の政治学』（一九八八）という本の中で、西洋文化において、「実態としての人間」から「スタイルの中心性」へという大きなうねりが生じていると述べています。[7] ユーウェンによれば、人々は、自分が実際に何をするか（世界の中で何を成し遂げるのか）ではなく、「見かけ」を重視するようになっています。私たちの自己感は、他者が私たちに対してもつイメージ――何を所有し、どんな服を着て、どんなところに住んでいると思われているのか――によって決まります。つまり、「『アイデンティティ』あるいは『完全な自己』を手に入れたいという夢は、自分のことを知ってもらいたい、ひとに見られたい、自分がみなに見えているという証拠が欲しいという欲望と一体になっている」のです。[8] ユーウェンは、このような変化は、メディア（テレビ、ラジオ、雑誌など）の発達、広告代理業、大企業の登場が組み合わさったことによってもたらされたと考えます。そして、コマーシャル的真実の世界で生きるようになった時、私たちは自分自身であることをやめてしまうだろうと述べています。

このような分析は、私たちの生活において重要な役割を果たしてきました。例えば、映画鑑賞の年齢制限、広告に対する規制（タバコのパッケージに書かれた警告）、どの政党に対しても平等に政見放送の時間を与えること、映画やテレビでのセックスや暴力シーンに対する規制などが、こうした分析によって進められてきました。また、テレビなどで人種差別や同性愛に対する偏見につながるようなテーマを避けたり、子ども向けのテレビ番組中のコマーシャルを減らしたり、売店にポルノを置かないようにしたりする運動も、こうした分析から生まれてきたものです。

しかしながら、「視聴者は操作される犠牲者である」というメタファーには、限界もあります。まず、人々を煽りたてているとされるマスメディアが、実は人々の欲望の犠牲者でもあるという点に目が向けられていません。例えば、テレビ製作者は、どんな番組やニュースでも好きなように作れるというわけではありません。彼らは、視聴率に対して非常に敏感にならざるをえず、この視聴率が冷酷な独裁者になることもあるのです。第二に、「操作される犠牲者」というメタファーは、心理学的モデルの中に埋めこまれています――メディアは人々の「態度を変え」「偏見を生み出し」

「欲望を煽る」というように。しかし、これまで述べてきたように、このような「心」についての見方には大きな問題があります。私たちは、非常に人種差別的な発言をすることが可能であっても、それが決して適切なものとはならないような「関係」の中に生きています。メディアによって、私たちが強盗、レイプ、人種差別などの「関係」に入りこむ下地が作られるということはあっても、メディアそれ自体がそれを引き起こすわけではありません。このメタファーには、他にも限界があり、それが、次に述べる第二のアプローチにつながっていきます。

犠牲者から復讐者へ――「行動する視聴者」

もう一度、海岸での場面に戻ってみましょう。嫌になるほどたくさんの広告にぶつかった私は、それからどうしたでしょうか。私は、ラム酒のビンを買いに走ったり、レストランを探したりはしませんでした。むしろ、私はそうした状況を、批判的な目で見るようになりました。

第二の分析の波を構成しているのは、このように、人々は必ずしも意味の渦に飲みこまれてしまうわけではないのではないかという疑問です。こうした分析においては、視聴者は、受動的な犠牲者などではなく、行動的で思慮深い批評家として扱われます。あるいは、知らないうちに形成された権力を脅かす復讐者として描かれることもあります。視聴者は権力を自分の思い通りに利用し、再構成するというわけです。

この「行動する視聴者」というメタファーは、「操作される犠牲者」メタファーを支える機械的な原因‐結果モデルを打ち破るのに、重要な役割を果たしました。また、このメタファーは、それまで何の考えももたないおとなしい羊の群れのごとく軽視されてきた多くの人々に、威厳を取り戻させることにもなりました。例えば、イギリスの初期のカルチュラル・スタディーズでは、若者グループの巧みなやり方――メインストリームから多くのイメージや音楽やスタイルを取り入れながらも、あくまでそこから自分たちを区別しようとするやり方――が強調されていました。[9] ヘブディッジ（Dick Hebdige）は、『Subculture : The Meaning of Style』（一九八七）において、パンクが、かぎ十字や安全ピンなどのありふれた文化的なシンボルを用いて、反抗的なサブカルチャーを生み出していくようすを示しています。[10]

同様に、フェミニスト研究者たちは、一部の批判家が女性を、衣服やマナー、食事、生き方などにおいて、知らないうちにメディアという権力のいいなりになっている、かわいそうな犠牲者として描き出そうとすることに対して異議を唱えています。そして、女性はむしろ、自分たちの目的のために——自分たちを隷属させようとする支配的な言説に対する反乱も含めて——メディアを利用しているのだと主張します。その一つの試みが、ラドウェイ（Janet Radway）による研究です。ラドウェイは、ロマンス小説というジャンルに対して女性がどのように反応するかを調べました。[11] 一般に、ロマンス小説は、男性による家父長的支配や女性の男性への隷属を支持するものであると考えられています。ところが、ラドウェイの研究の結果、女性が意外な読み方をしているということがわかりました。女性は、誰にも依存せず一人で生きてきたはずの男性が、最後には真実の愛に深くのめりこんでいくというところに面白さを見出していたのです。さらに、女性は、そうした小説を読むために、わざわざ個人的なスペースを確保していました。誰にも邪魔されることなく想像力を働かせることができる場所を選ぶことで、自分に対して妻や母としての責任を求めてくる夫や家族を無視し、支配的な文化から逃れようとしていたのです。

もっと最近の研究に目を向けると、ブラウン（Mary Ellen Brown）[12]は、テレビドラマに対して女性がどう反応するかを調べています。一般にドラマは、伝統的な「女性」としての役割をこなす女性のみを描き、そうした現状を強化しているかのように見えます。しかし、ブラウンによれば、テレビドラマは、メディアへの抵抗を支持するようなコミュニケーション——人々が今ある「現実」の外側に足を踏み出し、それについてじっくり考えることができるような関係——を生み出しています。また、ドラマは、女性が生き生きした議論をするための話題を提供してもいます。女性はそうした議論を通して、不安や不信感から抜け出し、別の視点からドラマを見ることができるようになっているのです。例えば、ブラウンの研究では、テレビ製作の問題や、ストーリーの欠陥、登場人物のばかげたふるまいなどに対して、女性がとても敏感であるということがわかりました。ある視聴者は、「『Days of Our Lives』はあんまり好きじゃないわ。登場人物があまりにもたくさんいて、どの話もみんな中途半端に終わっているから」と述べました。[13] また、別の視聴者は、テレビのプロデューサーについて、「彼らは、この先二、三ヶ月間出演する登場人物をみんな一度に登場させてしまって、それが全然うまくいかなかった。そうしたら今度は、全員いなくなってしまったの。めちゃくちゃだわ」という意見を述べています[14]。

ブラウンによれば、テレビドラマは、こうした発言の内容だけでなく、女性同士の関係にも変化をもたらしました。テレビドラマによって、女性たちは積極的に活動に参加したり、自分の思うように世界を構成したりすることができるようになりました。テレビドラマでは、女性のもっている力、道徳観、生き方などの問題がしばしば取り上げられます。このことによって、対話の土台となる共通の意識が作り出されているのです。「こうしたゆるやかなネットワークは、支配的なヒエラルキーによって周辺に追いやられている女性たちを結びつける、親密なネットワークへとつながっていく……それは目に見えないこともあるが[15]」とブラウンはいいます。そして、このようなプロセスこそが、抑圧的な状況に対する抵抗を支える土台になると強く主張しています。

「行動する視聴者」という考え方は、これまで強調されてきたメディアによる操作という面に対する、新鮮な代替案となっています。しかし、そこにまったく問題がないわけではありません。しばしば批評家が指摘することですが、「復讐する視聴者」が常に成功を収めるとは限らないのです。反抗的なサブカルチャーが登場してくると、広告主たちはすぐにそれにつけこんで利益を得ようとします。例えば、ジーンズの広告に屈した若者たちは、それをわざと破いたりつぎあてをしたりして抵抗をしようとします。ところが、それが広まると、「反コマーシャル」を装った新しいジーンズのデザインとして売り出されるようになります。サブカルチャーは常に支配的な文化に取りこまれ、利益を増やすための道具にされてしまうのです。抵抗を利用して利益を得ることができるのは、支配的な文化だけに限りません。抵抗する文化の側も、抵抗のふりをスタイルとして売ることで、大きな利益を上げることが可能です。バイクのギア、ボディピアス、ポルノなどはそのほんの一例にすぎません。このことからも、渦巻く意味の中心に、複雑に入り組んだ相互依存性があるということがわかるでしょう。

仮想の世界を泳ぐ

ここでは、意味の渦に対する第三のアプローチについて考えていきます。再びあの海岸の場面に戻ってみましょう。

飛行機が通りすぎて行った後、海岸を見渡した私は、人々が雑誌に没頭し、Tシャツや水着に広告を貼りつけていることに気づきました。その時私は、あのハゲワシのような飛行機は、私たちみんなが進んで参加している、巨大な意味の循環のほんの一部にすぎないのだと思いました。

この「コントロールできない巨大な意味の循環」というメタファーは、第三の分析的アプローチを導いてくれます。このアプローチは、私たちに「記号という食べ物」を与えようとする人間や組織が、私たちの「外部」に存在すると考える第一のアプローチや、私たちが自分たちの目的のためにメディアを利用しているとする第二のアプローチとは異なり、私たちが共に、言葉・イメージ・音などの巨大な循環の中に入りこんでいると考えます。私たちはみんな、プロデューサーであると同時に犠牲者でもあるのです。誰も、意味の渦の外に出ることはできないのです。

私たちが大きな意味システムに巻きこまれているというこうした考え方は、初期の記号論に端を発しています。言語は、私たちがコミュニケーションしようとする限り決して逃れることができない、既存のルールのシステムにもとづいているという議論（第1章）を思い出してください。共有された社会システムとして言語を捉えるこのイメージは、私たちが言語を現実の表象と考えようとすることに対して、鋭い警告を発します。私たちが「正しい」あるいは「よい」と考えるものを創り出すシステムは、「実際に起こっていること」とは無関係に動いているのです。イメージや思考の急激な多様化や増加は、私たちがよりいっそう、現実そのものではなく表象の世界に携わるようになっていることを示しているのではないでしょうか。

このような批判を最初に行ったのは、フランスのマルクス主義批評家であるドゥボール（Guy Debord）でした。ドゥボールは、主著『スペクタクルの社会』（一九六七）の中で、「擬似的なイメージの世界へと向かう文化的傾向」に対する憂慮を示しています。[16]「そうしたスペクタクルは、現代社会の重大な産物である」[17]と同時に、私たちの現実感を作り出してもいます。私たちはますます擬似世界を生きるようになっており、「生」そのもの——本物の関係——ではなく、「生の欠如」を経験しているのだ、とドゥボールは主張します。「人々の具体的な生は、思索的な宇宙の中に退化していく——スペクタクルは、眠りの守護者なのである」[18]。ドゥボールはマルクス主義の理論を援用して、イメージを生み出すのは支配階級であり、それは、労働者を疎外する試みの一つであると主張します。こうして、ドゥボールは、再び「操作」のメタファーに戻ってくるのです。私たちが置かれた悲惨な状況の背後には、魔女が潜んでいるというわけです。

ボードリヤール（Jean Baudrillard）の後期の著作では、このような「敵」というイメージが完全に乗り越えられています。ボードリヤールの初期の著作は、共産主義に傾いたものでしたが、一九六八年の革命運動が失敗に終わると、彼は大きな社会変革を起こすことに興味を失っていきました。ボードリヤールは、バリケード、警察との衝突、学生の激しい情熱、大きなデモなどの中に、ドゥボールのいう「スペクタクル」を見たのです。これは、真の革命などではなくにせもの（シミュレーション）であり、その魅力はフランス革命からの借り物にすぎない、と彼は思いました。それに、警察による統制、大量の逮捕者、官僚の強気の発言も、神聖な伝統を守るためなどではない。これらもまたシミュレーションであり、革命家の行動が意味あるものとなるために必要な、ゲームの一場面にすぎない。本当は、政治的な対立など存在しない、すべてはシミュレーションなのだ——。私たちは、見せかけの世界に完全に浸りきっているとボードリヤールは考えます。

ボードリヤールによれば、歴史の流れにはいくつかのステージがあります。産業化の以前には、イメージや表象、抽象的な概念などはそれほど重要性をもたなかったであろうと、彼は推論します。人々は、お互いの顔が見える閉じられた関係を生きており、対象・行為・言葉は一体となっていました。ところが、産業化が進み、社会がよりいっそう組織化されるにつれて、私たちは、記号システム——広範囲に散らばった多くの人々を組織し、それを維持することを可能にするような言葉やイメージ——に大きく依存するようになりました。その一つの例が、企業や政府などで見られる組織図です。組織図は、労働者に対して、自分がどんな役割を果たしているか、あるいはヒエラルキーのどこに位置しているかということを教えます。それは、「イメージ」として、ボードリヤールの言葉を借りるならば「組織の**シミュラークル**（ヴァーチャルな姿）」として機能しています[19]。つまり、それは事実をありのままに写しとっているのではなく、人々に自分たちの活動に関する情報——自分は、何について、誰に対して責任があるか——を与え、それを体系化するイメージを作り出しているのです。ところが、これは「表象（シミュラークル）」であって活動そのものではないため、問題も生じてきます。表象は、それが表象するとされているものを覆い隠したり、ゆがめたりすることもあるのです。

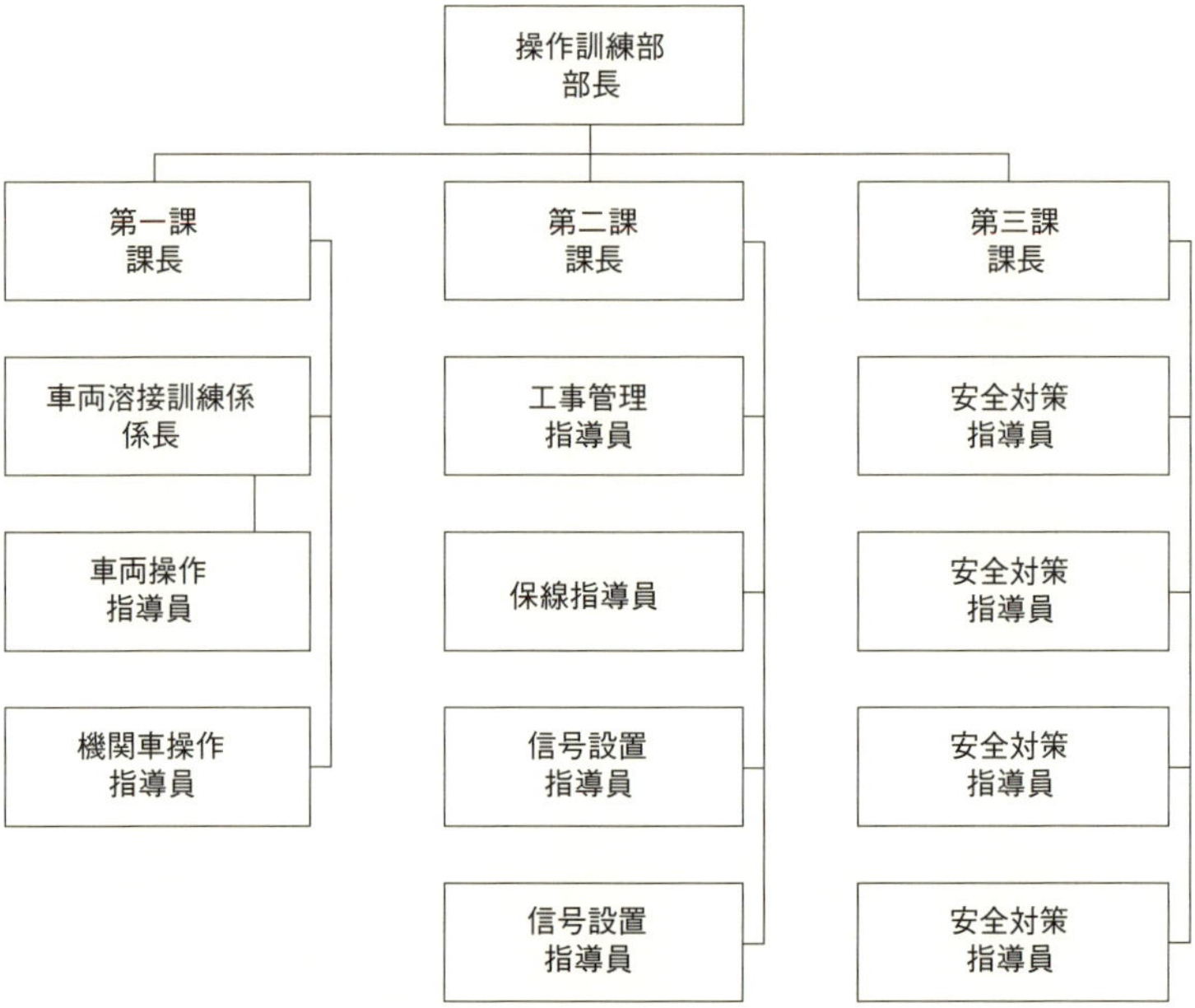

Figure 8.1　組織図（組織のシミュラークル）

例えば、組織が、実は政府やマフィアなどの外部の力によってコントロールされているという可能性は十分ありえます。また、表象は、現実の不在を覆い隠すために用いることも可能です。ブースティン(Daniel Boorstin)は、政府や権力を有する他の組織が、言葉やイメージを操作して「にせのできごと」――特にメディアの中だけに見出されるできごと――を創り出していると述べています。[20]

　ボードリヤールはまた、情報時代の大衆社会では、ラジオ、テレビ、映画、雑誌などが、「シミュラークル」を生み出す巨大な工場として機能していると主張します。私たちは記号の循環にすっかりのみこまれており、現実に戻るための手段はどこにもありません。かつて「深い現実を写しとる」ことができたはずの記号は、もはや「いかなる現実とも関係をもたない、純粋な自分自身の像」[21]でしかないのです。私たちは、現実世界ではなく、「超現実（ハイパーリアリティ）」を生きているのです。ボードリヤールは、このような超現実の世界の例として、ディズニーランドを挙げています。

ディズニーランドこそ、錯綜した擬似世界の完璧なモデルである……幻想とファンタジーの戯れ……しかし、それがアメリカの実際の姿であるかのように映る……人々からカラスの姿形まで、ディズニーランドにある、あらゆるものがそうである……ディズニーランドは、それが「現実の」国の姿であり、「現実の」アメリカのすべてであるという事実を隠すために、そこにあるのだ……。[22]

このような考え方は非常に挑戦的で、人々を不安にさせるようなものでもあり、広範な議論の種となってきました。こうした考え方によって、私たちは、自分たちが生きている現代生活のありように気づかされると同時に、耐えがたい絶望感——世界がその内側から破れ、崩壊し、衰え、腐敗していくような感覚——の中に取り残されることになります。第3章で取り上げた「批評理論（critical theory）」は、解放をもたらしてくれるものでしたが、ボードリヤールは、それをはるかに飛び越えて、虚無的な「**宿命論**（fatal theory）」に陥ってしまっているのです。

私たちはこの絶望的な結論から逃れることはできないのでしょうか。そんなことはありません。ボードリヤールの理論は、結局、自らの結論の外に出ることができないからです。彼の分析は、あくまで一つの意味の形であり、「シミュラークル」なのです。それは、はるか昔、聖書のヨハネ黙示録からずっと続いてきた啓示的な記述のジャンルを拡張したものといえるでしょう。いかなる理論も、ものごとをありのままに写しとる地図ではありえないとしたら、わざわざそのような物語を受け入れる必要はないはずです。

学問的な見地からすると、ボードリヤールの理論は、いったいどのような物語なのでしょうか。もしかしたら彼は、もう存在しない過去——言葉やイメージが、日々の現実と固く結びついていた時代——へのノスタルジーに、浸っているだけなのかもしれません。社会構成主義によれば、そのような過去など存在しません。表象と表象されるものとは、常に危うい関係にあるのです。ゆるぎない指示対象をもつように思われる私たちの名前でさえ、実際に生きている私たちの変幻自在な姿とはどこか乖離しているように感じられます。それに、そもそも表象の世界に生きていることに対して、どうしてそれほどまでに批判的になる必要があるのでしょうか。私たちが日々考えていることを実行に移すために、抽象的な意味——例えば「仕事」「遊び」「家族」「公正」「経済」など——はなくてはならないものです。「超現実」と呼ばれるような構成がなければ、政治的・経済的な議論は成り立ちません。「超現実」から脚本やエネルギーが与えられなければ、人生の楽しみもありえません。文化的に共有された壮大な物語の宝庫がなければ、「キス」も単に肌と肌が接触しただけということになるかもしれません。私たちの生きる喜びは、「ありのままの事実」からではなく、このような創造のプロセスを経てもたらされるものなのです。

権力のパターン

ボードリヤールの考え方は、統制力を失ってらせん降下していく無秩序な世界を私たちに想像させます。しかし、本当にそうでしょうか。私たちはむしろ、自分たちが統制されていると感じているのではないでしょうか。私たちは、しばしば、自分の行動が観察され、評価され、制限を受け、方向を決められ、抑えこまれているように感じます。そして、私たちを統制する権力は、たいてい、学校や警察や政府などの制度を背景にして行使されているように思われます。学者たちは私たちのこのような経験を、「**構造的な権力**」——社会的に組織された制度による統制——という点から形式的に論じようとします。例えば、伝統的なマルクス主義者は、構造的な権力を「経済的階級」や「『もてる者』による『もたざる者』の抑圧」という観点から考えます。あるいは、フェミニストであれば、現在の支配的な制度がいかに男性によって統制されているか、そのために女性の機会がいかに制限されているか、というふうに考えるでしょう。

私たちは、構造的な権力という視点から世界を理解することに慣れてしまっています。しかし、この見方にいつまでもしがみついているわけにはいきません。私たちが現在置かれている状況により即した新たな観点が、すでに登場してきています。この新しいパースペクティヴがいかに重要なものであるかを理解するために、二十世紀の構造的な権力に関する理論に生じた微妙な、しかし重大な変化について見ておくことにしましょう。

二十世紀のはじめ、構造的な権力は、例えば軍隊、兵器、財産、お金など、物質的な統制力の違い（material control）によって、容易に説明可能でした。しかし、しだいに学者たちの関心は、物質的な違いそのものから、そのような違いを合理的で正しいものにする「論理」へと移っていきました。制度的な統制を可能にしているのは、人々がもっている信念の束、すなわち、一般にイデオロギーと呼ばれる、共有された観念や価値です。つまり、階級の違いが維持されているのは、私たちが資本主義のイデオロギーを共有しているからであり、男性が支配的な立場にあるのは、多くの人々が性差別のイデオロギーにとらわれているから、ということになります。構造は、それを維持するような観念や価値を必要とします。逆にいえば、私たちは別の、より公平な構造を作り上げることもできるはずなのです。

イデオロギーはしばしば、「ヘゲモニー（覇権）」――さまざまな制度（政府、教育、軍隊など）の一元化を通して、統制を強めたり維持したりする力――を握ります。[23]例えば、「企業が個人を雇用したり解雇したりする」「学校が個人を評価する」「個人を裁判にかける」などのありふれた実践はすべて、個人主義という唯一のイデオロギー（第5章）を支えるものとなっています。このように、あるイデオロギーが覇権を握ると、それは対話や批判に対して閉ざされてしまいます。こうしたプロセスは、まず、ある観念・イメージ・象徴が人々の間に浸透し、次にそれ以外の可能性が抑圧されるというように進んでいくことになります。

ネオ - マルクス主義者として知られるアルチュセール（Luis Althusser）によれば、ヘゲモニーは、「説明の呼びかけ（interpellation）」――文字通り、説明するように呼びかけること――によっていっそう強固なものとなります。[24]私たちは、支配的なイデオロギーの視点に立って「自分自身について説明する」ように求められています。それに私たちが答えようとすれば――そのような視点から自分を理解しようとすれば――、私たちの意識はイデオロギーに取りこまれ、私たちは自分自身の言葉や行為を通じて、支配的な秩序を再生産していくことになります。例えば、授業で教師の質問に答えるという単純な行為においても、私たちは暗に、今ある教育的イデオロギーに即して、自分について説明することを求められています（「教師は知識を手にしているが、私は無知である」）。さらに、教育システムは政府、経済システム、軍隊などとも結びついているため、私たちは、生徒として教師の質問に自発的に答えている時、社会全体の支配的なイデオロギーを再生産していることになります。こうして、支配的なイデオロギーを受け入れていけば、私たちは、自分の置かれた状況や自分の欲しいもの、必要としているものを正しく判断したり、その充足が権力構造によっていかに妨げられているかを見極めたりする能力を失うことにもなります。私たちがシステムに従って考えるようになると、私たちの欲望も、システムによって形作られることになるのです。ルークス（Steven Lukes）は、「人間の欲望とは、実は、自分の利害や関心に相反するようなシステムによって、産み出されるものなのかもしれない」[25]と述べています。私たちは、現存する秩序に対して、知らないうちに自ら自由を譲り渡してしまうような**「強いられた主体性の意識(false consciousness)」**の中にいるのです。

これは、広い含意をもつ重要な考え方です。それは、私たちにとって何の変哲もない行動でさえも――ハンバーガーを買う、車にガソリンを入れる、新聞を読むなど――、権力に支えられた制度に取りこまれ、結果的にその制度を支持することになってしまう、と私たちに警告を発しています。それだけではありません。「ヘゲモニーによる構造的な権力」という概念は、上で述べた意味以外でも、私たちの社会的行為に大きな影響をもたらすことがあります。つまり、こうした概念には、社会を変えていこうという動きを引き起こす力があるのです。ここでは、この概念が強く結びついている三つのことがらについて考えてみましょう。

第一に、構造的な権力は、私たちの苦しみと深いかかわりをもっています。私たちは、他者によって苦痛がもたらされている、あるいは抑圧されていると信じており、それをやめさせるための有効な手段がない時、権力の問題を取り上げます。政府が私たちの望む通りに行動してくれるなら、権力の問題はそもそも起こらないでしょう。政府が私たちを抑圧し、それに対してなす術をもたない時、私たちは、権力について語り始めるのです。第二に、構造的な権力は、「不公平感」――自らの権利、所有、チャンスを否認されること――と密接に関連しています。ただ単に他者に苦痛を与えられているというだけでは、権力の問題は登場しません。他者自身が自らの行為について何の責任ももたない場合もあるからです。例えば、私たちは、歯医者のドリルによる痛みに襲われているからといって、権力を問題にすることはないでしょう。第三に、構造的な権力と自由の概念の間にも、密接なつながりがあります。私たちは、自分自身の選択の自由や可能性が他者によって制限されていると感じる時、他者に権力を行使されていると主張します。

構造的な権力についての対話は、それ自体、行為の動機として大きな意味を有しています。「不当に苦しめられてきた」「自由を奪われてきた」と感じている人々にとって、この構造的な権力という言葉は、社会変革へ向けて力を合わせるためのスローガンとしての役割を果たすことになります。ここでは、構造的な権力は悪であり、したがって権力者と戦うことは善であるとみなされます。この「聖戦」という——フランス革命の引き金となった——論理は、今日のマルクス主義や市民活動家、フェミニスト、さまざまな少数派集団を刺激してきました。それはさらに、第2章で議論したイデオロギー批判を生み出す重要な触媒でもあります。

確かに、構造的な権力についての対話は、抵抗運動を結集し、人々が苦痛・不正・抑圧と闘うための豊かな資源となりました。ただし、「聖戦」という論理には問題もあります。前に、批判（第3章）や論争（第6章）についての議論で述べたように、自分から見て「間違っている」人々を攻撃しようとする衝動は、必ず相手の抵抗や反撃を引き起こします。人々は敵味方に分かれて対立し、不信を募らせ、コミュニケーションが不可能になり、「他者は悪である」という考えに取りつかれます。どんなに複雑な問題も、「私たち vs. 彼ら」という単純な二分法に還元され、お互いに相手の声や抱えている問題を無視し合い、結局共倒れということにもなりかねません。

この問題は、非難される側の人々が、しばしば自分たちが不当に攻撃されていると感じるために、いっそう複雑なものになっています。実際に、非難を受けた人々が抗議することもあります。例えば、テレビコマーシャルは本当に、人々の味覚や購買習慣を思うがままに操る権力となっているのでしょうか。確かにそうした一面があることは否めません。しかし、視聴者に人気のないテーマがすぐにすたれてしまうことからもわかるように、実は視聴者の方が、テレビ番組の内容を支配しているのだと考えることもできます。あるいは、アメリカ大統領は、構造的な権力をもっているのでしょうか。確かに、そうかもしれません。しかし、大統領自身も、絶え間ない監視の目——報道機関、職員、国会議員、検察官など——にさらされているのです。ソ連のマルクス主義政府は、構造的な権力をもっていたのでしょうか。ある意味ではそうでしょう。しかし、その支配力は、人々が政府に対する忠誠心を失ったことによって、もろくも崩れ去ってしまいました。「権力」という言葉は、いかようにも用いることができます。私たちはみな、いつ権力を行使しているとみなされ、批判の対象になってもおかしくないのです。

ここでは、権力という概念を、別の概念へと発展させていきたいと思います。新しい構成のしかたを考えることにより、新たな行動の可能性が生まれるからです。それでは、ポストモダニズムの対話から生まれた代替的な未来像を検討していくことにしましょう。

権力——ポスト構造主義の視点

「構造的な権力」というメタファーは、現代に生きている私たちにとって、それほど適切ではないように思われます。王や独裁者や将軍がいた時代ならともかく、現代の私たちの生活——民主主義システム、整備された制度、さまざまな国籍の人々からなる組織、もはやコントロールできないほどの広がりを見せているインターネット上のコミュニケーションなど——の中に、権力的なヒエラルキーを見出すことはほとんどないのではないでしょうか。

ポスト構造主義の立場から権力について理論化した人物の一人が、フーコーです。フーコーの研究については、すでに第2章のイデオロギー批判に関する議論の中で取り上げましたが、ここで、その重要性があらためて明らかになります。フーコーが指摘しているように、ヒエラルキー的権力構造からの脱却は、十七、十八世紀の啓蒙思想に端を発しています。[26] 個人がもつ合理的推論の力や、すべての人間の平等などが強調されたことにより、人々はしだいに上からの身体的な支配から抜け出していきました。また、それぞれの人間は本来、合理的な思考を行うことができる——つまり、知識を得ることによって成長する——はずであり、したがって、社会にとっての課題はいかに「よい市民」を形成するかであるという考え方が広がりました。こうして、これまでの構造的な権力は、教育プログラムや矯正施設に取って代わられることになりました。近代の監獄制度の発達は、その一例です。つまり、社会にとって望ましくない人間をただ地下牢に閉じこめておくだけでなく、彼らをよりよい人間に変えようとしたのです。

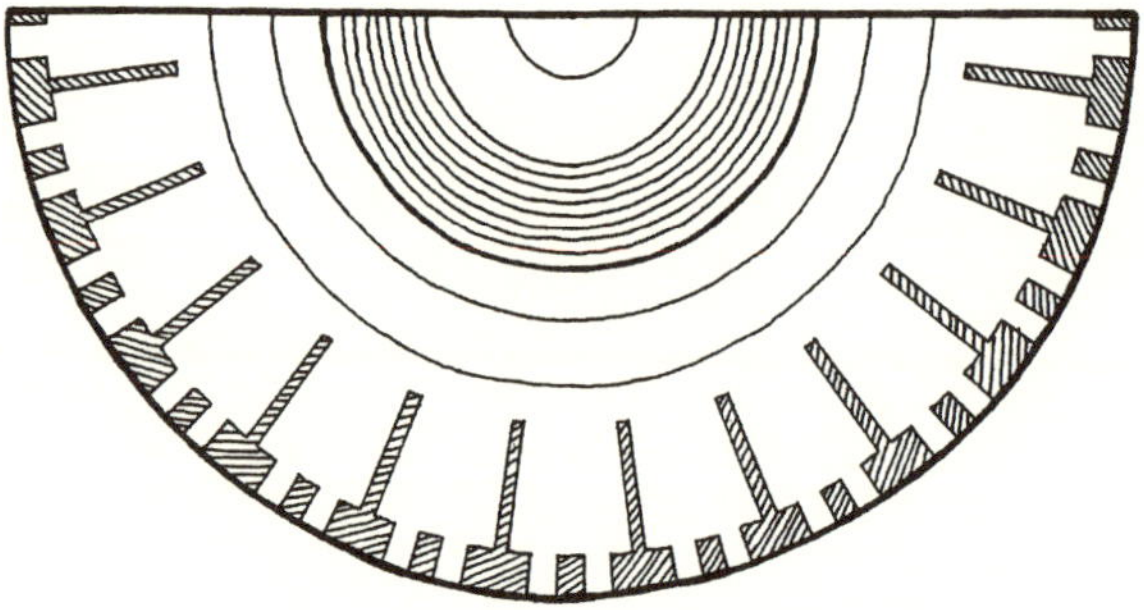

Figure 8.2　ベンサムの「パノプティコン・プラン」

このことを象徴的に表しているのは、十八世紀にベンサム（Jeremy Bentham）が考案した「パノプティコン」です。パノプティコンは、高いところに設置された一つの監視塔から、すべての囚人の行動を監視できるような監獄です。この監視塔を囲むようにして、背後から照明で照らされた独房が一列に並んでおり、監視者は独房にいる囚人のあらゆる行動を見ることができます。そして、ここが最も大事なポイントなのですが、監視者は、自分の姿を見られることなく監視することができるのです。逆に、囚人はいつ自分が見られているかがわからないため、監視されずに何かを行うことが不可能になります。フーコーによれば、この装置は、権力について考える上で非常に重要ないくつかの示唆を含んでいます。以下で、その三つを見てみることにしましょう。

権力は正確な位置をもたない

構造的な見方とは異なり、フーコーの考えでは、権力を宿している人間や物などはありません。フーコーは次のように述べています。「権力は、一人の人間の手にあるというよりむしろ、複数の身体の配置、表情やしぐさの配置、光と影の配置、行き交う視線の配置といった調和の中にある。人々は、その調和の内的なメカニズムが作り出す関係の中に、絡めとられているのである」[27]。つまり、権力は構造や一人の人間の内に存在するのではなく、関係性の中に存在するのです。さらに、「**権力関係**」は、さまざまな事物を含むだけでなく、より広い文化的な状況の中に広がっています。例えば、先に取り上げたパノプティコンは、それに合理性や根拠を与え、それを支持するシステムを生み出す、社会・政治的コンテクストの中でしか機能しえないのです。

権力関係は、それに捉えられている側の身体に現れる

構造主義者たちは、常に「権力を握っている」者の行動に焦点をあてていました。しかし、フーコーは、逆に権力関係に捉えられている「私たち」の方に目を向けることが大切だといいます。権力関係を理解するためのカギは、私たちの行動の中にあるのです。パノプティコンに入れられた囚人は、はじめのうちは、できるだけ罰せられないように意識してふるまおうとします。ところが、監視されていない可能性は一寸たりともありえないため、しだいに、そうした行動が彼にとって自然なものになっていきます——たとえ実際は誰も見ていなかったとしても。こうして、権力関係は、フーコーのいう「従順な身体」——今ある関係に自らを進んで譲り渡してしまう身体——に作用するようになるのです。言い換えれば、ここに、**「生権力」**——生きている人間としてのあり方を組み込んだ権力関係——を見ることができます。例えば夜歯を磨いている時にも、私たちは「生権力」を実際にやって見せています。私たちは、歯科医術、歯ブラシメーカー、一般的な美に対する基準、洗面台のデザインの規格などを含む複合的な関係性に、自らの身体を譲り渡しているのです。

権力は、私たちを惑わす有害なものではなく、生産的なものである

権力に対する構造的な見方は、しばしばヒエラルキーの頂点に立つ者たち（「支配政党」「権力者」「軍産複合体」）に対する疑いを招きます。しかし、フーコーによれば、権力とはもっとありふれた平凡なものです。ふつうの人々の日常的な活動——床を掃除したり、オフィスで必要なものを注文することから、抗うつ剤を処方したり、仕入れたりすることまで——によって、権力関係は作られているのです。したがって、それに対して責任を負わなければならないのは、立派な椅子に身を沈め、豪華なパーティーに頻繁に招かれるような、ごく少数の特権的な人々ではなく、むしろ、相互に関連し合うさまざまな活動に従事している大多数の人々の方なのです。

このように考えることによって、権力と不正との伝統的な関係が、もっと複雑なものになってきます。先ほども述べたように、権力の問題を考える上で取り上げなければならないのは、他者を踏みつけにしているような少数の人々ではなく、その他大勢の人々です。ところが、こうした人々にしてみれば、自分が道徳的に好ましいと思う通りにふるまっているだけなのです。したがって、権力は生産的なものであるはずだ、とフーコーは考えます。権力関係は、私たちになすべきことを教え、その結果として満足感を与えてくれるからです。例えば、コンピューターで制御された、安全かつ清潔な新しい刑務所についての新聞記事を感心しながら読んでいる時、私たちは、ある権力関係に積極的に参加していることになります。私たちが抱く「当然であり、歓迎すべきことだ」というまさにそのイメージによって、私たちは、現存する権力関係を積極的に支えていることになるのです。

こうした考えは、第2章で述べたフーコーの「**学問分野に固有の規律による権力**（**disciplinary power**）」という概念の前提となっています。フーコーは、さまざまな知のあり方——学校、学問分野、専門的な薬学や精神医学、宗教——によって、いかに言説や実践が生み出され、それらが作り出す「現実」の中に私たちが引き込まれていくのかということに関心を持っていました。私たちは、それらが提供する「現実」や「事実」を受け入れることによって、知らず知らずのうちにそれらに支配されていくことになるのです。

権力を一枚岩のヒエラルキーと考える伝統的な見方とは異なり、権力はいたるところに分散していると見るこうした概念は、ラクラウとムッフェ（Chantal Mouffe）の『Hegemony and Socialist Strategy』（一九八八）という著作の中で、詳しく述べられています[28]。ラクラウらによれば、さまざまな機構の統合によって生じる力としてヘゲモニーを捉える伝統的な考え方は、西洋の民主主義社会においてはもはや適切ではありません。彼らは、権力を、それぞれの伝統や状況の中で生まれる「**結節点**（**nodal points**）」——人々が言説や実践を共有する交流点——の多様性という観点から考えるべきだと主張しています。例えば、現代社会においては、コンピューター産業、宗教的信条、自由な報道、管理された医療システム、映画産業など、さまざまな結節点が、私たちを共有された言説や制度、イメージや情報の中に引きこんでいます。

このような結節点は、構造的な権力のように固定されたものではありません。文化に関する言説が広まったり、社会的な状況が常に変化したりするのと同じように、結節点もまた、発展したり、逆に侵食されたりしています。現在の管理された医療システムが登場したのは比較的最近のことですし、映画産業は今、従来の大きなスタジオとそこから独立しようとする人々との間で分裂しつつあります。このように、対立点が社会の中で刻々と変化し、さまざまな人々が周辺に追いやられたり抑圧されたり搾取されたりしている例は、いたるところに見出されます。人々は、現代の複雑な社会に参加することを通して、権力関係が常に変化していく余地を確保しているのです。

このように、ポストモダンにおいては、言説や配分された規律が重視されます。しかし、だからといって、前節で述べた構造的な改革への動きとの結びつきが、完全になくなってしまったわけではありません。私たちが改革を起こす必要に迫られているのは確かです。ただし、そこにはいくつかの重大な違いがあります。第一に、ポストモダンでは、政府や資本家や教育システムなど、人々の上に君臨する権力に対して抵抗することよりも、もっと身近な日常の活動に目を向けることが重視されています。「購買、メディア、食事、娯楽に関する選択のように、取るに足らないように思われることから始めましょう。私たち全員が権力関係に参加しているのだから」というわけです。例えばクレジットカードをあえて持たないということは、単なる個人の家計の問題ではなく、新たな未来に向けての小さな一歩なのです。

第二に、ポストモダンにおいては、「意味を変化させること」が強調されます。これは、構造主義のイデオロギー的支配に対する関心を連想させますが、ポスト構造主義においては、人々が自分たちの世界をどのように構成していくかが最も重要になってきます。したがって、銃や火炎ビンや爆弾を使って社会を変革するのではなく、メディアの報道内容、ラジオ番組、デモ、バンパーに貼られたステッカーなどを通じて意味的変化がもたらされることになります。服装や髪型までもが、抵抗の一手段となりうるのです。

最後に、ポストモダンでは、積極的な行動の結果生じるもの——新しい経済システム、新たな政府組織など——にそれほど重きを置いていません。いかなるイデオロギーも誤った意識としては捉えないからです。人々を解放してあげなければならないような、社会に対する誤った見方や、明るみに出されるべき隠された「真実」など存在しません。抵抗する側も含めて、あらゆる立場は構成されたものだからです。また、権力が個人に帰属するものではなく、関係の中にあると考えることによって、「戦うこと」よりも「対話すること」の方がより重要になってきます。ラクラウとムッフェが述べているように、私たちにとって必要なのは、「社会における論理の多様性と、その表現の重要性を認識した上に成り立つラディカルな民主主義である。ただし、この表現は絶え間ない議論にさらされ、作り変えられていくべきであって、これで終わりといえるような地点に達することは決して無い」[29]のです。

テクノロジーと社会

車。電話。映画。ラジオ。テレビ。飛行機。インターネット。ビデオカメラ。ファックス。これらの共通点は何でしょうか。そう、これらはすべてテクノロジー、中でも二十世紀のテクノロジーの産物であり、人間関係のあり方と密接に結びついたものです。こうしたテクノロジーは広く社会に行きわたり、多くの人々にとって利用可能なものとなっています。例えば、アメリカの九九パーセント以上の家庭にはテレビがあり、これは下水道が整備されている家庭の割合を超えています。また、現在伸び盛りの企業で働く人々は、メールなどのメディアに媒介されたメッセージを、一日に八十以上も受けとっているといわれています。

私たちはともすれば、新しいテクノロジーのメリットや、それにかかる費用に関心を引きつけられがちです。しかし、批評家から見れば、それらはほんのささいな問題にすぎません。大切なのは、新しいテクノロジーが、私たちの生活や関係や制度をいかに変えていくのかということなのです。私たちの知らないうちに、いったい何が破壊されているのでしょうか。私たちはどんな未来を生み出そうとしているのでしょうか。別の未来を切り開くことはできるのでしょうか。

これらは非常に重要な問題であり、限られたページの中で、さまざまな主張を正当に評価することはできません。しかし、この問題を考える上で、社会構成主義の考え方がどう用いられているかを考えることによって、何かが見えてくるかもしれません。ではまず、「インターネット・ライフ」および「テクノ・ビーイング（テクノロジーと一体になった私たちのあり方）」に目を向けることにしましょう。

インターネット――新たな共同体？　それとも単なる虚構？

次に挙げる、ある会話の一部について考えてみましょう。

私は、かつてあるバーで熊に出会って、家までついていったことがあるんだ。すると突然ＳＭのシーンになり、そこではそいつが王様だった……その熊は私を殴り、その歯とつめで私を脅したのさ。[30]

十九世紀には、こんなお話が会話に登場することはめったにありませんでした。ほんの十年前でも同じだったと思います。ところが、地球上に散らばる一千万人以上の人々を、絶え間なく瞬時に結びつけるコンピューターやインターネット技術の発達に伴って、理解可能なものの地平は急速に拡大しました。何をいうことができるか――何が合理的で、何が正しいことなのか――に関していうならば、私たちは「**何でもあり**」の世界に入っているのです。先ほどの引用は、あるサイバーランド（インターネット上の仮想空間）の住人のセリフです。このサイバーランドには世界中の人々が参加し、架空のアイデンティティを身につけ、想像の限界以外の何ものによっても制限されない、作られた性的な関係の中に入っていきます。

このようなコミュニケーションの新たな地平は、社会構成主義の関心を引きつけます。私たちがもっている「現実」や「善」についての感覚――私たちに欲望と管理、好奇心と抑制などをもたらしている感覚――が私たちをとりまく関係性に由来するものであるとしたら、通信技術の発達に伴って登場した新しい関係のあり方が、新たな世界を生み出すことは十分にありえるからです。ただし、そこには考えておかなければならない問題もあります。これまでの章で述べたように、私たちがもっている道徳的な基準は、私たちをとりまく関係や共同体から借りてきたものです。ところが、もし共同体という言葉が、ある一定の場所に長く住み続け、お互いによく知っている人々の集団だけを意味するのだとしたら、道徳的な基準は崩れつつあると考えるべきなのではないでしょうか。『The Saturated Self』（一九九一）という本の中でも述べたように[31]、社会的なつながりに関していえば、二十世紀のテクノロジーによって、道徳的な行為を支えてきた伝統的な共同体は、いたるところで崩れつつあります。大量輸送システムが整えられたことによって、家庭と職場、あるいは家の近所と商業や娯楽の中心地がはっきりと分断されることになりました。人々の居住地は大陸のあちらこちらに散らばっており、平均的なアメリカ人は、一生のうちに十一回以上も引越しをする（主に職を求めて）といわれています。近くに隣人が住んでいる場合でも、対面的なやりとりは急激に減少しています。その一方、テレビ、ラジオ、CDプレーヤー、コンピューターなどのテクノロジーは、私たちを遠く離れた世界へ連れていこうとします。ドラッカー（Peter Druker）がいうように、「家族、村、教区などの古い共同体はすべて、知識社会の中へと没していこうとしている」[32]のです。

多くの人が気づいているように、テクノロジーの発達によって、対面的な共同体の重要性が失われつつある反面、テクノロジーをベースにした共同体が急速に増加し、その重要性が非常に大きくなっていることも確かです。このような共同体において、人々は、現実や価値を維持するために、コミュニケーション・テクノロジーに大きく依存しています。その典型例が、テレビによる「啓発・誘導機能」です。アメリカでは、テレビを通じて何百万人もの人々にさまざまな信念が教えこまれており、それが、全国の学校システムから政党の態度まで、あらゆるものに関する決定を左右しています。[33]また、あまり知られていないことですが、現在アメリカでは、飢餓、過密、エイズ、環境汚染、健康問題などに取り組み、国際的に活躍している非政府組織（ＮＧＯ）が二万以上、人間の幸福の追求を目的とする私的団体が百万以上も存在しています。こうした組織においても、組織を維持・運営していくために、コミュニケーション・テクノロジーが不可欠となっています。

ここ十年の間に爆発的に増加してきた**ヴァーチャルな**（コンピューターに媒介された）共同体についても、道徳的な議論の中で取り上げられることはあまりありません。この点についてもう少し考えてみることにしましょう。ラインゴールド（Howard Rheingold）は『The Virtual Community』（1995）において、このようなグループの中に生まれる共同体の感覚を次のように表現しています。

> ＷＥＬＬ（ヴァーチャルな共同体の一つ）を発見した時、それは……家の中にひっそりとかくれている居心地のよい小さな世界を見出したような感覚だった。秘密の扉をあけると、そこにいるみんなが陽気に私を迎え入れてくれる。……電話線の向こう側では実物大のサブカルチャーが生まれつつあり、私も何か新しいものを生み出すように求められている。一九八五年に私が偶然発見した人口数百人のヴァーチャルな村は、一九九三年には八千人にまでふくれあがっていた。[34]

ＷＥＬＬは、コンピューターによって媒介された何千とあるネットワークの一つにすぎません。これらのネットワークには、規模や扱っていることがら、排他的かそうでないか、コミュニケーションの方法（例えばリアルタイムのやりとり、掲示板）などによって、さまざまな違いがあります。ところで、こうしたネットワークは、道徳性という面で対面的な共同体に取って代わることができるのでしょうか。容易な一般化は危険ですが、こうしたつながりの重要性は、おそらく何十万人ものユーザーによって保証されるでしょう。ある研究では、自殺に関するネットワークに参加している人々に、オンラインでのインタビューが行われました。[35] このネットワークは、自殺を考える人々に、できるだけ他者とコミュニケーションしてもらえるようにという目的で設立されたものです。多くの人々が、深く悩み、支えや導きなどを求めてネットワークに参加します。彼らは、こうしたコミュニケーションが自分の生活においてどのくらい大切かという質問に、次のようなコメントをよせています。

個々の状況の違いに関係なく、自分と似た人が他にもいるということは、常に自分にとって支えになる。私の両親は、常に私を異常であるかのように扱ってきたからだ。私は、いろんな問題を抱えているのはなにも私一人ではないのだと知って、非常に元気づけられた。

このメディアにおける経験は、私にとって言葉にできないほど貴重なものだ。昨年は、控えめにいっても、私(と家族)の人生で最悪の時期だった。私はほとんど眠れないほどだったが、この掲示板だけが私のよりどころだった。それはいつも私の手の届くところにあって、誰かが毎日チェックしてくれる。自分は決して一人で闘っているわけではなく、つらい時でもずっとそばにいて自分を助けてくれる人が一人でも(あるいは十二人も！)いるということを実感できるだけで十分なのだ。

私は、私を支えてくれるグループに非常に感謝している。そこから離れるととても寂しい。今はラップトップを手に入れたので、彼らがいつも自分と一緒にいてくれるように感じられる。

現在では、ホームページによって、どんな組織でも派手に宣伝して人々を集めることが可能であり、テクノ・コミュニティの数はいっそう増え続けています。例えば、主な宗教や、復活しつつある伝統(ドルイドや汎神論者など)、逆に新しく登場してきたグループ（「リリス（アダムの最初の妻）」あるいは「カーリー（インド神話に登場する破壊と殺戮の女神）」の崇拝者や、Xan Xin Qigong（気功）信奉者など）でも、活発なウェブサイトで人々に参加を呼びかけています。

テクノ・コミュニティの急速な発展については、楽観的な見方が広がっていますが、一方でその重要性に対して疑問を唱える人々も少なくありません。彼らがよく主張するのは、テクノ・コミュニティの大部分は、「現実の」共同体ではなく、うつろな見せかけにすぎないということです。テクノ・コミュニティによって、人工的に「一体感」が作り出され、人々はその感覚を自分の思う通りに利用します。人々は、目の前にいる現実の他者に直面しようとせず、自分自身の願望を仮想空間の他者に投影します。このように、人々が個人的な願望にもとづいて他者をイメージする時――「他者が本当の他者ではなく、実は私自身である時」[36]――、彼らは実はコミュニティから疎外されているのではないでしょうか。

インターネット上では、人々は別の人間になってみようとする傾向があるため、他者や自己について知ることがいっそう困難になっています。タークル（Sherry Turkle）が『Life on the Screen』[37]の中で述べているところによると、数千人もの人々が、週に八十時間もインターネット上の仮想現実に関与しているそうです。ネットワークの中には、参加者に対して、架空の名前を使ったり、想像上の生物になったりするなど、作り物のアイデンティティをもつことを求めるものもたくさんあります。例えば、サイバーセクシュアルのサイトでは、参加者は仮の名前を用いることが望ましいとされています。ところが、このことは裏を返せば、現実のコミュニケーションが求められているような場合でも、別のアイデンティティ（別の自分）を試してみることが可能だということであり、実際にそうしている人は少なくないと思われます。インターネットのもつ匿名性によって、ふだんは表に出さない一面を探求することができるからです。ネット上でさまざまな女性になりきっていた一人の若い男性は、次のような感想を述べています。

女性のキャラクターになることは、とてもおもしろい。私は、心の中でずっとしたいと考えていたことがあったのだが、男性としてそういうことをしたらきっと不快に思われるだろうと思ってあきらめていた。（しかし、ネット上では）それを、実際に言ったり行動したりできるのだ。[38]

このようにアイデンティティの切り替えをすることによって、ユーザーたちは「本物の関係」を求めているのかもしれません。しかし、それはしばしば、ひどい幻滅という残念な結果をもたらします。また、批評家たちは、インターネット上のコミュニケーションでは、人々に「現実の接触」が欠けてしまうために、相手を気遣うことができなかったり、責任感が欠如したりするのだと指摘しています。例えば次のようなことが実際に起こりました。カリフォルニアのサンタモニカでは、市が、住民の共同体意識を高めるために公の電子ネットワークを設立しました。これは、誰でも好きな時に発言することができ、すべての人々の意見が平等に聞き入れられる、新たな会議の場になるはずでした。個人によるアクセスに加え、十二以上の公の端末が、図書館や老人ホーム、市庁に設置されました。ところが、二年が経過しても、そのシステムを使ったことのある人は、たった二パーセントしかいなかったのです。[39]

こうした分析から、たった一つの結論が導き出されることはありません。「安定」ですら「退行」とみなされてしまうほど、急速に発展し続けているこの世界では、それもしかたのないことかもしれません。これらの分析が示しているのは、コンピュータ・テクノロジーが、特別な環境のもとでは、強力な関係を生み出し、それを維持するために用いられる可能性があるということなのです。ですから、もしかしたらテクノロジーの領域の中に、新たな道徳が育つ場や、人々の信念に力を与え、行動を起こすことを可能にするような手段が見出されるかもしれません。ただし、問題も残っています。それは、テクノ・コミュニティの多くが孤立し、ばらばらに存在しているということです。人々は、コミュニティの内部でのみ話をし、自分たちが構成した現実以外のものを受け入れようとはしません。このことは、ネオナチや白人至上主義運動（White Power movements）のホームページを見るだけで、十分明らかです。したがって、これから必要となってくるのは、「**接触の場（contact zones）**」――異なる伝統の間の対話が生まれてくるような場――を作り出すことなのです。

それでは、次に、ポストモダン研究の第二の潮流について考えていくことにしましょう。

サイボーグ——私と機械は一心同体

私たちにとって、人間と機械を分ける違いほど、明らかなものはないように思われます。私たち人間は、生きて呼吸をし、考え、感情、欲望などをもつ存在であって、流れ作業で組み立てられたものではありません。多くの人々にとって、この違いは明白であり、また大変重要です。人間としての価値は、何よりもまず、自ら動く力をもたない単なる物質ではない、というところにあるはずです。人間の命はとても大切なものですが、機械はそうではありません。戦争による若者の死は、戦車や飛行機を失うこととはまったく意味が異なります。ある人を機械やロボットと一緒にすることは、その人を侮辱することになります。こうした感情は、伝統的にヒューマニズム（人間主義）と呼ばれています。ただし、それはしだいに衰えつつあります。

歴史的に見ると、ヒューマニズムに反対する声は、科学的な立場から上がってきました。科学の伝統では、「宇宙は大きな一つの機械である」、つまり、宇宙は体系的な因果関係によって結びついた物質的要素からなるとされています。人間もまた、自然と何ら異なるところはない、というわけです。

ここで注意してほしいのは、人間主義vs.科学主義の戦いが、現実主義あるいは本質主義の地平で展開されていることです。「人間と機械の間には、いかなる本質的な違いもない」と主張する科学者に対し、ヒューマニストは「違いはある」と言い張ります。社会構成主義は、このどちらの伝統に対しても、代替案を提示しようとします。社会構成主義の立場から見れば、科学主義も人間主義も、差異を生み出す言説によって合理化された伝統的な実践です。問題なのは、どちらが正しいのかということではありません。「オペラとジャズのどちらが正しいか」を決める必要がないのと同じように、科学主義と人間主義のどちらかを取る必要はまったくないのです。大切なのは、それぞれ伝統のもつよい面を評価すると同時に、その限界をきちんと認識しておくことです。社会構成主義はまた、新たな行為の可能性を開くような新しい概念を生み出していこうと主張します。大切なのは、「何が本質的な真実や事実であるか」を問うことではなく、関係を生み出し維持していくための文化的な資源をいかに増やすかなのです。この答えのカギは、二十世紀に起こった技術の爆発的な進歩の中にあります。ここでは、新たに登場してきた「サイボーグ」というメタファーについて考えてみることにしましょう。

ヒューマニストは、人間と機械は別であると主張し、科学者は、人間も一種の機械であるといいます。でも、私たちに与えられた可能性は、この二つしかないのでしょうか。違うか、同じか、どちらかを決めるのではなく、ある部分は人間であり、他の部分は機械であるという存在の可能性を考えてみましょう。それが**サイボーグ**です。サイボーグは、人造人間（見かけや行動だけでは人間とは区別できないような機械）やロボット（見かけは人間とそっくりではないが、人間と同じ機能を実行する機械）とは異なります。

ここまで読んで、あなたはこんなふうに言うかもしれません。「確かに、サイボーグとは、これまでにない斬新なアイデアだ。でも、私たちはサイボーグなんかじゃない！」社会構成主義の立場からの答えはこうです。「そうか、それじゃあ、私たちはいったい何者だろう?」私たちがサイボーグであるという可能性は、本当にありえないのでしょうか。例えば、歯に詰め物をしたり、メガネをかけたりしている時、どこまでが私自身で、どこからが私たちが生み出したテクノロジーであるかを明確に区別することはできないでしょう。さらに、補聴器、ペースメーカー、義手・義足、車椅子——と考えてくると、ますます私たちとテクノロジーが一体になっているということがわかります。テクノロジーの劇的な進歩によって、私たちのサイボーグとしての存在は、よりいっそう明らかになっているようです。ラジオによって、私たちの耳は遠く離れた音を拾うことができます。テレビは、私たちの視界を宇宙にまで広げてくれます。コンピューターのキーは、私たちの声を地球上のいたるところに届けてくれます。アドレス、日記、手紙、文書、単語のスペルなどに関する自分の記憶を、コンピューターに蓄積されている記憶から明確に区別することは困難です。私たちはみな、ある部分はサイボーグとして生きているといっても、決しておかしくはないのです。

私たちをサイボーグとして構成することについては、ひとまず認めてもらえたとしましょう。しかし、おそらく次のような疑問が残るでしょう。なぜ、わざわざサイボーグというメタファーをもち出す必要があるのか、と。このメタファーは、どんな新しい代替案を生み出すのでしょうか。ここで、フェミニストで生物学者でもあるハラウェイ（Donna Haraway）の主張を取り上げてみましょう。ハラウェイは、テクノロジー時代においてフェミニズムの運動がどれほど有効であるかということに関心をもっています。彼女は、以前ある評論の中で、サイボーグというイメージは政治的な行動を導くメタファーであると主張しました[40]。なぜ、サイボーグのメタファーは政治的なのでしょうか。第1章で議論した言語学的二分法と、それがもたらした不穏な結果を思い出してください。これについてはハラウェイも同様の見解をもっており、私たちがふだん行っている二分法的な区別が有害なものになりうると述べています。例えば、人間と動物を区別することによって、多数の種を絶滅させるような実践が行われてきました。科学を自然から区別することによって、環境破壊が合理化されてきました。ジェンダーが明確に区別されることによって、異なる性の間のつながりが見えなくなったり、「犠牲」の論理が生み出されたりしました。私たちは、はっきりと何かを区別しようとする時、知らず知らずのうちに権力を結晶化させ、全体主義的な世界を生み出しているのです。ハラウェイはあらゆる政治的な行動に反対しているわけではありません。むしろその逆です。彼女が異議を唱えているのは、自分たちの現実を「唯一の正しい世界」として扱おうとする政治的な立場に対してです。私たちの政治的な立場は、常に開かれたものでなければならないのです。自分たちをサイボーグとして見ることができるようになれば、この主張も十分理解できるものになるでしょう。

サイボーグのメタファーには、別のメリットもあります。ハラウェイが考えるように、技術革新は、政治、支配、開発のあり方を変化させました。地球全体で機能しているコミュニケーション・ネットワーク、データベース、インターフェイス、シミュレーション、ロボット工学などは、「テクノ‐政治的行動主義」なるものを必要としているのです。テクノロジーを、人間とは異なるもの、人間に劣るものとして放っておくことはできません。政治に携わる人々は、善い目的のためにテクノロジーを用いることができなければならないのです。近年のテクノロジーの動きは、女性を、権力の外部に追いやろうとします。しかし、女性はもう、「女らしさ」という型にはまった古い考えに逃げることはできません。そこでハラウェイは、「機械、アイデンティティ、カテゴリー、関係、ストーリーを作り出しては、それを破壊するという循環に、脅威をもたらすようなフェミニストの語り」を擁護しようとします。「私は、女神ではなく、サイボーグであることを選ぶだろう」[41]。

このように、ハラウェイがサイボーグのメタファーをフェミニズム運動を援護するために用いたことによって、広い範囲に及ぶ対話が促進されました。このメタファーがさまざまなものに適用可能であるということは、多くの人に認められており、ポストモダンの概念的な支柱ともなっています。例えば、薬学の領域では、サイボーグのメタファーが、モダンとポストモダンの実践を分ける目印として理解されています。モダニズム的実践の中心となっていたのは、身体やその機能を、普遍的なテクノロジーによってコントロールすることでした。しかし、ポストモダンに移行するにつれて、身体とテクノロジーは一つであると理解されるようになってきました。身体とテクノロジーは、さまざまな形で結びつき、新たな可能性を生み出しているのです。例えば、私たちの記憶の一部（住所、文字、スペルなど）はコンピューターに、私たちの視力の一部はメガネに、私たちの聴力の一部はアンプに依存しています。女性は、人工（対外）受精、卵管内移植、ホルモン治療など、さまざまなテクノロジーを選ぶことが可能になりました。私たちとテクノロジーは一つになるのです。[42]

最後に、地球全体に目を向けて考えてみましょう。一部の専門家たちは、サイボーグのメタファーによって、地球全体の政治の未来についての言説が刺激されるだろうと考えています。これまで非常に長い間、「国家」というものが、政治の基本単位として機能してきました。しかし、今日、情報技術によって一つに結ばれつつある世界においては、この単位はもはや無意味なものになってきています。テクノロジーの結びつきは地理的な境界を越えており、テクノロジーこそが意味を形成する基盤となっています。サイボーグというメタファーが「人間／機械」という二分法に対して挑んだように、ポストモダンの言説は、「人間、生態システム、機械、複雑な無数のソフトウェア……を、一つの広いサイバネティクス的な有機的組織体の中で」[43]融合させていくのです。

本章をふりかえって

私は、現代の文化についての探究が、大変興味深く、重要だということをあらためて発見しました。こうした研究は、世界で今何が起こっているのか、将来何が起こるのかという学問的な好奇心を満たすだけでなく、私たちの生き方――何を買うか、マスメディアからどんな情報を取り入れるか、どのような関係を結んでいくか――に対しても大きな示唆を与えてくれます。特に私の心に残っているのは、私たちの生活におけるテクノロジーの重要性、そしてテクノロジーがいかに私たちの関係や自己感に影響を及ぼしているかということです。特に、私が『The Saturated Self』という自伝的な本を書いた時に考えていたものの十分に発展させられなかった一つのテーマが、本書に取り組むにしたがって、私の中でますます大きなものになってきました。

そのテーマは、電子メールやインターネットをはじめとするコンピューターの世界が、いかに私自身のアイデンティティを変化させるかということに関係があります。次のことを考えてみてください。一昔前、コンピューターは、人間の機能の中心的なメタファーとして用いられていました。心は常に、コンピューターの働きと結びつけて考えられていたのです。人工知能の隆盛や認知科学に触発された、心理学における認知革命は、このように人間とコンピューターを同一視することから始まりました。ところが、インターネットが急速に広がり、私たちが電子メールやネットサーフィンに没頭するようになるにつれて、コンピューターはネットワークに取って代わられてきました。インターネットは、地球上の人々を一瞬のうちに結びつけます。インターネットという領域はあまりにも広大で、はかりしれない力をもっているために、どんな国家であってもそれをコントロールすることは不可能であり、実質的に、いかなる機構や法律による制限も受けていません。あるいは、インターネットは明確な終点のない旅への入り口なのかもしれません。もはや、人間をコンピューターに見たてるメタファーは、偏狭にさえ感じられます。私たちは、自分が無限に続いていく関係のプロセスに参加していると考えるようになっています。インターネットというのは、まるで私たちを包みこむ子宮のようです。インターネットでの経験は、私が、私を呑みこもうとする一方で私自身が加わらなければ成り立たないようなプロセス――システムに織りこまれて存在するプロセス――の中で生かされているということを、常に思い起こさせるのです。

注

［1］関連するポストモダニズムの研究については、章末の参考文献を参照

[2] 特に、Lyotard, J.F. (1991) *The Postmodern Condition: A Report on Knowledge*. Minneapolis, MN: University of Minnesota Press.（小林康夫訳　1991　『ポスト・モダンの条件——知・社会・言語ゲーム』 水声社）を参照

[3] Orwell, G. (1949) *1984*. New York: Harcourt Brace.（新庄哲夫訳　1972　『1984年』 早川書房）

[4] Packard, V. (1957) *The Hidden Persuaders*. New York: David McKay.

[5] 例えば、http://www.adbusters.orgを参照

[6] 例えば、Faludi,S. (1991) *Backlash: The Undeclared War Against American Women*. New York: Crown.（伊藤由紀子・加藤真樹子訳　1994　『バックラッシュ——逆襲される女たち』 新潮社）を参照

[7] Ewen, S. (1988) *All Consuming Images*. New York: Basic Books.（平野秀秋・中江桂子訳　1990　『浪費の政治学——商品としてのスタイル』 晶文社）

[8] 前掲書（原著）、94ページ

[9] 革新的なものとしては、Hall, S. and Jefferson, T. (Eds.) (1976) *Resistance through Rituals*. London: Hutchinson. があります。もっと最近のものは、Fiske, J. (1989) *Understanding Popular Culture*. Boston, MA: Unwin Hyman. または、Jenkins, H. (1992) *Textual Poachers*. New York: Routledge. を参照

[10] Hebdidge, D. (1987) *Subculture: The Meaning of Style*. London: Methuen.

[11] Radway, J. (1984) *Reading the Romance: Women, Patriarchy and Popular Literature*. Chapel Hill, NC: University of North Carolina Press.

[12] Brown, M.E. (1994) *Soap Opera and Women's Talk*. Thousand Oaks, CA: Sage.

[13] 前掲書（原著）、119ページ

[14] 前掲書（原著）、124ページ

[15] 前掲書（原著）、173ページ

[16] Debord, G. (1983) *The Society of the Spectacle*（初版は1967年）. Detroit: Black and Red.（木下誠訳　1993　『スペクタクルの社会』 平凡社）

[17] 前掲書（英文）、section 15.

[18] 前掲書（英文）、section 21.

[19] Baudrillard, J. (1994) *Simulacra and Simulation*（初版は1981年）. Ann Arbor, MI: University of Michigan Press.（竹原あき子訳

1984 『シミュラークルとシミュレーション』 法政大学出版局）

［20］Boorstin, D. (1964) *The Image: A Guide to Pseudo-Events in America*. New York: Harper.

［21］前掲書（原著）、000ページ

［22］Baudrillard, J. (1988) *The Ecstasy of Communication*. New York: Semiotext(e). p. 12.

［23］ヘゲモニーと権力についての伝統的な考察については、Gramsci, A. (1971) *Selections from the Prison Notebooks*. London: Lawrence & Wishart. を参照

［24］Althusser, L. (1971) *Lenin and Philosophy and Other Essays*. London: New Left Books.

［25］Lukes, S. (1974) *Power: A Radical View*. London: Macmillan. p. 34.（中島吉弘訳 1995 『現代権力論批判』 未来社）

［26］特に、Foucault, M. (1979) *Discipline and Punish*. New York: Vintage.（田村俶訳 1977 『監獄の誕生』 新潮社）を参照

［27］前掲書（英文）、202ページ

［28］Laclau, E. and Mouffe, C. (1988) *Hegemony and Socialist Strategy*. London: Verso.（山崎カヲル・石澤武訳 1992 『ポスト・マルクス主義と政治――根源的民主主義のために』 大村書店）

［29］前掲書（原著）、108ページ

［30］McRae, S. (1997) Flesh made word: sex, text, and the virtual body. In D. Porter (Ed.) *Internet Culture*. New York: Routledge. p. 78. より

［31］Gergen, K.J. (1991) *The Saturated Self*. New York: Basic Books.

［32］Druker, P. (1994) *The age of social transformation*. Atlantic Monthly, Nov. (272) 53-6.

［33］例えば、Hoover, S.M. (1988) *Mass Media Religion*. Thousand Oaks, CA: Sage. を参照

［34］Rheingold, H. (1995) *The Virtual Community*. London: Mineruva. p. 7.（会津泉訳 1995 『バーチャルコミュニティ――コンピューター・ネットワークが創る新しい社会』 三田出版会）

［35］Miller, J.K. and Gergen, K.J. (1998) Life on the line: therapeutic potentials of computer mediated conversation. *Journal of Marriage and Family Therapy*, **24**, 189-202.

［36］Taylor, M. (1971) Parlactics. In R. Scharlemann (Ed.) *On the Other*. Baltimore, MD: University Press of America. インターネット・コミュニティの皮相性については、Foster, D. (1997) Community and identity in the elictronic village. In D. Porter (Ed.) *Internet Culture*. New York: Routledge. を参照

[37] Turkle, S. (1995) *Life on the Screen*. New York: Simon & Schuster.（日暮雅通訳　1998『接続された心――インターネット時代のアイデンティティ』早川書房）
[38] 前掲書（原著）、219ページ
[39] より詳しい議論は、Healey, D. (1997) Cyberspace and place. In D. Porter (Ed.) *Internet Culture*. New York: Routledge. を参照
[40] Harraway, D. (1991) A cyborg manifesto: science, technology and socialist feminism in the late twentieth century. In *Simians, Cyborgs and Women: The Reinvention of Nature*. New York: Routledge, Chapman and Hall.（高橋さきの訳　2000『猿と女とサイボーグ――自然の再発明』青土社）
[41] 前掲書（原著）、170ページ
[42] より詳しい議論は、Clarke, A. (1995) Modernity, postmodernity and reproductive processes ca. 1890-1990. In C.H. Gray (Ed.) *The Cyborg Handbook*. New York: Routledge. を参照
[43] Gray C.H. and Mentor, S. (1995) The cyborg body politic. In Gray (Ed.) *The Cyborg Handbook*. p. 454.

【より詳しく知りたい人のための文献案内】

● 「カルチュラル・スタディーズ」に関する参考文献

Barthes, R. (1973) *Mythologies*. London: Paladin.
Grossberg, L. Nelson, C. and Treichler, P. (Eds.) (1992) *Cultural Studies*. New York: Routledge.
Strinati, D. (1995) *An Introduction to Theories of Popular Culture*. London: Routledge.

● 「ポストモダニズム」に関する参考文献

Borgmann, A. (1992) *Crossing the Postmodern Divide*. Chicago: University of Chicago Press.
Connor, S. (1989) *Postmodernist Culture*. Oxford: Blackwell.
Harvey, D. (1989) *The Condition of Postmodernity*. Oxford: Blackwell.

● 「意味の渦」に関する参考文献

Fiske, J. (1989) *Understanding Popular Culture*. London: Methuen.
Gane, M. (1991) *Baudrillard: Critical and Fatal Theory*. London: Routledge.
Gergen, K.J. (1991) *The Saturated Self*. New York: Basic Books.

Hebdige, D. (1988) *Hiding in the Light: On Images and Things*. London: Routledge.

Mellencamp, P. (Ed.) (1990) *Logics of Television*. Bloomington, IN: University of Indiana Press.

●「権力」に関する参考文献

Clegg, S.R. (1989) *Frameworks of Power*. London: Sage.

Huspek, M. and Radford, C.P. (Eds.) (1997) *Transgressing Discourses*. Albany, NY: State University of New York Press.

Radtke, H.L. and Stam, H.J. (Eds.) (1994) *Power/Gender*. London: Sage.

●「テクノロジーと社会」に関する参考文献

Gray, C.H. (Ed.) (1995) *The Cyborg Handbook*. New York: Routledge.

Grodin, D. and Lindlof, T.R. (Eds.) (1996) *Constructing the Self in a Mediated World*. Thousand Oaks, CA: Sage.

Kiesler, S. (Ed.) (1997) *Culture of the Internet*. Mahwah, NJ: Erlbaum.

Porter, D. (Ed.) (1997) *Internet Culture*. New York: Routledge.

Poster, M. (1990) *The Mode of Information*. Chicago: University of Chicago Press.

Rochilin, G.I. (1997) *Trapped in the Net*. Princeton, NJ: Princeton University Press.

Stone, A.R. (1995) *The War of Desire and Technology At the Close of the Mechanical Age*. Cambridge, MA: MIT Press.

Turkel, S. (1997) *Life on the Screen*. New York: Simon & Schuster.

第9章「批判に答える」

デカルトが、主著『方法序説』の中で表明した考えは、何世紀にも及ぶ大反響を引き起こしました。彼が表明したのは、究極の疑いでした。彼は次のように問いかけます。知の基盤は、いかにして形成されるのか。どんな基盤であれば、無条件に信頼することができるだろうか。知を手にしていると主張する権威者たちは、本当に信用できるのか。自分の感覚を信じる根拠はどこにもないし、周りの人々の気まぐれな考えもあまりあてにならない。では、どうすれば、知を手にしていると正当に主張することができるのか、と。このように、デカルトはいったん痛烈な疑問を突きつけますが、すぐに高らかな声を響かせて、私たちを安心させてくれます。すなわち、彼は、「疑いそのものを認識するところから始めよう」というのです。私たちは、推論を進めていくことによって、あらゆるものに対する疑いへと導かれていくかもしれません。しかし、私たちが推論しているというそのことだけは、疑いようがありません。この推論のプロセスこそが、私たちの存在を保証するのです。コギト・エルゴ・スム（「われ思う、ゆえにわれあり」）。

今日まで、「個人の心」というもの――経験を組みたて、論理的な推論を行い、さまざまに思いめぐらす心の能力――に対して、特別な敬意が払われてきました。私たちは、「みんなに追従する」ことなく、「自ら選択し」、「正しい意志決定」を行動で示し、「誠実な道徳的選択」を行う人間を誉めたたえます。また、私たちは、科学者たち――特別な推論する力を与えられ、客観的な世界を見極めようとする人々――がいつかきっと私たちの生活をよりよいものにし、すべての人々の繁栄に向けて社会を動かしてくれるだろうと信じています。

しかしながら、本書の中で示してきたように、デカルトの疑いは十分な発展を見ることはありませんでした。彼は、いかなる根拠をもって、疑いのプロセスと個人の推論とを同一視することができたのでしょうか。そもそも疑うことは、本当に「個人の心」の活動なのでしょうか。この想定そのものを、まずは疑ってかかるべきでしょう。「疑いは、言語の中で遂行されるプロセスである」とした方が、より説得力があります。ただし、それでもまだ十分とはいえません。権威や、私たちのもっている感覚、世論などの信頼性に対して疑問を抱くということは、さまざまな関係性のプロセスに入っていくことを意味します。それは、ものごとの性質について、「他の人々とコミュニケーションするプロセス」なのです。たった一人で疑っている時でさえ、私たちは、特定の文化に根ざした話し方や書き方を取りこんでいます。とすれば、言説はある個人のみに属するものではありえません。意味のある言語を紡ぎ出すということは、社会的な共同実践であり、個人の心の中で生み出される言語など存在しないのです。ある言葉や行為は、その意味についての社会的な合意がなければ、言語を構成することはありません。私たちに確信を与えているのは、個人の心ではなく、共同体における関係のプロセスなのです。「関係」がなければ、意味のある言説は存在しません。また、意味のある言説がなければ、理解可能な「対象」や「行為」はありえません。理解可能な「対象」や「行為」がなければ、それらに対して疑いを表明することもできなくなるでしょう。デカルトのあの言葉は、次のように言い換えるべきなのです――「Communicamus ergo sum（われわれは関係する、ゆえにわれわれあり！）」。

社会構成主義は、私たちの「正しい」「よい」という感覚が、共同体の中から生まれるものだと考えます。ただし、それでめでたしめでたしというわけにはいきません。ある共同体にとって「客観的に正しい」こと、あるいは「よい」ことは、その共同体に限定されたものである場合が多く、結果として、しばしば他の共同体との間に衝突が起こります。そのため、社会構成主義は、自らを反省する姿勢を常にもち続けることが大切だと考え、それを自らに対する課題にしてもいます。いかなる言葉、主張、提議であっても、脱構築や道徳的・政治的な評価に対して開かれた、暫定的なものでなければなりません。新たな言説が生まれるたびに、さまざまな可能性が放棄され、多様な意味が抑圧され、多くの生活形式が脅かされます。私たちが共に意味を作り出していく動きの背後で、それ以外の可能性が排除されているのです。では、意味の生成にできるだけ関与しないようにすればよいのでしょうか――そうではありません。関与しないということもまた、一つの関与のあり方にすぎないのです。

したがって、私たちはこの本を締めくくるにあたって、社会構成主義の方向性を検討し、多くの人々からの批判を受けなければなりません。これまで述べてきたように、社会構成主義の展開は、私たちの理解や行為に新しくエキサイティングな地平を開いてきました。しかし、それと同時に、こうした提案には多くの問題や危険性、道徳的な欠点が潜んでいるということが、さまざまな人々によって指摘されています。こうした反応の中には、敵意すら感じられるものもあります。「ニヒリスト」「反合理的だ」「反科学的だ」「俗物的な神秘化にすぎない」「道徳的に破綻している」などの非難は、決して珍しくありません。特に、独特の用語法によってのみ理解可能となるような一群の言説は、こうした非難をいっそう激しいものにしています。もちろん、社会構成主義の対話にそこまで反発を感じていない人々もたくさんいます。彼らは、社会構成主義は、自分たちにとっていったいどんな意味をもっているのかということに関心をもっています。それは人々にとって益になるのでしょうか、それとも害になるのでしょうか。本章では、こうした批判や疑問にできる限り答えていきたいと思います。

ただし、こうした疑問はそれぞれ異なる背景から生じてきたものであり、本章の目的にかなう、「前進するなめらかな語り」を作り出していくのは、それほど容易なことではありません。実際、哲学者、科学者、ヒューマニスト、宗教家、実践家など、ありとあらゆる人々によって、さまざまな疑問が提出されています。こうした疑問をあなたがこれまで一つも抱かなかったとしたら、逆にその方が驚くべきことでしょう。

ここでは、多くの疑問の中から最も一般的なものを七つ選び出し、それぞれについて社会構成主義の立場から回答していくことにします。その疑問とは、以下の七つです。

①物理的な世界や現実の問題は、社会構成主義において、どのように位置づけられているのか。
②社会構成主義は、個人的な経験の重要性や、それ以外の心の状態を否定するのか。
③社会構成主義は、論理的に矛盾した懐疑主義の一形式なのか。
④社会構成主義は、何らかの道徳的・政治的立場に立っているのか。それとも、道徳的相対主義を主張しているのか。
⑤私たちが「現実だ」「よい」と考えているものが、すべて構成の産物であるとすれば、いったい何がなすに値するのか。

⑥社会構成主義の対話は、狭量なドグマに陥る危険があるのではないか。
⑦社会構成主義は、明らかな自然科学の進歩をどう説明するのか。
それでは、この七つの疑問に順に答えていくことにしましょう。

現実主義──「だって、確かに世界はそこにあるじゃないか！」

社会構成主義に対する反応として最も多いのは、次のような欲求不満や不信感です──「物理的な現実をどうして疑うことができるのか？　公害や貧困、死ですらも、現実ではないと言いたいのか？　世界など存在せず、ただ私たちがそれを作り上げているのだと言うのか？　そんなばかな！」。一見もっともなものに見えるこうした反発は、社会構成主義の議論に対する誤解にもとづいています。社会構成主義は、公害、貧困、死などを否定しているわけでも肯定しているわけでもありません。これまで示してきたように、社会構成主義は、「何が存在するのか」「何が事実か」を決めてしまおうとしているのではないのです。何かは、単にそこにあります。ところが、何があるのか、何が客観的な事実なのかを明確に述べようとし始めた瞬間、私たちはある言説の世界、したがってある伝統、生き方、価値観へと入りこんでいきます。例えば、「目の前に」現実の世界があるかないかを問うことでさえ、心（頭）の内側にある主観的な世界と外側のどこかにある客観的な世界を分けようとする、二元論という西洋の伝統的な形而上学を前提としているのです。私たちはふだん話をしている時、自分がある特定の伝統に関与しているということを忘れがちです。私たちは、言葉をありのままの世界の代わりとして、あるいはそれを映し出すものとして扱います。このことは、しばしば驚くような結果をもたらすことになります。次のことを考えてみましょう。

「事実」についてのある説明を固く信じている時、私たちは、他の可能性に対して自らを閉ざしてしまっています。この意味で、私たちにとって最も明白なものこそが、実は最も限定されたものであるといえます。地球が平面だと単純に信じられていれば（かつてはそれが明白な事実だとされていました）、地球が丸いという可能性が入りこむ余地はありません。草は緑色をしていると信じて疑わない人々にとって、色とは網膜に反射した光によって生じる心理学的現象だという、心理 - 生理学的研究の説明を受け入れるのは至難の業です。石とは硬いものだと信じている人々にとって、石もまた分子で構成されているという物理学者の立場は支持しがたいものでしょう。それぞれの現実への関与のあり方は、それ以外の豊富な現実の排除の上に成り立っています。それはまた、他の言説を抑圧し、行為の可能性を制限することにもつながります。

こうした議論は、過去の人々より「もっと」「よりよく」理解したいという私たちの強い要求が、必ずしも思い通りの結果をもたらすわけではないということを示唆しています。「今、本当に何かがわかった」というわくわくするような感覚には、常に抑圧、喪失、不在が伴っています。歴史学者エリアーデ（Mircea Eliade）によれば、中世の人々は、日常生活における目に見えるものごとの背後にこそ、究極の「現実」があると考えていました。中世においては「神の手による自然の産物も、人間が作り出した事物も、超越的な現実に関わる程度に応じて、その現実性、アイデンティティを獲得していた。身振りがその意味や現実性をもちうるのも、神と結びついていた原初の行為が繰り返されるかぎりにおいてであった」[1]のです。こうした深い「現実」は、神話やおとぎ話――聖人についてのお話、英雄や魔法の物語――の中に見出されるものだとされていました。

現代に生きる私たちは、中世の人々より「もっと多くのことを知って」います。私たちが知っている世界も、その中にいる人間もすべて物質です――すべてごく小さな粒子から成り立っています。私たちは、物理的・物質的世界という「疑いようのない現実」に満足し、かつて神や魔法が人々の生活に対してもっていた価値は失われました。同じことは、その他の科学的主張――「愛とはホルモンが活性された結果にすぎない」「欲望とは条件つきの反応である」「宗教と神経症の起源は同じである」「母親の子どもに対する愛情は、遺伝的な傾向だ」――についてもいえます。あらゆる人間の行為を「物質的なもの」に還元すれば、それらは平板で無味乾燥なものになってしまいます。神秘的で深い意味をもつ言説をすべて捨て去ることを、私たちは心から望んでいるのでしょうか。

言い換えると、私たちは、「現実」――何が事実か、何が本当に起こったことか――に言及する時、しばしば対話のチャンスを閉ざしているのです。「現実」についての言明は、そこで会話をストップさせ、他の人々が発言する機会やその内容を制限することになります。例えば、医学的な言説を考えてみましょう。誰も、肺がんや心臓病や膀胱炎などが、現実に「ある」ことを疑いはしないでしょう。こうした病気は、確かに社会における日常的な現実として存在しています。私たちは、これらの用語や、それが埋めこまれている研究・治療の実践をなくしてしまおうとしているわけではありません。しかし、こうした医学的な専門用語が社会に広く浸透すると、それが私たちにとって「ゆるぎない現実」になり、それに反対する声がかき消されてしまうことになります。

例えば、エイズという「現実」について考えてみましょう。エイズを一般の人々に正しく理解してもらおうとする積極的な試みが、多くの団体によって行われています。その一つであるニクソン（Nicholas Nixon）の「人々の写真」展は、アメリカのあちらこちらで開かれてきました。この写真展は、エイズ患者が死に向かってゆっくりと衰えていく様子を描写したものであり、病の恐怖を力強く私たちに語りかけるものとなっています。近代芸術美術館は、この展覧会の目的を次のように記述しています。「エイズについての物語――この病が本当はどんなものか、エイズが患者やその恋人、家族、友人にどんな影響をもたらすか――を語ること」[2]。しかし、そのあまりにも明快な写真は、その病が「本当はどのようなものであるか」を、私たちに伝えられているのでしょうか。「そうではない」というのが、この写真展に異議を唱えるエイズ活動家の団体の主張です。この団体は、写真に多くの誤解が含まれていると指摘し、それが「エイズという危機に立ち向かいながら日々生きている私たちの現実を、きちんと伝えていない」と糾弾するビラを配りました。ビラには、「私たちは、エイズに侵された人々が怒り、人を愛する生き生きとした姿、その美しさ、そして、彼らが行動を起こそうと立ち上がる様子が、ありありと描かれることを要求する」と書かれていました[3]。では、このようなイメージを加えれば、エイズの「現実」が描き出されたことになるのでしょうか。必ずしもそうとはいえません。批評家の中には、そうした描写が、複雑な一人の人間を病に還元してしまうと主張する者もいれば、エイズに侵された人々の描写が結果的に人々の見世物になり、彼らを搾取することになるのではないかと議論する者もいます。また、患者のみに焦点があてられることで、私たちの関心が偏ったものになり、この病が置かれている社会的コンテクスト、政府の無関心さ、基金の不足、予防保健医療の不備などに対して注意が向けられなくなるという指摘もあります。こうした声は、他にもまだまだあるでしょう。そのどれもが、エイズを考える上で重要であるはずです。私たちは「事実」や

「現実」に訴えて議論を終わらせようとすることに対して、常に慎重でなければならないのです。

経験や心的状態に関する疑問

私たちは、「考える」「願う」「欲しい」「必要としている」「覚えている」などの言葉を、一日に何度も発します。また、「愛」「寂しさ」「喜び」のような言葉は、私たちの人間関係において重要な意味をもっています。私たちはふだん、これらの用語を、私たちの内側、つまり私たちの心の中の状態やできごと、経験を指すものであるかのように用いています。

こうした心の状態や経験の存在に対して、社会構成主義は、不穏な疑問の影を投げかけているように見えます。第1章では、知識は個人の頭（心）の中にあるという伝統的な考え方に対するいくつかの批判を提示しました。そこで議論したように、こうした考え方は、観察したことからどのようにして思考が作り上げられるのか、また、思考がいかにして行為を引き起こすのかをうまく説明できません。とすれば、他の心理的な語彙も同様に疑わしいものになってきます。心が世界をありのままに映し出す鏡ではないとしたら、何かを「知っている」「信じている」「覚えている」と誰かに対して言うことは、いったいどんな意味をもつのでしょうか。続く第2章では、精神衛生の専門家たちによって、心の世界がいかに構成されているか、そして、彼らが用いる心の機能不全に関する語彙が、どんな有害な影響をもたらしうるかを検討しました。第3章と第4章では、心の世界が言語、特にメタファーにおいていかに構成されているのか、そして、そうした言語が時代や文化によってどう変わるかを示しました。第5章では、心の状態なるものが存在するという想定に支えられた個人主義のイデオロギーに対して異議を唱え、その代替案として関係的な見方を打ち出しました。社会構成主義は、「心」の中の信念なるもののよりどころをことごとく破壊するだけでなく、政治・道徳的背景をもつすべての語彙に対して疑いを突きつけているように見えます。

もしかしたら、社会構成主義は、心の状態に関する用語をすべてなくしてしまおうとしているのではないか、と読者のみなさんは思うかもしれません。確かに、そうした用語はあてにならない理解の伝統にもとづく誤りであるように思われます。だとしたら、そんな「人々のお話（folk talk）」は、私たちの日常生活から排除するべきではないでしょうか。こうした用語を知識として生み出す学問分野もまた、いっそのことなくしてしまった方がいいかもしれません。心に関する説明は、心理学や精神分析学のかなめであるばかりでなく、歴史学、文化人類学、経済学、政治学などによっても提供されています。こうした学問分野もまた、疑問視されるべきなのではないでしょうか。

しかし、臨床場面において、セラピストがクライアントの「心の内面」や「生きられた経験」を理解しようとする実践は、果たして無意味なのでしょうか。また、自分の行為を選択しているのは自分であり、それに対して責任を負うのも自分であるという信念をもてないならば、私たちはどうなってしまうのでしょうか。社会構成主義は、こうしたこともすべて否定してしまうのでしょうか。

以上のような疑問をもつことはとても大切であり、だからこそ、私たちは対話を続けていかなければなりません。ただし、次のことはわかっておいてください。社会構成主義は対話を活性化させるために、心に関する語彙の確固としたよりどころを崩そうとします。しかし、だからといって、プライベートな場面においても、政治や科学においても、心に関する用語の使用をやめてしまうべきだと主張しているわけではないのです。社会構成主義が問題にしているのは、こうした語彙が——他のいかなる言説にしても同じですが——客観的に見て有効かどうかということではありません。これまで述べてきたように、「有効な」「現実の」「客観的な」「正確な」「本当の」などの相互に結びつきあった概念は、もはや伝統的な意味では正当化ができないのです。心に関する概念が「客観的事実」であるかどうか——例えば、経験や心の働きが「現実の」ものかどうか——という問いに答える必要はありません。重要なのは、そうした言葉を用いることで、私たちの生活にどんな影響がもたらされるかということなのです。

心に関する用語は、はかりしれない実践的な意味をもっており、西洋の文化や私たちの生活において、とても重要な役割を果たしています。例えば、「感情」——あるいは愛や欲望——に関する言葉なしに、情熱的な愛という伝統に加わることはできません。言葉は、見つめ合ったり、手を握ったり、愛撫したりすることと同じように、愛するという行為に欠かせないものです。同様に、「推論」「記憶」「注意」に関する用語がなければ、教育制度は成り立ちません。「意図」「意識的な選択」「善悪に関する知識」という言葉がなければ、司法制度の機能は著しく低下するでしょう。「個人」や「自由な選択」に関する言語が重んじられなければ、民主主義という概念は意味をもちえません。このように、心理学の言説は、西洋の文化や伝統に不可欠な要素となっているのです。きっと私も――社会構成主義についてこれまでずっと述べてきた私でさえ――、こうした言葉を人々との関係の中で使い続けることでしょう。

「今問題にしているのは、実践ではなくそれ以上の何かだ」とあなたは反論するかもしれません。「私には私の個人的な経験がある」「『愛している』と言う時、私は何かを感じているし、その経験は、『怒っている』『腹が立っている』と言う時のそれとは明らかに違う」というわけです。確かにこのことは、無視するわけにはいかないように思われます。

社会構成主義は、「何かが起こっている」ことを否定しようとしているわけではありません。ここで思い出してほしいのは、言語は現実の写し絵ではないということです。私たちは、誰かに自分のことを理解してもらおうとする時、「〜を経験した」という言葉を用います。だからといって、「〜」なるものが実在して、その言葉がそれを正確に指し示しているということにはなりません。次のことを考えてみましょう。私たちが、ニューロンなしに、会話だけで「怒りを経験する」ことは果たして可能でしょうか。この答えは明らかにノーです。とすれば、「経験する」とは「心」のプロセスであるだけでなく「生理機能」でもあるということになります。これをもって、生理学者は「経験する」という表現は誤りだというかもしれません。「〜を経験する」といっても、実際に起こっているのは生理学的に説明可能なプロセスであり、それは「経験する」などと呼ぶのは、根拠のない言い伝えでごまかしているようなものだというわけです。しかし、これにもまた反論がありえます。ニューロンは血液の供給がなければ機能しませんし、血液は酸素と切り離して考えることができません。とすると、私たちをとりまく大気もまた「経験する」というプロセスの一部であるということになり、それを「生理機能」だけで説明しようとするのは誤りです。酸素もまた、光合成など他の環境的要因と結びついているわけですから、私たちが「自らの経験」と呼ぶものは、私たちの個人的な所有物ではなく、自然の一部だということになります。私はこれが最終的な結論だと主張しているわけではありません。私が「経験した」ことについて話すには、何通りものやり方があるということを指摘しているだけです。そして、少なくともその一つでは、経験と自然界全体が結びつくのです。このように、経験と自然を一つのユニットとして考えることによって、きっと興味深い結果がもたらされるでしょう。

心に関する言語の実践的使用という側面に重点が置かれるようになると、そうした言語を用いる学問――心理学、文化人類学、歴史学など――が社会に貢献しうる可能性が広がります。こうした学問は、心の言語を重視する伝統を支えています。こうした学問によって、心に関する言語や、それが埋めこまれている関係性が活性化するのです。同じことは、精神分析学や臨床心理学などの領域についてもいえます。精神分析学や臨床心理学によって、「精神の深層を見抜くこと」が可能になるわけではありません。こう言いきってしまうと、読者のみなさんは驚くかもしれません。しかし、そうした領域では、人間の「変化」に関する有効な語彙を武器としているのです――人々は「無意識の欲望」「抑圧された願望」、あるいは「自己表出」や「心理的発達」などの言葉を用いて自らについて表現していく中で、自らの人生の方向を変えようとするでしょう。

このように、心に関する言説を支持する理由は、いくつも挙げられます。しかしながら、その致命的な欠点に、読者のみなさんも気づいていることでしょう。それは、心の言語が個人主義のイデオロギーと強く結びついたものであり、疎外やナルシシズム、搾取をもたらしうるということです。私は第5章で、個人の心に関する言説を、私たちが関係性の中の存在であることを示す言説に再構成しようと試みました。そこでも述べたように、社会構成主義は、心理学的な言説をすべて排除しようとしているわけではありません。私たちに求められているのは、心の伝統をきちんと評価すると同時に、その限界に対して敏感になり、他の構成の可能性を探っていくことなのです。

懐疑主義の矛盾

哲学者たちは何世紀にもわたって、「客観性」「真理」「経験知」などの概念を批判してきました。こうした懐疑主義に対して頻繁に繰り返されている反応が、最初に登場したのは、プラトンの『Theatetus』においてでした。そこで示されている疑問を要約すると、次のようになります。「懐疑主義が主張するように、『真理』『客観性』『経験知』など存在しないとしたら、どうして懐疑主義を受け入れなければならないのか。懐疑主義の主張にもとづくならば、懐疑主義そのものもまた、事実でも客観的でもありえないし、経験的な基盤もないということになるではないか。懐疑主義は矛盾している。懐疑主義は、事実なるものはないと宣言しながら、自らの立場が正しいということをわれわれに受け入れさせようとしているからだ」。社会構成主義の議論も、こうした非難の対象となるのではないでしょうか。私たちにとって理解可能なことがらはすべて、社会的に構成されたものであるとしたら、社会構成主義もまた「真理」ではありえないからです。

この批判に対する社会構成主義からの答えを見ていく前に、事実の主張というものが、懐疑主義の主張と同じように根拠のないものであるという点に注意してください。確かに、懐疑主義は、経験的事実がないという主張を正当化するような、経験的な根拠を示すことはできません。しかし、同じことは、事実や真実を知ろうとする立場についてもいえます。経験主義、現実主義、合理主義、現象学など、いかなる知の理論も、自らの主張を正当化することはできません。科学者たちは、手に入るすべてのデータがある理論を支持していて、その誤りを示すような証拠がない時、その理論はおそらく正しいだろうといいます。しかし、この主張の根拠はいったいどこにあるのでしょうか。この主張も、データを集めてテストしてみるというわけにはいきません。理論を証明しようとする試みそれ自体が、当の理論を前提としているからです。真実についての経験主義的な考え方を経験主義的にテストしようとすると、循環論法に陥ります。だからといって、「論理的推論によって、この理論が正しいことがわかる」というように、他の根拠をもち出してしまうと、もとの主張に傷がついてしまいます。経験主義が正しいことが推論によって証明されたとしたら、事実を私たちに教えてくれるのは推論であって経験的なデータではないということになるからです。いかなる事実の主張も、自らを正当化することはできないのです。

社会構成主義には一貫性がないという批判には、以下の三つのヴァリエーションがあります。第一の批判は、「社会構成主義という立場もまた、社会的な構成ではないのか。そうだとしたら、他の立場ではなくそれを信じるべき理由はないのではないか」というものです。これに対する答えは「その通り」です。社会構成主義の言説にしても、結局、メタファーやナラティヴに縛られ、歴史や文化に限定されたものであり、人々が関係を結んでいくプロセスの中で用いられるものなのです。ただし、次の二つの点に注意してください。第一に、批判する人々は上のような問いを発することによって、結果的に社会構成主義の立場を支持しています。彼らは社会構成主義を覆すために、それが構成されたものであることを立証しようとしているわけですが、その試みがすでに社会構成主義を前提としているのです。第二に、これはさらに重要なことなのですが、批判が試みているように社会構成主義の「レトリック」を取り除いていくことは、社会構成主義にとっても一つの重要な目標です。こうした問いこそが、私たちが自らについて反省し（第2章）、ある言説の外に出て別の現実の可能性を受け入れることを可能にするのです。この種の批判によって、私たちは、社会構成主義の言説がさまざまな状況においてどんな影響をもたらすか、何を得て何を失うことになるのか、あるいは社会構成主義がもつ可能性や限界について自問するようになります。社会構成主義は、最終的な結論を示しているのではありません。私たちが無目的で際限のない対話の世界に陥らないための、一つの言説の形式を示しているのです。

批判の第二のヴァリエーションは、「社会構成主義は、事実なるものを否定しているのだから、事実ではありえない」というものです。これに対して、社会構成主義は、そうした批判はそれ自体がもっている限界を理解していないと答えます。この批判は、「客観的な事実」があるという、社会構成主義が疑問視する前提に立っているのです。ここで、伝統的な経験主義の立場の言い分を詳しく述べると次のようになります。――①さまざまな命題の妥当性を証明するような経験的な根拠が存在する。②したがって、経験的に見て妥当であるかどうかは、ある理論を受け入れるか否かを決める根拠となる。③社会構成主義は一つの理論であるから、経験的な妥当性という基準で評価されるべきである――。ところが、そもそもこの仮定の最初の部分が、正当性に欠けています。社会構成主義の主張を評価するのに、「客観的妥当性」という基準を用いることはできません。社会構成主義の主張を受け入れるか否かということと、基準としての「客観的妥当性」を結びつけて考えるわけにはいきません――社会構成主義は、客観的にみて妥当であるがゆえに受け入れられようとしているのではないからです。社会構成主義は、協力し合って世界に意味や重要性を付与し、より多くの人が参加できる未来へと共に歩んでいこう、と人々に呼びかけているのです。したがって、異なる「事実」の可能性も排除されることなく対話の中に招き入れられます。つまり、社会構成主義は、ダンスやゲーム、会話、ある「生活形式」への招待と同じなのです。そこで、「社会構成主義の考えを取り入れると、私たちはどうなるのだろうか。私たちの生活はどう変わるのか。よくなるのか、それとも悪くなるのか」と問うことが、最も重要になってきます。

第三の批判は、社会構成主義の「魔の手」から人間の理性を守ろうとします。啓蒙主義哲学から二十世紀のモダニズムにいたるまで、人間の理性がもつ力に対する強い信仰のようなものがありました。理性こそが、私たち人間を他の動物より優れたものにし、宗教・政治的全体主義に対抗するためのよりどころとなり、私たちの倫理や道徳を根本で支えるものであるという主張がさまざまな形でなされてきました。しかし、これまで本書の中で示してきたように、そうした信仰にはほとんど根拠がありません。社会構成主義によれば、理性とは心の中のある状態ではなく、人々の間で行われる（言語やシンボル、あるいは物を用いた）一種のパフォーマンスです。「もっともな理屈」は、関係によってはじめて理解可能なものとなり、力をもつようになるのです。したがってある人の「道理」が他の人々の目には「愚か」に映ったり、あるグループにとっての「正しい論理」が、別のグループでは「単なる詭弁」になったりする可能性は十分あります。人々の関係性を離れた理性は、いかなる社会的・道徳的・政治的立場に対しても、確固とした基盤とはなりえません。それは、常に特定の文化の中に埋めこまれ、特定の価値や生き方に深くかかわっているものなのです。

理性を擁護する人々は、なおも次のように食い下がります。反‐理性の立場も、理性内部の動きではないのか。すなわち、人間の営みにおける普遍的な論理の重要性を示すものである、と。哲学者ネーゲル（Thomas Nagel）は以下のように述べて、自らの立場を明らかにしています。

ある特定の判断における理性に異議を唱える場合も、一つの言説全体の理性に対して異議を唱える場合も、何らかのレベルでは判断や議論の方式に依存せざるをえない。そうした判断や議論の方式に対して、同様の異論が唱えられることはないとわれわれは思っている。こうした判断や議論の方式は、たとえ誤りであったとしても、より根本的な何かを例証している。また、その誤りは同様の手順をさらに踏むことによってのみ、訂正しうるのである。[4]

読者はもうおおよそ予想がついているかもしれませんが、これに対する社会構成主義の答えは次のようになります。確かに社会構成主義は、理性という基盤の主張に対抗する「議論の方式」を用います。本書がそのよい例です。したがって、社会構成主義の主張もまた、理性に対してなされたのと同じ批判の対象となります——すなわち、それは共同的な構成であり、ある歴史・文化の中に位置づけられたものです。そして、本書が意味をもつかどうかはこの位置づけによって決まるのです。以上のことからわかるように、社会構成主義は、ネーゲルのように、自らの主張が普遍的な論理に訴えるものであるとか、「訂正」や「進歩」のためにはいわゆる（「教養のある人々」のいう）理性的な議論という形をとらなければならないという信念にとらわれてはいません。社会構成主義が描いているイメージが、「結局それは、西洋の帝国主義の言葉にすぎないではないか！」というたった一言の非難によって崩れ去ってしまうかもしれないのです。こうした反応に出会った時、それでもなお共に歩んでいこうとするならば、私たちは意味を生み出すための別の手段を見つけ出す必要があるでしょう。

相対主義の弊害

社会構成主義の考え方に対する攻撃の中で最も激しいのは、おそらくその道徳的・政治的な姿勢に向けられたものです。批判を整理すると次のようになります。社会構成主義には、自前の価値観がない——すべてを寛大に受け入れながら、何かを支持することはない。さらに悪いのは、いかなる価値や理想もすべて「単なる構成にすぎない」と片づけ、そうしたものへの関与を妨げようとすることである。社会構成主義は、社会を批判し、変化すべき方向を示すことができない。例えばユダヤ人の大虐殺に対して、社会構成主義が何をいえるというのか。すべてを「受け入れ、耐えること」など、どうしてできようか。

こうした反論に、社会構成主義はどう答えるのでしょうか。まず注意を促しておきたいのは、社会構成主義は善悪についての対話を力強く推し進めてきたということです。二十世紀に入ると、倫理や道徳に関する言説は軽んじられるようになりました。こうした流れは、科学的世界観が支配的になったために生じたと考えられます。十九世紀の終わりまでは、当時勢力を強めつつあった科学が、いつか道徳的な説明も引き受けてくれるはずだという希望が人々の間にありました。ところが、研究者たちはしだいに、「である」から「すべきだ」は導き出せない——すなわち、人々の行動を観察し研究した結果にもとづいて、人々が何をすべきかを主張することはできない——ということに気づき始めました。私たちはふつう、事実と価値を区別しなければならないと考えます。科学が扱うのは事実であり、科学の基本は、組織的な観察と厳密な論理・推論にあります。価値の領域はそれとは別に存在するものであって、科学者はそれについて専門家としての意見を述べることはできません。科学的な知識に価値観が入りこむと、それは、バイアスがかかっているということになります。政治的には、確かに「すべての人々は、生まれながらにして平等である」という方が望ましいでしょう。しかし、科学的な立場から見ると、あらゆる証拠が基本的な知能に先天的な差があることを示しているにもかかわらず、そのことによって科学がゆがめられ、別の報告をするよう強いられるという恐れがあるのです。

こうした科学観が発達するにしたがって、科学者たちの価値に対する関心はしだいに薄れていきました。科学はイデオロギーを超えたもの——「いかにあるべきか」ではなく、「何であるか」に焦点をあてているのだ——とされたのです。二十世紀のはじめには、こうした科学観がファシズムの台頭に対する新鮮かつ重要な抵抗勢力となりました。ナチズムが次第に力を増す中で、科学は、多くの人々にとってイデオロギーに汚染されていない世界の擁護者として現れたのです。科学的世界観の拡大の影響を顕著に受けたのは、大学教育でした。十九世紀の大学において、重要なテーマとされていた倫理や価値、魂の問題は、二十世紀になると次第に取り上げられなくなり、強力な科学的プログラムに置き換えられていきました。十九世紀の教育課程では主流ではなかった、あるいは存在すらしなかった心理学、文化人類学、経済学、政治学などの社会科学が、二十世紀には大きな勢力となり、反対に人間性や宗教に関する研究はその重要性を失うことになりました。価値観によるバイアスとは無縁の、客観的事実についての科学的な概念が主流となったのです。

こうして六〇年代が到来しました。

六〇年代に入り、権力者による弱者の支配——白人 vs. 黒人、持つ者 vs. 持たざる者、アメリカ vs. 北ベトナム、政府 vs. 人民、男性 vs. 女性、教育制度 vs. 生徒——に対する苦悩が広がる中で、科学の主流はいつも支配する側に寄与してきました。科学者たちは何ら迷うことなく、支配、コントロール、排除のテクノロジーを支配者たちに提供しているかのようであり、したがって彼らの中立性の主張は、滑稽とはいわないまでも、あまりにも単純すぎるように思われました。そのころ、社会構成主義の考えはまだ発展途上の段階にあったのですが、科学の中立性――イデオロギーを超えた客観性――というよろいを突き破る手段をもたらしたという意味で、その重要性は次第に大きくなっていきました。これまでに述べてきたように、科学者が記述や説明のために用いる言語は、「ありのままの事実」によって決まるわけではありません。その上、科学の言語は、人々を分類し、人々に評価を与え、責任を負わせる手段となりうるものであり、決して価値と無関係ではありえません。例えば、あるデータが「遺伝的な知性を測る尺度」とみなされ、ある特定の（「知的な」）人々を優遇し、それ以外の（「ＩＱの低い」）人々を不当に扱うために用いられたならば、その「科学的な」データが中立的であるとはとてもいえません。ところが、こうした「科学的な」データは、警察の権力に匹敵するほどのインパクトをもって社会の中に入りこんでくるのです。したがって、いかなる科学的な命題も、道徳的・政治的な背景に関する問いに対して開かれたものでなければなりません。社会構成主義は、事実と価値の間に線を引こうとすることへの批判を通して、何を「善い」と考えるのか、自らの意見をはっきり述べるよう、科学者たちに――そして、私たち全員に――求めています。それは何も、私たち科学者が専門家であるという理由からではなく、私たちが文化における意味の生成プロセスに参加し、さらには私たちの現在、そして未来の生き方の創造にかかわっているからなのです。

社会構成主義の議論においては、道徳的・政治的な反省が求められますが、その結果、一つの理想を他よりも優れているとして擁護するわけではありません。社会構成主義は、フェミニスト、少数民族、マルクス主義者、ゲイやレズビアン、老人、貧しい人々などあらゆる人々に対して、支配的な秩序が押しつける「真実」や「事実」に立ち向かうよう呼びかけます。社会構成主義においては、宗教的、精神的、政治的、社会的な、あらゆる価値の伝統が尊重されます。ただし、競合する声の中から勝者を選ぼうとはしません。その意味において、確かに社会構成主義は相対主義的であるといえます。いかなる立場も、それ自体からすれば正当性をもつはずだと考えるからです。しかし、だからといって社会構成主義が相対主義を支持しているというわけではありません。そもそも**相対主義という立場はありえません**。いかなる価値観も支持することなく、競合するさまざまな声のもつメリットを比較して優劣を決めることのできるような、超越した立場は存在しないのです。異なる立場の評価・比較には必ず、何らかの「事実」「善」に関する想定が伴います。ある立場が理解できるものであるためには、それが「事実」や「適切なふるまい」についての特定の見方に与していなければなりません。社会構成主義は、常に反省する姿勢を求めているわけですが、反省しているその瞬間にも、価値が入りこむのは避けられないことなのです。

ここで、逆に考えてみることにしましょう。社会構成主義にとって、批判する人々の声に耳を傾け、自らの価値観を示すとは、いったいどのようなことなのでしょうか。例えば、社会構成主義は、公正であること、平等、世界平和に深く関与しています。このことは、社会構成主義の魅力かつ存在意義であり、こうした目標の前に立ちふさがろうとする人々を私たちは非難するでしょう。確かに、私たちにはいかなる基盤も保証も権威もありません。ただ、そう宣言しているだけです。しかし、考えてみてください。社会構成主義が、「善」なるものの本質、あるいは全世界に通用するような政治・経済システム、すべての人々が従うべき生き方を確立することは、本当に望ましいことなのでしょうか。おそらく、そうではないでしょう。そもそも、社会構成主義を道徳的に浅はかだといって非難する人たちは、いかなる価値観への関与にも関心があるわけではないのです。社会構成主義に求められているのは、単なる道徳的なポーズではなく、特定の集団――それが、マルクス主義、自由主義、フェミニスト、ヒューマニスト、キリスト教、あるいはそれ以外のいかなるものであっても――に見られるような真摯な関与なのです。

ただし、ここには難しい問題もあります。「万人に受け入れられる善」を確立するには、いったいどうすればよいのでしょうか。どうすれば、広大な選択肢の海の中で、最もよい生き方を選択することができるのでしょうか。誰が、何を根拠にして、すべての人々のためになるような決定を下せばよいのでしょうか。私たちのほとんどは、自分の価値観においてさえ混乱を抱えています。私たちは、多数の「善」がせめぎあい、氾濫する海に呑みこまれて、容易に決断を下すことができないでいるのです。どこまでも追求された場合に、それ以外の可能性を抑圧することのないような、唯一絶対の価値観や道徳的・政治的理想などありません――たとえ、私たちがそれをどれほど支持したとしても。個人の自由を徹底しようとすれば、共同体は失われてしまうでしょう。誠実さを何よりも大切だと考えるならば、個人の秘密やプライバシーが脅かされることになります。共同体にとっての幸福を優先しようとすれば、個人の独創的な力はそこなわれることでしょう。すべての人がいかなる時にも守らなければならないような道徳的な取り決めを、私たちは果たして必要としているのでしょうか。

ここで、万人に受け入れられる善を確立できないという社会構成主義の「失敗」が、道徳的・政治的な価値の問題に新たな地平を切り開くことになります。はじめに、道徳的価値について考えてみましょう。私たちはふだん、「私たちの」(これからも続いていく可能性のある)行為パターンを、他者との共同作業で作り出しています。これは、母親と赤ちゃん、一緒にキャンプしている仲間、電車で乗り合わせた他人同士、あるいは人間と犬にもあてはまります。こうした望ましいパターンを確立するのに、道徳的な言説は必ずしも必要ではありません。行為が完全に調和した状態であれば、善悪を宣言する必要はほとんどないでしょう。ところが、誰かの行為を正すことが必要となった時(例えば、「それは間違ったことだから、二度としてはいけないよ!」)、道徳的な言説が登場します。あるいは、ある生活形式が脅威にさらされた場合、伝統に従うことを推奨し、逸脱を罰することが必要になってきます。私たちは、ルール、法律、原理、権利宣言など、「善」についての言説があるから「よい行いをする」のではありません。道徳的な言説は、ある生活形式を作り上げるかもしれません。しかし、道徳的な言説が伝統を生み出したり、それだけである伝統を支持したりするということはないのです。

以上のことからわかるように、社会構成主義も、他のいかなる立場であっても、ある生活形式を私たちに押しつけることはできません。ただ、人々の間に望ましい協力があるようなところには必ず、「善いこと」を生み出す傾向があるはずです(第3章参照)。あるいは、実際、人々の間にローカルな道徳性が「自然に生じてくる」こともあるでしょう。唯一絶対の「善」なるものはありません。あるのは、人々が協力して何かをしようとする時に必ず生み出されてくる、無限にあるローカルな「善」なのです。私たちが問題にしているのは、ある道徳的・政治的な傾向が生じることではありません。道徳や政治学は、いつもすでに生み出されつつあるものだからです。

もし、共通の「善」によって結びついた一つ一つの共同体が、他の共同体から完全に隔てられていたとしたら、政治的・道徳的立場に関する問題はほとんど生じないかもしれません。それぞれの共同体は、外部から干渉されることなく――例えば、共同体のローカルな信条や好みに対して疑問が唱えられることなく――、独自の基準に従って暮らしていくことができるでしょう。しかし、今日では、こうしたことはほとんどありえません。世界は急速に狭まってきています。民族間の衝突はますます頻繁になり、価値観の対立は世界中のあちこちで起こっています。このことは、アイデンティティの政治学（第2章）の運動や多くのテクノ・カルチャー（第8章）において示されているだけでなく、地球規模で考えても、例えば一触即発の状況にあるさまざまな民族、宗教間の対立をみても明らかです。大切なのは、多様な価値があることを問題にするのではなく、価値の対立が広がっている世界においてうまくやっていくにはどうすればよいかを考えることです。ここで、社会構成主義のもつ資源が非常に有用なものになってきます。社会構成主義は、それぞれの立場が自らの伝統の中に価値を見出そうとすることの正当性を十分わかっています。社会構成主義もまた、さまざまな伝統を有しています。社会構成主義は、独自の価値をもつことに対して異議を唱えるつもりはありません。ただしその一方で、自らの価値への深い傾倒が、他者を排除し、自分たちに反対する声を締め出してしまうことにつながりかねないという認識ももっています。こうした排除のプロセスの行きつく先は、独善的な声――唯一絶対の言葉――です。独善的な声の存在は、対話や交渉の終わり――あるいは意味そのものの終わり――を意味します。すなわち、激しい対立の中で、あらゆる価値、道徳、政治学は終わりを迎えることになるのです。

ここで、社会構成主義は積極的な代替案を提供します。これまで述べてきたように、社会構成主義は、競合する多様な現実という問題に強い関心をもっており、より生産的なやりとりを推し進めていくような実践を生み出してきました。例えば、第6章で紹介したパブリック・カンヴァーセーション・プロジェクトの実践や、それに関連した「変化力をもつ対話」についての議論を思い出してください。そこでの議論の中心は、対立の危険性をはらんだ状況の中で、意味を生み出すプロセスをいかに維持していくかということでした。また、第7章で取り上げた「価値を認める問い」の実践も重要です。この実践は、組織において広く取り入れられ、反目するグループがお互いに歩みより、共に未来を創造することを可能にしています。

こうした提案は、社会構成主義が、意味や価値観を維持するべきだという、一つの基本的な価値観に深くとらわれてしまっていることを示すものなのでしょうか。そうではありません。ただ、社会構成主義もまた、ある文化の歴史の一員であり、その伝統の中の実践だということなのです。つまり、上で述べたような提案は、ある伝統の一表現なのです。社会構成主義は、こうした価値観が普遍的だと想定しているわけではありません。それは、「ある伝統においては善い」ものであっても、唯一絶対のもの――最終的な結論――ではないのです。ただし、それは、ある生き方の提案として、すばらしい将来を私たちに約束してくれるように思われます。

何がなすに値するのか——関与に関する問い

社会構成主義を批判する人々は、社会構成主義の主張が、事実、理性、道徳、政治的信念が人為的であることを暴き、人々を幻滅させるものだと考えています。このように痛烈なメッセージとして理解されてしまうと、議論の焦点は、私たちは自分のすることをどうすれば正当化できるのかという問いに移ることになります。他者を助けたり、不正と戦ったりすることに本質的な価値などなく、文化的なバイアスにすぎないとしたら、いちいち思い悩む必要などないように思われます。結局心とは社会的に構成されたものだと教えられるならば、心理学の研究や心の教育を真剣に受けとることがばかばかしくなるかもしれません。「愛」とは、私たちが作り上げたものであるとしたら、私たちの最も大切な関係が脅かされることになるでしょう。「意図」が文化的に構成されたものだとしたら、なぜ、私たちは自分のすることには責任をもたなければならないと考える必要があるのでしょうか。私たちがなすに値することとはいったい何なのでしょうか。

こうした幻滅の中身について考える時、まずここで何が仮定されているかに注意する必要があります。明らかに一つの前提となっているのは、ある行為や生活形式のもつ価値は、特にそれを正当化する基盤のようなものがあるかどうかで決まるということです。そもそも、「人間は、客観的事実、基本的な道徳、本質的な価値にもとづいて生きるべきだ」というふうに考えないならば、事実や道徳などの想定に問題があるとわかったとしても、幻滅することはないでしょう。何も失うものがないならば、社会構成主義の主張など痛くもかゆくもないはずです。もちろん、これらの想定は、西洋の伝統的な宗教、科学、政治学に深く根を下ろしたものであり、それらを簡単にはらいのけるわけにはいきません。しかし、「何がなすに値することなのか」という嘆きが、そもそも歴史的・文化的に限定されたものであるということを認識しておく必要はあります。

その上で、こうした想定が、私たちが何かに深くかかわったり、打ちこんだり、楽しんだり、有頂天になったりするのに、絶対になくてはならないものなのだろうか、と考えてみましょう。客観的な事実や本質的な価値があると信じることは、生き生きとした人生にとって不可欠なのでしょうか。答えは「ノー」のように思われます。「いないいないばあ」の遊びで笑う時、子どもは真実や価値についてきちんと理解しているのでしょうか。おもちゃを握り締めて「これは僕のだ！」と泣いている子どもは、公正さという信念にもとづいてそうしているのでしょうか。算数を習っている子どもが、「二足す二はいくつ？」という質問に「四」と答えるのは、それが普遍的に正しいと知っているからなのでしょうか。おそらくそうではないでしょう。客観的な事実や本質的な価値に関する言説は、私たちの人生とはそれほど関係がないように思われます。それでは、私たちを何かに深く打ちこませたり、価値についての感覚を生み出したり、私たちの行動を促したりするものは、いったい何でしょうか。この問いに対する一つの生成的な答えは、「関係」にあります。私たちは、関係において、「何が事実か」「何が善いことか」を知り、価値、公正であること、喜びなどの感覚を身につけていくのです。ゲームのメタファーを用いていうと、私たちがゴールして興奮したり、相手に点を取られて腹を立てたりするのは、そのゲームが客観的事実や道徳にもとづいているからではありません。私たちがゲームのとりこになっている時、「とりこになっている」ということが——その瞬間における——「事実」であり「善」なのです。ガダマーの言葉を借りるならば、「……プレーヤーは動かされている……。ゲームの本当の主体はプレーヤーではなく、ゲームそのものである。ゲームがプレーヤーに魔法をかけてゲームに引きこみ、そこにつなぎとめているのだ」[5]ということになるでしょう。

社会構成主義は、さらにこう付け加えます。客観的事実や道徳があると信じるよりも、自分たちが「真剣なゲーム」をしていると考えた方が、私たちはもっと幸せになれるのではないでしょうか。なぜなら、何かに対する深い関与は、ある文化や歴史に限定されたものであり、そうした伝統の表れであると理解できるようになれば、私たちは他者をすぐに排除しようとはしないはずだからです。自分自身を反省することによって、自らの関与の限界や、それ以外の可能性をきちんと評価できるようになるでしょう。社会構成主義は、「あきらめて何もしない」のではなく、人間関係がもつ大きな可能性に対して自らをオープンにしておこうと人々に呼びかけているのです。

社会構成主義とエリート主義の危険性

社会構成主義は、ある集団の中で意味が固定したり、「客観的事実」「善」についての特定の見解が、絶対的なものとして定着したりすることの危険性に、強い関心をもっています。人々がある「理解のしかた」をすっかり受け入れてしまうと、それに同意しない人を理解することが非常に難しくなるからです（第6章参照）。しかしよく考えてみると、同じことは社会構成主義についてもいえます。社会構成主義が孤立し、自らの主張を広めるために他のすべてを抑圧しようとする、ひとりよがりの集団に陥るのを防ぐにはどうすればよいのでしょうか。私がこの本の中で述べてきたことは、「事実」「客観性」「自らの理解の正しさ」などを主張するあらゆるものに対する疑いを生み出してきました。このような「脱構築」の試みは、往々にして分析の対象を疎外するという問題を伴います。社会構成主義には、そうした危険性はないのでしょうか。

この批判を軽く見るわけにはいきません。確かに、社会構成主義の立場に立つ者は、他者に対して、道徳的ではなく知的な意味で「似たような考え方」を要求する傾向があります。しかし、社会構成主義の対話には、そうした傾向を抑制し、エリート主義に陥ることなく広い結びつきを可能にする三つの歯止めがあります。第一に、社会構成主義は、自らに根拠があると主張することはありません。社会構成主義は自らを正当化するすべをもたないのです。ですから、いかなる場合においても、自らが優れていると主張することはありません。他の立場を批判することは確かにありますが、だからといって、「唯一の正しい答え」であろうとはしません。社会構成主義は決して、自らの考えに反するような意味の伝統を、排除しようとしているわけではないのです。第二に、社会構成主義は、どんな考え方であっても、必ずある伝統や生き方に埋め込まれたものなのだから、それらがもつ積極的な可能性にできるだけ目を向けようと呼びかけます。世界や自己についてある特定の考え方をすることは、私たち人間の共同体にとってどのようなプラスの意味をもつのでしょうか。そして、それはどうすれば他の人々にも共有されるのでしょうか。

具体例を挙げて説明しましょう。禅僧は、無心の状態――座禅によって到達される高尚な状態――を説きます。そうした心の状態によって、個人は自らを属する文化から解き放ち、超越的な存在のレベルに達することができるとされます。社会構成主義の立場から見ると、文化を超越することなどできるのだろうかという疑問が生じるかもしれません。しかし、社会構成主義は「客観的事実」を主張するわけではないので、こうした批判も、禅の伝統の限界を考えるものではあれ、それを社会構成主義の考えで置き換えようとするものではありません。むしろ、私たちにとって大切なのは、無心という概念や、禅の実践がもつプラスの意味を問うことなのです。座禅が、特定の文化において、人間の深い成長を促すのはどうしてでしょうか。座禅と他の立場との間に、何か興味深い関係が見出せるでしょうか。例えば、禅と社会構成主義について考えてみると、一般に受け入れられている現実――そして、言語が現実をありのままに映し出しているという私たちの常識――を疑うという点で、この二つが実はよく似ているということがわかります。このことから、私たちは、純粋な好奇心をもって無心のもつ可能性にアプローチし、それが私たちの生活にどんな結果をもたらすのかを考えていくこともできます。

第三に、社会構成主義は、意味のもろさ、壊れやすさを認識しています。このことは、偶然的なものを物象化したり、周囲から独立して存在するものとみなしたりする傾向を避けるのに有用です。社会構成主義は、意味を、常に交渉の余地を残すものだと考えます。どんな言葉も、意味が一義的に決まるという意味で自立的であるわけではありません。例えば、「私はあなたを愛している」というセリフの意味は、ほぼ無限にあります。このように考えると、いかなる思考も岩盤のように強固なものではありません――むしろそこには、スポンジのようにたくさんの穴があいているのです。発せられた言葉の意味には、多くの可能性が存在し、また、会話が進むにつれて意味が変わっていくこともあります。プラトンから現在にいたるまで、主な哲学者たちの言葉を翻訳しようと試みた書物が無数にあるのも、そのためかもしれません。言語のもつこうした特徴は、社会構成主義の仮説にもあてはまります。社会構成主義のボキャブラリーにも穴があります。どんな概念も、文脈によってさまざまな解釈が可能です。それぞれの意味は、さまざまな共同体や会話、異なる意味との間に橋をかけてくれるでしょう。言葉のもつ可塑性は、人々を隔てる境界を突き崩し、会話への参加の輪を広げる働きをもっているのです。

こうした認識をもつことはとても大切です。その理由を具体的に示しましょう。「心理的構成主義（constructivism）」

と呼ばれる、ある知的・治療的な伝統があります。この伝統のルーツは合理主義哲学にあり、近年の心理学でいえば、ピアジェ[6]やケリー（George Kelly）[7]、グレイザーズフェルド（Ernest von Glazersfeld）[8]などがその代表的な人物です。心理的構成主義では、個人はそれぞれ、経験的世界を心の中に構成していると主張されます。したがって、心は世界をありのままに映し出す鏡ではなく、むしろ、世界を私たちが知っているものとして作り出しているものなのです。そうすると、概念化したり解釈したりする心の数だけ、現実が存在するということになります。心理学的構成主義の視点は、社会構成主義とよく似ています。多くの研究者がこの二つの言葉を互換的に用いるのはそのためです。ところが、両者には根本的な二つの違いがあります。第一に、心理的構成主義では、世界を構成するプロセスは心理的なものであり、「頭の中で」行われるものと考えられていますが、社会構成主義は、私たちが「現実」とみなしているものは社会的な関係の産物であると主張します。この違いは、学問的に見ても、政治的な意味においても決して小さなものではありません。第二に、心理的構成主義は西洋の個人主義の伝統と結びついており、関心の中心にあるのはあくまで「個人の心」です。しかし、社会構成主義は個人主義の伝統に対して批判的であり、それに代わる関係を中心とした理解のあり方や行動の可能性を模索しています（第5章）。

これらの違いは、両者の間に強い相互批判を生み出してきました。ただし、社会構成主義は、批判には限界があると考えています。「敵を打ち負かす」ことよりも、お互いの限界や可能性について考えることのほうが大切なのではないでしょうか。お互いに歩み寄ることを拒絶しなければならない理由はどこにもありません。私たちが用いる言葉の意味は常に不確定性をはらんでいるので、双方の領域を融合して新たな理解や行動の地平を切り開くこともできるはずです。そうした試みはすでに始まっています。例えば、一部の研究者たちはお互いの立場の類似性に目を向け、そこから生まれるセラピーの実践を検討しています。[9]そのベースとなる考え方の一つとして、個人は世界を心理的に構成するが、その時社会的な関係からのカテゴリーを用いるというものがあります。社会構成主義のセラピストは、個人がセラピーの場にもちこむナラティヴに強い関心をもちますが、こうしたナラティヴは、しばしば心理学的なものとして扱われます。つまり、セラピストはナラティヴがその人にとってどんな意味をもつのか、その人の考え方にとってどれほど重要なものかを知ろうとします。私たちは双方の伝統を取り入れた新しい立場に立ち、新たな可能性を開くこともできるのです。

社会構成主義と科学の進歩

社会構成主義の主張は、ある言葉が実際のできごとに対応しているという確信を私たちがあまりもてないような場合には、比較的受け入れられます。例えば、「社会構造」「無意識」「神経症」などの言葉が社会的に構成されたものであるという主張に対して、拒絶反応を示す人はほとんどいないでしょう。おそらく誰も、こうした言葉がありのままの事実を示すものだと信じてはいないからです。ところが、社会構成主義の主張が、生物学、化学、物理学などの成果に向けられたとたん、疑問の声が上がってきます。こうした科学的な用語は、ごく当然のものとして受けとられているからです。私がこれまで、「原子」「化学元素」「丸い地球」に関する私たちの想定が、社会的に構成されたものだという主張に多くのページを割いてきたのも、そのためです。しかし、それでもまだ抵抗を感じる読者がいるかもしれません。その大きな原因は、長年にわたる自然科学の研究によって、私たちの知識は確かに増大してきたという、広く行きわたった信念にあります。自然科学が、電灯、天然痘や腸チフスの治療法、ジェットエンジン、原子力などの豊かな資源をもたらしてきたということを、いったい誰が否定できるでしょうか。もし、科学が社会的に構成された世界を作り出しているのだとしたら、こうしたすばらしい進歩は、いったいどう説明すればよいのでしょうか。科学が役に立つ知識を生み出してきたということは、社会構成主義にとって最大のネックになっているように思われます。

こうした抵抗や疑問に答えるには、いくつかのポイントがあります。まず、ここで社会構成主義が何を主張しようとしているのかを、はっきりさせておく必要があるでしょう。私たちは、科学的な共同体が活動している時、そこに「何かが起こっている」ことを否定しようとしているわけではありません。科学が「何か存在しているもの」を研究の対象にしている可能性を疑うつもりもありません。ただし、ここで重要になってくるのは、その「何か」を命名し、記述する科学者の言葉が、果たして「事実をありのままに」映し出すものなのかどうかということです。私たちは確かに、原子の特性、化学元素、神経伝達に関する言葉をもっています。危険なのは、こうした言葉には存在する何かを「映し出す」特権があって、私たちに「唯一の現実」について教えてくれているのだと考えてしまうことです。「化学元素」に対して、ギリシャの神々の名前がつけられるということも、可能性としてはありえたのです。例えば、ニュートロンやプロトンなどの物理学の用語を、ネプチューンやゼウスという名前で置き換えても、かまわないのです。

こういうと、読者のみなさんは「単に言葉だけの問題ではない」と反論するかもしれません。科学はさまざまな予言を行います。科学的な理論から、火星にロケットを着陸させることが可能だという結論が導き出され、私たちはその予言の成就を実際に目撃することになります。このように、科学的な理論が正しい予言をするということを、社会構成主義はいったいどう説明するのか、というわけです。ところが、理論が予言するというのは正しくありません。そもそも、ある理論――言説、音の配列、紙の上の模様――はいかにして何かを予言するのでしょうか。例えば、ある日あなたが海に浮かんでいるビンを見つけ、中には「スロネシスが起こる時、われわれはクインタビアの崩壊を目撃するであろう」と書かれた一枚の紙が入っていたとします。これは、深い意味をもつ予言かもしれません。しかし、この予言の言葉は、それを用いる人々の共同体から切り離された時、私たちに何も教えてはくれません。それは、私たちに何ももたらさないのです。重要なのは、予言という言葉を用いる人々の共同体です。「予言」は関係性の中から生まれる意味において、効果的な働きをします。言葉それ自体は、私たちが「予言」と呼ぶ社会的実践を構成するものの一部にすぎません。同様に、予言があたるかあたらないかも、ある共同体の中で同意がなされるかどうかによって決まります。したがって、私たちの共同体の基準からすれば、私たちはロケットを火星に着陸させることに成功したということになります。しかし、それは、NASAという共同体が発する言葉に、不思議な予言の力が秘められているからではありません。予言も、その成就も、すべて共同体のなせるわざなのです。

最後に、科学の「進歩」について考えましょう。科学の「進歩」とは、果たして何を意味しているのでしょうか。これまで繰り返し主張してきたように、科学的な研究の積み重ねによって、「事実」に接近していくという考え方はほとんどナンセンスです。科学的な理論という音節の集合が、どうして、存在するものの「輪郭を捉える」ことができるようになっていくのか。この疑問に対する、納得のいく説明はありません。さらに、「科学は事実へと一直線に突き進む」

という考え方をやめることには、大きなメリットがあります。まず、科学にありがちな競争的な姿勢――多様な考えを、「ただ一つ、最も優れた」現実の近似へと収束させようとすること――を避けることができます。社会構成主義は、むしろ逆に、多様性を大切にし、さまざまなイメージやメタファーを生かしていこうと呼びかけます。物理学において、光の波動説と粒子説のどちらも認めるのは、決して困ったことではありません。心理学において、心の病に関するさまざまな理論が存在するのも、何ら問題ではありません。多様であるとは、柔軟でもあるということなのです。また、「唯一絶対の正しい答え」という理想にしがみつくのをやめることで、より多くの人々が科学の対話に参加できるようになります。ある人にとっての進歩は、別の人を脅かすものともなりえます。科学的な探究のもつ社会的・倫理的な意義は、広く人々によって検討される必要があるのです（第3章を参照）。

最後に、社会構成主義は、明確な進歩がみられないという理由であまり評価されない学問分野や実践に関する正しい理解を、私たちにもたらしてくれます。例えば、セラピーやヴィジュアル・アート（視覚芸術）は、累積的なものではないとされ、「自然」科学の従属的な役割しか与えられないことがよくあります。セラピーや芸術などの領域では、スタイルや流行の移り変わりがあるだけで、それは上昇（垂直方向）ではなく、同じ地平での移動（水平方向）にすぎないというわけです。しかし、垂直方向に――科学的な理解の進歩――進んでいかなければならないという主張には、何の根拠もありません。アリストテレスの物理学からニュートン力学へ、そして原子物理学へという流れによって、私たちは、よりいっそう「真実」に接近したのではありません。ただ、ある意味の領域から別の領域へと移動しただけです。いかなる理論も共同体の行為の中に編みこまれており、それぞれの共同体では特定の成果や価値が好ましいものとされます。とすれば、セラピーの流派や芸術のスタイルが常に変化するのは、決して否定的に捉えられるようなことではないはずです。それぞれのセラピーや芸術は、文化に、ある選択肢――生活形式、関係を動かす可能性――をもたらしてくれます。そして、この選択肢は、多くの人々にとって、はかりしれない力を与えてくれるものなのです。

本章をふりかえって

長く書き綴ってきた本書にも、ようやくゴールが見えてきました。私は今、完成の喜びをひしひしと感じると同時に、若干の寂しさもおぼえています。私は、多くの対話の産物をこの本に盛りこみながら、読者の一人であるあなたと対話しているところを想像してきました。私が想像するあなたは、注意深く私の話に耳を傾け、好奇心にあふれた質問を投げかけ、入り組んだ論理の道を熱心にたどって未知なる土地へと足を踏み入れ、時には、私の感情の高ぶりや偏見にうんざりしていました。私がこの本を書き終えた時、私たちが大切に温めてきた関係も終わりを迎えます。すべての別れは、ある意味で小さな「死」だといえます。私と読者のみなさんとの別れも、決して取るに足らないものではありません。では、一人のちっぽけな人間として、私が期待できるのはいったいどんなことでしょうか。この本がもし、あなたに、何らかの価値ある関係や、わくわくするような内なる会話をもたらすことができ、もっともっと話したい、新しい行動を起こしたい、対話をさらに進めていきたいというふうに思ってもらえたとしたら、私はとてもうれしく思います。また、この本における私たちの著者と読者としての関係が、他の人々との関係の中によみがえることもあるかもしれません。対話が進む中で、私たちの親交の軌跡は、未来へと伝えられます。その時、私たちは再び出会うことになるでしょう。

注

［1］Eliade, M. (1971) *The Quest: History and Meaning in Religion*. Chicago: University of Chicago Press. p. 67.（前田耕作訳　1973『宗教の歴史と意味』　せりか書房）
［2］Crimp, D. (1992) Portraits of people with AIDS. In L. Grossberg, C. Nelson and P. Treichler (Eds.) *Cultural Studies*. New York: Routledge. に引用されています
［3］前掲書、118ページ

［4］Nagel, T. (1997) *The Last Word*. New York: Oxford University Press. pp. 10-11.
［5］Gadamar, H.G. (1976) *Truth and Method*. New York: Seabury. pp. 95-6.（轡田収他訳　1986『真理と方法――哲学的解釈学の要綱』法政大学出版局）
［6］例えば，Piaget, J. (1954) *The Construction of Reality in the Child*. New York: Basic Books.を参照
［7］Kelly, G.A. (1955) *The Psychology of Personal Construct*. New York: Norton.
［8］von Glasersfeld, E. (1988) The reluctance to change a way of thinking. *Irish Journal of Psychology*, **9**, 83-90.
［9］例えば，*Journal of Constructivist Psychology*を参照

【より詳しく知りたい人のための文献案内】

●「社会構成主義への批判」に関する参考文献

Eagleton, T. (1996) *The Illusions of Postmodernism*. Oxford: Blackwell.
Gross, B. and Levitt, N. (1994) *Higher Superstition: The Academic Left and its Quarrels with Science*. Baltimore, MD: Johns Hopkins University Press.
Held, B. (1996) *Back to Reality, A Critique of Postmodern Psychotherapy*. New York: Norton.
Nagel, T. (1997) *The Last World*. New York: Oxford University Press.
Michael, M. (1996) *Constructing Identities: The Social, the Nonhuman and Change*. London: Sage.
Parker, I. (Ed.) (1998) *Social Constructionism, Discourse and Realism*. London: Sage.
Phillips, D. (1997) Coming to grips with radical social constructivisms. *Science and Education*, **6**, 85-104.

●「社会構成主義者による内省」に関する参考文献

Edwards, D. Ashmore, M. and Potter, J. (1995) Death and furniture: The rhetoric and politics and theology of bottom line arguments against relativism. *History of the Human Science*, **8**, 25-49.
Gergen, K.J. (1994) *Realities and Relationships*. Cambridge, MA: Harvard University Press.
Gergen, K.J. (1997) The place of the psyche in a constructed world. *Theory and Psychology*, **7**, 724-45.
Hacking, I (1999) *The Social Construction of What?* Cambridge, MA: Harvard University Press.
Ruse, M. (1999) *Mystery of Mysteries: Is Evolution a Social Construction?* Cambridge, MA: Harvard University Press.

Simons, H.W. and Billig M. (Eds.) (1994) *After Postmodernism*. London Sage.
Smith, B.H. (1997) *Belief and Resistance*. Cambridge, MA: Harvard University Press.
Squires, J. (Ed.) (1993) *Principled Positions: Postmodernism and the Rediscovery of Value*. London: Lawerence & Wishart.

訳者あとがき

本書は、ケネス・ガーゲン（Kenneth. J. Gergen）著『An Invitation to Social Construction』（一九九九年、Sage社）の翻訳です。ガーゲンは、一九五七年イエール大学心理学部を卒業、一九六二年デューク大学心理学部で博士号を取得し、ハーバード大学助教授を経て、一九六七年よりペンシルバニア州スワースモア大学心理学部の助教授、一九七一年より現在まで、同教授を務めています。本書の中で彼自身も触れているように、ガーゲンはかつて、生粋の実験社会心理学者として、「社会的交換」や「自己」の研究に携わっていました。しかし、次第に実験研究に批判的な立場へ移行し、社会構成主義の第一人者として数多くの著作を発表してきました。近年は、批判よりも社会構成主義にもとづく実践を重視し、妻のメアリー・ガーゲンと共に、幅広い活動に意欲的に取り組んでいます。本文でも紹介されていた「タオ・インスティテュート（The Taos Institute）」は、そうした実践の一例です。タオ・インスティテュートは、社会構成主義の考え方が人間の生や幸福にとって力強いポジティヴな意味を持つはずだという信念を共有する、研究者やさまざまな領域の実践家によって一九九一年に設立された団体で、当初は、組織経営と家族療法に特に関心が置かれていました。「タオ（中国語で〈道〉をこう発音します）」とは、東洋思想の言葉で「すべての（原初の）根源」というような意味をもっています。タオ・インスティテュートの最近の主な活動には、タオに関する国際学会の開催、組織や個人に対する相談、「ポジティヴ・エージング・ニュースレター（The Positive Aging Newsletter）」の配信などがあります。ポジティヴ・エージング・ニュースレターのねらいは、加齢および老年学の実践や、日常生活に関する科学的な研究から資源を掘り起こし、「エージング＝老いること」を従来のように「衰弱」としてではなく、人間の発達の新たなステージとして理解することにあります。このニュースレターは、ガーゲンのホームページから登録すれば、誰にでも無料で配信されます。バックナンバーも見ることができます。

本書以前の、ガーゲンによる社会構成主義に関する著作の邦訳としては、一九九八年に出版された『もう一つの社会心理学』(杉万俊夫他監訳、ナカニシヤ出版、原著『Toward Transformation in Social Knowledge(第二版)』)、二〇〇四年に出版された『社会構成主義の理論と実践――関係性が現実をつくる――』(永田素彦他訳、ナカニシヤ出版、原著『Realities and Relationships』)などがあります。先の二作と比べ、本書は、学者・研究者に限らず幅広い人々に手にとってもらえるよう、とてもわかりやすい文章で書かれているのが特徴です。また、本書には社会構成主義にもとづく具体的な研究や実践の内容が豊富に盛りこまれ、社会構成主義の著作をはじめて手にする人にとって、格好の入門書となっています。その上、主だった哲学者・思想家の考えがコンパクトにまとめられていて、人間科学全般のレビュー、あるいはガイドブックのような役割も果たしています。

本書の内容を、簡単に紹介しておきましょう。第1章ではまず、社会構成主義の考え方が生まれてきた背景が描かれています。まず、西洋の思想の中心にある「自己」の概念に対して疑問が唱えられ、さらに、「真理」「理性」「道徳」などの概念にも重大な問題があることが指摘されます。一般に「ポストモダン」という言葉でくくられる、学問の世界に起こった三つの事件(モダニズムに対する一連の批判)を紹介した後、こうした批判のもつ限界が述べられ、批判を越えて進んでいくにはどうすればよいのかという、次章以降の大きなテーマとなる問題提起がなされます。第2章では、まず「言語ゲーム」「事実ゲーム」という考え方を導入した後、それを用いて第1章での批判を検討し、社会構成主義の基本的な枠組みを四つのテーゼの形で提示しています。第3章以降では、具体的な研究や実践の例をまじえながら、社会構成主義のさまざまな側面が示されます。第3章では特に「対話」に焦点をあて、「構造」「レトリック」「プロセス」の三つの視点から議論していきます。それから「自己」の問題に立ち戻り、「自己」が会話の中でどのように構成されるかを示します。第4章では、まず人間科学の伝統的な実証研究が見直され、次に社会構成主義の三つの代表的な研究スタイル――語り(ナラティヴ)、共同的研究、アクションリサーチ――が示されます。また、「自己」の問題を、歴史的・文化的な視点から探究していきます。第5章では、西洋の伝統的な「個人主義的な自己」という信念に対して、「関係性の中の自己」という代替案が提示されます。第6、7、8章では、テーマごとに具体的な研究や実践が紹介されています。第6章のテーマは「私たちはどうすればお互いに理解できるのか」という問題です。第7章では、心理療法、組織変革、教育、研究の四つのトピックが、第8章では、現代の文化や生活、特にマスメディア、権力、インターネットが取り上げられます。ここまでの章は、社会構成主義を積極的に推し進めていこうとするものでしたが、最終章（第9章）では方向性を変え、社会構成主義に対する主な批判に一つずつ答えることを通して、自らを振り返り、検討していきます。このように、本書は初学者だけでなく、すでに社会構成主義の世界に触れたことのある人にとっても、十分読み応えのあるものとなっているはずです。

先ほど述べたように、この本は確かにとても「わかりやすく」書かれています。しかし、その一方で本書は、実はとても「難しい」本かもしれません。そのいちばんの理由は、この本、すなわち社会構成主義が、私たちにとっていわば「当たり前の常識」を覆そうとするものであるからです。読者のみなさんは、本書を読み進める中で「それは、やっぱりちょっとおかしいんじゃないか?」と、抵抗や疑問を少なくとも一度は感じることでしょう。ガーゲンは、そうした疑問や批判に対して、できるだけ丁寧に答えようとしています。ここで、そのポイントを簡単にふりかえっておきたいと思います。

社会構成主義に対する疑問として多いのは次のようなものでしょう――「社会構成主義は物理的現実を否定するのか？　目の前にあるコップも、私たちが生きているこの地球でさえも、私たちが『社会的に』作り上げたものだというのか」。「私を現に今苦しめている、この病（公害、差別）が現実ではないとでもいうのか」。「『心』なんてないとしたら、私が今、現に感じているこの悲しみ（怒り、喜び）はいったいどう説明すればよいのか」。

まず、社会構成主義は、「現実」が――「物理的事実」「自己」「心」などが――「単なるでっちあげだ」と主張しているのではないということに注意してください。社会構成主義は、何かがあること、何かが起こっていること、それまでも否定しているわけではないのです。ただし、それが「何であるか」を捉えようとしたとたん、私たちはコミュニケーション、特に言説の世界に否応なく足を踏み入れることになります。なぜなら、私たちが「その何か」に与える「意味」は、私たちをとりまく関係性の産物だからです。例えば、「地球は太陽の周りを回っている」「彼は女性を差別している」「私は悲しんでいる」という「現実」のありようは、そうしかありえないような、確固とした唯一絶対のものではありません。私たちは人々とのさまざまな関係を通して、そうした現実の意味を常に創り出しているのです。だからといって、「すべてはコミュニケーション（言説）だから、何でもありなのか。どんな現実でも構成できるのか」というと、そうではありません。私たちは、何ものからも自由に意味を与えることができるわけではなく、文化や社会、歴史、伝統などさまざまなものから制約を受けています。その端的な例は言語です。私の言葉が意味をなすためには、文法や語彙に関するルールに従って言語を用いなければなりません。

ここで大切なのは、次のことです。すなわち、「物理的事実」「自己」「心」などの「常識」は、本来、私たちにとって豊かな資源――なめらかなコミュニケーションや社会生活を可能にするもの――であるはずだということです。例えば、科学技術の進歩が可能となるのも、何が「物理的事実」であるかについて、ほぼ同意が形成されているからです。相手にも「心」があると思うからこそ、私たちは人に親切にしようとします。また、私たちそれぞれが、「主体的な自己」を有していると考えるからこそ、相手の意見や決定を尊重するでしょう。しかしながら、そうした「常識」が、時に重大な問題を引き起こしうるということが明らかになってきました。本書で特に問題が指摘されていたのは、「自己」という概念です。「個人主義的な自己」という考え方があまりにも強く推し進められていくと、私たちは他者に対する不信や疑いの渦の中に巻きこまれることになります。そうした問題に直面した時、自分たちがこれまで何の疑問も抱かずに受け入れてきた「常識」を反省し、新しい意味を創り出していこうというのが、社会構成主義からの提案なのです。

こうした社会構成主義の考え方は、「対立」について述べられている第6章に、最もよく表れているように思われます。私たちは対立の場面にぶつかったとき、ともすると、どちらがよいか、どちらが正しいかを決めてしまおうとしがちです。特に、自らが対立の当事者である場合、自分の正しさを主張して、相手を論理や武器で打ち負かそうとします。しかし、社会構成主義は、そうした私たちの伝統に疑問を唱えます。いかなる立場にも与することなく、どちらが正しいかを決められるような超越的な位置はありえませんし、そのための普遍的なルールや倫理はありません。また、いかなる立場にも、それぞれに構成された「現実」があり、重んじられるべき「価値」があります。したがって、自らが構成してきた「意味」を反省し、相手の立場における「意味」を尊重することが大切になってきます。相手を説得したり、無理やり従わせたりしようとするのではなく、両者の間で新たな「意味」を創造することが目指されなければなりません。もちろん、これを実行に移すのは非常に困難なことです。しかし、第6章で紹介されていた「パブリック・カンヴァアーセーション・プロジェクト」のような成功例もあります。私たちがもし、取り返しのつかないほど深く激しい対立を回避したいと思うならば、このような方向に向かって努力する以外にないのではないでしょうか。

もう一つ付け加えておきたいことがあります。社会構成主義に対して、「社会構成主義は『あらゆる現実は社会的に構成されたものである』と主張して、それで満足しているかのようにみえる。それでは、結局何も説明していることにはならないではないか」という不満を感じている人は決して少なくないでしょう。社会構成主義を主張する研究者は、この批判を真摯に受けとめなければならないと思います。「社会的な構成の産物である」という言葉で対話を終わらせてしまうことこそ、社会構成主義にとって最も望ましくない事態であるはずです。この言葉を「最終的な結論」としてではなく、「新たな対話の可能性を開くもの」として用いることができてはじめて、社会構成主義の主張が意義をもつのです。

本書の内容からもわかるように、社会構成主義は実践を重視します。もちろん、純粋な理論研究も厳密な科学的実験もすべて「実践」です。しかし、これまで研究者はこのことを意識していなかったのではないでしょうか。研究者もそれ以外の人々も、学問は日々の実践から切り離されたものであり、またそうあるべきだという考え方にとらわれていました。「真実」を発見して、それを人々に伝えることこそが、研究者の役割であると固く信じられていたのです。しかしながら、社会構成主義が強調するように、学問も一つの社会的な実践です。研究者や学者はそのことを自覚し、その上で、積極的に現場の実践に参加していくことが大切です。では、そのとき研究者はどのような役割を果たしうるのでしょうか。

研究者が現場に出かけていく時、そこでは現場の人々こそがプロであり、研究者は素人です。ただし、人々がその現場に深く埋めこまれているのに対して、研究者はさまざまな現場を飛び回ることができます。その結果、研究者は、ある現場に外部の風を吹き込む――つまり、異質性をもちこむ――ことができるのです。現場の人々は異質性に触れることにより、自分たちの「現実」をふりかえり、それを相対化することが可能になります。このことが（うまくいけば）現場によりよい変化を生み出すのです。

研究者が用いる専門用語や言い回しには、人々にとってわかりにくく難解なものが含まれています。こうした学問的な言葉には、現象を的確に記述できるという利点があります。また、現場で人々が使っている言葉は、狭い範囲にしか通用しない限定されたものであるのに対して、研究者の用いる言葉は抽象的で広い範囲に適用することが可能です。ただし、研究者は難解な専門用語をむやみに使って、人々を煙に巻くべきではありません。研究者の用いる言葉には、私たちがふだん用いている言葉以上の価値や特権があるわけではないからです。したがって、研究者は常に、現場の人々の言葉と、学問世界の言葉の橋渡しをしていく必要があります。本書が研究者にとってもつ最大の意義はここにありま す。わかりやすく書かれたこの本は、研究者と現場の人々の言葉をつなぎ、ともに対話を生み出していく上で心強いガイドとなってくれるはずです。この意味で、本書は、社会構成主義の実践そのものであるともいえるでしょう。

ガーゲンが本文中で述べているように、本書の目的は、読者に一方的に知識を与えたり、読者を説得したりすることではなく、幅広い対話を生み出すことにあります。その目的が少しでも達成されるよう、訳文作成にあたっては、できるだけわかりやすい表現を選ぶように心がけました。そのため、かなり思いきった意訳や省略をしたところもあります。また、訳者は、本書を翻訳中の二〇〇二年九～十月の二ヶ月間、スワースモア大学のガーゲンのもとに滞在する機会に恵まれ、本書についてガーゲンと話し合い、多くの疑問に答えてもらうことができました。とはいえ、訳者の力不足のために、まだまだわかりにくい点は残っていることは確かです。それでも、この訳書が、日本の読者のみなさんと著者ガーゲンとの間に対話を生み出すお手伝いが少しでもできることを願ってやみません。

最後になりましたが、京都大学大学院人間・環境学研究科の杉万俊夫教授には、本書の翻訳というまたとない好機を与えられ、訳文に何度も目を通していただきました。三重大学人文学部の永田素彦助教授には、先輩としてたくさんの助言をいただきました。また、同じ研究室に所属する学生のみなさんからは、厳しい指摘や鋭い疑問をぶつけられ、訳者自身の理解を深めることができました。ここに記して感謝します。

東村知子

た・な

は

ま・や・ら

事項索引

S・T

サイード, E.(Said, E.)　*66*

サンソム, W.(Sansom, W.)　*115*

ソシュール, F.de(Sausure, F.de)　*37, 38*

スケアリー, E.(Scarry, E.)　*157*

シュッツ, A.(Schutz, A.)　*191, 192*

スコット, M.B.(Scott, M.B.)　*125*

シェークスピア, W.(Shakespeare, W.)　*212*

ショッター, J.(Shotter, J.)　*201, 217*

シルズ, B.(Sills, B.)　*146*

スキナー, B.F.(Skinner, B.F.)　*142, 175*

スミジーズ, C.(Smithies, C.)　*149*

スペンス, D.(Spence, D.)　*99, 100, 107, 108*

ストーン, R.(Stone, R.)　*182, 274*

ティルマン‐ヒーリー, L.(Tillmann-Healy, L.)　*147*

トムキンス, S.(Tomkins, S.)　*163*

トム, K.(Tomm, K.)　*258*

タークル, S.(Turkle, S.)　*313*

タイラー, S.(Tyler, S.)　*276*

U・V・W

ユーリー, W.(Ury, W.)　*223*

ヴィゴツキー, L.(Vigotsky, L.)　*188-190*

ウォルター, R.(Walter, R.)　*278*

ワイク, K.(Weick, K.)　*260*

ワイスタイン, N.(Weisstein, N.)　*70*

ウェスト, C.(West, C.)　*70, 276, 277*

ホワイト, M.(White, M.)　*255-257*

ウィリス, P.(Willis, P.)　*122, 123*

ウィンチ, P.(Winch, P.)　*79*

ウィンフレー, O.(Winfrey, O.)　*67*

ヴィトゲンシュタイン, L.(Wittgenstein, L.)　*53, 54, 63, 80, 195, 216*

ジルー, H.(Giroux, H.)　*267, 268*
グレイザーズフェルド, E.von(Glazersfeld, E.von)　*348*
ゴフマン, E.(Goffman, E.)　*115-117, 120, 186*
ギュルヴィッチ, G.(Gurvitch, G.)　*79*

H・I・J・K

ホール, S.(Hall, S.)　*69*
ハラウェイ, D.(Haraway, D.)　*316, 317*
ハーバーマス, J.(Harbermas, J.)　*34, 225, 226, 228*
ヘブディッジ, D.(Hebdidge, D.)　*293*
ハーシュ, E.D.(Hirsch, E.D.)　*213, 215*
ホッブズ, T.(Hobbes, T.)　*11, 180*
フックス, b.(hooks, b.)　*68, 70, 273*
ヒューム, D.(Hume, D.)　*15*
ハンター, J.D.(Hunter, J.D.)　*69*
フッサール, E.(Husserl, E.)　*191*
イザード, W.(Izard, W.)　*163*
ジョンソン, M.(Johnson, M.)　*97, 98*
ユング, C.G.(Jung, C.G.)　*87*
カント, I.(Kant, I.)　*16, 17*
ケリー, G.(Kelly, G.)　*348*
ケルマン, H.(Kelman, H.)　*242*
キルシュナー, S.(Kirschner, S.)　*160*
クーン, T.(Kuhn, T.)　*80, 81*

L

レイコフ, G.(Lakoff, G.)　*97, 98*
ラッシュ, C.(Lasch, C.)　*179*
ラザー, P.(Lather, P.)　*149, 268, 271*
ラトゥール, B.(Latour, B.)　*82-85*
ラクラウ, E.(Lauclau, E.)　*67, 307, 308*
リー, S.(Lee, S.)　*68*
リトルジョン, S.W.(Littlejohn, S.W.)　*240*
ロック, J.(Locke, J.)　*10, 15*
ロード, A.(Lorde, A.)　*174*
ルックマン, T.(Luckman, T.)　*79, 80*
ルークス, S.(Lukes, S.)　*302*
ルッツ, C.(Lutz, C.)　*167, 168*
ライマン, S.M.(Lyman, S.M.)　*125*
リオタール, J.F.(Lyotard, J.F.)　*6*

M・N・O

マンハイム, K.(Mannheim, K.)　*79*
マーティン, E.(Martin, E.)　*35, 36*
マルクス, K.(Marx, K.)　*33, 34*
マクルーハン, M.(McLuhan, M.)　*128*
マクベイ, T.(McVeigh, T.)
ミード, G.H.(Mead, G.H.)　*185-187, 189, 190*
ミルグラム, S.(Milgram, S.)　*142*
ミル, J.S.(Mill, J.S.)　*15*
モーガン, G.Morgan, G.)　*260*
ムッフェ, C.(Mouffe, C.)　*307, 308*
マルケイ, M.(Mulkay, M.)　*275*
ネーゲル, T.(Nagel, T.)　*337, 338*
ナブラチロワ, M.(Navratiliva, M.)　*146*
ニーチェ, F.(Nietzsche, F.)　*20*
ニクソン, N.(Nixon, N.)　*330*
オーウェル, G.(Orwell, G.)　*291*

P・Q・R

パッカード, V.(Packard, V.)　*291*
パストゥール(Pasteur)　*156*
ピアス, W.B.(Pearce, W.B.)　*240*
ペン, P.(Penn, P.)　*258*
フォール, S.(Pfohl, S.)　*277*
ピアジェ, J.(Piaget, J.)　*188, 348*
プラトン(Plato)　*10, 16, 334*
クノー, R.(Queneau, R.)　*38*
クワイン, W.V.O.(Quine, W.V.O.)　*32*
クウィンティリアヌス(Quintilianus)　*109*
ラドウェイ, J.(Radway, J.)　*294*
ラインゴールド, H.(Rheingold, H.)　*311*
リクール, P.(Ricoeur, P.)　*104*
ローティ, R.(Rorty, R.)　*17*
ロザルド, M.(Rosaldo, M.)　*166*
ロス, S.(Roth, S.)　*229*

人 名 索 引

A・B

アルチュセール, L.(Althusser, L.) *301*
アンダーセン, T.(Andersen, T.) *259*
アンダーソン, H.(Anderson, H.) *236*
アクィナス, T.(Aquinas, T.) *163*
アリストテレス(Aristotle) *15, 109*
アーノウィッツ(Aronowitz) *268*
オースティン, J.L.(Austin, J.L.) *54*
ベーコン, F.(Bacon, F.) *15*
バフチン, M.(Bakhtin, M.) *121, 122, 193-196*
バークレー, B.(Barkeley, B.) *15*
ボードリヤール, J.(Baudrillard, J.) *297-300*
ベレンキー, M.(Belenky, M.) *144*
ベラー, R.(Bellah, R.) *179*
ベンサム, J.(Bentham, J.) *304*
バーガー, P.(Berger, P.) *79, 80*
ブースティン, D.(Boorstin, D.) *298*
ブラウン, M.E.(Brown, M.E.) *294, 295*
ブラッフェ, K.(Brufee, K.) *269*
ブルーナー, J.(Bruner, J.) *189*
バトラー, J.(Butler, J.) *70, 71*

C・D

チェイシン, L.(Chasin, L.) *229*
チェイシン, R.(Chasin, R.) *229*
チェン, N.(Cheng, N.) *146*
キケロ(Cicero) *109*
コリンズ, P.H.(Colins, P.H.) *67*
クーパーライダー, D.(Cooperridaer, D.) *261, 262*
コルバン, A. (Corbin, A.) *156, 157*
ダーウィン, C.(Darwin, C.) *162*
ドゥボール, G.(Debord, G.) *296*
デリロ, D.(Delillo, D.) *3*
デリダ, J.(Derrida, J.) *41, 43, 46*
デカルト, R.(Descartes, R.) *10, 13, 325, 326*
ドゥシェイザー, S.(deShazer, S.) *253*
ダグラス, M.(Douglas, M.) *202*

E・F

エリアーデ, M.(Eliade, M.) *329*
エリオット, T.S.(Eliot, T.S.) *213*
エプストン, D.(Epston, D.) *255, 256*
ユーウェン, S.(Ewen, S.) *292*
ファルス - ボルダ, O.(Fals-Borda, O.) *151*
ファインマン, R.(Feynman, R.) *145*
フィッシャー, R.(Fisher, R.) *223*
フレック, L.(Fleck, L.) *79*
フーコー, M.(Foucault, M.) *59, 61, 62, 87, 256, 304-307*
フランク, A.(Frank, A.) *158*
フランクフルト, M.(Frankfurt, M.) *258*
フレイレ, P.(Freire, P.) *265, 266*
フロイト, S.(Freud, S.) *87, 99, 100, 177*

G

ガダマー, H.G.(Gadamer, H.G.) *214, 215*
ガーフィンケル, H.(Garfinkel, H.) *115, 117, 118, 120*
ガーゲン, M.(Gergen, M.) *145, 146*
ゲッティー, J.P.(Getty, J.P.) *145*
ギガレンツァー, G.(Gigerenzer, G.) *101*
ギリガン, C.(Gilligan, C.) *144*
ギルティン, T.(Giltin, T.) *70*

【訳者紹介】
東村知子（ひがしむら・ともこ）
京都大学大学院人間・環境学研究科博士後期課程修了
博士（人間・環境学）
現在，京都教育大学教育学部准教授
主要著作：K. J.ガーゲン『関係からはじまる』（共訳，ナカニシヤ出版，2020）
『発達支援の場としての学校』（共編，ミネルヴァ書房，2016）
『音楽アイデンティティ』（共訳，北大路書房，2011）

あなたへの社会構成主義

2004年 11月10日　初版第 1刷発行
2024年 12月15日　初版第18刷発行

定価はカヴァーに表示してあります

著　者　Kenneth J. Gergen
訳　者　東村知子
発行者　中西　良
発行所　株式会社ナカニシヤ出版
〒606-8161 京都市左京区一乗寺木ノ本町15番地
Telephone　075-723-0111
Facsimile　075-723-0095
Website　http://www.nakanishiya.co.jp/
Email　iihon-ippai@nakanishiya.co.jp
郵便振替　01030-0-13128

装丁＝白沢 正／印刷＝ファインワークス／製本＝新日本製本
Printed in Japan.
ISBN978-4-88848-915-7　C3036